PSYCHOANALYTIC SUPERVISION

정신분석적 슈퍼비전

Nancy McWilliams 저
안명희 역

학지사

Psychoanalytic Supervision
by Nancy McWilliams, PhD

역자 서문

대학에서 정신분석적 심리치료 과목을 강의하면서 상담자들의 눈높이에 맞는 슈퍼비전 지침서를 써야겠다는 생각이 있었다. 슈퍼비전은 전문 상담자가 되는 과정에 필연적인 부분이라 상담자가 되려는 사람은 반드시 슈퍼바이저와 상담자가 되는 여정을 함께 해야 한다. 전문가로서 연륜이 쌓이면 자연스럽게 슈퍼바이저의 역할도 하게 되니 슈퍼비전은 모든 상담자가 거쳐야 하는 필수 교육 과정이고, 유능한 상담자라면 반드시 후배에게 돌려주어야 하는 경험이기도 하다. 따라서 좋은 슈퍼바이저는 상담의 이론과 실제뿐만 아니라 상담자로서 갖추어야 할 인격적 면모, 그리고 이를 가르치는 교수자 혹은 교육자로서 덕목도 갖추어야 한다. 그런 차원에서 나는 학문적으로나 개인적 경험을 통해 정신분석적 슈퍼비전이야말로 좋은 슈퍼바이저들이 갖추어야 할 다양한 역량과 덕목에 최적화되어 있다고 확신한다.

나는 미국 컬럼비아 대학교 상담심리 석사과정 2학기 때 배정받았던 실습 내담자의 사례를 통해 처음으로 정신분석적 슈퍼비전을 접했다. 이후 익스턴십(externship)과 인턴십(internship) 과정을 통해, 대상관계 이론과 관계 중심적 접근의 개인 및 집단 슈퍼비전을 집중적으로 받았다. 한국으로 돌아와 국내 내담자를 만나면서 작고하신 소암 이동식 선생님께 수년간 개인 상담과 지도를 받았고, 이후 다양한 문화적 배경을 가진 국내 거주 외국인 내담자들과 상담을 하게 되면서 이 책의 저자인

Nancy McWilliams 박사와 슈퍼비전을 시작하게 되었다. 소암 이동식 선생님과 McWilliams 박사와 함께한 슈퍼비전 경험은 치료자로서뿐만 아니라 개인적 주체성과 정체성을 형성하는 데 결정적인 영향을 미쳤다.

그중 McWilliams 박사와의 슈퍼비전은 전화로 해야 하는 생소함을 갖고 시작했는데 시간이 가면서 자연스럽게 개인적인 상황에 대한 대화가 더 길어지기도 했고, 같은 길을 가는 치료자로서 전문적 대화로 이어지기도 했다. 이런 인연으로 McWilliams 박사는 먼 길을 마다하지 않고 서강대학교 열린상담소의 개소 기념 워크숍에 초빙강사로 오셔서 국내 전문가들에게 강의를 해 주기도 했다. 이처럼 나의 다양한 개인적, 전문적 열망을 늘 품어 주는 슈퍼비전 경험은 상담자나 슈퍼바이저로서뿐만 아니라 개인적 성숙에 엄청난 자양분이 되었다. 이후에 미국 뉴욕 소재 William White Institute에서 정신분석적 심리치료 심화과정을 수료하는 촉매제가 되기도 했다. Harry Stalk Sullivan, Eric Fromm, Karen Horney와 Clara Thompson이 설립해서 관계적 접근의 전통을 이어가는 본 정신분석 연구소에서 COVID-19으로 인해 최초로 온라인 과정을 개설하였다. 세계 각국에서 모인 중진급 심리상담가 혹은 심리치료자들과 현대 정신분석의 주요 이론을 임상 사례 분석과 집단 슈퍼비전을 통해 공부한 이 과정을 마치지 않았더라면, 그리고 내가 상담자, 내담자, 슈퍼바이지, 슈퍼바이저가 되어 본 경험이 없었더라면 이 책을 번역할 엄두를 내지 못했을 것 같다.

이 책은 슈퍼바이저와 슈퍼바이지 모두에게 도움이 되는 정신분석적 슈퍼비전의 핵심을 잘 보여 준다. 이론과 실무경험 그리고 관련 경험연구에 기반한 내용을 전달하는 과정에 McWilliams 박사는 취약할 수밖에 없는 슈퍼바이지의 입장을 공감하면서 슈퍼바이저가 고민하게 되는 "가르치는 것"과 "치료하는 것"의 균형을 유지하는 데 주력한다. 슈퍼비전의 목표를 기법의 전수를 넘어 내담자와 치료자, 그리고 슈퍼바이저 모두가 성장하는 데 두고 있다. McWilliams 박사는 내가 만났던 치료자 혹은 슈퍼바이저들을 통틀어 정신분석적 슈퍼비전의 핵심인 정신분석적 감수성을 가장 몸으로 보여 준 슈퍼바이저였다. 실제 슈퍼비전에서 경험한 McWilliams 박사의 진솔한 자기 개방과 섬세함은 이 책의 서술에서도 잘 드러난다. 따라서 번역 과정에서 나는 이 분의 목소리를 그대로 전달하려고 최대한 힘썼다. 모두를 배려하고, 공정성과 전문 윤리에 맞게 설명하려는 노력 때문에 복합문장으로 이어지는 조금은 덜 수려한 서술도 그대로 두었다. 인간행동의 복잡성과 변화무쌍함과 치료자와 내담자, 슈퍼바이저와 슈퍼바이지 사이의 다차원적 관계적 정신역동에 대한 이해를 전제로 하는 부분에서는 아직 상담실무에 입문하는 단계에 있는 독자들을 위해 원문을 헤치지 않는 선에서 역자주와 각주로 약간의 추가 설명을 더했다.

모쪼록 상담과 심리치료에 전념하고 있는 전문가, 슈퍼바이저 그리고 이 분야에 입문하고자 하는 전공생들 모두 이 책을 통해 정신분석적 슈퍼비전의 이해를 넓히고 이를 집필한 Nancy McWilliams 박사에게 슈퍼비전 받는 간접 체험도 할 수 있기를 기대해 본다.

본 역서의 출간을 도와준 사랑하는 제자들, 류혜현, 엄승화, 아픈 내 팔을 대신해 2024년 무더위 속에 자판을 대신 두드려 준 우지인, 그리고 상담실무자의 눈높이에 맞춰 교정을 해 준 김희숙, 장효진 선생에게 감사의 마음을 전한다. 또한 학지사 김진환 대표님과 편집부 여러분의 노고에 감사를 드린다.

2025년 11월
다산관 연구실에서
안명희

한국어판 저자 서문

I am pleased and honored that Prof. Christine Myunghee Ahn has so quickly translated my book on *Psychoanalytic Supervision* into the Korean language. Ten years ago, when I taught for a week in Seoul at Sogang University, I became aware of the deep interest and impressive sophistication that many Korean counselors and therapists bring to psychodynamic clinical work. I hope they will be similarly interested in the realm of clinical supervision —a topic that has been much less comprehensively researched than psychotherapy, but an area that most therapists have long agreed is critical to their professional development.

I wrote this book during the Covid pandemic, when I had to cancel many other obligations and found that I had unexpected stretches of time to write. I chose the topic at the urging of my colleague Malin Fors, who noted that I have an unusual breadth of supervisory experience. Looking back over my encounters as a supervisor, which began fifty years ago, I realize that this is true. I have consulted to therapists all over the world and in diverse subcultures that are not always open to outsiders (e.g., those in military institutions, clinicians in prison environments,people treating members of tribal societies, clergy and pastoral counselors in different religious communities). I have advised therapists treating clients of all ages, in individual, couple, and family modalities. I did not want to write about teaching specific techniques—although that is an important part of supervision—but instead, to capture aspects of the overall commitment of a good supervisor to the personal growth and professional development of each supervisee who tries to apply psychoanalytic thinking to the patients with whom that therapist works.

The book covers some historical context, an overview of the evolution of psychoanalytic supervision and consultation, the "vital signs" that mentors teach their mentees to observe as evidence of therapeutic change, individual and group modalities of supervision and consultation, the ethical dimension of supervision, the specific challenges of supervising in psychoanalytic training institutes, and how individual differences in supervisor and supervisee may affect the supervisory process. Throughout, the emphasis is on the supervisory alliance and the creation and protection of the sense of safety necessary for students of psychotherapy to be fully honest about what is happening in the treatments in which they are engaged.

My intended audience is mainly people in supervisory and consultative roles. I have tried to make this material useful to both experienced and inexperienced mentors across a wide range of clinical environments. Recipients of supervision are also part my intended readership: one chapter is addressed directly to supervisees; it aims to help them to conceptualize what a positive supervisory process should feel like, consider ways to make their experiences with supervision more useful and satisfying, and determine when changing supervisors might be called for if such a change is possible in their situation.

Like all my clinically oriented writing, this book is rooted in the psychoanalytic tradition. But I am hoping that people of other theoretical orientations may find it useful as well. We are all looking at the same suffering patients, and we are all trying to help the helpers to reduce those patients'suffering in whatever ways we can. We supervisors are also trying to pass on the values of a profession that embodies a sacred trust. We are endeavoring to preserve a legacy of clinical knowledge that is often subtle, intricate, and not always subject to empirical investigation. I am hoping that my Korean colleagues will find this book useful in their efforts to welcome the next generation of Korean clinicians into a community whose professional knowledge is precious and evolving and to socialize them into the never–ending task of trying to improve oneself as a therapeutic instrument.

Nancy McWilliams

이 책은 내가 그동안 정신분석적 슈퍼비전에 대해 배운 것들을 정리한 것이다. 전문가로서 이제 막 걸음을 내딛는 초심자들은 자신이 궁극적으로 어떤 기여를 하게 될지 예상하기가 어렵다. 우연한 시간과 장소에서 일어난 사건들이 예상치 못한 전문성과 연구관심사로 이어지고, 개인적으로 헌신하게 만든다. 나에게는 DSM이 범주적이고 기술적인 분류 체계로 자리 잡기 시작하면서 그 임상적 결과에 대해 걱정하던 1980년대가 전환점이었다. Rutgers 응용 · 전문심리대학원 학생 몇몇이 성격 구조와 그것이 치료에 갖는 함의를 다룬 입문서를 쓰라고 제안했기 때문이다. 학과장 스탠리 메서(Stanley Messer)는 내가 학문적 글쓰기뿐만 아니라 교육과 실무를 좋아한다는 것을 알고, 학생들의 제안을 지지하며 계속 써 보라고 부추겼다. 그 격려가 수십 년에 걸친 값진 저작 활동으로 이어졌기 때문에 나는 지금도 감사하게 생각한다. 이 책은 아마도 나의 마지막 교재가 될 것이다. 물론 이전에도 그런 말을 한 적은 있지만…….

나의 임상 경력은 1973년, 한 지역 정신건강센터에서 시작되었다. 당시에는 지역사회 정신건강 운동이 한창이었다. 심리치료가 수많은 사람에게 효과적이고 삶을 변화시키는 데 도움이 될 수 있다는 희망이 가득했고, 심리적 고통에 대한 낙인이 사라지고 있었으며, 새로운 항정신병 약물 덕분에 정신병원의 병실이 비워지기 시작했고, 사람들을 돕는 새로운 개념화 방식들이 등장하고 있었다. 미국 보험회사는 장기치료를 지원했고, 환자에게 필요한 것이 무엇인지에 대한 판단을 치료자에게 맡겼다. 경제적으로도 풍요로웠고, 사회적 약자들의 삶을 개선하려는 이상주의와 정치적 의지가 충만했던 시기였다. (지금 돌아보면 잠시 지나가는 시기였다.) 교육의 기회가 풍부했고, 전문가들은 현장에서 심층적

훈련을 받을 수 있을 만큼 시간적 여유도 있었으며, 젊은 치료자들에게 슈퍼바이저를 선택할 권한도 상당히 많았다.

나는 내 주요 멘토(전통적 의미의 "통제 분석가")인 아서 로빈스(Arthur Robbins)와 이미 고인이 된 스탠리 몰도브스키(Stanley Moldawsky)를 비롯해, 정신분석적 성향의 심리학자들(조지 앳우드, 버트럼 코헨, 주디스 클라인, 밀턴 실바, 던컨 월튼), 정신과 의사(하몬 에프론, 이라즈 시아시), 사회복지사(주디스 펠튼 로그, 허버트 스트린)에게서 슈퍼비전을 받았다. 성인, 청소년, 아동을 대상으로 한 부부, 가족, 집단치료에 대한 도움을 받았다. 고(故) 산드라 레이블럼은 나에게 행동적 접근으로 하는 성치료(sex therapy)를 소개했고, 모니카 맥골드릭은 보웬 가족체계 이론의 기초를 가르쳐 주었다. 나는 게슈탈트 접근, 인본주의 심리학에 대해서도 배웠고, T-그룹("훈련"을 뜻하는 Training 그룹, 경험적 학습 모델)과 초월명상 등, 당시 유행하던 다양한 치료방법을 접했다. 나는 재능 있는 스승들의 스타일을 흡수하고, 그것을 조금씩 나만의 슈퍼비전 접근에 통합할 수 있었다.

되돌아보면 거의 50년간 치료자이자 교수로 일한 지금, 나의 전문가로서의 궤적의 윤곽과 주제를 더 명확히 볼 수 있는 것 같다. 그것은 늘 정신분석 공동체의 통찰을, 그리고 종종 더 넓은 치료 공동체의 통찰을, 전문가 집단을 넘어서 많은 청중에게 전달하는 일이었다. 즉, 심리치료를 배우는 학생들뿐 아니라 학계, 현장 서비스 제공자, 지역사회 집단, 그리고 개별성, 정신건강, 정신병리, 심리치료 같은 사회적 구성개념에 관심 있는 다양한 배경의 사람들까지 포함한다.

슈퍼비전과 컨설테이션은 정신분석적 지식을 전수하는 핵심적인 방식이다. 그것들은 오래된 원칙들을 실제 적용의 장에서 드러나게 한다.

이상적인 슈퍼비전은 학생들의 임상수련에서 축적한 체험적 유산을 학문적 프로그램에서 배운 것과 통합할 수 있도록 돕는 것이다. 나는 이런 통합을 촉진하는 교육적 역할을 즐겨왔다. 지금 70대 중반에 들어선 나는 그 역할을 더욱 책임감 있게 수행해야 한다는 내적 압박감을 느낀다.

나의 개인사도 이러한 사명감에 기여했다. 어머니는 내가 아홉 살 때 돌아가셨는데, 이 상실의 경험은 내게 부정적, 긍정적 이상화를 하게 만들었다. 20대에 접어들어 받았던 정신분석은 초기 상실의 부정적 영향으로부터 나를 해방시켜 주는 데 기여했다. 정신분석은 연민과 돌봄과 같은 전통적인 모성적 가치를 내면화하고 내 삶과 일에 스며들게 하는 좋은 경험을 제공해 주었다. 내가 속한 문화는 항상 "최신 것"을 오래된 관행보다 선호한다. 미국의 건국 신화는 모국(영국)으로부터 단절하고 완전히 새로운 것을 시작하는 것이고, 미국인들이 가장 좋아하는 이야기는 창의적이지 않고 부패한 권위에 맞서 일어서는 것이다. 그러나 나의 조기 상실 경험은 무엇이 우리 앞에 있었는지, 이전 세대가 우리에게 무엇을 줄 수 있는지, 그리고 새로운 것만을 향해 달려갈 때 무엇을 잃을 수 있는지에 대해 고마워할 줄 알게 해 주었다.

나의 이런 점은 권력에 맞서 겸손하지만 진실된 목소리를 내고자 했던 전문가로서의 여정과도 함께했다. 이는 아마도 내가 아버지의 흔들림 없는 정직성과 동일시한 데서 비롯된 것일 것 같다. 현대 서구 사회에서 보험회사, 제약회사, 정치 집단, 일부 학자들의 이해관계가 임상 실무의 실제를 알고 있는 사람들의 목소리를 압도해 왔다. 동시에 우리 전문 단체들은 최근의 발견에는 관심을 기울이지만, 오랜 시간 검증된 현실에는 무관심하다. 역사적 관점, 숙련된 스승들과의 도제 관계, 치료 작업의 예술적 요소에 대한 중요성은 측정하기 쉬운 것에 비해 평가절하되어 왔다. 나는 치료적 주제에 관한 실증연구의 가치를 높이 평가하며(특히 단기 매뉴얼화된 치료의 증상 중심 임상시험에만 집중하던 과거의 협소한 초점을 상쇄하는, 실무중심·인간중심적 지향의 연구들을 높이 평가한다), 정신분석가들(프로이트를 포함)이 과학적 탐구의 중요성을 과소평가했을 때 늘 안타까웠다. 동시에 나는 축적된 임상적 지혜를 소중히 여기고, 정신분석을 직관적 도약, 은유, 이야기, 주관적 인상을 통해 전승되는 소중한 지혜의 전통 중 하나라고 생각한다.

오늘날 점점 더 지적 공동체들은 고립되어 서로 영향을 미치기 어렵다. 임상가와 학계 사이의 격차는 건강한 균형을 위협하고, 오해와 경멸의 문화를 낳고 있다. 예를 들어, 실무자가 재직자교육(CE) 워크숍을 제안할 때, APA는 최근 10년 이내에 출간된 학술자료만 인용할 수 있게 한다. 이는 마치 "허먼 멜빌은 요즘 들어 쓴 책이 없느냐?"라고 묻는 것과 같다. 또 CE 학점용 학습 목표에는 "측정 가능한 성취"가 반드시 포함되어야 하는데, 이는 치료자가 "배우기 위해서(to learn)"라고 재직자 교육를 받으려는 이유란에 쓸 수가 없게 된 기이한 결과를 낳았다.

이렇게 협소한 증거기반 실증주의에 대한 쏠림현상은 미국 심리학이 여전히 '진짜' 과학임을 입증하려 애쓰고 있기 때문이다. 이러한 편향은 때때로 위험스러운 결과를 낳기도 했다(예: 아이를 안아 주지 말라는 조언, 문화적으로 민감하지 않은 지능검사, 우생학 운동 등). 만약 이런 새로운 아이디어에 대한 열광이, 공동체, 특히 이런 운동을 주도하는 심리학자들에 비해 특권과 권력은 비교적 덜 가졌지만 실제 치료경험이 더 많은 집단의 지혜와 균형을 이루었다면 이러한 문제는 피할 수 있을지도 모른다

오늘날의 학문적 환경에서는 헌신적인 치료자들의 통찰(예: 블로일러의 정신병적 경험에 관한 통찰, 위니캇의 놀이에 대한 통찰)이 심리학 연구

실에서 나온 최신 실증연구의 기여보다 치료자들에게 더 유용할 수 있다는 사실을 잊어버리기 쉽다. 슈퍼비전은 치료 경험과 축적된 임상 지식이 특히 중요한 영역이다. 특히 슈퍼비전에서 매우 중요하다. 치료처럼, 슈퍼비전은 예술이다. 과학으로부터 온 정보를 활용하지만, 과학 그 자체는 아니다. "근거 기반"이어야 하지만, 그 근거는 무작위 통제시험뿐 아니라 수십 년간의 치료자들의 성찰도 포함해야 한다. 물론 주관적 보고는 의심스럽고, 기억은 불안정하며, 하나의 강렬한 일화가 핵심 원리를 입증하지는 않는다. 그러나 객관적 데이터 역시 잘못 해석되거나 오용될 수 있다. 이 책에서 나는 슈퍼바이저들에게 경험적 연구 결과와 더불어 수십 년간 멘토링과 멘토 경험에서 축적한 지혜를 제공하려 한다.

비교적 최근까지 사람들은 주로 시행착오를 통해 슈퍼비전을 배웠다. 슈퍼바이저에 대한 내면화, 슈퍼바이지들의 피드백, 그리고 내담자가 멘토의 제안을 따랐을 때 내담자가 호전을 보이는 임상적 증거에 의존했다. 그러나 최근 APA와 정신의학 단체들은 통합 의료체계에서 치료자들이 슈퍼바이저의 역할을 할 수 있도록 준비시키려고 대학원 및 레지던시 과정에 슈퍼비전 교육을 포함시키라고 권고하기 시작했다. 이는 오래전부터 필요했던 조치였다.

이러한 교육 과정이 생기면서, 슈퍼비전에 관한 경험적 연구가 늘고 있고, 숙련된 멘토들의 논평도 증가하고 있다. 슈퍼비전을 연구하는 새로운 도구들이 등장하고, 새로운 체계적 접근이 개발되고 있다. 지금이 바로 정신분석적 성찰을 개관하고 통합하기 좋은 시점이다. 현대의 기술 훈련에 초점을 맞춘 문헌들과는 대조적으로−물론 그런 것들은 개념화 · 연구 · 교육하기 쉬운 장점을 지녔지만−나는 이 책에서 기술 훈련(쉽게 개념화, 연구, 교육할 수 있다는 장점이 있는 목표)보다 슈퍼비전의 전체적 맥락과 그것이 치료자의 성숙, 자신감, 주체성에 기여하는 방식을 더 중점적으로 다룬다. 나는 슈퍼비전의 전체적인 모양새, 게슈탈트, 그리고 그것이 치료자의 성숙 · 자신감 · 주체성 발달에 기여하는 역할에 더 집중하고자 한다. 진단, 사례 개념화, 심리치료에 관한 나의 저서들과 마찬가지로, 나는 경험연구가 우리에게 가르쳐 줄 수 있는 것을 참고하면서 축적된 임상 경험이 살아 숨 쉬며 시야에 머무는 노력을 하려고 했다.

전수받은 지혜와 축적된 치료 경험에 대한 존중은 현대 임상심리학이나 정신의학 프로그램들보다는 교육 · 발달심리학, 상담, 사회복지, 목회상담 프로그램에서 더 많이 볼 수 있다. 그리고 나의 관점에서 보자면, 지혜와 임상 경험에 대한 강조는 치료적 현실을 더 잘 반영한다. 여기에는 정신건강 문제를 효과적으로 치료할 수 있는 방법이 다양하다는 실증적 사실, 동일한 DSM 기준을 충족하는 장애라 할지라도 사람마다 그 의미가 다르며 따라서 서로 다른 관계적 기술이 요구된다는 발견(Norcross & Wampold, 2019 참조), 그리고 슈퍼비전 스타일은 반드시 자신의 진정한 성격에 통합되어야 한다는 상식적 관점이 포함된다.

이 책은 모든 정신건강 전문인들을 대상으로 한다. 근본적으로는 정신분석적이지만, 정신역동 이론이나 치료를 접해 본 적이 없는 독자들에게도 유용하기를 바란다. 전문용어를 피하고, 폭넓은 임상 상황과 연관될 수 있는 예시를 담으려 했다. 슈퍼비전을 처음 경험하는 초심자부터 새로운 시각으로 후배들을 돕고자 하는 숙련된 전문가까지 다양한 수준의 독자들에게 도움이 되기를 바란다.

나는 이 아이디어들을 하나로 묶는 과정을 즐겼다. 독자 여러분도 읽으면서 즐겁기를 바란다.

낸시 맥윌리엄스

차례

서론

정신분석적 슈퍼비전은 정신분석에 대한 지식과 임상 경험이 풍부한 선배가 덜 숙련되고 경험이 적은 후배에게 정신분석의 개념적 이해와 치료적 역량을 키워 주려는 목적으로 시작하는 특유의 교육적 관계 혹은 개입 방식이라 할 수 있다. 이 방식은 슈퍼바이저가 슈퍼바이지에 대한 평가를 한다는 차원에서 위계적인 특성이 있고, 슈퍼바이지의 전문적인 성장을 도모하는 본연의 목적을 달성하기 위해서는 충분한 시간을 요하는 측면이 있다. 또한 슈퍼바이지가 치료의 질적 수준을 유지하는 데 필요한 지속적인 모니터링을 도와주는 멘토링(mentoring)을 포함한다. 이는 정신역동적 심리치료를 하는 모든 치료자가 지향해야 하는 슈퍼비전의 정의라고 생각하는데, Benard와 Goodyear가 2009년에 집필한 저서에서 처음 제시한 정신분석적 슈퍼비전의 정의이기도 하다. 또한 정신분석과 인간중심적 접근의 멘토십(mentorship) 분야의 뛰어난 학자인 C. E. Watkins, Jr.가 2011년도 자신의 논문에서 인용해 널리 알려진 바 있다(Watkins, 2011, p. 403).

본론으로 들어가기에 앞서 나는 이 책을 정신분석적 슈퍼바이저나 정신분석가들만을 위해 집필하지 않았다는 점을 먼저 밝혀두고 싶다. 상담과 심리치료의 치료적 효과는 특정 기법이나 치료방식이 아닌 치료자와 내담자의 관계에서 비롯된다. 슈퍼비전의 질(quality) 혹은 효과 역시 슈퍼바이저의 이론적 지향과 무관하다고 생각한다. 따라서 정신분석이 아닌 다른 이론적 관점을 가진 슈퍼바이저들에게도 이 책의 내용이 도움이 되길 바란다.

과거의 성과와 실수를 통해 배우기

이 책이 다양한 배경을 가진 슈퍼바이저들에게 도움이 되었으면 하는 바람을 갖는 데는 정신분석적 슈퍼비전의 역사가 임상 슈퍼비전의 역사와 궤를 같이 하기 때문이다. Freud는 체계적인 심리치료 접근법을 최초로 제시했는데, 그 과정에서 치료자를 어떻게 수련시켜야 하는지에 대한 최초의 문헌들도 나오게 되었고 해당 문헌들의 임상적 가치는 어마어마하다. 물론 정신분석 관련 역사적 문헌들을 살펴보면 중요한 내용이 누락됐고, 편견을 가지고 행했던 잘못된 관행 혹은 조치도 눈에 띈다. 이에 대한 책임을 통감하고 과거 정신분석가들의 실수를 통해 얻은 값비싼 유산과 교훈을 잊지 않는 것은 매우 중요하다. 나는 이 책의 중간중간에 이와 같은 몇 가지 뼈아픈 실수에 대해서도 설명할 것이다. 슈퍼비전 관련해서 정신분석 학계가 범했던 무지에서 비롯된 실수, 그리고 두고두고 후회했던 역사적 오류들을 현대 실무자들이 반복하게 된다면 그건 매우 부끄러운 일이 될 것이기 때문이다.

과거 많은 정신분석가들이 슈퍼비전 상황에서 범했던 실수 중 하나는 슈퍼바이지로 하여금 구체적인 기법을 숙련하는 방식으로 정신분석에 입문하도록 지도한 것이다. 슈퍼비전을 통해 슈퍼바이지나 그들이 치료하는 내담자에 가장 적절한 방식으로 도움을 받을 수 있도록 멘토십(mentorship)을 제공하는 것이 아니라 해석(interpretation)을 잘하도록 가르치거나 흔들리지 않는 치료적 자세(therapeutic engagement)를 유지하라는 불문율을 상정하는 등 구체적인 기법을 주입시켰다. 나 역시 예전에 한 선배 분석가로부터 환자의 상태가 많이 호전된 것은 좋은 일이지만 정통적인 분석 방법을 적용하지 않았다고 혼이 난 적이 있다. "수술은 성공적이었습니다. 하지만 환자는 살리지 못했습니다."라고 의사들 사이에 회자되는 농담이 생각난다. 그러나 나의 경우, 환자는 살렸지만 수술은 실패였다는 평가를 받은 거나 다름없었다. 이 슈퍼바이저와의 경험 때문에 나는 환자의 개별성을 고려하지 않고 정제된 규칙을 이상화하는 것, 즉 일률적으로 적용하는 기법(technique)의 가치에 대해 고민했던 기억이 있다. 특정 규칙이나 치료적 방법은 치유적 효과를 얻기 위한 과정에서 필요한 도구인데 결과, 즉 효과 자체보다 더 중요한 가치를 지니는 것이 맞는지 의문을 가졌었다.

현대 심리학자들 사이에서 기술훈련모델(skills-training model)에 대한 선호가 큰 것이 사실이다. 슈퍼비전을 통해 구체적인 기법과 전형적인 실무 방식에 대해 배우는 것도 중요하다. 따라서 이 책에서도 상담자와 내담자가 상호 호혜적으로 공유하는 상담의 목표를 중심으로 치료 동맹을 형성하는 기술이나 정신분석적 심리치료의 실제 기법 혹은 치료 과정에서 상담자와 내담자가 각자의 역할에 대해 경험하기와 같은 초점화된 작업, 즉 치료 기법들에 대해서 배울 것이다. 하지만 나는 슈퍼비전을 그런 절차나 기술적인 차원으로 환원하기보다 전문성 계발의 측면에서 접근하는 것을 지향한다. 그래서 이 책에서는 정신분석적 슈퍼비전에 대해서 이와 같이 좀 더 큰 그림을 갖고 설명하려고 한다.

구성

슈퍼비전은 심리치료를 하는 것과는 다른 차원의 보유 기술(skill set)을 요구한다. 이는 서론에서 언급했던 Watkins, Jr.의 슈퍼비전의 정의에 포함된 질적 수준을 유지(quality control)해야 하는 부분과 맞닿아 있다. 슈퍼바이저에게는 내담자와 직접 심리치료를 할 때보다 더 높은 수준의 인격적인 성숙도, 권위적인 위치에 있는 것에 대한 편안함, 지혜롭게 판단할 수 있는 역량도 필요하다. 이와 같은 슈퍼바이저가 지녀야 하는 인격적 성숙함은 복잡한 요인들이 역동적으로 기능해야 가능하기에 관련 설명 또한 다양한 방식으로 할 수 있다. 우선 나는 일반론적이고, 역사적인 측면에서 시작해 좀 더 구체적이고, 현대적인 시각에서 조망하는 순서로 진행하고자 한다.

따라서 1장에서는 정신분석적 슈퍼비전의 목표와 과정을 아주 개인적이고 친밀한 맥락에서 진행되는 교육의 차원으로 설명할 것이다. 슈퍼바이지들에게 전폭적인 지지를 해 주면서, 솔직할 수 있도록 격려하고, 필요한 전문적 정보를 제공해 주며, 기술 훈련도 시키고, 윤리적 예민성을 키워 주어, 소진을 예방하는 데 중점을 두어 궁극적으로는 슈퍼바이지가 정신분석적 소양을 갖고 정신분석에 동료로서 입문할 수 있게 하는 데 주력할 것이다. 2장에서는 Freud로부터 현대 관계 중심 치료에 이르기까지 슈퍼비전 동맹에 대한 정신분석적 슈퍼비전의 역사적 흐름을 개괄할 것이다. 구체적으로 슈퍼비전 작업동맹에 대한 Freud의 사상에서부터 현대의 관계적 접근(relational work)까지 살펴보면서 정신분석적 슈퍼비전의 역사를 요약할 것이다. 여기에서 나는 상담 현장에서 지속적으로 접하게 되는 두 가지 고민 혹은 갈등(tensions)에 대해서도 언급하려고 하는데, 첫째는 슈퍼비전의 핵심을 교육에 두어야 할지 아니면 슈퍼바이지가 맡고 있는 내담자에 대한 치료에 주력할 것인지에 대한 고민이고, 둘째는 슈퍼비전의 초점을 특정 기술을 전수하는 데 두어야 할지 아니면 일반적인 전문적 성숙도를 키워주는 것에 중점을 두어야 할지에 대한 갈등이다.

정신분석적 전통에서 기대하는 바람직한 임상적 결과는 표면적인 증상 완화 이상의 것을 포함한다. 따라서 3장에서는 정신분석적 치료에서 치료가 진전(progress)을 보인다는 것이 무슨 의미인지에 대해 설명하고자 한다. 슈퍼비전을 효과적으로 진행하기 위해서는 슈퍼바이지와 내담자가 궁극적으로 무엇을 향해(toward) 작업해야 하는지에 대한 이해가 필요하기에 심리적 안녕감(psychological wellness)의 정의에 대해서도 생각해 보아야 한다. 이 대목에서 나는 치료적 진전(therapeutic progress)에 필요한 10가지 "활력 신호(vital signs)"를 제안할 것이다. 애착 안정성 획득, 자기 및 대상 항상성, 그리고 주체성(sense of agency)의 증가, 현실적이고 안정적인 수준의 자존감을 얻는 것, 회복탄력성과 정서 조절 능력, 자기와 타인에 대한 정신화 능력의 향상, 연대감과 개별성 차원에서 느끼는 편안함의 증가, 충만한 생기 혹은 활력 · 수용 · 용서 및 감사할 수 있는 역량, 마지막으로 사랑 · 일, 그리고 놀이를 할 수 있는 포괄적인 역량에 대해 설명할 것이다.

4장에서는 슈퍼비전 계약, 현실적인 치료 목표 설정, 그리고 슈퍼비전 관계에서 쌍방간의 솔직함의 증진 등을 중심으로 개인 슈퍼비전에 대해 좀 더 심도 있는 고찰을 할 것이다. 나는 배움의 과정에서 대면할 수 있는 저항(resistance)에 대해서도 언급하고, 임상적 문제들에 대한 대안적인 해결책을 제시할 것이며, 일반적인 윤리적 주제를 소개하고, 슈퍼바이지가 교육분석을 받는 것의 필요성에 대해서도 설명할 것이다. 그리고 만족스러운 슈퍼비전 경험의 특성에 대해 생각해 보면서 이 장을 마무리할 것이다. 5장에서는 집단 슈퍼비전과 자문(consultation)에 대해 설명하려고 하는데, 관련 실무경험에 대한 나의 개인적 자료를 상당 부분 활용할 것이다. 저항과 관련된 내용과 난해할 수 있는 주제들도 다루고, 동료 심리치료자들 혹은 상담자들과의 집단 슈퍼비전에 대한 개인적 경험을 나누며 마무리할 것이다.

슈퍼바이지가 치료하는 환자에 대한 돌봄(care)을 모니터링하고 부적절하거나 위험한 임상가들로부터 대중을 보호해야 하는 슈퍼바이저의 역할을 감안해 나는 슈퍼바이저의 윤리적 의무를 한 장 전체에 할애해 설명할 것이다. 따라서 6장에서는 환자의 알 권리를 포함한 윤리적 초석을 세우고 내담자와 지역사회의 관점에서 최선의 이익과 관련된 윤리적 딜레마에 대해 설명할 것이다. 이 장에서는 윤리적 문제의 복잡성을 보여 주는 광범위한 삽화(vignette)들을 소개하고, 슈퍼바이지에 대한 평가 절차와 슈퍼바이저가 슈퍼바이지의 전문적 수련 과정에서 갖게 되는 관리책임자로서의 역할(gatekeeping responsibilities)에 대해서도 고찰할 것이다.

모든 환자(그리고 모든 치료자-환자 쌍)가 고유한 것처럼 각각의 슈퍼바이저와 슈퍼바이지의 조합 역시 고유성을 갖고 있다. 그럼에도 불구하고 7장에서는 슈퍼비전 관계에서 슈퍼바이저나 슈퍼바이지가 경험하는 심리적 특성에 대해 일반화해서 설명하려고 한다. 구체적으로 나는 우울적, 피학적, 편집적, 분열적, 히스테리적, 강박적, 외상 후, 자기애적, 그리고 사이코패스적 심리와 관련된 역동에 대해 설명하고, 이러한 경향을 슈퍼비전에서 다루는 방법에 대해 설명할 것이다. 그런 다음 슈퍼비전과 자문에 영향을 미칠 수 있는 다양한 개인차에 대해 논의를 이어가고자 한다. 통상 심리치료 과정에서 개인차를 논할 때 젠더, 성 정체성, 인종 및 민족, 계급, 문화, 종교적 혹은 영적인 배경, 정치적 성향, 억압(oppression), 그리고 특권의 차원에서 접근한다. 따라서 나도 이들 요인을 중심으로 설명을 하고자 한다. 물론 개인차는 이러한 것에만 한정되지는 않는다.

8장에서는 학문적 개괄의 형태로 되어 있는 앞의 장들과는 조금 다른 톤으로 정신분석적 슈퍼비전에 대한 설명을 이어 가고자 한다. 이 장에서 나는 명시적인 조언자(advisor)의 역할을 하고자 한다. 슈퍼바이지들이 임상 수련을 통해 최대한 많이 배울 수 있도록 직접적으로 설명하고자 한다. 슈퍼바이지 개개인이 전문가로서, 그리고 개인적으로 성장을 하기 위해 필요한 부분이 무엇인지에 대한 나의 생각을 제시하고, 학업적 훈련만으로는 불충분할 수 있는 임상 실무에서 요구되는 인지 및 정서적 준비도에 대해 설명하고자 한다. 나는 슈퍼비전의 목표를 설정하는 과정에 첫째, 치료 장면에서 나침반의 역할을 할 수 있는 내적 슈퍼바이저를 갖는 것, 둘째, 치료자로서 경력 전반에 걸쳐 적절한 자문(consultation)을 구하는 능력을 키워 주는 것에 대해 설명할 것이다. 나는 슈퍼바이지가 그들의 슈퍼바이저에 대해 정신화할 수 있고, 어렵거나 심지어 피해를 받을 수도 있는 슈퍼비전 상황에도 잘 대처하고, 환자 혹은 멘토(슈퍼바이저)와의 관계에서 발생하는 문제에 자신이 기여한 부분이 있는지 진솔하게 들여다볼 용기를 갖도록 할 것이다.

윤리적 고려사항과 용어 사용

이전 저서에서도 그랬듯 이 책에서도 나의 개인적 임상경험을 활용해 설명을 할 것이다. 나의 학생, 동료, 나한테 자문을 받았던 치료자들(consultees)과 슈퍼비전을 받았던 슈퍼바이지, 그리고 나의 환자들과 관련된 삽화(vignettes)을 언급하는 경우에는 사용 승인을 받았거나 현대의 전문적인 기준에 의거하여 식별할 수 없는 형태로 정보를 바꾸었다는 것을 밝혀둔다. 하지만 정신분석적 차원에서 저서를 집필해 본 저자들이라면 익히 알고 있듯, 관련된 사람들의 특징을 왜곡하면서 임상적 기술의 온전성을 유지하는 것은 쉽지 않는 작업이다. 따라서 내가 제시하는 일화에 담긴 핵심적인 진실이 훼손되지 않았기를 바라는 마음이라는 것도 밝혀둔다.

용어 사용과 관련해서, 나는 일반적으로 "슈퍼비전"이라는 용어를 사용하지만 때때로 슈퍼비전과 자문을 차별화해서 사용할 것이다. 자문은 학습자의 입장에서 보면 자발적으로 참여하는 것이다. 즉, 수련 프로그램이나 제3자의 필수적인 요구사항이 아니다. 자문과정에서는 슈퍼바이저가 자문을 해 주고 있는 동료에 대한 평가를 제3자에게 제공해야 하는 법적 의무가 없다. 나는 때때로 슈퍼비전과 자문 둘 다에 대해 언급하기 위해 "멘토" "멘티" "멘토십"이라는 포괄적인 용어를 사용할 것이다. 이 책에서 "수련생(trainee)"이라는 용어를 사용할 때는 대학원 또는 대학원 교육 프로그램의 학생들을 지칭하는 것이라 이해하면 된다. 내가 집필한 다른 저서들에서도 그랬듯, "정신분석"과 "정신역동"이란 용어를 차별화해서 사용하지 않을 것이고 "환자"와 "내담자"를 동의어로 사용하며, 정신건강 전문가들을 지칭하기 위해 "치료자" "임상가" "상담자" "실무자"라는 용어를 교차 사용할 것이라는 점도 밝혀둔다.

01

정신분석적 슈퍼비전의 개요

좋은 슈퍼비전은 슈퍼바이저의 이론적 지향, 슈퍼비전을 받는 치료자(슈퍼바이지)의 인간적 면모나 상담 현장의 차이를 뛰어넘어야 한다고 생각한다. 그래서 내가 이 책에서 말하고자 하는 대부분의 내용은 모든 슈퍼비전 상황에 적용될 수 있을 것이라 믿는다. 하지만 다른 이론적 접근에서는 덜 중요시하는 정신분석적 접근만의 고유한 치료적 덕목(wisdom) 또한 분명히 존재한다. 그렇기 때문에 나는 이 장에서 그런 차별화되는 점을 강조하면서 슈퍼바이지들의 임상적 성숙과 관련된 부분에 대해 설명하고자 한다. 좋은 슈퍼바이저들이라면 아직 경험이 부족한 슈퍼바이지들이 개인적으로 그리고 전문가로서 성장할 수 있게 도와주어야 하기 때문이다.

임상 슈퍼비전은 크게는 교육, 치료, 그리고 사례 관리 업무로 분류되는 수련감독의 세 가지 전문 영역 중 교육에 해당하는 작업이다. 일찍이 Freud(1937)는 이는 본질적으로 "불가능한" 일이라고 말한 바 있다. 그중에서도 정신분석적 슈퍼비전은 매우 독특하고 심술궂을 정도로 불가능해 보일 때도 있다. 치료의 노하우(프로토콜)를 가르치는 수준을 넘는 포괄적, 그리고 친밀하고, 감정적인 차원에서 교육을 하기 때문이다. 정신분석가들은 슈퍼비전에서 슈퍼바이지들이 전문적인 지식을 습득하는 과정에서 의식적으로 전달받는 내용보다 스승의 태도, 어조나 행동을 통해 더 많은 교훈을 얻을 수 있다는 것을 염두에 둔다.

정신분석적 치료자들은 말로 표현되지 않는 미묘한 감정적 측면에 대한 민감성을 유지하면서 슈퍼비전 활동의 전체적인 형태 혹은 게슈탈트에 특별한 주의를 기울인다. 부모들은 아이를 나무랄 때 아무리 좋은 의도를 가지고 있어도 아이에게 모욕감을 주는 훈육방식은 바람직하지 않다는 것을 익히 알고 있다. 인신공격과 같은 가혹한 훈육방식은 아이에게 부모가 가르치려던 예의범절보다는 자신(self)이 경멸을 받아 마땅하다는 수치심과 권위에 대한 두려움, 즉 불편한 정서를 우선적으로 기억하게 만들기 때문이다. 비슷한 맥락에서, 현재 (상담과 심리치료 관련) 대학원 교육은 매우 구체적이고 가급적이면 측정 가능한 기술을 가르치는 데 중점을 둔다. 그런데 치료적 기술을 교육하는 과정중에 체험하는 감정들이 그 어떤 기법들보다 더 큰 울림을 줄 수 있다는 사실을 간과하지 말아야 한다. 이상적인 슈퍼비전은 치료적 자세의 귀감이 되는 멘토들과 동일시하고자 하는 마음을 품을 수 있게 하는 학습의 기회를 제공해야 하기 때문이다. 이와 같은 이유로 나는 지금부터 정신분석적 슈퍼비전에서 중요시하는 정서적 색채(emotional tone)를 시작으로 정신역동적 슈퍼바이저가 슈퍼바이지에게 전수해야 하는 교육적 과제에 대해 설명하려고 한다.

심리적으로 지원해 주기

치료자들은 멘토들로부터 배워야 할 것이 많다. 이를테면 불행한 내담자들이 상담 시간에 지속적으로 털어놓는 부정적 감정의 폭풍우, 즉 끝없는 푸념을 어떻게 견뎌내어야 하는지, 끊임없이 무시당하고 평가절하되는 느낌을 받을 때 어떻게 자존감을 유지해야 하는지, 내담자들이 치료자에게 적당한 불만을 표출할 때, 이를 어떻게 버텨 내어야 하는지에 대해 배워야 한다. 내담자가 보고하는 충격적인 트라우마에 대해 치료자 본인이 느끼는 고통스러운 반응(즉, 이차트라우마_**역주**)를 어떻게 다루어야 하는지, 자기 안에 보잘것없고, 낯설게 느껴지는 감정들은 어떻게 견디어 내야 하는지, 불확실성을 인내하는 방법은 무엇이며, 치료자와의 적절하고 합리적인 경계(boundary)를 받아들이지 못해 상처받는 내담자들과 어떻게 적절한 치료적 경계를 설정해야 하는지, 비정상적인 수준의 비밀 유지가 가능하기는 한 것인지, 상담실 안의 공기가 환자들이 쏟아내는 절망감으로 가득 채워질 때 어떻게 한 줄기 희망을 찾아낼 수 있는지, 환자가 자살할지도 모른다는 불안감은 또 어떻게 떨쳐 내야 하는 것인지, 그 외에도 감정적으로 벅차게 다가오는 많은 문제들을 다루는 방법에 대해 배워야 한다. 그중 일부는 특히 이제 막 정신분석적 치료자로서 첫발을 내딛는 치료자들에게는 부담으로 다가올 수밖에 없는 주제들이다.

심리치료 관련 연구를 포괄적으로 리뷰한 Blagys와 Hilsenroth(2000)의 논문에 따르면, 실제 정신치료를 하고 있는 치료자들은 전이(transference)에 대해 탐색하는 것을 정신분석적 치료의 핵심으로 꼽는다. "우리는 전이(관계)에서 작업한다" "부정적 전이를 해석한다" "강렬한 전이를 견디어 낸다" 혹은 "자기-대상 전이를 수용한다"와 같은 표현들이 말해 주듯 정신역동적 치료자들은 내담자가 즉시적으로 깨닫지 못하는 복잡한 감정들에 대해 편안하게 탐색할 수 있어야 한다. 그런데 여기에는 의식하기 어려운 치료적 관계에 대한 부정적인 감정이 포함된다. 물론 환자들이 지금-여기에서 치료자에 대해 부인, 축소, 혹은 합리화하는 감정과 관련해서 스스로에게 솔직해지도록 도와주려면 치료자도 자신의 주관적인 세계에 대해서 솔직해야 한다. 대부분의 초심자들은 내담자들에게 자신들이 (상처를 줬던_역주) 초기 양육자들보다 훨씬 좋은 대상이라는 것을 보여 주려고 노력하게 된다. 이런 자연스러운 성향 때문에 자신들을 나쁜 대상(상처 준 초기 양육자와 별반 다를 게 없는 사람_역주)으로 대해는 내담자의 경험(태도_역주)을 탐색해야 하는 결정적 순간을 놓칠 때가 있다.

추가적으로, 치료자들은 과거에는 직업적으로나 개인적으로 적응적이었던 사고방식을 버리는, "배움 내려놓기"를 할 필요가 있다. 예를 들어, 타인을 기쁘게 하거나 충고를 하려는 경향, 자신의 한계와 실패를 다른 사람에게 보이지 않으려는 자기 보호적 회피, 상대방의 문제에 자동적으로 자신의 비슷한 경험을 들어 해결방식을 제시하는 경향, 혹은 쉽게 "해답을 알고 있는 사람"이 되려는 경향을 버려야 한다. 이 마지막 유형의 "배움 내려놓기"는 특히 의학적 수련을 받은 치료자들에게 매우 도전적일 수 있다. 이들은 과거 전문적 책임의 일환으로 "의사인 당신이 책임을 져야 한다."라는 메시지를 내면화해야 했기 때문이다. 치료자가 환자의 정신적 삶의 내용에 대해서 우월한 위치를 (의사인 내가 당신의 마음을 가장 잘 안다는 식의_역주)를 주장하지 않으면서 치료과정을 지지하는 전문가로서의 자신감을 갖게 되기까지는 복잡한 개인적 진화과정이 선행되어야 한다.

마지막으로 정신분석적 치료를 배우는 전문가들은 진솔한 자기 모습을 유지하면서 치료 장면에서 환자가 필요로 하는 모든 대상으로 존재해 주는 역할을 통합해야 한다. 치료자의 역할을 "연기(playing)"하는 것이 아니라 환자가 필요로 하는 다양한 역할(대상_역주)이 되어 준 경험을 해 본 치료자라면 이와 같은 내적 통합을 이루기 위해서는 많은 시간이 필요하다는 것을 익히 알고 있을 것이다. Malcolm Gladwell(2011)는 뮤지션들이 신곡 하나를 완벽하게 마스터하려면 10,000시간 이상이 필요하다고 했는데 치료자들에게는 이보다 훨씬 긴 수련시간이 필요하다고 생각한다(Ericsson, Krampe, & Tesch-Römer, 1993). 그리고 그 시간 동안 앞서 언급한 치료자의 모습을 보여 주는 좋은 롤모델을 직접 접할 기회를 갖는 것이 결정적으로 도움이 된다. 숙련된 정신분석가들에게도 강력한 전이의 대상이 되는 것은 쉽지 않은 일이다. 하지만 시간이 지남에 따라 조금씩 쉬워지는 것도 사실이다. 때문에 멘토들은 자신들이 슈퍼바이지들처럼 신참일 때의 모습을 잊어버렸을 수 있다. 전이관계, 즉 환자들이 자신들에게서 "진짜로" 다른 누군가에게 가졌던 감정을 경험하는 상황에서 진솔한 자기 모습을 유지하면서 환자가 필요로 하는 치료적 자세를 유지하는 것이 얼마나 힘든지를 기억하지 못 할 수 있다. 인지적 영역에서의 학습을 병행하면서 내적으로도 치료자로서의 제 역할을 다하는 진솔성(authenticity)을 유지하려면 슈퍼바이지들은 존중, 동정(sympathy) 그리고 Benjamin(2017)이 섬세하게 이론화한 개념인 인정(recognition)을 필요로 한다. 즉, 슈퍼바이저는 슈퍼바이지 한 사람 한 사람과 동일시해, 고유한 성향을 존중하고, 마음을 정확히 읽고, 수용해 주어야 한다.

아마도 정신분석적 슈퍼바이저들에게 가장 결정적인 도전이 되는 것은 슈퍼바이지가 필요로 하는 비판적 피드백과 정서적 지지 사이의 균형을 유지하는 일일 것이다. 정신분석 작업에 처음 몰두하기 시작한 슈퍼바이지를 슈퍼비전하는 상황에서 슈퍼바이저는 정서적 지지를 많이 해 주는 쪽으로 기울기 마련인데 슈퍼바이지가 치료자의 역할에 편안함을 느끼기 시작하면 슈퍼바이저의 태도도 바뀐다. 즉, 민감한 지도자는 슈퍼바이지의 전문성이 발달해 가는 단계를 고려한다. 슈퍼바이지가 노련해졌음에도 불구하고 지속적으로 지지와 응원을 해 주는 데에 치중하는 것은 슈퍼바이지를 유아적 수준에서 다루는 것이라는 사실을 염두에 둔다.

그렇다면 슈퍼바이저들의 임무는 그 무엇보다도 슈퍼바이지가 꾸준히 배움의 길을 걸어갈 수 있도록 도와주는 것이라 할 수 있다. 치료자로서 습득해야 하는 것들, 특히 새롭게 배워야 하는 지식이 자존감을 저해할 정도로 압도적으로 많다면 더욱 그렇다. 슈퍼바이지는 당연히 알고 있어야 하는 것들을 모르고 있다는 사실에 직면하거나, 뭔가 큰 실수를 했다는 것을 깨닫게 되면 매우 힘들어한다. 그런데 슈퍼바이저 중에는 슈퍼바이지를 가르칠 때 요구되는 세심함, 따뜻함, 그리고 적시성(timeliness)이 자연스레 나오는 사람이 있는가 하면, 겉으로는 똑똑하고 유능하게 보이는 슈퍼바이지가 속으로는 자존심에 심각한 상처받을 수 있다는 점을 스스로에게 수시로 환기시켜야 하는 사람도 있다(Gill, 1999 참조).

예를 들면, 한 대학원생이 내게 "저는 사실 꽤 똑똑하거든요. 성적이나 출신 학교나 뭐 그런 걸 봐도. 그런데 저를 무시하고 평가절하하는 이 환자 때문에 완전 바보처럼 느껴져요"라고 토로한 적이 있다. 또한 치료경력이 상당한 동료가 나한테 슈퍼비전을 요청한 적이 있었는데 상담 시간에 계속 깐죽거리며 도발을 일삼는 환자를 죽이는 환상을 떨칠 수가 없다며 이런 경험이 처음이라고 했다. 또 다른 슈퍼바이지는 어린 시절 자신을 학대했던 사람을 연상케 하는 환자, 즉 자신에게 함부로 구는 환자 때문에 몇 년 만에 처음으로 외상적인(traumatic) 꿈을 꾸기 시작했다고 보고한 적도 있다. 나 또한 슈퍼바이저에게 이렇게 말한 기억이 있다. "이 환자에게 그가 하는 짓이 바로 전이라는 것을 이해시키는 것이 너무 어려워요!" "그 환자는 제가 자기가 미워하는 자기 어머니와 똑같다고 생각해요. 어떻게 하면 저를 자기를 도우려 하는 좋은 사람이라 생각하게 만들 수 있을까요?"(내 질문에 대한 슈퍼바이저의 답변은 이러했다. "그건 쉽지 않을 걸! 한동안 사람들로부터 전혀 이해받지 못하고 있다는 느낌을 견뎌야 할 것 같네!"). 슈퍼바이지들이 치료자에서 학생으로 입장이 바뀌게 되면 자존심에 상처를 입을 때도 많다는 것을 알고 있다고 말해 줄 필요도 있다.

슈퍼비전에 정직하게 참여하고 배운 것을 잘 활용하도록 도와주기

인간관계에서 생각하고 느끼는 모든 것을 솔직하게 드러내는 것은 일반적인 사회적 대화의 방식이 아니다. 사실 자신의 모든 것을 보여 준다는 것은 친구나 관계를 잃는 가장 확실한 방법일지도 모른다. 그러나 정신분석적 치료에서는 이렇게 하는 것이 "기본 규칙"이고, 이는 환자들이 따르기 매우 어려워하는 부분이기도 하다(일부 분석가들은 완전히 "자유로운" 연상에 참여하는 능력은 통상 정신분석적 치료가 종결에 이를 때까지도 가능하지 않다고 지적하기도 했다). 환자들이 마음속에 떠오르는 모든 생각, 감정, 행동에 대해 말해 보라는 치료자의 초대에 선뜻 응하는 것이 어려운 것처럼, 치료자들 역시 자신의 작업을 슈퍼바이저에게 완전히 솔직하게 드러내기는 어렵다. 동영상이나 오디오 녹음을 활용하는 슈퍼비전을 한다고 해도 마음만 먹으면 완전한 자기 노출을 피할 수 있다. 슈퍼비전 시간에 녹음된 내용의 어느 부분을 재생할지 선택할 수 있고, 녹음 장치가 꺼져 있을 때, 세션의 시작과 끝에 정확히 어떤 일이 있었는지 보고하지 않을 수도 있다. 특히 슈퍼바이저가 법적으로 혹은 기관의 방침에 따라 치료자의 작업을 평가해야 하는 경우, 완전히 솔직해지는 것은 치료자들에게 매우 두려운 일이 될 수도 있다. 자신이 계속해서 실수를 저지르고 있다고 걱정하는 초심자들에게는 특히 그렇다.

음악이나 연기, 시각 예술을 공부한 경험이 있는 초보 치료자들은 그나마 행운인 게 치료의 현실적 측면을 좀 더 잘 받아들일 수 있는 것 같다. 예를 들면, 어떤 과제에 접근하는 방식은 매우 다양할 수 있다는 것, 완벽에 대한 환상은 결코 달성할 수 없는 희망이라는 것, 대부분의 임상적 의사결정은 옳고 그름의 차원이 아니라 하나를 얻는 대신 하나를 포기하는 거래의 차원에서 이루어진다는 것, 전문가로서의 삶에서는 지속적인 비판적 피드백이 반드시 필요하다는 것, 그리고 전문적인 비판이 개인적인 공격과 동일시되어서는 안 된다는 것 등이 바로 그것이다. 예술 분야의 배경을 가진 치료자들은 이미 기법을 자신의 진정한 자기(authentic self)에 통합하는 데 익숙하며, 일반적인 원칙을 바탕으로 자신들의 성격에 맞게 유연하게 작업하는 데에도 익숙하다. 하지만 대부분의 초심자들은 그와 같은 경험이 부족하다. 학문적 배경을 가진 사람들은 시험이나 보고서에서 A를 받기 위해 끊임없이 노력하는 데 익숙하며, 그러한 접근방식은 비합리적인 완벽주의와 모든 문제에는 반드시 "정답"이 있다는 환상을 강화시킨다(Arlowitz, 2001 참조). 그 결과, 슈퍼바이저가 다른 식으로 접근했어도 좋았을 것 같다는 제안을 하면, 마치 자신이 뭘 잘못해서 비난받는 듯 느끼는 경향이 있다.

게다가 치료자 중에는 우울적 성격(depressive personality)을 가지고 있는 사람이 많다고 알려져 있다(Hyde, 2009; McWilliams, 2004 참조). 이런 치료자들은 세상에 좋은 영향을 미치는 일을 한다는 것에 자부심을 느끼기 (부정적인 자기감을 상쇄하기) 때문에, 돌봄을 제공하는 역할에 끌리게 된다. 또한 다른 사람들에게 매우 너그럽다. 하지만 죄책감을 잘 느끼고, 자기 비판적이며, 부정적인 평가를 쉽게 내면화하는 경향도 있다. 환자의 치료가 잘 되고 있으면 그건 환자의 재능과 노력 때문이라 생각한다. 환자의 치료가 잘 진행되지 않으면 그건 치료자 자신이 뭔가 잘못한 탓이라고 느낀다. 따라서 슈퍼비전 상황 자체와 치료자들이 전형적으로 지니고 있는 성격 특성(우울적 성격_역주)이 합쳐져 슈퍼바이지는 자신의 치부가 드러나는 것 같은 수치심과 질책받는 느낌을 경험하기 쉽다. 다행히 우리 직업군에서는 드물지만, 가장 자기애적이거나 반사회적인 슈퍼바이지들만이 자신의 결점을 지적했던 과거 비판자들의 음성을 되새기는 내적 정화 능력, 내면의 목소리를 가지고 있지 않다.

민감한 슈퍼바이저들은 치료자(슈퍼바이지)의 작업에 대한 긍정적인 면을 인정하는 동시에 더 나은 결과를 얻을 수 있을 법한 방법을 제안하는 의사소통 방식을 갖고 있다. 나쁜 혹은 부족한 점을 지적하기 전에 반드시 좋은 점을 말해 주는 것이 좋다는 일반적인 심리적 조언은 슈퍼비전 상황에 특히 유용하다. 다음은 노련한 슈퍼바이저가 이런 기본 규칙을 잘 실행한 몇 가지 예시이다.

- "당신의 환자는 누군가를 신뢰하는 데 어려움이 있음에도 불구하고 당신과는 참 편안하게 지내고, 자기 개방도 많이 하는 것 같습니다. 그건 결코 사소한 일이 아닙니다. 당신이 내담자와 얼마나 잘 소통하고 있는지를 보여 주는 부분입니다. 동시에 저는 당신과 그녀 모두 아직 그녀가 불신하는 영역에 대해 탐색하는 것을 회피하고 있지는 않은지, 그녀의 편집적 성향이 완전히 지나간 일이라는 묵시적인 합의 속에서 안전하게 가려고만 하는 것은 않은지도 궁금합니다."
- "상담을 마칠 시간이 지났는데도 왜 내담자가 계속 얘기하도록 내버려 둘 수밖에 없다고 생각했는지 알 것 같습니다. 저라도 아마 같은 상황이었다면 그렇게 했을 거예요. 그 내담자가 당신에게 조금만 더 시간을 달라고 감정적으로 강하게 압박했잖아요. 하지만 상담 시간을 연장하

면 장기적으로는 문제가 될 수 있다고 생각합니다. 내담자로 하여금 자신은 고통 속에 있으므로 치료자는 자신을 위해 상담 시간을 엄수하는 규칙 정도는 눈감아 주어야 한다는 믿음을 갖게 했을 수도 있습니다. 본의 아니게 새로운 과제를 하나 떠안게 된 것 같습니다."

- "정말 놀라웠습니다! 그녀가 그것을 받아들였다고 생각하시나요? 아니면 혹시 지금 우리 둘만 당신이 맞았다는 걸 알고 있는 상황인가요?"

물론 아무리 슈퍼바이저가 민감하게 반응하고 지지하는 역할을 수행하더라도, 슈퍼비전에서 슈퍼바이지들이 느끼는 수치심과 고통을 완전히 없애 줄 수는 없다. 슈퍼비전에 대한 부정적 반응은 어느 정도는 불가피한 것이기 때문이다. 몰랐던 내용을 배우는 단순한 경험조차도 자기애적 상처가 될 수 있다. 자신이 제공한 피드백에 대한 슈퍼바이지의 반응을 처리하는 것, 특히 슈퍼바이지의 부정적인 감정을 다루는 것은 정신분석적 슈퍼비전 과정에서 매우 핵심적인 부분이다. 환자가 치료자에게 분노나 상처를 드러내면 임상 작업이 더 깊은 통찰로 이어질 수 있는 것처럼, 슈퍼바이지가 슈퍼바이저에 대한 부정적인 반응을 인정하면 슈퍼비전에서 필요한 공동작업을 촉진해, 배움의 경험을 더욱 충만하게 해 줄 수 있다.

보통 슈퍼바이지들이 이렇게 슈퍼바이저의 의견에 동의하지 않는다는 의사표현을 하거나 부정적인 반응을 경험했다고 솔직히 말할 수 있는 자유를 경험하는 데에는 꽤 오랜 시간이 필요하다. 특히 슈퍼바이지가 수련생인 경우 평가를 받고 있는 상황이기 때문에 더욱 그렇다. 그렇더라도 슈퍼바이저들은 슈퍼바이지가 슈퍼비전 상황에서 편안하게 스스로의 경험을 드러낼 수 있도록 해 주는 것이 중요하다는 것을 염두에 두어야 한다. 왜냐면 감정적으로 해결이 되지 않으면 인지적으로 숙달하는 지식은 불완전하고 취약한 채로 남아 있기 때문이다(Bucci & Maski, 2007; Castonguay & Hill, 2007; Vivona, 2013 참조). 실제 슈퍼바이지들은 멘토에 대한 나쁜 평가는 입 밖에 내지 않는 것이 현명하다고 느낄 때가 종종 있는데, 그렇게 솔직하지 않은 채로도 여전히 많은 것을 배울 수는 있을 것이다(Strømme, 2014; Strømme & Gullestad, 2012). 하지만 솔직히, 비판적인 질문과 부정적인 반응을 감내할 수 있는 슈퍼바이저들로부터 더욱 깊이 있고, 진솔한 배움의 경험을 할 수 있다.

슈퍼바이저는 슈퍼바이지가 자기애적 상처로부터 자신을 보호하기 위해 사용하는 방어를 다뤄야 할 때도 있다. 슈퍼바이지의 방어를 다루는 것은 치료 장면에서 환자의 방어를 다룰 때와 크게 다르지 않다. 적절한 타이밍, 노련함, 그리고 방어적인 반응이 슈퍼바이지의 배움과 성장에 얼마나 방해가 되는지를 보여 줄 준비가 되어 있어야 한다. 대부분의 치료자들은 어느 정도 자기 비판적인 경향을 갖고 있고 개중 일부 심한 경우는 매번 슈퍼비전 시간을 고해성사하듯 시작하기도 한다. 슈퍼바이저에게 미리 자신의 잘못을 고백하며 스스로를 공격하는 식으로 임한다. 슈퍼비전 시간에 마치 "나는 이것도 잘못했고, 저 상황에서도 제대로 대처하지 못해 망치고 말았어요."와 같이 장황하게 자기 잘못을 늘어놓는다. 슈퍼바이저는 이런 슈퍼바이지의 모습에서 자기 보호적인 계산이 개입되었음을 곧 눈치챈다. "내가 나를 먼저 공격하면, 슈퍼바이저의 필연적인 공격이 그렇게까지 힘들게 느껴지지는 않을 거야. 그리고 혹시라도 내가 잘못한 게 없다면 슈퍼바이저가 나를 안심시켜 줄 거고, 그럼 나는 마음이 편해질 테니." 하는 계산이 깔려 있는 것이다.

만약 이와 같은 전이에 기반한 기대들이 지금-여기의 교육적 경험에 걸림돌이 되긴 해도 슈퍼바이지가 감당할 수 있는 수준이라고 판단되면, 슈퍼바이저는 덜 숙련된 동료인 슈퍼바이지에게 이와 같은 전이 양상을 명명해 주고, 현재의 상황과 과거에 경험했던 수치심과 비난을 차별화할 수 있게 도와주어야 한다. 이러한 방어적 패턴이 슈퍼바이저와 치료자 모두에게 인식되기 시작하면, 그 패턴이 반복적으로 나타나는지 주목할 수 있으며,

멘토는 그 현상에 대해 편안하게 공감을 표현할 수 있다(대부분의 슈퍼바이저들 역시 초심자일 적에 아마도 유사한 자기 방어적인 모습을 보였을 것이기 때문에). 슈퍼바이저는 자동 반사적으로 일어나는 자기 공격(self-attack)이 특별히 해를 끼치지는 않지만 결국 시간과 에너지의 일정량을 소모시키니, 자기 공격을 하며 시간을 낭비하는 대신에 상담 세션에서 어떤 일이 있었는지 간단히 말하고 슈퍼바이저의 의견을 듣는 것이 더 유익하다고 가르쳐 줄 수 있다.

슈퍼바이저 역시 방어적이 될 수 있기 때문에 자기 분석(self-analysis)이나 동료로부터 자문을 받는 것이 도움이 된다. 부정적인 반응을 마다하지 않고 오히려 환영하는 것은 정신분석적 작업의 특징이다. 나의 경우만 보더라도 치료자가 되기 위한 배움의 여정에서, 슈퍼바이저가 나의 의견을, 특히 슈퍼바이저에 대한 나의 비판을 방어적이지 않고 진지하게 받아들여 준 것만큼 나를 성숙한 전문가로 느끼게 해 준 적이 없는 것 같다. 우리 아버지는 자신은 모르는 것이 없다고 생각한 사람이었기 때문에 나는 당연히 권위자들이 방어적일 것으로 예상하는 경향이 있었다. 때문에 슈퍼바이저가 내 의견을 알고 싶어하는 호기심을 보이고, 자기 생각과 다른 의견을 듣고 기꺼이 재고하려는 태도, 오해를 했다며 사과하는 태도를 보여서 놀랐고 안도감을 느꼈던 경험이 많다. 이런 경험들은 권위주의적인 대신 자상하면서도 권위 있는 모습으로 가르치는 것이 무엇인지 그 본질에 대해 많은 것을 생각하게 해 주었다.

슈퍼바이지가 자신의 걱정거리를 편하게 꺼낼 수 있고 또 말로 표현할 수 있는 선택권을 부여받는 것은 협력적인 슈퍼비전 작업의 핵심이다. 자신의 멘토에게 진실을 말할 수 있는 것은 슈퍼바이지가 환자에게도 똑같이 진실을 표현할 수 있도록 하는 것에 기여한다. 나는 대학원생을 대상으로 하는 고급 슈퍼비전 집단에서 조력자의 역할을 수행하면서, 초보 치료자인 학생이 내가 한 말이나 행동을 비판할 만큼 용기를 내는 모습을 여러 번 보았다.

이러한 경험에 대해서는 5장에서도 언급할 예정이다. 집단구성원들이 그런 대립 상황이 슈퍼바이지들이 두려워하는 보복을 불러일으키는 것이 아니라, 슈퍼바이저인 나로 하여금 오히려 더욱 관심을 갖고 진지하게 검토해 보게 된다는 점을 깨닫게 되면, 집단의 역동은 더 깊어지고 안전해진다. 이러한 경험을 통해 집단 구성원들은 환자들과의 불가피한 대치 상황에서도 점차적으로 더 편해질 수 있다.

정보 제공하기

슈퍼바이지들은 슈퍼바이저들이 자신들보다 훨씬 더 많이 알고 있는 부분에 대해서도 도움을 필요로 한다. 단순 지식과 관련된 영역으로는 지역의 법률과 관련된 정보, 치료와 관련된 지역 법률과 윤리에 대한 정보, 청구 및 기록 보관 절차, 학교폭력, 가정폭력, 마음건강지원 프로그램과 같은 정부 프로그램, 단주(alcoholics anonymous) 혹은 단 도박(gamblers anonymous) 프로그램과 같은 자조(self-help) 프로그램에 대한 정보, 변호사로부터 연락이 올 경우에 예상할 수 있는 내용과 진행방식과 같이 매우 실용적인 내용이 포함된다. 슈퍼바이저는 슈퍼바이지에게 도움이 될 수 있는 신문기사와 책, 치료하는 임상군과 밀접한 관련 있는 경험연구, 콘퍼런스 및 관련 팟캐스트에 대한 정보 등도 제공할 수 있다. 슈퍼바이지는 슈퍼바이저로부터 치료자로서 업무 전반, 특히 적절한 임상적 판단을 하는 데 도움이 될 수 있는 연구자료를 보유한 기관 정보를 받을 수도 있다.

슈퍼바이지는 슈퍼바이저로부터 성격의 개인차, 발달 과정, 신경 과학, 감정, 외상, 중독 및 애착 등과 같이 치료에 관련된 일반적인 주제에 관한 필요한 정보를 얻을 수도 있어야 한다. 슈퍼바이지들은 정신분석적 접근뿐만 아니라 다양한 치료 모델에 대해서도 필요한 경우 적절한 다른 전문가에게 내담자를 의뢰할 수 있기 때문이다. 평판이 좋은 정신과 의사나 기타 의료 전문가에 대한 정보도 필요하고 약물치료에 대한 최소한의 지식도 가지고 있어야 한다. 환자를 도울 수 있는 지역사회 프로그램에 대한 정보(즉, 사회복지사가 일반적으로 가지고 있는 전문 지식)는 특히 내적 변화뿐만 아니라 외적인 삶에서도 변화가 필요한 복합 정신병리를 가진 환자를 치료하는 슈퍼바이지에게 매우 유용할 수 있다. 슈퍼바이지들은 보험 관련 법률에 대해서도 약간의 지식이 필요한데, 특히 환자가 지속적으로 치료를 받는 데 문제가 생길 때 대처할 수 있는 방안에 대해 조언도 필요할 수 있다.

다문화, 소수자 집단, 동종 직업에 종사하는 사람들로 구성된 정체성 그룹(job-related identity groups) 및 장애로 정의되지 않지만 고유한 문제를 갖고 있는 집단(예: 쌍둥이, 입양아, 트랜스젠더, 사망한 형제자매를 대신하는 삶을 살아야 했던 사람들, 사별을 경험한 아이들, 이혼한 부모의 아이들, 중독자의 자녀, 사이비 종교 집단에서의 생존자, 신체적 어려움 및 만성 질병을 가진 사람들, 노인 등)의 특성에 대한 지식도 임상적 차원에서 매우 유용하다. 수년간 실무 경험을 쌓은 슈퍼바이저들이라면 지금까지 언급한 영역들에서 괄목할 만한 지식과 정보를 축적했을 것이다. 하지만 아직 숙련되지 않은 치료자에게는 이런 것들이 완전히 새로운 정보일 수 있다.

마지막으로, 정신분석적 접근을 지향하는 슈퍼바이지들이 정신분석 학문과 실제에 대한 오해나 평가절하에 대응할 때 인용할 수 있는 데이터에 대한 지식을 갖추어야 한다는 안타까운 현실이 존재한다. 미국에서는 일부 도시에 위치한 센터에서 근무하는 치료자를 제외하면, 정신분석에 대한 널리 알려진 오류들(예: 정신분석은 "증거 기반"이 없다거나, 명성 있는 전문가들이 더 이상 분석적 치료를 하지 않는다거나, 혹은 정신분석적인 모든 것은 경험적으로 신뢰할 수 없다는 것)을 반박할 수 있을 정도로 연구 문헌들에 대한 지식을 갖추는 것이 요즘의 정신분석적 실무자로 살아남기 위한 필수 조건이 되고 있다. 그러나 동료들의 잘못된 생각을 바로잡아야 하는 부담감은 긍정적인 면도 있다. 정신분석을 평가절하하는 의견에 대해 정신분석의 옹호자가 참을성 있게, 방어적이지 않은 방식으로 대응함으로써 정신분석적 전통이, 어떤 무지렁이 교수가 말했던 것처럼, 실증적 근거가 전혀 없는 황무지가 아니라는 사실을 알게 될 것이다. 그리고 그렇게 함으로써 동료들은 오히려 임상적으로 유용한 정신분석적 개념들에 대해 배우는 데 관심을 보이게 된다.

최근(2020년 3월 말), 국제적으로 활발히 활동 중인 정신분석적 연구자를 위한 국제 메일링에(listserv)—나는 조용히 활동 중이다—참여중인 학자들은 정신분석적 치료에 대한 우수한 실증 연구들의 리스트를 만드는 것에 동의하였다. 그리고 그중 대다수는 광범위한 메타 분석이었다. 다음은 해당 리스트에서 가장 높이 평가받는 연구들이다. Abbass, Rabung, Leichsenring, Refseth, and Midgely(2013); Abbass et al.(2014); Barlow, Bennett, Midgley, Larkin, and Wei(2015); Driessen et al.(2015); Hayes, Gelso, Goldberg, and Kivlighan(2018); Hoglend et al.(2006); Keefe, Moulton, Raubon, and Barber(2015); Shedler(2010); Steinert, Munder, Hilsenroth, Abbass, Mano, and Barber(2014); Leichsenring, Luyten, Dinger, Zilcha-Mano, and Rabung(2015); Shedler (2010); Steinert, Munder, Rabung, Hoyer, and Leichsenring(2017); and Western(1998). 나는 슈퍼바이지들로부터 정신분석적 치료의 과학적 증거에 대한 도전적 질문을 받는 슈퍼바이저들을 위해 위의 연구목록을 제공한다. 이러한 유형의 우려를 표현하는 슈퍼바이지들에게는 애착, 성격, 발달, 방어 과정, 신경 과학과 같이 임상 실무에 중요한 함의를 지니는 주제를 다루는 광범위한 실증 문헌들을 찾아보라고 알려 주는 것도 도움이 될 것이다.

기법 가르치기

정신분석적 실무는 체화된 고유한 감수성을 구현한다. 즉, 고유한 태도와 가치를 품고 있어 그 자체로 잠재적인 치료 환경을 조성한다(Brenner & Khan, 2013; Buechler, 2004; McWilliams, 2004; Schafer, 1983; Thompson, 2004). 정신분석적 슈퍼바이저는 임상적 시행착오와 연구를 통해 실무자들이 오랜 시간에 걸쳐 발전시켜 온 감수성을 반영하는 기법과 역량을 가르치고 함양시켜야 한다. 저술가들은 이러한 기술들을 다양한 방식으로 설명했다(예: Abbass, 2004; Beitman & Yue, 2004; De Masi, 2019; Plakun, Sudak, & Goldberg, 2009; Rousmaniere, 2016; Sarnat, 2010). 나는 이런 기술과 역량을 치료적 동맹 형성하기를 시작으로, 경청하기와 담아주기라는 비언어적 과정, 치료적 한계 설정, 그리고 조율된 표현, 구체화의 촉진, 문제 혹은 갈등의 명료화, 자기 패배적인 패턴 노출, 의미 해석과 같은 언어적 의사소통의 숙달이라는 제목으로 각각 묶어 설명하고자 한다.

치료 동맹 형성하기

정신분석 치료에 처음 입문하는 임상가들은 종종 환자에게 치료 과정에 대해 충분히 설명하지 않고 "치료하기(do therapy)"를 시작한다. 특히 요즘처럼 상호 탐색하기 혹은 모른다는(not knowing) 태도나 자세를 견지하는 접근보다 실무자 주도(practitioner-directed)의 적극적인 개입 전략이 우세한 상황에서는, 그리고 주변의 문화가 정신분석적 작업에 대한 정확한 이미지를 제공하지 않는 상황에서는, 특히 초심 치료자들이 정신분석적 치료에 대해 환자에게 잘 설명할 수 있어야 한다. 실제 요즘 들어 치료를 시작하면서 환자들로부터 "이 치료가 어떤 효과가 있나요?"라는 질문을 자주 받기도 한다. 우리는 이와 같은 질문에 대비해 적절한 답변으로 무장을 해 둘 필요가 있다. 슈퍼바이저들은 슈퍼바이지들에게 다음과 같이 내담자들의 질문에 응답할 수 있도록 예행연습을 시켜볼 수 있겠다.

1. 우리는 해결책을 찾기 전에 문제에 대해 좀 더 깊이 이해할 필요가 있습니다.
2. 당신을 상담으로 이끈 대인관계 패턴은 결국 치료자인 저와의 관계에서도 드러나게 될 것입니다.
3. 상담에서 평소 당신에게 문제시되는 관계 패턴을 안전하게 다룰 수 있게 되면, 대인관계에 대해 새롭게 이해하고 대처하는 방법도 터득하게 될 것입니다.
4. 과거의 영향에서 벗어나기 위해서는 과거의 아픈 경험을 애도하는 시간이 필요할 수도 있습니다.

슈퍼바이지들은 치료 후반부에서도 이와 같은 설명을 제공하는 작업을 할 수 있게 대비해야 한다. 소위 "표준 기법" 혹은 고전적 정신분석기법이라 불리는 것에 의해 재갈이 물린 듯 침묵으로 일관하게 된다면, 환자들이 치료가 어떻게 진행되어 가고 있는지에 대해 물을 때마다 경직되고 불안해질 것이다. 예를 들어 치료자가 내담자에게 전이 반응에 대해 질문할 때, 치료자는 환자의 일상생활에서의 패턴을 알아보기 위해 지금-여기에서의 경험을 심층적으로 들여다보려고 한다는 점을 다시 설명해야 할 수도 있다. 혹은 환자의 질문에 답하는 것보다 왜 그 질문을 하는지를 탐색하는 것이 더 나은 상황이라면, 치료자는 환자의 질문에 응하고 싶지만 정신분석적 치료에서는 왜 그러한 질문이 떠올랐고 그것이 내담자의 근본적인 우려와 관련해서 어떤 측면을 드러내는지를 살피는 것이 더 중요하므로 답하지 않겠다고 설명해 줄 준비가 되어 있어야 한다. 하지만 질문의 내용에 직접적으로 반응해야 치료적 작업이 잘 진행될 수 있다고 느껴지면, 슈퍼바이저는 "당신의 질문에 좀 있다가 답을 할 것인데 먼저 왜 그런 질문이 지금 이 순간 떠올랐는지, 그 질문에 무슨 생각과 감정이 담겨 있는지에 대해 탐색해 봅시다"라고 말해 보라고 슈퍼바이지에게 제안할 수 있다. 슈퍼바이지들은 사전에 이러한 적절한 반응을 준비해 둘 수 있어 감사할 것이다.

슈퍼바이저는 초보 정신분석적 치료자들이 진단과 관련된 문제를 다루는 데에도 도움을 주어야 한다. 치료비를 지원하는 제3자가 있는 경우 진단명을 요구하고, 환자 역시 자신의 진단 기록에 대해 알 권리가 있으며, 치료자가 진단에 관한 질문을 회피하면 환자는 어린아이 취급을 당했다고 느끼거나 불안해할 수 있다. 때문에 임상가들은 낙인이 찍혀있는 양극성 장애, 경계선 성격장애 혹은 정신증과 같은 진단에 대해서 전문적 용어로, 그리고 상식적인 언어로도 잘 설명하는 방법을 배워야 한다. 치료를 받으러 오는 사람 중에서는 자신의 증상을 처음에는 덜 무서운 이름으로 부르는 사람들이 많다. 예를 들면, 처음에는 사회 공포증이나 섭식장애가 있다고 말하는 사람들이 치료 초기나 중간에 가서야 "제가 성격장애인가요? 어떤 유형이죠?" 하고 묻는 경우가 있다.

멘토들은 학생들에게 범주적인 정신의학 진단의 한계에 대해 설명해 줄 수 있어야 하고, 환자의 질문 속에 숨겨진 우려에 대해 탐색하는 데 도움을 주어야 한다. 나는 내가 환자들에게 잠재적으로 위협적일 수 있는 그 어떤 것이라도 비밀로 하지 않으며 숨기는 것이 없다는 것을 증명하기 위해 정신장애 진단 및 통계편람(DSM)을 주고 어떤 성격장애가 자신에게 가장 가까운지 물어보기도 한다. 슈퍼바이지들은 나의 이러한 행동에 놀라고는 하는데, 경험상, 환자들은 내가 이런 식으로 질문하면 가장 적절한 진단 범주를 선택한다. 나의 이런 행동을 통해 환자들은 존중받는다고 느끼는 것 같다. 궁극적으로 내 방식은 환자들과의 치료 동맹을 강화하는 데 도움이 된다.

마지막으로, 슈퍼바이저는 슈퍼바이지로 하여금 치료에 대해 환자의 진정한 사전 동의(truly informed consent)를 받도록 도와주어야 한다. 비밀 보장의 한계 및 기타 잠재적으로 문제가 될 수 있는 영역에 대한 지식을 포함하되, 이런 절차들이 슈퍼바이지에게 지나치게 까다롭거나 어렵게 들리지 않도록 해야 한다. 슈퍼바이저는 상담료 및 상담 취소 시 규정 등, 초심 슈퍼바이지들이 종종 한계 설정을 하는 데에 대한 불편함 때문에 경시하는 기타 영역에 대한 방침도 잘 이해했는지 확인해야 한다. 이에 대한 내용은 이 책의 다른 장에서도 논의할 예정이다. 초기 단계에서 이런 작업들은 치료 동맹을 안전하고 편안하게 형성하는 데 기여한다. 이러한 요소들이 치료를 성공적으로 이끄는 핵심적 요소임을 감안해서(Flückiger, Del Re, Wampold, Symonds, & Horvath, 2012; Krupnick et al., 2006; Levendosky & Hopwood, 2016; Safran & Muran, 2003), 슈퍼바이저는 슈퍼바이지가 초기 면접을 마무리할 때, 환자에게 앞으로 함께 작업하는 것이 편안할 것 같은지도 물어보라고 일러 주어야 한다. 이와 같은 치료의 과정(process)에 대한 질문은 앞으로 치료자가 내담자와 전이-역전이 상황을 탐색해야 할 때 "당신과 나(you-and-me)"에 대해서 대화할 준비를 해 주는 역할도 한다. 좋은 슈퍼비전 동맹이 확립되면 치료자들이 이런 방향으로 작업하는 게 수월해진다.

경청하기와 담아주기

정신분석적 기술 중 가장 어려운 것은 내담자로 하여금 계속 이야기를 이어 나갈 수 있게 해 주고 치료자는 환자의 경험 이면에 있는 연상 망(associative network)에 대한 이해를 얻을 수 있는 방식으로 들어주는 것이다. 자유 연상 혹은 최대한 자유롭게 말하라고 격려하는 것은 정신분석 치료자들이 환자의 정신 내적 삶의 주제와 리듬을 듣고, 겉으로 드러나는 내용으로부터 덜 의식적인 의미를 추출하는 데 도움이 된다. 그런데 그냥 들어주는 것은 고통받는 사람이나 끔찍한 경험을 이야기하는 사람과 접촉할 때 자연스럽게 나타나는 반응은 아니다. 사람들은 보통 누군가 힘든 경험을 이야기할 때 자신이 겪었던 비슷한 경험을 떠올리며 응답을 하거나, 상대방을 안심시키기 위해 조언을 하거나, 그런 주제에 대해 생각하는 것 자체가 고통스럽기 때문에 화제를 바꾸려는 시도를 하기도 한다. 하지만 치료자인 우리는 환자들이 자신의 고통에 대해 얘기할 때 더 구체적으로 혹은 더 명확하게 얘기해 달라고 요청하는 방법을 배워야 한다. 단순히 "그것에 대해 좀 더 자세히 말해 주실 수 있을까요?"라고 물어보는 것은 그 어떤 일반적인 사회적 반응보다 훨씬 도움이 된다.

심리 평가 도구는 치료자와 환자 모두에게 매우 유용할 수 있다. 치료의 유형과 치료적 목표를 설정하기 위해 임상가가 활용할 수 있는 수많은 유형의 평가 과정이 있을 수 있다. 때때로 나는 더 잘 훈련받은 동료에게 환자의 심리평가를 의뢰하기도 한다. 심리평가를 진행하는 것은 내 전문성 영역 밖에 있기 때문에, 나는 이 책에서 심리평가 슈퍼비전을 강조하지는 않을 것이다. 초심 치료자들, 특히 심리학 쪽의 훈련을 받은 사람들은 환자가 심리적 고통을 묘사하기 시작할 때 상담실을 가득 채우는 강렬한 정동을 피하기 위해 방어적으로 평가 도구에 의존하는 경향도 있다. 하지만 개방적인 질문을 하는 것이 특정 진단을 위해 DSM 기준에 내담자를 맞추는 것이나 내담자로 하여금 평가지 양식을 작성하게끔 하는 것보다 더욱 즉각적으로 감정을 환기시키는 작용을 한다. 너무 빨리 환자에게 객관적인 평가를 실시하려는 치료자는 그만큼 중요한 정보를 놓칠 위험이 있다. 슈퍼바이저는 때때로 슈퍼바이지들이 더 침착하게, 그리고 더 수용적으로 대응하도록 도와야 한다. 정신분석 분야의 석학인 Hans Strupp가 습관처럼 얘기했다는 "꼭 뭔가를 하려고 하지 말고 그냥 앉아 있어!(Don't just do something, sit there!)"(T. Schact, listserv communication, May 2, 2020)라는 말을 기억할 필요가 있다.

환자가 자신의 경험에 대해 이야기할 수 있도록 도와주는 것은 많은 기술을 필요로 한다. 고요한 치료실 공간이 환자의 성찰로 가득 채워질 때까지 그냥 조용히 기다리는 것은 쉽지 않은 일이다. 특히 외향성을 높게 쳐주는 문화권에서 살아가는 사람들에게는 더욱 그렇다(Cain, 2012 참조). 그러나 다양한 종류의 침묵이 있다는 것을 명심해야 한다. 어떤 침묵은 적대적으로 느껴지고, 어떤 침묵은 절망을 표현하고 있고, 또 다른 침묵은 두려움이나 수치심에서 비롯되며, 어떤 침묵은 내적인 갈등을 표현하고, 또 다른 침묵은 환자가 자신의 정서적 경험을 표현할 단어가 부족한 것에서 비롯된다. 치료자는 내담자가 침묵하는 이유에 맞추어 반응해야지, 항상 조용히 듣기만 하면 안 된다. 하지만 임상가는 치료 과정에서 일반적인 사회적 상황이라면 부적절하게 느껴질 만큼의 정적에도 편안해져야 한다.

일상적인 사회적 대화를 나누는 상황에서 사람들은 상대방의 얼굴 표정을 그다지 의식하지 않는다. 치료적 상황에서 내담자의 비언어적 요소에 주의를 기울이는 것에 비하면 친구, 친척, 동료 및 지인 들과의 관계에서 상대방의 얼굴, 몸짓, 그리고 외모에 대해 의식적으로 모니터링하는 경우는 드물다. 치료 과정에서 담아내기(containment)(Bion, 1962)의 실현은 환자가 자유롭게 이야기할 수 있게 하는 것에 비례한다. Rainer Krause와 동료들은 치료자의 얼굴에 드러나는 정서(facial affect)와 환자의 반응과의 관련성에 대한 흥미로운 연구를 독일에서 진행했다(예: Anstadt, Merten, Ullrich, & Krause, 1997). 실제 환자들과 숙련된 치료자들을 대상으로 한 연구(미국에서 진행된 대부분의 연구는 학생 치료자를 대상으로, 그리고 동반 이환(comorbidity) 없이 오직 하나의 DSM 장애만을 가진 환자를 대상으로 이루어졌다) 결과에 따르면 "치료에 저항을 보이는(treatment-resistant)" 환자들조차도 치료자의 얼굴 표정이 그들이 예상한 반응, 혹은 평소에 다른 사람들이 보이는 전형적인 반응과 눈에 띄게 다를 경우에 중요한 치료적 진전을 보였다. 가령 환자는 치료자의 얼굴 표정에서 분노를 볼 것으로 예상했는데 막상 치료자는 호기심을 보일 때, 환자는 치료자의 얼굴에 경멸의 감정이 드러날 것으로 예상했으나 실제 치료자는 환자에게 수치심을 안겨 준 사람에게 화를 내는 표정을 읽을 때, 환자는 치료자가 혐오감을 드러낼 것으로 기대했으나 치료자가 오히려 슬퍼하는 모습을 볼 때가 그런 경우였다.

대부분의 임상가들은 직관적으로 얼굴 표정의 중요성을 알고 있기에 비언어적으로 전달되는 메시지에 의식적, 무의식적으로 세심한 노력을 기울인다. 예를 들면 환자가 소통하는 방법에 대해 내심 좋지 않은 마음이 들더라도, 따뜻하고 관심을 보이는 태도를 유지하려고 노력한다. 슈퍼바이지들로 하여금 자신들의 얼굴 표정을 잘 모니터링하게 하는 것은 슈퍼바이저들이 명시적으로 가르치는 기술은 아니다. 하지만 슈퍼바이저들이 롤모델이 될 수밖에 없어, 슈퍼바이지들은 슈퍼바이저의 모습을 거울삼아 이러한 기술을 자연스레 습득하게 된다. 나는 정신분석적 진단(McWilliams, 2011)이란 책에서 "코 하품(nose yawn)"이라는 틈새 기술*에 대해 언급했다. 많은 동료들이 그 개념에 공감을 표했다는 점이 인상 깊었는데 임상가로서 제 역할을 수행하며 비언어적으로 전달되는 것에 대한 나름의 투쟁 혹은 고군분투에 대해 공감하는 것으로 생각한다. 슈퍼바이저는 슈퍼바이지에게 전문가로서 내담자 앞에서 어떻게 평정심을 유지해야 하는지를 말로 가르쳐 주는 것이 아니라 몸소 보여 주어야 한다. 이 외에도, 슈퍼바이지들이 상담 시간에 친절하고, 부드럽고, 다정한 표정을 유지하는 것이 얼마나 피곤한 일인지 대해 슈퍼비전에서 하소연할 수 있도록 충분히 담아 주는 역할을 함으로써 궁극적으로는 슈퍼바이지가 그런 자세를 유지해야 하는 상황에 잘 적응할 수 있도록 도와주어야 한다.

경계 설정

두 번째로 어려운 기술은 경계 설정과 관련된다. 모든 임상 작업은 임상가가 편안하게 작업할 수 있는 조건, 그리고 변화를 추구할 수 있는 조건에 대해 치료자와 환자가 어느 정도 명확히 이해하는가를 바탕으로 한다. 그러나 치료적 진전을 위해 중요한 경계를 설정하는 것은 여전히 힘든 일이

---

* 하품하는 것이 보이지 않도록 코로 숨을 내뱉는 제스처_역주

될 수 있다. 특히 합리적인 제약을 두는 것에 대해 실망하고, 분노하는 내담자를 상담할 때 그렇다. 대학원 프로그램에서는 이 중요한 영역에 대해 잘 가르치지 않는 경우가 있다. 막상 학생들이 이런 부분에 대해 수업에서 배우더라도 경계 설정은 매우 복잡한 작업이기 때문에 실제 임상 장면에서 당면하기 전까지는 이게 얼마나 어려운 일인지 실감을 못하는 경우가 많다.

초보 치료자들은 세션 말미에 고통스러워하며 매달리는 환자를 친절하게 상담실에서 내보내는 것과 같은 간단한 딜레마를 해결하는 데도 도움이 필요하다. 고가의 선물을 제공하거나 포옹을 요구하는 내담자, 혹은 결혼식이나 장례식 또는 졸업식에 초대하는 내담자에게 어떻게 대응할지에 대해서도 구체적인 지침이 필요하다. 개인 정보를 요구하는 내담자, 자녀의 상담 시간에 무슨 말이 오갔는지에 대한 정확한 정보를 제공하라고 압박하는 부모, 그리고 법적 소송에 필요한 정보를 요구하는 변호사까지, 이런 상황에 의연하게, 편견 없이 대처하는 방법을 찾아야 한다. 어떤 환자들과의 임상 작업은 가능한 한 부드럽고 단호하게 '아니오'라는 말을 끝없이 반복해야 하는 과정처럼 느껴질 때도 있다. 치료자들은 천성적으로 사람들에게 도움을 주려는 경향이 있기 때문에, 초심자들은 사람들과의 경계를 정확하게 설정하는 데 익숙하지 않은 것 같다.

적절하고 안전한 경계를 설정하는 것은 치료적 틀을 유지하는 것과 관련이 있다. 슈퍼비전을 받는 사람들은 상담료 지불, 상담 약속 취소 혹은 약속을 하고 불참할 때의 규정 그리고 비밀 유지 및 상담 관계의 한계 등과 관련된 자세한 규칙을 포함하는 협약을 맺는 것에 대해 대부분 다양한 예시를 통해 배운다. 상호 합의된 치료의 목표를 내담자에게 잘 주지시키는 방법이나 내담자의 치료적 진전을 방해하는 요소에 대해 탐색하는 방법에 대해서도 슈퍼비전에서 도움을 받아야 한다. 경우에 따라서는 의료보험이나 타인이 대불하는 치료비를 가로채고 상담자에게 치료비를 주지 않는 내담자를 어떻게 상대해야 하는지도 배워야 한다. 심각한 환자들에게는 자살 시도를 포함한 자기 파괴적인 행동과 관련하여 상담자와 맺은 상담 계약(counseling contract)에 대해서 재차 구조화를 해야 한다.

임상 경험에 대해 논문이나 글을 쓰려는 슈퍼바이지들은 환자로부터 사전에 동의를 구하고, 개인 정보를 적절하게 바꾸어야 한다. 따라서 환자들로부터 동의를 받는 과정 또는 치료기록을 적절하게 변형하는 것에 대한 구체적인 지도를 받아야 한다. 슈퍼바이지들은 환자의 동의(혹은 비동의)에 따른 치료적 함의에 대해서도 주의를 기울여야 한다. 자신의 사례가 글로 쓰인다는 사실로 인해 불가피하게 발생하는 복잡한 감정이 치료 장면에 드러날 수 있어서, 슈퍼바이지들은 이러한 정서적 파장을 다루는 데 도움이 필요할 수 있다. 이렇게 내담자가 치료자에 대해 경험할 수 있는 다양한 무의식적, 부정적 반응에 관심을 기울이는 것은 정신분석적 작업의 중요한 원천이자 다른 접근의 치료들과 차별화되는 특징이기도 하다.

언어적 의사소통

구체적인 기술을 가르쳐야 하는 세 번째 영역으로 언어적 개입을 들 수 있다. 타이밍, 톤, 공감한 것을 내담자에게 전달하는 말의 내용, 내담자의 방어를 다루는 것, 환자가 치료자(슈퍼바이지)와 연대감을 갖게 해 주는 것, 혹은 환자가 제공한 자료에서 의미를 추론해 내는 기술 등이다. 한 가지 명심해야 하는 부분은 학생(슈퍼바이지) 중에는 매우 높은 지적 능력을 가졌음에도 불구하고 치료자로서는 그다지 유능하지 못할 수도 있다는 것이다. 임상적 성과는 치료자가 "맞다"고 생각하는 것과 별로 관련이 없을 수 있기 때문이다. 이런 점은 반드시 정답이 있고 정답을 찾아야 좋은 성적을 받았던 교육적 상황에 익숙한 슈퍼바이지들에게는 받아들이기 어려운 현실일 수 있다. 초심자들은 환자들이 치료적 도움을 받았다고 기억하고 소중히 여기는 것은 치료자의 정확한 해석이 아님을 기억할 필요가 있다. 대신 환자들은 따뜻함, 희망, 관심, 그리고 존중을 보여 주는 치료자의 전반적인 태도를 좋은 점으로 기억한다(예: Leamy, Bird, Le Boutillier, & Williams, 2011).

그럼에도 불구하고 치료자가 환자에게 하는 말, 즉 언어적 메시지는 매우 중요하다. 언어적 의사소통은 사람들로 하여금 이해와 감동을 받게 하고, 더 배우고자 하는 호기심을 갖도록 자극하거나, 최선의 자기가 되도록 도전하게 하거나, 현명한 통찰에 감사한다는 느낌을 갖게 해 줄 수 있다. 언어적 의사소통은 동시에 해를 끼칠 수도 있다. 내담자로 하여금 수치심을 느끼게 하거나 비난받는 것처럼 느끼게 할 수도, 혹은 치료자가 자기를 가르치려 드는 것처럼 느끼게 할 수도 있다. 언어적 소통은 자기 탐색과 자기 개방을 저해할 수 있으며, 은연중에 스스로 노력할 필요 없이 명석한 치료자에게 그저 의존하면 된다는 교훈을 줄 수도 있다. 슈퍼바이저들은 치료자들이 하는 말이 치료 효과를 극대화했는지, 혹은 반대로 내담자들을 더 고통스럽게 만들고 치료자의 말을 귀담아듣는 것에 저항하게 만들었는지를 판단할 수 있는 합리적 기준을 세울 수 있도록 도와주어야 한다(Strupp, Hadley, & Gomez-Schwartz, 1977). 치료자는 멘토들로부터 모델링과 더불어 다양한 임상적 도전에 직면할 때 어떤 말을 하는 것이 좋은지에 대한 구체적인 제안들을 제공받아야 한다.

윤리적 감수성 키워 주기

멘티들의 상담 기술을 개발하는 것을 돕는 것 외에도 슈퍼바이저들은 이론적 수준에서 알고 있는 윤리 기준을 실무 현장에 맞게 적용하는 역량을 키워 주어야 한다. 임상, 상담, 그리고 사회복지 전공 교육 프로그램들은 대체로 학생들에게 윤리적 이슈에 대한 교육에 집중한다. 이는 일반적인 원칙과 학문 분야에 적절한 구체적 실행 방안을 모두를 포함한다. 예를 들어, 미국 심리학회(2017)의 윤리 강령은 선행(beneficence), 신실함/책임(fidelity/

responsibility), 자부심 혹은 정직성(integrity), 정의(justice), 그리고 사람들의 권리와 존엄성에 대한 존중(respect for people's rights and dignity)이라는 원칙들을 강조한다. 심리학회 행동 강령은 이러한 원칙들이 전문가로서 행동하는데 어떻게 적용되어야 하는지를 구체적으로 명시한다. 환자와 성적 관계를 갖지 마라, 이중관계를 피하라, 법에 의해 요구되는 경우를 제외하고는 비밀보장에 대한 예외 규정을 두지 마라, 그리고 자신의 역량을 넘어서는 직무를 수행하지 말라고 명시한다.

초심자들은 이런 부분들에 대한 지적 이해와 더불어 전문 분야의 특성에 기반한 윤리 규정의 임상적 함의에 대해 개인적으로 일관된 "감"을 갖고 있어야 한다. 그리고 대부분은 갖고 있다. 현재 상황에서 환자들로부터 윤리적으로 도전을 받을 때 슈퍼바이지들은 학습한 윤리 강령을 실제에 적용하는 생생한 경험을 하게 된다. 윤리적 딜레마에 당면하는 순간이 '지금 여기'여야 비로소 윤리 강령을 실무에 적용하는 작업이 생생하게 다가올 것이다. 물론 명성 있는 수련 프로그램에서는 윤리적 딜레마와 관련한 예시들을 구체적으로 제시하면서 각각의 상황에서 취해야 하는 바람직한 윤리적인 선택이 무엇인지에 대해 토의하는 식으로 윤리 교육을 할 것이다. 하지만 실무에서의 윤리적 선택은 수업에서 논의되었던 가설적인 상황과는 매우 다르고, 훨씬 더 도전적이다. 임상 상황에서의 정서적 압박감과 전이 및 역전이의 강도는 수업 시간에서의 역할극(role playing)을 통해서는 예측하기 어려울 정도로 강렬할 때가 있다. 슈퍼비전은 폭풍우처럼 몰아치는 임상 상황에서 윤리 원칙을 나침반 삼아 치료자가 배를 저어 가는, 즉 적절한 임상적 조치를 수행하는 방법을 배울 수 있는 이상적인 환경이다.

슈퍼바이지 중에는 실용적으로나 도덕적으로 비판의 대상이 되지 않으려는 욕심 때문에, 혹은 자신은 높은 직업적 기준에 도달했다는 자만심 때문에 모든 임상 상황에 적용될 수 있는 '규칙', 즉 정답을 찾으려는 듯 강박적으로 실무적, 윤리적 문제에 접근하는 사람도 있다. 슈퍼바이저는 그 어떠한 임상 전문서도 실제 상황에서 발생 가능한 모든 문제를 다룰 수는 없다는 사실을 슈퍼바이지가 받아들이도록 도와주어야 한다. 정신건강 분야에 종사하고 있는 전문가들이 불만이 많거나 반항적인 어린이가 아니라 책임감 있는 어른처럼 느끼고 행동하려면 꽤 오랜 시간이 걸린다.

임상가들에게는 특정 윤리적 상황의 기저에 있는 근본적인 원리에 대한 판단력, 지혜, 그리고 성찰을 필요로 한다. 둘 이상의 원리가 충돌하는 상황이 아닌지 고려해 봐야 하고, 문제 상황에 대처하는 다양한 해결책과 예상 가능한 모든 결과를 염두에 두어야 한다. 나의 동료 Russ Healy가 이야기했듯, 이 분야에서 우리는 원리원칙주의자로 시작해("어떤 기본 규칙을 따라야 하는가라는 물음에 매여 있는") 결과론자가 되는 경향이 있다("이것을 했을 때 예상되는 결과는 무엇인가?"를 고민하는). Cynthia Baum-Baicker는 존경받는 정신분석의 대가들과 인터뷰를 진행하면서 임상적 지혜(clinical wisdom)와 관련해서 공동적으로 언급하는 주제로 다음을 꼽았다: 경험에 대한 개방성, 불확실성과 역설을 견디는 능력, 복잡성에 대한 민감성(sensitivity to complexity), 전통적인 규칙에 대한 존중감과 동시에 그런 것들에 도전장을 낼 수 있는 의지, 경험에의 몰입과 비판적 성찰 사이에서 균형감을 유지하는 것(Baum-Baicker & Sisti, 2012). 이런 역량들을 우리는 슈퍼바이지에게 함양시켜 주어야 한다.

(치료적 상황에서_**역주**) 임상적 지혜를 보여 주는 것은 결코 쉬운 일이 아니다. 치료상의 난관에 직면했을 때, 슈퍼바이저들은 슈퍼바이지로 하여금 환자들에게서 불편한 질문을 받게 되면 좀 생각할 시간이 필요하다고 말하는 습관을 갖도록 지도해야 한다. 이렇게 시간을 벌면 지금 당면한 딜레마 상황과 이로 인한 스트레스에서 잠시나마 벗어날 수 있게 된다. 슈퍼바이지들은 "그것에 대해 좀 생각해 볼게요. 좀 더 고민해 보고 다음 시간에 함께 얘기 나눠 봅시다"라는 식으로 대응해도 괜찮다는 것을 배워야 한다. 이와 같은 대처 방식은 감정적으로 압박감을 느끼는 상황에서도 성찰을 할 수

있는 여유를 준다. 또한 치료자가 자신만큼 강력한 역전이를 느끼지는 않을 제3자에게 이 상황을 보여 줄 기회도 제공한다. 전문가로서 경력이 쌓이더라도, 잠시 멈추고 도움을 요청해야 하는 순간은 결코 사라지지 않을 것이라는 점을 명심해야 한다. 대부분의 임상적 상황에는 장단점이 있기 때문에 무엇이 "올바른(right)" 행동인지 (혹은 무엇이 "더 나은(better)" 행동인지) 혼란스러울 경우 다른 사람에게 조언을 구하는 것이 좋다. 더 경험 많은 치료자나 특정 분야의 전문가 혹은 슈퍼비전 그룹에서 도움을 받을 수 있고, 법적 자문을 구할 수도 있다.

대부분의 전문 기관에는 치료자가 당면하는 윤리적 딜레마를 해결하는 윤리 위원회나 실수로 인해 재정적인 어려움을 겪고 있는 치료자들에게 도움을 주는 전문가들이 있다. 미국의 경우 치료자의 실수가 초래할 수 있는 재정적 결과를 우려하는 보험회사들은 일반적으로 위험 관리 자문가를 고용해 이들을 돕는다. 만약 치료자에 대한 민원이 제기된 경우, 해당 치료자가 다른 전문가와 상담했다는 사실은 해당 사건을 심의하는 전문가 위원회의 결정에 감경 요인으로 작용한다. 초심자들은 스스로를 전문가라고 여기려면 아무리 어려운 일이라도 알아서 결정할 수 있는 능력과 자신감을 갖고 있어야 한다는 환상을 가지고 있다. 슈퍼바이저는 슈퍼바이지에게 이는 비현실적인 목표라는 것을 조심스럽게 전달하여 환상을 깨뜨려야 한다.

어떤 경우라도 우리가 가르치는 수련생들이 환자들에게 해를 끼치지 않도록(do no harm) 하는 것이 슈퍼비전의 가장 핵심적인 의무이고(Alonso, 1985), 슈퍼비전에서 드러나는 윤리적 문제들은 심리치료에서 발생하는 윤리적 이슈들보다 더 도전적이기 때문에 나는 6장에서 슈퍼바이저가 짊어지어야 하는 공동체 혹은 사회에 대한 책임감과 가치관에 대해 질문을 던질 것이다. 이를 위해 6장에서는 윤리에 대한 질문이나 고민을 가지고 있는 슈퍼바이지들에게 도움이 될 수 있는 몇 가지 자세한 예제들이 제시될 것이다. 하지만 지금 이 장에서 강조하고자 하는 점은, 슈퍼비전의 다른 영역들과 마찬가지로 어떤 태도에 대해 가르치는 것보다 그것을 몸소 보여 주는 것이 훨씬 더 강력한 교육적 효과가 있다는 것이다. 슈퍼바이저가 "사소한" 일이라도 성실하게 처리하는 모습을 보여 주는 것(약속한 추천서를 제날짜에 써 주기, 연락을 받으면 당일 회신하기, 상담 약속을 임의로 취소하지 않기, 예정된 휴가 일정에 대해 미리 안내하기 등) 그리고 큰일도 (슈퍼바이지에게 솔직하고 비밀보장의 원칙을 지키는 것을) 몸소 실천하는 것을 보여 주는 것이 이를 말로 설명하고 가르치는 것보다 더 중요하다.

슈퍼바이지를 정신분석적 감성으로 사회화시키기

이 장에 포함된 모든 슈퍼비전 절차는 Brenner와 Khan(2013)이 "정신분석적 미덕"으로 슈퍼바이지들을 훈련시키는 방식이라고 한 것과 맥을 같이 한다. 원래는 정신의학에서 레지던트를 지도 감독하는 사람들을 대상으로 한 설명이긴 하지만 정신분석적 실무 영역 전반에 적용이 가능하다고 생각한다. Brenner와 Khan(2013)이 명시한 고유한 정신분석적 덕목으로는 다음과 같은 것들이 있다: 공감; 중립성과 긍정성[여기서 중립성의 의미는 비반응성(non-responsiveness)과 동일시되는 개념이 아니라, 원초아, 자아, 초자아와의 등거리성(equidistance)을 유지하라는 Anna Freud의 개념이다]; 상담이 진행되면서 차차 의미가 밝혀질 것이란 확신; 복잡성, 불확실성의 포용과 겸손; 전이에 대한 개방성; 권위주의적으로 행동하거나 환자의 긍정적인 감정에 동조함으로써 치료자가 자기애적 만족을 추구하지 않는 것.

예비 정신역동적 치료자와 정신분석가를 맨토링한다는 것은 기본적으로 슈퍼바이저가 이들을 고유한 가치관을 가진 학문 혹은 치료 공동체의 일원으로 초대하는 것이라고 할 수 있다. Roy Shafer는 1983년에 발표한 『The Analytic Attitude』라는 저서에서 이런 정신분석적 감수성(sensibility)

에 대한 자신만의 방식을 제시하기도 했다. 나는 정신분석적 감성(ethos)의 다른 요소들을 내 저서인『정신분석적 심리치료』(McWilliams, 2004)와 Jeremy Safran의 작업에 대한 내 논문(McWilliams, 2019)에서 기술한 바 있다. Sandra Buechler(2004) 역시 정신분석적 치료를 주도하는 특유의 감성을 중심으로 정신분석적 가치를 심어 주는 것에 대해 설명했다. 이와 같은 참조의 틀(frame of reference)은 슈퍼바이지들이 그간 받아들여 왔던 실용적이고 실리적인 접근법과는 사뭇 다를 수 있고, 조용히 힘을 발휘하지만 정신분석적 슈퍼비전의 중요한 부분을 차지한다.

지속적인 호기심을 자극하고 소진을 예방하기

내가 정신분석적 접근에 대해 가장 귀중히 여기는 이점 중 하나는 임상 작업을 지속적으로 흥미롭게 만든다는 점이다. 증상의 과잉결정성(overdetermination)*, 무의식적 갈등의 깊이, 다면적인 사람들을 내면화하는 불가피성, 겹겹이 층을 이루는 방어의 과정(the layering of defensive processes), 감정의 복잡성, 그리고 미묘한 비언어적 과정이 갖은 힘과 같이 임상적 접촉에서 호기심이나 연민을 불러일으키는 요소는 항상 있다. 심지어 슈퍼바이지가 지루한 내담자, 혹은 자신을 평가절하하는 내담자와 작업할 때도, 멘토와 멘티는 어떻게 그가 심리적으로 텅 빈 것 같은 공허한 상태(empty)가 되었는지에 대해 강렬한 호기심을 가질 수 있다. 무의식적 과정의 방대함과 삶의 문제에 대한 해결책이 얼마나 복잡한지를 알고 있는 슈퍼바이저들은 정신분석적 관점에 내재된 활력을 자신도 모르는 사이에 무심

* 특정한 꿈, 증상, 혹은 행동이 여러 개의 원인이나 의미로 인해 동시에 발생하거나 결정되는 것. 즉, 하나의 심리적 사건이나 증상이 다양한 내적 요인들에 의해 동시에 결정되거나 영향을 받는다는 개념_역주

코("un-self-consciously") 드러내, 슈퍼바이지가 평생 학습의 즐거움을 누릴 수 있는 토대를 마련해 줄 수 있다(예: Aggarwal & Bhatia, 2020 참조).

만약 내가 특정한 증상 증후군을 치료하기 위한 매뉴얼화된 개입들을 훈련받았다면 일찌감치 소진되었을 것이다. 정신분석적 실무와 거의 반세기 넘게 함께 해 온 지금도 나는 여전히 정신분석의 탐구적 특성과 늘 새롭게 배우는 부분에 매료된다. 환자들이 삶을 인식하고 살아내는 무한한 방식을 배울 때마다 나 자신의 세계 또한 확장되며, 정신화(mentalization)하는 역량 역시 증가한다. 나와 유사한 기질을 가진 사람들을 대상으로 하는 분석적 치료와 슈퍼비전은 본질적으로 창의적인 작업이며 깊은 만족감을 준다. 나는 이제 80대와 90대에 접어든 동료들을 알고 있는데, 그들은 돈 때문이 아니라 본질적으로 정신분석적 치료와 슈퍼비전을 사랑하기 때문에 계속해서 내담자들을 만나고 있다.

치료자들은 사람들에게 도움이 되고자 하는 경향이 있다. 하지만 돌봄을 제공하는 일은 결코 쉽지 않기 때문에 모든 치료자는 지향하는 이론적 배경과 상관없이 자신의 역량을 넘어서는 일을 할 때가 있고, 그렇게 하는데 제약이 있다는 사실에 매우 안타까워한다. 또한 환자의 현실적 문제를 해결해 주지 못하는 것에 패배감을 느끼기도 하고, 자비 피로(compassion fatigue)*나 이차적 외상(secondary traumatization)을 입게 되기도 한다. 따라서 소진은 우리 모두에게 해당하는 직업적 위험 요소이다. 한편 새로운 것을 학습하는 것은 어떤 임상 장면에서든 권태와 사기를 잃는 것을 방지하는 훌륭한 해독제가 된다(예: Boyd-Franklin, Cleek, Wofsky, & Mundy, 2015 참조). 나의 편견일 수도 있지만 정신분석적 접근에는 도전적인 임상 상황을 깊이 있게 이해하려는 매력적인 측면이 내재되어 있기 때문에, 정신역동적 지향의 임상가들은 다른 지향의 치료자들에 비해 소진 문제가 덜하다고 생

* 치료자나 의료 전문가와 같이 돌봄을 제공하는 직업을 가진 사람들이 다른 사람들의 고통이나 고충을 도와주려고 할 때 자주 발생하게 되는 정서적, 물리적 및 정신적 소진._**역주**

각한다(이것을 경험연구로 확인해 본다면 흥미로울 것이다). 정신분석적 슈퍼바이저들은 자연스럽게 지속적으로 학습하는 자세의 모범이 되어 주며, 평생 동안 마음과 정신을 성장시키는 토대를 마련한다.

정신분석적 슈퍼비전이라 할 수 없는 것

나는 이 장을 좋은 슈퍼비전에 대한 일반화된 모습을 설명하며 시작했는데 이제 마무리하는 시점에서는 나쁜 슈퍼비전에 대해, 즉 정신분석적 치료를 위한 훈련 방식이라 할 수 없는 것들에 대해 언급하려고 한다. 슈퍼바이저는 슈퍼비전을 하면서 취약한 대상인 슈퍼바이지를 세뇌시키거나 괴롭히거나, 혹은 슈퍼바이저를 이상화하는 슈퍼바이지의 자연스러운 경향을 악용하는 등의 행동을 해서는 안 된다. 내가 과거 정신분석이란 명목으로 이루어진 여러 범죄 행각에 대한 이야기를 못 들었다면 이러한 주의사항에 대해 언급할 필요가 없을 것이다(Ellis, 2017; Ellis et al., 2014 참조). 나의 동료 Mary Lamia는 내가 정신분석적 슈퍼비전에 관한 책을 집필한다는 얘기를 듣고 아래의 일화를 제공해 주었다.

"내가 수련받던 시절 슈퍼바이저가 겉으로 드러나지 않았던 환자의 에로틱한 전이를 반드시 해석해야 한다는, 즉 [고전적인 접근]을 취해야 한다고 고집했던 적이 있다. 여러 가지 이유로 나는 환자가 그와 같은 해석을 받아들일 준비가 덜 되었다고 확신했고 만약 내가 그런 해석을 하면 환자는 부정적으로 반응할 것이라고 생각했다. 그러나 내 슈퍼바이저는 만약 내가 에로틱한 전이를 해석하지 않으면, 자신으로부터 나쁜 평가를 받게 될 것이라고 말했다. 결국 할 수 없이 나는 내 깐에는 최대한 부드럽게 그런 해석을 환자에게 제시했다. 그러자 내 환자는 "저는 그 문제에 대해 파고 싶지 않아요" 하고는 치료를 그만두었다. 30년이 지난 지금까지도 할 수만 있다면 그때 그 환자에게 사과하고 싶고, 수련 프로그램에서 좋지 않은 대가를 치르더라도 그 환자를 치료하기 위해 시간을 다시 되돌리고 싶다. 그날의 기억이 아직도 뇌리에 깊숙이 남아 있다."

우리 대부분도 이런 끔찍한 경험을 한두 번은 했을 것이다. 자기 의견이 옳다며 군림하는 슈퍼바이저에게 굴복했던 경험 때문에 오랜 시간이 지난 후에도 후회하는 경우가 많다. 위 사례의 경우, 환자의 에로틱한 환상에 대한 슈퍼바이저의 생각이 맞았더라도 Mary Lamia가 그러한 해석을 편안하게, 그리고 효과적으로 내담자에게 전달할 수 있을 것이라 생각한 것은 합리적이지 않다. 그리고 그 슈퍼바이저가 어느 정도의 겸손함을 지녔더라면, 지도감독을 받고 있기는 하지만 직접 환자를 치료하고 있는 Mary Lamia가 맞고 오히려 슈퍼바이저인 본인이 틀릴 수 있는 가능성을 고려할 여지가 분명히 있었을 것이다.

내 경험에 따르면 정신분석적 슈퍼바이저들은 보편적으로 슈퍼바이저가 아닌 슈퍼바이지가 내담자와 "한 공간에 있음"을 존중한다(Yerushalmi, 2018 참조). 특정한 순간에 무엇이 가능하고 무엇이 가능하지 않은지에 대해 가장 정확한 비언어적 정보를 갖고 있는 사람은 상담자인 슈퍼바이지이기 때문이다. 그러나 우리 중 일부는 자신의 영향력을 과시하거나, 자기 의견이 더 맞다고 생각하는 경향을 넘어서지 못하는 것 같다. 실제 슈퍼바이지보다 본인이 더 잘 알고 있다고 확신하는 상황이라도, 중요한 윤리적 문제가 연루되지 않은 한, 슈퍼바이지가 임상 상황에서 스스로 볼 수 있는 것 이상을 보도록 유도할 수는 없다. 그리고 아직은 덜 숙련된 우리의 동료인 슈퍼바이지들에게 자신들이 편안하게 다룰 수 있는 수준을 담박에 뛰어넘으라고 강요해서도 안 된다. 특히 이 슈퍼바이저가 Dr. Lamia에게 했던 것처럼 나쁜 평가를 하겠다고 위협하며 힘을 과시하는 식으로 강요를 해서는 절대 안 된다.

맺음말

이 장에서 나는 좋은 정신분석적 슈퍼바이저의 역할에 대해 설명했다. 여기에는 슈퍼바이지를 심리적으로 지지해 주고, 진솔함을 촉진시키며, 필요한 정보를 제공하고, 구체적 기술을 교육하고, 윤리적 감수성을 배양하고, 소진을 예방하기 위한 지속적인 학습의 롤모델이 되는 것 등이 포함되었다.

나는 특히 평생에 걸친 자기 성찰과 자문의 중요성을 강조했다. 이 장에 포함된 정신분석적 슈퍼비전의 개요는 심도 있고 유용한 정신분석 슈퍼비전을 구성하는 거대한 지식의 바다의 극히 일부를 다루었을 뿐이다. 따라서 앞으로 더 많은 주제에 대해 구체적으로 다룰 것이다. 우선 다음 장에서는 정신분석적 슈퍼비전의 역사를 개괄하며, 한 세기가 넘는 시간 동안 덜 숙련된 동료들을 우리의 독특한 예술의 세계로 안내하는 과정에서 반복적으로 드러난 주제와 갈등에 중점을 둘 것이다.

02

정신분석적 슈퍼비전의 역사적 배경

정신분석적 심리치료에 대해 공부하고 싶어하는 대학원생이나 전문가들을 잘 가르치는 것, 유능한 전문가로 성장하고 전문성을 유지하는 데 필요한 치료적 역량을 키워 주는 것, 환자에게 도움이 안 되는, 경우에 따라서는 명백하게 해를 끼칠 수도 있는 치료자의 행동을 예방 혹은 교정하는 것, 그리고 치료자들이 전문가로서의 경력 전반에 걸쳐 지속적으로 배우고 성장하도록 교육하는 방식에 대한 고민이 100년이 넘는 시간 동안 정신건강 관련 교육 분야에서 꾸준히 제기되어 왔다. 이를 포함하여 심리치료 관련 다양한 문헌에서 다루는 대부분의 주제에 대한 전문적인 논의는 Sigmund Freud부터 시작되었다. 따라서 정신분석적 슈퍼비전의 역사적 배경에 대한 설명 또한 Freud로부터 시작하려고 한다.

Freud의 공헌

실상 Freud가 정신분석적 슈퍼비전에 대해 명시적으로 언급한 것은 그다지 많지 않다. 그러나 암묵적으로 경험적, 지적, 윤리적 측면을 포함한 세 가지 관점에서 정신분석적 슈퍼비전에 대해 많은 설명을 제시했다(Freud 본인이 명시적으로 언급하지는 않았지만, 원초아, 자아, 초자아 각각의 영역에 주목하면서 정신분석적 슈퍼비전에 접근했다는 것으로 해석할 수도 있겠다). 첫째, 정신분석으로 환자를 치료하고자 하는 모든 전문가는 본인 스스로도 분석을 받아야 한다고 주장했다. 둘째, Freud 본인의 임상경험을 기반으로 효과적인 치료 기법은 무엇이며 왜 본인이 그와 같은 기법을 사용하게 되었는지에 대해 자세히 설명했다. 셋째, 심리치료 분야에서 염두에 두어야 하는 윤리적 문제에 대한 자신의 생각을 밝혔다. 이 세 가지는 오늘날까지 슈퍼비전의 핵심 요인으로 남아 있다. 정신분석적 슈퍼바이저들이 키우고자 하는 이상적인 치료자의 모습은 다음과 같다: (1) 정신분석적 치료 작업에 대해 깊이 있고, 본능적인 감각을 갖고 있으며, 이 작업의 가치에 대해 확신을 지닌 사람 (2) 정신분석 이론과 치료의 실제, 그리고 이를 입증하는 경험연구에 대한 이해를 갖고 있는 사람 (3) 진정성(integrity)을 가지고 분석 작업을 실천에 옮기는 사람.

자신의 뒤를 이은 대부분의 분석가와 마찬가지로, Freud(예: 1926)는 첫 번째 요소는 설명이 필요 없는 자명한 것으로 가정했다. 마치 멜로디나 하모니, 리듬을 익히는 가장 최선의 방법은 음악에 완전히 몰입하는 것이라고 확신하는 음악 선생님들처럼 Freud는 치료자들은 강렬한 전이가 무엇인지, 불안 때문에 변화에 저항하는 것이 무엇인지를 치료하는 과정에서 체험적으로 깨닫게 될 것이라고 생각했다. 무의식적인 판타지나 소망, 두려움이 갖는 힘의 의미 또한 체험적으로 배우게 될 것이라고 보았다. 또한 자기 분석을 통해 스스로에 대해 모르고 있던 부분, 즉 치료자 자신들의 맹점을 인식하게 되면 환자들에게서도 비슷한 부분을 놓치지 않게 될 것이라 보았다. 그리고 정신분석은 본질적으로 개인의 성숙을 촉진하는 교육적 과정이기에(McWilliams, 2003), 분석가로서 제 역할을 다하기 위해서는 예외적으로 높은 수준의 정서적 민감성과 자기 인식이 필요하다고 봤다.

Freud가 좋은 치료자 혹은 더 나은 치료자가 되는 방법으로 제시한 것 중에 치료자가 되고자 하는 사람들은 스스로도 치료를 받아야 한다는 신념은 정신역동을 지향하는 치료자들 모두 지지하고 다양한 배경 그리고 이론적 지향으로 구성된 정신분석 학문 공동체가 공유하는 부분이다. 내가 알고 있기로도, 모든 정신분석 연구소에서는 수련생에게 개인 분석을 받을 것을 필수로 한다. 정신분석적 수련 프로그램을 마친 수료생들을 대상으로 한 비공식 설문 조사 결과에서는 수련 과정 중에 받은 개인 분석이 수련 프로그램에서 가장 가치 있는 부분으로, 그리고 슈퍼비전이 두 번째로 중요한 부분으로 나왔다. 치료자를 위한 치료(therapy for the therapist)를 반드시 받도록 하는 것은 인간중심 지향의 심리치료에서도 채택되었으며, 그 가치 또한 실증 연구 결과로 검증된 바 있다(Geller, Norcross, & Orlinsky, 2005 참조).

Freud는 치료 기법에 관해 쓴 여러 논문(1911a, 1912a, 1912b, 1913, 1914, 1915)에서 두 번째 중요한 원칙에 대해서 설명했는데, Freud의 치료자로서의 경력 초반에 해당되는 시기에 기법에 대한 집필을 많이 한 셈인데 히스테리라고 불렸던 해리 증상을 겪고 있는 환자들과 최초로 작업한 지 대략 20년이 지난, 이론적으로 훨씬 성숙한 개념들이 나오기 전에 해당되는 시점이다. Freud가 치료적 기법에 관한 에세이를 집필하면서 점점 더 많은 동료들이 그의 치료 방식에 흥미를 보이기 시작했다. 그의 작업 방식에 대해 자세히 알려달라는 요청이 많았던 것으로 보이는데 그가 제안한 권고사항들은 대부분 독단적이지 않은 방식으로 제시되었다. 예를 들면, 1912년에 발간한 논문(Freud, 1912b)에서 다음과 같이 말했다: "이 기법은 나의 개인적 성향에 가장 적합한 그리고 유일한 방법입니다. 나와 전혀 다른 성격을 가진 의사라면 자신의 환자와 그 앞에 놓인 치료적 과제에 대해 나와는 다른 태도를 취하게 될 수 있다는 점을 감히 부인하지 않겠습니다"(p. 111). 그리고 1913년에 쓴 논문에서는 조심스럽게 다음과 같이 말했다.

> "저는 이 규칙들을 …… '권고사항(recommendations)'이라고 부르는 것이 현명하다고 생각합니다. 그리고 이 규칙들을 무조건적으로 수용할 것이라는 기대는 하지 않습니다. 심리적 구성(psychical constellation)의 다양성과 모든 정신 과정의 가소성(plasticity), 그리고 수없이 많은 결정 요인(determining factor)을 감안하면 기계적으로 적용할 수 있는 기법이란 있을 수 없습니다. 일반적으로는 적절한 치료 기법이 때론 효과적이지 않을 수 있고, 잘못되있다고 생각한 치료 방식이 오히려 원하는 결과로 이어질 수도 있습니다."

이처럼 정작 Freud 본인은 정신분석 기법에 대해 이렇게 개방적인 태도를 유지했는데, 그를 따르던 추종자들은 Freud가 제시한 작업 방식에 대한 설명을 마치 치료 기법에 대한 원칙(last word)인 양 받아들였다. Freud를 교주(master)처럼 받들고 추종하는 사람 중에는 슈퍼비전을 할 때 Freud라는 교주가 권장한 대로 작업하지 않을 때마다 학생들을 다그치는 것을 자신들이 해야 할 역할이라고 보는 사람도 있었다. 이러한 슈퍼비전 스타일은 치료 과정을 이해하는 것보다 매뉴얼을 따르는 방식의 정신분석이라 할 수 있는데, 적어도 현대 미국의 분석가들 사이에서는 매우 보기 드문 슈퍼비전 방식이다. 하지만 이 방식은 20세기 중반까지도 유행했고, 정신분석적 수련에 대한 평판이 나빠지는 데 기여한 점도 있다. 내가 이 책에서 설명하고자 하는 것은 그러한 부류의 정신분석적 슈퍼비전이 아니라는 것을 여기서 밝혀 둔다. 이 책에서 말하는 슈퍼비전은 Freud의 생각과 같이 치료자 자신의 개성(즉, 성격특성)과 환자의 고유한 특성에 맞추어 진행하는 것에 훨씬 가깝다.

윤리적 측면에 대해 살펴보면, Freud는 환자를 성적으로, 그리고 그 어떤 방식으로도 악용하지 말라고 강력하게 권고했다. 이때는 정신분석의 초기로, 가부장적인 권위가 당연시되고, 분석가 자신의 역할이 환자의 어린 시절의 트라우마와 환상의 강렬한 재현을 유발한다는 사실에 대해 이해하기 시작한 시기였다. 지금 와서 보면 이때 이미 "절대로 안 된다!"고 주장했던 Freud의 관점이 무척이나 급진적이었음을 알 수 있다(Gabbard, 1995). 물론 Freud도 임상적으로는 지금의 잣대로 보면 치료 윤리강령을 위반한 것으로 볼 수 있는 실수들을 범하기도 했다(예를 들어 그의 딸 안나를 분석한 일이나 환자이자 친구였던 Sándor Ferenczi의 연애사에 간섭한 일이 있다). 하지만 환자와 치료자 사이의 성(sex)과 관련된 문제에 있어서는 당시의 윤리적 기준으로 보면 파격적으로 앞선 행보를 보였다. 반면 그 당시 Freud의 동료 분석가들은 이런 주제들에 대해 그다지 분명한 입장을 가지고 있지 않았다. 초기 분석가들이 성(sex)과 관련된 문제를 일으킨 것이 드물지 않았기 때문에 이에 대한 기록들이 존재한다(예: Berman & Mosher, 2019). 이 주제에 대해

Freud가 강경한 어조로, 그리고 매우 간곡하게 그렇게 하면 안 된다고 주장한 것을 감안하면 이미 동료 중에 성적으로 부적절한 행동을 많이 한 사람들이 있었고, Freud가 이들의 비윤리적 태도를 막기 위해 부단히 애썼다는 것을 알 수 있다. 정신분석가인 Gabbard(1995)도 당시 Carl Jung과 Ernest Jones를 포함한 Freud의 동료 분석가들이 환자들에 대한 성적 착취 행위를 합리화하려고 했던 것에 대해 Freud가 얼마나 괴로워했는지 언급한 바 있다.

비슷한 윤리적 영역에서, Freud는 치료자들이 "예언자, 구세주, 그리고 구원자" 역할을 하게 되는 유혹에 빠지지 말 것을 촉구하기도 했다(1923, p. 50). 다시 말해, 그는 내담자를 이용하여 치료자가 자신의 자기상을 강화시키는 것, 가령 내담자와의 관계에서 치료자 자신의 성적 매력이나 지적 혹은 도덕적 우월성 등을 느낌으로써 스스로를 고양시키는 것에 대해 부정적인 견해를 지니고 있었다. 지금 와서 보면 그 당시 많은 분석가들은 치료적 경계(boundary) 설정과 관련해서 심각한 문제를 지니고 있었던 것으로 보이는데, 몇몇은 자신이 정신분석이라는 "새로운 과학"을 아주 완벽하게 이해하고 시행함으로써 고통받는 환자들에게 구원을 약속하는 듯한 태도를 보이기도 했다. 이처럼 Freud는 분석적 치료로 현실적으로 기대할 수 있는 것 이상을 약속하는 것에 내재된 위험성을 예견하는 선견지명을 보였다. 치료자는 자신의 전문성의 영역을 넘어서는 행동을 하면 안 된다는 현대의 윤리적 지침은 이와 같은 Freud의 입장을 현대식으로 확장한 것이다.

Freud의 긴 경력을 감안하면 수련에 관한 언급이 매우 적은 것은 주목할 부분이다. 그런데 이건 어쩌면 좋은 점일 수도 있다. 슈퍼비전에 관해 덜 언급함으로써 정신분석은 치료자 교육에 대한 다양한 관점을 받아들일 수 있게 되었고, Freud가 권위적인 입장을 취했다면 어려웠을 담론이 가능했기 때문이다. 슈퍼바이저 역할을 맡은 전문가들은 수십 년간 시행착오를 거치면서 효과적인 슈퍼비전 방식을 찾아 나갔다. 한편 정신역동 치료가 임상 경험과 경험적 연구를 통해 발전하면서 우리는 슈퍼비전을 점점 더 복잡하고 세련된 방식으로 개념화하게 되었다.

우리는 더이상 자기 기만적이거나 순진하게 행동하지 않게 되기도 했다. 20세기 초반, 미국의 많은 정신분석 연구소에서는 수련생의 개인 분석을 담당하는 지도 분석가들로 하여금 수련생이 충분한 심리적 성숙도를 갖추었는지를 평가하라고 요구했다[이러한 관행의 초창기 논평으로 Lifschutz(1976)을 참조하라. 이 관행의 역사적 개괄을 한 Wallerstein(2010)이 있다. 이와 같은 관행은 1980년대까지 지속되었다]. 이런 "상부에 보고하는 분석가(reporting analysts)"의 관례는 겉보기에는 이상해 보이지 않을 수 있는데 심리적으로는 터무니없이 어리석은 관행이었다. 이런 "분석"이 대체 어떤 면에서 치료적일 수 있을까? 만약 분석가가 연구소 관계자들에게 분석내용에 대해 보고해야 한다는 것을 인지하고 있다면, 의식적으로든 무의식적으로든 자신의 비밀을 지키려는 노력을 하지 않을까? 물론 분석 연구소의 입장에서는 후보생들에 대한 평가가 필요하고, 개인적이거나 윤리적으로 부적합한 사람을 걸러내는 절차도 필요하다. 하지만 정신분석 자체는 진정으로 자유로운 연상에 의존하는 작업이다(Kairys, 1964 참조). 지금도 여전히 "(위에) 보고하는 분석가"라는 기이한 관행을 유지하는 곳들이 있기는 하다. 슈퍼바이지와 슈퍼바이저 사이의 정보 공유와 관련된 이슈는 다양한 슈퍼비전 상황에서도 발생하고, 쉽게 해결하기 어려운 복잡한 문제이기도 해서 이와 같은 관행에 대해서는 이 장의 후반부와 다른 장에서도 좀 더 다루도록 하겠다.

후기 Freud 학파의 기여도

Freud 사후 수년간 대부분의 정신분석 슈퍼비전은 상당히 권위적인 모습을 유지했으며 치료자들에게 정신분석의 절차와 관련된 "규칙"을 가르치는 데 중점을 두었다. Max Eitingon이 1923년에 제시한 정신분석 훈련의 표준("아이팅곤 모델" 또는 "베를린 모델"이라고 불린다)의 원본에서 슈퍼바이지의 자율성, 창의성 및 개인적 발전보다 지식의 전수를 훨씬 더 강조한 것을 보면 알 수 있다. 유능한 치료자가 되기 위해 필요한 관계적인 요소에 대해서는 슈퍼바이지가 개인 분석을 통해 배우는 것이라고 가정했다. 하지만 예외적인 상황도 많이 존재했다. 슈퍼바이저들마다 자신만의 스타일을 개발했고, 슈퍼비전 과정의 섬세한 부분들까지 다루는 것에 대한 이론은 딱히 없었기 때문이다. 나보다 연배가 높은 분석가들과 대화하다 보면 지난 세기말까지는 관계적인 측면에 더 치중했던 슈퍼바이저들의 경우 전문가로서의 표준에서 "이탈했다"라는 취급을 받은 것 같다.

임상 슈퍼비전에 대한 체계적인 연구의 효시는 Rudolf Ekstein과 Robert Wallerstein(1958/1971)의 기념비적인 연구로 정신과 의사들을 대상으로 진행했다. 다소 옛날식 언어로 기술되었음에도 불구하고 여전히 읽을 가치가 충분한 연구인데, 환자-치료자 관계와 치료자-슈퍼바이저 관계는 평행선(parallels)상에 있다고 보고했다. 좀 더 자세히 설명하자면, 그들이 연구한 슈퍼바이저들은 자신들이 느끼고 행동하는 방식이 자신들의 슈퍼바이지가 내담자에게 느낀다고 보고한 감정, 태도, 행동을 그대로 반영하고 있다는 것을 발견했다. Ekstein과 Wallerstein 이 "평행 과정(parallel process)"이라고 명명한 이 현상은 이후 많은 주목을 받게 되었는데 일찍이 유사한 현상을 관찰한 Harold Searles(1955)가 "반영 과정(reflection process)"이라고 명명한 것과도 같다. 추가 설명을 좀 하자면 Ekstein과 Wallerstein가 감정을 속으로 삭이는 것에 주력했던 당대 정신분석의 주류에 속하는 사람들이었던 것에 비해 독불장군 같았던 Searles의 집필 스타일은 시대에 맞지 않게 상당히 자기 노출이 심했다고 볼 수 있다. 그래서인지 1960년대, 상대적으로 주류에 편승하지 않는 분위기에서 성장한 분석가 세대에 와서 더 큰 영향을 미쳤다(예: Odgen, 2005 참조).

"평행 과정"에서는 치료자가 환자에게 느끼는 역전이(countertransference)가 무의식적으로 슈퍼바이저에게도 유사한 태도를 유발하여, 슈퍼바이저가 치료자에게 비슷한 방식으로 반응하게 된다. 현대 분석가들은 아마도 이런 정신작용을 Melanie Klein(1946)이 설명한 투사적 동일시 내지는 우뇌에서 우뇌로의 의사소통 과정(Schore, 2019)으로 설명할 것이다. 1950년대 이후 "평행 과정"에 대한 일화적 기록이나 실증 연구 결과는 광범위한 문헌으로 남아 있다(Baudry, 1993; Caligor, 1981; Doehrman, 1976; Gediman & Wolkenfeld, 1980; Miller & Twomey, 1999; Nagell, Steinmetzer, Fissabre, & Spilski, 2014; Perlman, 1996; Sarnat, 2019; Searles, 1955, 1962; Tracey, Bludworth, & Glidden-Tracey, 2012; Watkins, 2017).

Fleming과 Benedek은 1966년도에 녹음된 슈퍼비전 세션을 가지고 한 연구결과를 기반으로 슈퍼비전에 관한 유명한 저서를 출간했다. 당대의 슈퍼비전은 대부분 가부장적인 어조로 진행되었는데도 불구하고 이들은 "학습 동맹(learning alliance)"이라는 중요한 개념을 도입했다. 슈퍼비전에서는 단순히 더 유능한 사람이 덜 유능한 사람에게 기술을 전달하는 행위보다 훨씬 대인관계적으로 복잡한 상황이 진행된다고 주장했다. 이들의 관점은 궁극적인 정신분석적 슈퍼비전의 핵심, 즉 슈퍼비전에서는 슈퍼바이저가 가르치는 내용뿐만 아니라 슈퍼비전 과정 자체와 슈퍼바이저-슈퍼바이지 관계(supervisory relationship)적 양상을 강조해야 한다는 주장으로 이어졌다(Frawley-O'Dea & Sarnat, 2001; Szecsödy, 1989, 2008 참조). Ekstein과 Wallerstein이 관찰한 "평행 과정", 즉 환자의 경험이 치료자를 거쳐 슈퍼바이저에게까지 무의식적으로 전달된다는 것이 널리 인정받게 되면서, 정신분석가들은 점차 유사한 과정이 반대 방향으로 작동할 수 있음도 인식하게 되었다. 예를 들어, 매우 비판적인 태도를 지닌 슈퍼바이저는 수련생이 자신도 모르게 상담을 하는 내담자에게 매우 엄격해지는 데 영향을 줄 수 있다는 것이다(Eagle & Long, 2014 참조).

20세기 말쯤 되어서는 그때까지는 매우 권위주의적 슈퍼비전 모델을 유지하던 대부분의 정신분석 공동체에서 특정 치료 기법(techniques)을 가르치기보다는 긍정적으로 슈퍼비전 동맹을 형성하고 발전시키는 것을 강조하는 관계 중심 모델(relational model) 쪽으로 방향이 전환되었다(Berman, 2000; Frawley-O'Dea & Sarnat, 2001; Watkins, 2015a 참조). 그리고 1970년대 이후로는 슈퍼비전 스타일의 개인차가 매우 두드러져 Edgar Levenson(1982)은 여섯 가지 정신분석 슈퍼비전 모델을 기발한 표현으로 제시하게 된다. 대인관계 역동의 각기 다른 측면에 초점을 둔 모델들의 이름을 나열하면 다음과 같다: "안아 주기 혹은 확인해 주기(holding or confirming)" "은유적 혹은 숫자로(Teutonic or by-the-numbers)" "알고리즘적(algorithmic)" "메타 치료적(metatherapeutic)" "선(zen)" 그리고 "수련/실습지도(preceptorship)".

C. E. Watkins, Jr.(2011, 2015a, 2015c, 2016, 2017)는 이러한 관계적 혁명을 주로 슈퍼바이저가 지식을 전달하고, 슈퍼바이지는 수동적으로 배우는 "교수법적 슈퍼비전"에서, 슈퍼바이저가 내적 자원을 갖고 있는 슈퍼바이지의 주도적 학습을 촉진하는, "학습자 중심의 슈퍼비전"으로 이동하는 것으로 보았으며, 후자를 다음과 같은 특징들로 정의했다.

(1) 슈퍼바이저는 슈퍼바이지의 학습을 조력하거나 교육적 변화를 주도해야 하는 책임이 있다.
(2) 슈퍼바이지는 학습 경험 전반에 적극적으로 참여하고 이를 최대한 유익하게 활용하는 우수한 성인 학습자로 인식되어야 한다.
(3) 슈퍼비전 관계에서 힘 혹은 주도권과 영향력은 공동의 참여자들에 의해 공유된다.
(4) 슈퍼바이저와 슈퍼바이지의 관계에서는 상호 존중이 우선시되어야 한다(2015a, p. 234).

위의 특징들은 적절한 정신분석적 슈퍼비전의 본질에 대해 현재 임상적으로 합의된 바를 날카롭게 지적한다. 즉, 슈퍼비전의 초점이 권위주의적으로 가르치는 교육에서 상호 경험적 방식으로 변화했음을 의미한다. Watkins(2011)가 말했듯 정신분석에서 시작된 이러한 발전은 밀물과 썰물처럼 밀려 들어왔다 다시 밀려 나가며, 점진적으로 이루어지고 있고, 아직도 완전하다고는 볼 수 없다. 하지만, 전문가들 사이에서 슈퍼비전 관계를 강조하는 것은 이론적 차이를 초월한 자명한 사실로 인본주의 이론, 인지 이론, 그리고 체계 이론 등을 지향하는 치료자들도 공감하는 부분이다.

반복되는 주제와 갈등

슈퍼비전 관련 정신분석 문헌에서는 슈퍼바이저가 "가르치는 것에 주력해야 하는가 혹은 치료에 초점을 두어야 하는가(teach or treat)", 그리고 "기술을 전달하는 것을 강조해야 하는가 혹은 전반적인 전문성의 성숙을 강조해야 하는가"에 대한 논쟁이 반복된다(Watkins, 2011 참조). 또한 치료자의 분석가가, 분석 과정 중에 혹은 분석이 종결된 후에, 해당 치료자의 슈퍼바이저가 되는 것이 적절한지에 대해서도 상충되는 의견들이 있다. 이 문제는 시간이 지나면서 조금은 해결된 듯하지만 그 여파는 여전하다고 할 수 있어 이 부분부터 설명하고자 한다.

슈퍼바이저의 적절한 역할에 대한 질문

정신분석 초창기에, Max Eitingon으로 대표되는 "베를린 모델"과 Sándor Ferenczi가 주장한 "헝가리" 또는 "부다페스트" 교육 모델 사이에 대립이 있었다(Kovacs, 1936; Perlman, 1996; Rachman, 2016). 간략히 설명하면 베를린 정신분석 전문가 공동체의 관례는 예비 분석가들이 자신의 분석가가 아닌 다른 전문가에게 슈퍼비전을 받도록 요구했다. 이를 지지한 사람들은 초보 치료자가 한 명의 전문가나 하나의 접근법과 지나치게 동일시하여 다양한 스타일을 통합하지 못하게 될 위험성에 민감했기 때문이다. 또한 분석가가 이전에 치료했던 환자를 정신분석 전문가로 수련하는 슈퍼바이저의 역할을 하게 된다면 치료자와 환자로서의 치료적 관계는 오염된다고 믿었다. 때문에 나중에 슈퍼바이지가 심리적 도움이 필요하게 될 경우 다시 돌아갈 수 있는 순수한 치료적 관계를 잃을 위험이 있다는 점을 지적했다.

한편 헝가리 그룹은 슈퍼바이저와 분석가의 역할을 통합하는 것에 대해 상대적으로 유연한 태도를 가지고 "개인 분석가보다 수련생의 약점과 강점을 더 잘 알 수 있는 사람이 누가 있겠는가?"라는 생각을 가지고 있었다. 분석가는 분석받고 있는 내담자의 성격에 대한 이해가 가장 깊기 때문에, 이 내담자가 치료자로서의 역할 수행을 하는데 필요한 부분에 대한 이해 역시도 세심하게 짚어낼 수 있는 장점이 더 크다고 본 것이다.

또한 분석가에게 치료를 받던 환자가 이제는 그 분석가의 슈퍼바이지가 되어 슈퍼비전을 받기 시작하면, 수련생들은 "결점을 포함한 모든 것"이 자신의 슈퍼바이저(이자 자신의 옛 치료자)에게 속속들이 이미 알려진 상태에 대한 편안함과 성숙도가 있어 분석가의 비판적인 코멘트를 못 견디어 잘못한 부분, 즉 부정적인 정보를 숨기려는 유혹에 굴복하지 않게 된다고 보았다. 나아가 슈퍼바이저의 제안에 동의하지 않을 경우, 수련생이 슈퍼바이저에게 도전할 수 있는 여유도 생긴다고 보았다. 이런 관점을 가졌던 부다페스트 정신분석 공동체가 남긴 유산은 치료적으로 성장하게 되면 슈퍼비전에서 필연적으로 대면하게 되는 해석에 대한 민감성이 높아지고 슈퍼바이저와 슈퍼바이지가 함께 작업하는 복잡하고, 상호주관적인 정서적 장(field)에 대한 이해가 깊어진다는 점이다(Berman, 2000; Soreanu, 2019;

Wilner, 2015 참조).

슈퍼비전의 경계에 대한 이러한 초창기의 의견충돌은 부분적으로는 분석가가 드물었던 시기이기 때문이기도 하다. 당시에는 자신의 치료자가 그 마을에서 가장 잘 훈련받았거나 심지어 충분히 훈련된 유일한 정신분석가일 수 있었기 때문에 Freud나 그의 후계자 중 한 명에게 치료와 교육을 동시에 받는 것은 거의 피할 수 없는 현실이었다. 하지만 더 많은 사람이 정신분석 교육을 받기 시작하면서, 그리고 일부 치료자들이 이중 역할을 맡음으로써 발생하는 복잡한 문제가 명백하게 드러나기 시작하면서, 정신분석 공동체는 슈퍼바이저와 분석가를 차별화할 필요에 대해 어느 정도 합의에 이르게 되었다. 결과적으로 부다페스트 모델보다는 베를린 모델에 더 부합하는 쪽으로 발전하게 된 것이었다. 특히 개인 분석은 도제식으로 진행되는 슈퍼비전 경험(apprenticeship-like experience of supervision)과는 차별화되어야 한다는 Eitingon(1926)의 권고가 표준이 되었다(Watkins, 2013a 참조). 그러나 이 문제에 대한 슈퍼바이저 간의 입장 차이는 여전히 남아 있다.

슈퍼비전에서 전문가들이 이중 역할을 수행하는 것에 대해서는 현재까지도 지속적인 문제로 남아 있으며, Fleming과 Benedek(1966)의 선구적인 연구를 시작으로 다양한 슈퍼비전 관련 문헌에서도 탐색한 주제이다. 이중 역할 관련 문제는 슈퍼비전 상황에서 수련생이 자신의 치료자이기도 한 슈퍼바이저로부터 자신이 맡고 있는 사례에 대해 코멘트를 받는 것에서 비롯되는 문제보다는 오히려 다른 영역에서 더 불거졌다. 심리치료 교육자는 수련 중인 슈퍼바이지와 완전하게 솔직한 관계를 유지하는 것을 추구한다. 동시에 슈퍼바이저는 슈퍼바이지들을 정직하게 평가하여 이후의 고급 수련과정으로 진급시킬지 여부도 결정해야 한다. 사실 최소한의 역량을 습득했는지를 결정하는 "문지기 역할(gatekeeping)"은 인간 대상 심리 서비스를 제공하는 모든 전문가에게 요구되는 신성한 의무 중 하나이기도 하다.

치료자들이 최소한의 역량을 가졌는지를 평가하는 게이트키핑의 관문을 넘어 독립적인 전문가로서 제 역량을 인증받은 이후에는 평가에 대한 의무는 더 이상 적용되지 않는다. 마찬가지로, 특정 기관에 속해 있는 치료자들의 경우 소속 기관은 해당 치료자의 작업을 관리 감독할 법적 책임이 있지만, 만약 해당 치료자가 자신의 개인적인 발전을 위해 기관과는 별개로 외부에서 자문해 줄 컨설턴트를 고용한 경우라면 해당 외부 컨설턴트에게는 자문을 제공하는 치료자의 업무 수행 평가를 요청할 의무가 없다. 하지만 부적합하거나 비윤리적인 정신분석 수련생으로부터 대중을 보호할 의무는 대학원 교육에서 진행되는 슈퍼비전 과정을 복잡하게 만드는 요인이 된다.

수련 프로그램의 교수가 아닌 다른 외부 전문가를 슈퍼바이저로 배정하는 것은 이런 이중관계에서 오는 문제를 해소할 수 있는 방법이 된다. 외부 슈퍼바이저들은 슈퍼바이지가 슈퍼비전에서 경험하는 것만을 평가한다. 임상 및 상담 수련 프로그램 담당 교수들은 학생들의 성장 전반에 대해 관리 감독하는 더 큰 책임을 지니고 있기 때문에 학생들은 자신의 치료 작업을 교수에게 온전히 솔직하게 보고하기가 실상 더 어렵다. 이러한 연유로 내가 가르치는 Rutgers 대학의 대학원생들은 학교 교수진보다 외부 슈퍼바이저를 선호하는 경향이 있다. 학생들은 외부 슈퍼바이저에게 수련 프로그램 관련해서 힘든 점을 토로하는 등, 대학원에 소속된 교수에게는 하기 어려운 말을 솔직하게 말할 수 있다. 그러나 모든 프로그램에서 숙련된 외부 멘토를 수월하게 찾거나, 고용할 수 있는 상황이 아닐 수도 있다. 이런 경우, 슈퍼비전은 프로그램 소속 교수진에게 맡겨지는데 이러한 상황과 그 복잡성에 대해서는 이 책의 다른 장에서 더 자세히 설명하려고 한다.

가르칠 것인가, 치료를 할 것인가

"가르칠 것인가 혹은 치료할 것인가(teach or treat)"에 관한 문제도 흥미로운데, 실상 교육 혹은 치료로 나누어 생각하는 것은 다소 인위적인 이분법적 분류이다. 이미 1955년도 미국 정신분석 협회의 패널에서 이 주제에 대해 활발한 토론(Sloane, 1957)이 있어 다양한 의견들이 대두되었다. Cabaniss와 동료들(2001)은 '교육 대 치료'의 문제를 다음과 같이 잘 정리한 바 있다. 대부분의 정신분석 슈퍼바이저들은 치료자의 역할에서 벗어나려 하지만 슈퍼비전을 진행하는 방식에 있어서는 개인차가 크며, 특히 슈퍼바이저가 슈퍼바이지의 정서적 삶에 개입하는 것에 대한 편안함의 정도에는 개인차가 매우 크다는 것이다. 그리고 이 주제에 대한 실증자료가 부족함도 지적했다(점차 자료가 축적되고 있기는 하지만 여전히 부족한 것이 사실이다).

나는 정신분석 슈퍼바이저가 슈퍼바이지를 치료자가 아닌 환자처럼 취급한 사례들을 알고 있다. 슈퍼바이저의 도움을 요청하는 슈퍼바이지에게 슈퍼바이지가 어떻게 느끼느냐고 묻거나, 모든 임상적 문제를 학생(슈퍼바이지)의 가족 배경과 연관시키거나 동의한 적이 없음에도 수련생의 트라우마 경험에 대해 지나치게 캐묻거나 트라우마 경험이 있을 것이라고 단정지어 버린 사례들에 대해 알고 있다. 이러한 접근법은 효과적이지 않은데 특히 수련 초기에는 잘 통하지 않는다. 초보 치료자들은 대체로 자신의 연약한 주관적 내면을 드러내는 것에 대해 굉장히 취약하게 느끼기 때문이다(Zicht, 2019 참조). 현재 슈퍼비전의 관행이 주관적 경험을 검토하는 데 얼마나 집중하고 있건 간에, 초보 치료자들에게는 역전이나 자신의 개인사를 탐색하는 것보다는 맡고 있는 사례를 치료하는 데 필요한 전문지식을 전수해 주고 치료에 대해 가이드해 줄 수 있는 지침이 더 필요하다(Kernberg, 2010 참조).

앞으로 5장에서도 논의하겠지만, Rutgers 대학에 있는 나의 슈퍼비전 그룹에서는 수년 동안 여러 차례에 걸쳐 특정 슈퍼바이저에 대해 문제 제기를 한 학생들이 있었다. 이런 학생들은 오랫동안 망설이던 끝에 문제를 건의했는데, 대부분의 경우 슈퍼바이저가 학생들을 슈퍼바이지가 아닌 환자처럼 대해서 생긴 문제이다. 대학원생들은 자기 비판적인 경향이 매우 심해서 자신을 환자처럼 대하는 슈퍼바이저의 접근방식에 문제의식을 갖기까지 꽤 오랜 시간이 걸리는 것 같다. 불편하리만큼 자기 개방을 많이 하라고 요구하는 슈퍼바이저와도 열심히 협력하려고 하며, 불편한 자기 개방 뒤에는 어떤 깨달음이 따라오기를 기대한다. 그러다가 참다못해 슈퍼비전 그룹에서 자신의 상황에 대한 피드백을 요청하는 경우 동료 학생들이 나서서 안타까움을 더 표현하곤 한다. 이런 일련의 과정을 거쳐 학생들은 마침내 자기 비판적 사고를 접고 상황을 재구성할 수 있게 된다.

하지만 학생들이 정중하게 이의 제기를 하거나 단호하게 경계를 재협상하거나 심지어 슈퍼바이저를 재배정해 달라고 요청할 수 있는 권리가 있다는 사실을 깨닫기까지는 대부분 시간이 좀 더 걸린다. 이런 상황에 이르기까지 어려움을 겪는 이유는 자신을 환자처럼 대하는 사람에게 불만을 제기하는 것에 대한 두려움 때문이다. 가르치기보다는 "해석"하려는 경향이 있는 슈퍼바이저는, 슈퍼바이저가 바뀌기(다른 접근방식을 취하기)를 기다리는 슈퍼바이지의 바람을 합리적인 비판으로 받아들이지 못하고 슈퍼바이지의 역동적 이슈로 "해석"해 버리는 경향이 있다. 때문에 학생들의 입장에서는 현실적인 해결책이 있다는 것을 인식하기 어려울 수 있다. 따라서 해당 학생은 슈퍼비전 그룹에서 도움을 받아 자신의 정당한 불만을 인식하고, 불만을 제기했을 때 당면할 수 있는 다양한 잠재적인 반응들 앞에서 확고한 자세를 유지할 수 있어야 한다.

이런 상황에서 문제시되는 부분은 슈퍼바이지와 슈퍼바이저 사이의 계약은 환자와 치료자 사이의 계약과는 상당히 다르다는 것이다(Moga & Cabaniss, 2014 참조). 슈퍼비전 계약에서는 슈퍼바이저가 치료자의 작업을 비평할 권한은 있지만 치료자의 심리상태를 탐구하고 해석할 권한은 포함되어 있지 않다. 슈퍼비전 관계에 신뢰가 쌓이면서 학생 본인이 자신의 심리 내적 패턴과 임상 실무에서의 문제 사이의 관련성을 알고 싶어 할 수는 있지만 그런 영역도 슈퍼비전에서 다룰지 여부에 대한 주도권은 학생에게 있어야 한다. 멘토는 슈퍼바이지의 성격이나 행동에 대해 자신이 눈치챈

부분을 언급할 수는 있다(예: "○○씨는 아주 친절한 사람이란 느낌을 받습니다. 그래서 환자의 가학적인 면이 ○○씨에게는 불편하게 다가올 수도 있을 거예요" 혹은 "제가 보기에는 ○○씨는 환자의 비판을 회피하는 경향이 있는 것 같아요"). 하지만 이렇게 자신이 관찰한 바를 전문가로서 전달하는 것은 학생에게 슈퍼비전 시간에 자신의 개인적인 역동을 드러내도록 강요하는 것과는 질적으로 다르다.

이런 유형의 문제는 내가 이끄는 슈퍼비전 그룹에서 자주 제기되지는 않지만 그런 경우 이로 인해 제자가 자존감에 상처를 입는 것을 목격하는 것은 고통스러운 일이다. 동의한 적도 없는데 슈퍼바이저로부터 이런 대우, 즉 자신의 정신적 현실이 침해받으면, 학생들은 자신감을 잃고 오히려 자신이 아는 것이 뭐가 있는지 의심하기 시작한다. 슈퍼바이저가 자신의 능력이나 심지어는 자신의 정신건강에 의문을 갖고 있다고 생각할 수도 있다. 나는 이러한 상황을 여러 번 관찰했기 때문에 '가르치는 것'과 '치료하는 것'의 양극단에서 '가르치는 쪽'으로 기울어져 있다. 정확히 말하면 '순수한' 가르침 혹은 '순수한' 치료로 나누는 것은 불가능하기에 가르치기와 치료하기는 상호 배타적인 선택지가 되어서는 안 된다. 그래서 나는 가르치기와 치료하기의 양극성 자체를 해체하고 둘 사이의 균형을 추구하는 쪽으로 기울었다. 특히 슈퍼바이저로부터 적절한 지원을 받지 못하거나 과도하게 사생활을 침해당하는 피해가 가장 클 수밖에 없는 초심자를 대할 때는 그렇게 하는 것이 맞다고 본다.

나의 개인적 수련 경험 때문에 더 이러한 입장에 도달했는지도 모른다. 정신분석 슈퍼비전을 받는 대부분의 사람들과 마찬가지로 내가 환자들과 처음으로 정신분석적으로 작업하기 시작했을 때 나에게는 이미 개인 분석가가 있었다. 당시 나에게 필요했던 것은 치료가 아니라, 배운 내용을 임상적으로 적용하는 것에 대한 숙련된 치료자의 지혜와 조언이었다. 진단적 성찰(diagnostic reflections)을 구하는 것, 어려운 치료적 상황에 다르게 대처할 수 있었을 방법들에 대한 제안을 받는 것, 여러 딜레마 상황에 대해 이론적으로 혹은 경험적으로 이해하는 것, 특정 환자 및 특정 문제에 대한 지식을 얻는 것과 같은 사항들 말이다. 수련 초기에는 심지어 그리 침습적(intrusive)이지 않은 슈퍼바이저들과 함께 할 때조차도 나는 발가벗은 것처럼 고통스러웠다. 그 당시 슈퍼바이저들이 나의 방어기제를 좀 더 해체하는 시도를 했다면 나는 완전히 압도당한 느낌을 받았을 것이다. 당시 나는 내 심리적 경계를 존중해 주고 성숙함을 신뢰하며 내가 소화할 수 있는 내용을 바탕으로 지식 기반을 다지고 임상적 판단을 보완할 수 있도록 도와주었던 멘토들이 무척 감사했다.

다른 한편으로, 나는 슈퍼바이지의 내면적인 부분을 과도하게 파고들어 강렬한 감정 반응을 불러일으키는 것으로 유명한 슈퍼바이저도 여럿 알고 있다. 수련생들이 이러한 슈퍼바이저의 스타일을 이미 알고 있고 자신을 지도할 사람을 선택할 수 있는 상황에서는 그렇게 심층적이고 치료와 비슷한 슈퍼비전에 참여할지의 여부를 숙고하여 결정할 수 있다. 나의 멘토였던 Arthur Robbins이 이런 접근법을 취했다. 그의 지도 방식은 정서적 표출과 불가분의 관계에 있었으며 그의 지도 아래서 이런 감정 표현은 치유적으로 작용하였다. 개인적인 분석을 제외하면, 이것은 내가 받았던 수련감독 경험 중 가장 도움이 되는 경험이었다. Arthur Robbins과의 슈퍼비전 경험은 진정으로 치료적이면서 교육적이었다. 하지만 당시 나는 나의 심리적 역동이 검토 대상이 되도록 명시적으로 허락을 한 상태였고, Robbins가 수련생들에게 깊게 파고들기로 유명한 것을 이미 알고 있는 상태에서 슈퍼비전에 참여했다. 그 당시는 내가 나의 무의식에 상당히 익숙해진 시점이기도 했다. 나는 그의 독특함에 대해 알고 있었고, 그의 슈퍼비전 스타일은 그가 슈퍼바이저이면서도 동시에 진정한 자기 자신으로 존재할 수 있는 방식이라는 것을 느낌으로 알 수 있었다. 따라서 우리가 흔히 이분법적으로 봐왔던 대부분의 문제처럼, 가르치기와 치료하기를 단순히 양분화하는 것은 난해한 일이다. Warren Wilner(2015)가 말했듯 “슈퍼비전에는 강력한 치료적 측면이 있고, 치료에는 상당한 교육적 요소가 있다”(p. 192).

흥미롭게도, 컬럼비아 대학교의 정신분석적 슈퍼비전 수련 및 연구 센터에서 수행된 광범위한 자연주의적 접근의 연구(Cabaniss et al., 2001) 관련 문헌을 보면 가르침과 치료 사이의 긴장감에 대한 문제가 두드러지게 나타남에도 불구하고 정작 정신분석 과정을 밟고 있는 수련생(institute candidates)들은 이 문제를 크게 인식하지 못했다. 후보 수련생들은 슈퍼바이저의 역할은 가르치는 것이지 치료하는 것이 아니라고 생각했고 이에 대해서는 연구에 참여한 슈퍼바이저들도 동의했다. 그럼에도 연구에 참여한 슈퍼바이지들은 역전이 반응을 탐색하는 것은 슈퍼비전에서 당연히 다루어야 할 가르침(교육)의 영역이라고 간주했다. 역전이 반응은 최근 수십 년에 걸쳐 그동안 금기시되거나 부정적인 것으로 여겨지던 불명예에서 벗어났고 이를 통해 슈퍼바이지들에게서 기대되는 일반적인 태도 역시 변했다고 볼 수 있다. 역전이에 대한 관점의 변화는 슈퍼비전 과정에 대한 연구가 얼마나 중요한지를 알려 준다.

지난 한 세기 동안 역전이에 대한 관점에 큰 변화가 있었다. 역전이에 대한 설명은 Freud가 환자에 대한 치료자의 정서적 반응이 개인 분석이 충분히 이루어지지 않아 ‘해결되지 않은’ 치료자의 개인적 역동을 보여 주는 증거라고 해석한 것에서 출발했다. 그리고 치료자가 경험하는 감정적 반응은 일반적이며 불가피한 것이기도 하다고 보고 역전이의 의미를 파악하는 입장으로 점점 발전하게 되었다(Racker, 1968). 치료자와 내담자, 그리고 슈퍼바이저와 슈퍼바이지 사이의 상호주관적 과정에 대한 점진적인 이해는 정신분석의 지형을 서서히 그러나 급진적으로 변화시켜 왔다(Berman, 2000; Jaffe, 2000 참조). 한때 사적이며 심지어 수치스러운 것으로 여겨졌던 것이 이제는 치료 과정을 이해하는 데 있어 필연적이고 중요한 가치를 가지고 있는 것으로 받아들여지게 된 것이다. 역전이로 인해 자신을 취약하게 느꼈을 법한 학생들도 이제는 환자에 대해 감정적 반응을 보이며, 자신이 환자에게 느끼는 감정에 대해 슈퍼비전 시간에 이야기하는 것을 당연하게 여기는 것 같다. 슈퍼바이저가 슈퍼바이지를 동료로서 존중하는 태도로 일관하면서 그러한 감정적인 반응에 대해 묻고, 특히 '평행 과정(parallel process)'에서 그들이 느꼈던 것을 부끄러움 없이 공개할 수 있게 된다면 대부분의 슈퍼바이지는 자신의 역전이와 관련된 슈퍼바이저의 질문을 불편한 간섭으로 여기지 않을 것으로 생각한다.

기법을 가르칠 것인가, 성장을 촉진할 것인가

정신분석적 슈퍼비전에서 반복적으로 제기되는 또 다른 쟁점은 슈퍼비전이 기법(techniques)을 가르치는 데 초점을 둘 것인지 아니면 전반적으로 전문적 성숙을 장려하는 데 중점을 둘 것인지 여부이다. 이에 대해서도 명확한 "승자"는 없다. 최근 수십 년 동안 나는 심리치료 자체가 관료적이고 재정적으로 편향된 집단들 때문에 치유적인 관계를 함양하는 것보다 단순히 기술을 습득하는 쪽으로 재구성되어 가는 점에 대해 우려해 왔다(McWilliams, 2005). 이러한 연유로 나는 성장을 장려하는 쪽을 지지하며, 슈퍼비전의 요소들을 개념화할 때 고정된 개입 방법으로 접근하기보다는 슈퍼비전을 진행중인 "과정"으로 접근하는 편이다(Bonovitz, 2010; Diener & Mesrie, 2015 참조). 물론 특정 기술(skills)을 습득하는 가치는 인정하지만, 심리치료나 슈퍼비전을 특정 "역량"만을 전문화시키는 과정으로 축소하는 것에는 선뜻 동의할 수 없다.

내가 슈퍼비전에서 주력하는 것, 즉 슈퍼바이지들이 성장할 수 있도록 도와주고자 하는 영역은 숙련된 기술이나 기법이 아닌 성숙한 태도를 가질 수 있도록 하는 것이다. 감정에 대한 정직함, 환자에 대한 존중, 열린 마음에서 비롯된 호기심, 기계적인 공감이 아닌 진정한 공감, 좋아하기 어려운 내담자라 할지라도 그들의 마음을 헤아릴 수 있는 능력, 치료적 지식을 슈퍼바이지의 개인적 스타일과 통합할 수 있도록 하는 것, 수련받은 범위를 넘어서 이론적 영역으로 확장해 나아가는 것, 겸손, 윤리적 감수성, 실수를 인정할 용기, 언제 그리고 어디서 도움을 받을 수 있는지에 대해서도 인식할 수 있는 능력 등이 포함된다. 슈퍼바이지에게 이러한 변화가 일어나는 것은 단순히 기술을 가르치는 것을 통해서가 아니라 슈퍼바이저와 더 친밀해지고 안전한 애착 관계를 형성하는 관계적 맥락에서 자연스럽게 일어난다.

그러나 "가르치기 대 치료하기" 문제와 마찬가지로, "기법 대 성장"의 문제에서 기법과 성장을 차별화해서 생각하는 것 역시 잘못된 이분법적 사고이다. 학습 내용은 그것이 전달되는 과정을 내면화(internalizing)하는 것과 분리될 수 없다. 지시적인 슈퍼바이저들도 슈퍼바이지들이 슈퍼비전에서 배운 것을 실제 치료 장면에서 실행에 옮기는지 여부에 대한 통제력을 가지고 있지는 않다. 슈퍼바이저가 정해진 "올바른 방법"으로 내담자를 치료하라고 지시해 주기를 선호하는 학생들조차도 그들이 배운 것을 자신의 성격과 개인적 한계를 감안해서 동화시켜야 하는 부분이 있다. 어떤 교육적 경험이든 그 안에 담긴 정서적 요소들은 기술이나 정보의 습득을 복잡한 문제로 만든다. 수치심, 두려움, 이상화, 시기심, 동일시 등의 역동이 필연적으로 얽혀 있으며, 수련 과정이 얼마나 실용적이고 실무 중심적인지와 별개로 슈퍼비전에서는 (바람직하게는 긍정적인 방향으로의) 개인적 변화가 거의 확실하게 일어나게 된다.

다른 한편으로, (지금껏 다양한 측면에 대한 고려를 충분히 한 것 같기는 하지만) 나 자신이 정신분석 치료를 특정 기법(techniques)의 모음집으로 구성하는 것에 알레르기가 있다고 말할 정도로 싫어함에도 불구하고, 충분히 좋은 정신분석 치료자가 되기 위해서는 이전 장에서 설명한 바와 같은 특정 기술들 역시 습득해야 하는 것도 분명한 사실이다. 또한 슈퍼바이저 관계가 전부 탐색적이고 평등하며 상호 영향을 주고받는 관계여야 한다고 주장하는 것은 숙련된 임상가가 덜 숙련된 이를 가르치는 "기울어진"(Greenacre,

1954) 혹은 "비대칭적인"(Aron, 1991) 관계라는 현실을 받아들이지 않는 것이다. 이는 지위와 역량의 명확한 불평등을 무시하는 일이자 슈퍼바이저의 지혜를 배울 슈퍼바이지의 정당한 권리를 약화시키는 일이 되기도 한다. 또한 많은 경우 직업적으로 가장 경력이 오래된 사람이 전반적인 평가와 최소 수준에 대한 평가, 즉 문지기 역할(gatekeepimg)을 담당하는 당연한 현실을 고려하면 관계적 위계의 존재는 부정하기 어렵다.

슈퍼비전 동맹

슈퍼비전을 개념화하는 데 있어 또 다른 문제는 우리 모두는 초기 경험에 기반한 비교적 무의식적이고, 은유적인 원형들을 지니고 있으며, 이는 이후의 경험에 영향을 미친다는 점이다. Ludwig Wittgenstein가 지적했듯 생각을 반영하는 언어는 우리가 상상할 수 있는 것들을 결정한다. 현재 심리학과 정신의학에서 슈퍼비전은 단계적인 기술의 집합을 교육시키는 것이라는 프레임이 씌어 있는 경향이 있고, 이에 따라 임상가로서 성숙하는 것은 예술가의 발달 내지는 운동선수의 발달에 비유된다. 예술이나 운동 영역에서는 전문가가 수행에 관한 체계적이면서도 적절한 조언을 제공한다. 정신분석적 슈퍼비전은, 수십 년에 걸쳐 보다 평등하고 경험 중심적인 방식으로 발전해 오면서 이러한 감수성을 포함하게 되었지만, 동시에 그 밑바탕에는 보다 발달적이고 상호 침투적인 모델도 자리하고 있다. 즉, 정신분석적 슈퍼비전은 기술을 가르치는 것을 넘어서 근본적인 정신분석적 태도와 정신을 키워 준다. 그리고 이와 같은 배움의 과정은 위계적이지 않고, 상호호혜적인 슈퍼바이저와 슈퍼바이지 관계를 기반으로 한다. 정신분석적 슈퍼비전에서는 더 경험이 많은 전문가가 마치 부모가 자녀의 발달적 요구에 적응하는 것과 같이 슈퍼바이지의 총체적 발달을 위해 애를 쓴다. 각각의 슈퍼비전 쌍(supervisory dyad)은 "좋은 적합도(good fit)"(Escalona, 1968)를 추구하고, 슈퍼비전 팀으로서 함께 성장하려는 노력을 한다(Rosbrow, 1997 참조).

정신분석적 치료뿐만 아니라 심리치료가 전반적으로 발전하는 과정에서 치료적 동맹이 긍정적인 치료 결과에 결정적인 역할을 한다는 인식이 점점 증가했다(예: Flückiger et al., 2012; Norcross & Wampold, 2011; Safran & Muran, 2003). 21세기 들어서는 심지어 약물치료에 있어서도 치료관계가 중요하다는 사실이 입증되고 있다. 한 연구에서는 위약을 처방받았으나 의사와의 관계가 좋았던 환자들이 실제 정신과 약물을 처방받았지만 의사와의 관계는 소원했던 환자들보다 유의하게 더 호전된 상태를 보였다(Krupnik et al., 2006).

슈퍼비전 관련 문헌에서도 유사하게 "학습 동맹(learning alliance)" 혹은 "슈퍼비전 동맹(supervisory alliance)"이 효과적인 슈퍼비전 경험을 제공하는데 결정적인 기여를 한다고 보고된다(Fleming & Benedek, 1966; Frijling-Schreuder, 1970; Gill, 2001; Teitelman, 1995; Watkins, 2011). 실증 연구들은 치료 동맹과 슈퍼비전 동맹 모두에서 대인관계적·정서적 요인이 성공적인 결과로 이끄는 데 중요한 역할을 한다는 점을 지지한다. 물론 치료 동맹에 대한 과학적 연구가 슈퍼비전 동맹에 대한 연구보다 훨씬 많기는 하다. 하지만 이러한 강조점의 변화는 경험적 일화와 실증연구 모두를 통해 슈퍼바이지가 자신의 작업이 슈퍼비전에서 검토될 때 얼마나 취약해지는지를 알게 되면서 생긴 것이다(예: Jaffe, 2001; Strømmen, 2012). 이 취약성에 대해서는 다음 장에서 다룰 것이다.

맺음말

이 장에서 나는 Sigmund Freud로부터 시작해 임상적으로, 그리고 경험연구를 바탕으로 진화를 거듭해 온 정신분석적 슈퍼비전을 역사적 맥락에서 조망하고자 했다. 베를린 학파와 부다페스트 학파가 처음 제시했던 심리치료와 슈퍼비전의 경계에 대해 질문을 던졌고, 그 문제를 슈퍼바이저의 역할과 책임을 포함한 다양한 질문들과 연관 지어 설명했다. 임상 문헌에서 반복적으로 드러나는 두 가지 논쟁거리(가르치기 vs. 치료하기, 기술 교육 vs. 성숙의 촉진)에 대해서도 요약 설명했다. 마지막으로 나는 슈퍼비전 동맹이라는, 여전히 진화를 거듭하고 있는 중요한 개념에 대해 설명했는데, 이런 나의 의견은 나머지 장에서 다룰 다양한 주제들을 보는 시각에도 반영되어 있다.

03

심리적 활력징후: 치료적 진전의 평가

슈퍼비전의 핵심 목표는 슈퍼바이지로 하여금 자신이 치료하고 있는 내담자의 복지를 최우선으로 하는 것이다. 따라서 정신분석적 심리치료를 배우는 임상가들은 분석적 전통에서 임상가들이 어떻게 내담자의 정신건강에 의미 있는 치료적 진전이 있는지를 평가하는지에 대해 알아야 한다. 이 장에서는 변화와 성장을 의미하는 심리적 활력징후(psychological vital signs)가 나타나는 10가지 영역에 대해서 설명하려고 한다. 슈퍼바이저들은 자연스럽게 이런 징후들을 주목하고 슈퍼바이지들은 이런 징후들을 스스로 모니터링하는 방법을 배워야 한다. 이들 활력증후들은 경험연구에서 주로 활용하는 매뉴얼식 단기치료에서 증상 감소의 기준으로 간주하는 것과는 차이가 크다. 물론 분석적 치료 역시 불안 혹은 우울 같은 문제시되는 증상의 완화를 목표로 해 왔지만, 단기로 진행되는 정신역동 치료모델에서도 이와 같은 좀 더 일반적인 목표를 추구한다. 최근의 경험연구 결과(예: De Smet et al., 2020)에 따르면 환자들 역시 내적 강인함이 생기고 삶의 균형감을 찾은 것과 같은 좀 더 포괄적인 효과를 중요시하고 증상의 완화는 이차적인 효과로 간주한다고 보고한다.

이쯤해서 정신치료의 목표와 관련된 경험연구에서 제시한 치료의 목표에 대해 짚고 넘어가는 것이 필요하다는 생각이 든다. 치료의 효과를 비교할 때 연구자들은 치료적 진전의 증거로 여겨지는 변화를 평가하는 기준을 명시한다. 가장 실용적인 기준은 DSM 관련 증상이 개선되는 것인데, 신뢰도와 타당도가 검증된 도구로 증상의 개선 여부를 측정할 수 있기 때문이다. 하지만 임상 실제에서는 환자와 치료자가 작업할 목표를 함께 정한다. 또한 심리치료를 받는 내담자들은 DSM 범주로 정확히 특성화되지 않는 문제들을 가지고 오는 경우가 많다. 환자들은 전반적인 삶의 만족도를 향상시키고 싶어 하거나 중대한 개인적 의사결정을 하고 싶거나, 문제가 되는 관계 패턴에서 벗어나고 싶어하거나, 내적으로 더 자신감을 느끼기를 원해서 상담을 받으려고 한다. 그리고 약물과 중독 관련 문제를 진지하게 해결하고 싶어서, 상실의 아픔을 충분히 애도할 수 있기를 원해서, 게이 혹은 트랜스젠더로 커밍아웃을 하고 싶어하거나, 발달적 위기를 직면하고자 할 때, 혹은 좋은 부모가 되고 싶어서 심리치료를 받으려 온다.

그런데 대부분의 DSM 진단 범주는 실제 "질병"이기보다는 기저의 근본적인 문제를 반영하는 증상이다. 의식적으로나 무의식적으로나 우리는 무언가에 대해 불안해하거나 우울해한다. 효과적인 치료 과정에서는 증상보다 삶의 전반적인 만족도를 높이거나 정신병리를 예방하기 위해 노력하는 등 좀 더 근원적인 목표를 기준으로 작업하는 동안 증상은 감소되었다가 증가하기를 반복할 수 있다. 물론 증상 자체를 감소시키는 데 초점을 맞추는 것이 유용할 때도 있지만, 그렇게 되면 전반적인 치료 목표에 집중하는 데 방해가 될 수도 있다. 따라서 슈퍼바이지는 의욕적으로 치료하는 과정에서 증상이 일시적으로 악화될 수도 있다는 것을 받아들여야 한다.

예를 들어, 치료 과정에서 낯설지만 좀 더 적응적인 모습이 되고자 도전을 시도하는 내담자가 증상의 차원에서는 오히려 더 높은 불안감을 경험할 수도 있다. 구체적으로 어떤 환자가 오랫동안 부인(denial)과 신체화(somatization)를 통해 방어적으로 외면하고 있던 상실의 경험을 진정으로 애도하기 시작했을 때 Beck의 우울 척도상에서는 일시적으로 더 높은 우울 점수를 받을 수도 있다. 애도의 과정이 궁극적으로 치유적인 과정임에도 불구하고 말이다. 환자들은 때때로 치료가 너무 더디게 진행된다고 불평을 할 때가 있는데, 실제로는 변화가 자신이 받아들일 수 있는 속도에 비해 너무 빠르게 일어나고 있다는 무의식적 두려움이 그 배경에 있을 때가 있다. 간혹 질적 차원에서 진전을 보인 후에 잠시 예전의 행동 패턴으로 아예 퇴행해 버리는 경우도 있다. 슈퍼바이지는 이러한 일시적인 퇴행이 그간의 치료적 진전이 허구였다는 의미가 아니라는 것을 반드시 기억해야 한다.

Jonathan Shedler(2019)의 말대로 DSM 상의 대부분의 "장애(disorders)"는 심리적 질병(illness)이라기보다는 일시적으로 일어나는 피부 발진과 발열 혹은 한쪽 다리를 못 쓰는 문제와 같은 증상과 유사한다. 증상은 전반적인 심리적 체계에 무언가 문제가 있다는 신호인 것이다. 의학에서는 신체적 문제를 증상(예: "피부 발진 장애" "발열 장애" "절름발이 장애")으로 범주화하지 않지만, 다양한 이유로 인해 정신의학은 정신적 문제를 증상의 범주로 분류하는 선택을 했고 DSM의 경우, 다양한 이해관계가 얽혀 이와 같은 선택은 여전히 유지되고 있다. 증상을 타겟으로 하는 약물을 시장에 내놓을 수 있기 때문에 제약 회사들은 증상으로 정의된 범주를 좋아한다. 증상을 완화하는 것은 원인을 치유하는 것보다 빠르고 저렴하기 때문에 보험회사도 증상으로 정의된 범주를 좋아한다. 심리적 변화보다 증상의 증감을 측정하는 것이 더 쉽기 때문에 선호하는 학자들도 있다. 연구를 빠르게 진행할 수 있고, 연구실적도 쉽게 쌓을 수 있다. 환자와 환자의 가족 중에도 증상에 의한 분류를 선호하는 사람들이 있다. DSM "장애", 즉 증상 때문에 고통받는다고 생각하면 자신의 근본적인 어려움을 면밀히 들여다보지 않아도 되기 때문이다. 자신이나 타인을 나쁜 사람, 즉 원인 제공을 한 사람이라 생각하지 않아도 된다.

범주적 증상 증후군(categorical symptom syndromes)에 기초해 진단을 하는 것이 특정 이해당사자들에게 유리할 수는 있지만 이렇게 일차원적으로 병명을 붙이는 것이 인간의 심리적 고통을 개념화하는 합리적이거나 과학적인 방법이라고는 할 수 없다. 또한 그런 식으로 이름을 붙이는 것이 치료계획을 세우는 데 특별한 우위를 갖게 해 주지도 않는다. 따라서 예전부터 증상의 의미와 기능에 초점을 맞춰 온 정신역동적 치료자들은 원인을 치료하는 것이 맞다는 확신을 갖고 있다. 이와 같은 정신분석적 임상가들의 견해와는 별개로 원인을 치료하는 것이 맞다는 주장은 경험연구 결과에 의해서도 충분히 뒷받침된다. 미국 정신건강 연구소(National Institute for Mental Health)의 전 소장인 Tom Insel의 연구도 유사한 결론에 도달했으며(Insel & Gogtay, 2014), 많은 정신병리학 연구 역시 같은 결론에 도달한 것을 볼 수 있다(예: Sharp et al., 2015; Weinberger & Stoya, 2020).

그럼에도 불구하고 DSM의 진단 범주들은 여전히 현재 우리가 사용하는 임상적 용어에 지배적인 위치를 갖고 있어 초보 슈퍼바이지들도 여기에 많이 익숙해져 있다. 그래서 나는 DSM상의 정신장애 진단기준에 주목하기보다 정신분석적 치료에서 중점적으로 다루어야 하는 이상적인 요인(ideals) 몇 가지를 명시하고자 한다. 정신분석이 아닌 다른 이론적 접근을 가진 치료자들도 이런 요인들을 무시하지는 않지만 임상 관련 문헌에 따르면 그렇다고 또 일관되게 강조하지도 않는다. 그런 점에서 볼 때 개인의 행복 추구라는 치료적 목표를 강조하고 우선시(예: Seligman, 2004)하는 긍정심리학(예: Lopez, Pedrotti, & Snyder, 2018)은 예외라고 할 수 있다. 물론 정신분석적 치료자들 역시 주관적 안녕감을 소중히 여기며, 환자들이 행복하기를 바라지만 우리는 인생사에 대해 경조증적(hypomanic), 즉 과도하게 낙관적인 해결책을 지지하지 않으며, 슬픔, 수치심, 죄책감 및 기타 부정적 정서 상태를 견딜 수 있는 심리적 역량을 더욱 중시한다.

경험이 많은 치료자들은 이미 치료 과정에서 이러한 활력 징후(vital signs)들을 모니터링하는 데 익숙하기 때문에 나는 초보 치료자들의 슈퍼비전 상황을 염두에 두고 설명을 이어가려고 한다. 그리고 인지행동치료나 인본주의, 혹은 긍정심리학에서 사용되는 유사한 용어도 함께 언급할 것이다. 조금 다른 각도이긴 하지만 이러한 활력 징후(vital signs)들의 목록을 『정신역동 진단 매뉴얼 2판(Psychodynamic Diagnostic Manual-2: PDM-2)』의 "정신 기능의 프로파일(Profile of Mental Functioning)" 부분에서 더 체계적이고 포괄적으로 설명했다(Lingiardi & McWilliams, 2017). 이런 심리적 활력 징후(vital signs)에 대한 내용을 구성함에 있어 나는 전체적인 정신건강 기준들을 다소 자의적으로 10개 항목으로 분류하였으며, 각 항목이 정신분석 슈퍼비전에 갖는 함의에 초점을 맞추었다.

안전과 높아진 애착 안정성

애착 관련 많은 연구들은 기본적인 관계적 안전감이 전반적인 정신건강에 중요한 역할을 한다는 점을 잘 보여 준다(Cassidy & Shaver, 2016). 안정적으로 애착이 형성된 아이들은 측정 가능한 거의 모든 영역에서 상대적으로 더 좋은 예후를 보인다. 반대의 경우도 마찬가지이다. 정서적 안전감의 부재와 정신병리의 심각도 사이에는 강력한 상관관계가 있다(예: Lyons-Ruth, Vliegen, Van Houdenhove, & Blatt, 2008). 그래서 어떤 환자와 작업하든 간에 치료자의 첫 번째 임무는 가능한 한 내담가가 안전하게 느끼는 치료적 관계를 형성하는 것이다. 이러한 안전한 관계를 내면화하는 것은 대부분의 심리적 치유과정에서도 핵심 요소로 간주하는데 나는 이게 가장 중요한 요소라고 생각한다(American Psychological Association, 2012; Norcross & Wampold, 2019).

슈퍼바이지들은 심리적 안전감과 관련된 심리학적 용어에 익숙할 것이다. 아마 가장 잘 알려진 것 중 하나는 Erikson(1950)이 주요 발달적 과업으로 상정한 "기본적 신뢰감(basic trust)"의 획득일 것이다. Maslow(1943)의 욕구 위계에서도 안전 욕구는 생존을 위한 생리적 욕구 바로 위에 위치한다. 최근에 심리학을 전공한 학생들은 John Bowlby(1969, 1973)가 창안하고 그의 제자들이 수십 년 간의 연구에서 발전시킨 개념인 "안정 애착"과 "안전기지 혹은 안전한 항구(safe harbor)"에 대해 많이 들어봤을 것이다(예: Ainsworth & Bell, 1970; Bede & Lachmann, 2014; Eagle, 2013 참조). 정신분석 관련 문헌에서는 Sullivan(1953)의 "존재론적 안전감(ontological security)", Eigen(1981)의 "믿음의 영역(area of faith)", 그리고 최근 연구결과를 근거로 Fonagy가 제시한 "인식적 관점의 신뢰(epistemic trust)"(Allison & Fonagy, 2016; Bateman & Fonagy, 2013)를 강조한다. 유사한 맥락에서 인지행동 심리학자들은 "안전을 추구하는 행동(safety seeking behavior)"을 식별하고 치료적 주의를 기울인다(예: Helbig-Lang & Petermann, 2010). 심리치료를 통해서는 "획득된 애착(earned attachment)"을 형성할 수 있고(Soley &. Start, 2017 참조), 장기 치료에서 치료자들은 내담자가 예전보다 더 안정적인 애착을 형성하도록 도울 수 있다(Mikulincer & Shaver, 2016). 심지어 단기 치료에서도 내담자의 근본적인 관계적 안전감의 문제에 주목하는 것은 매우 중요하다.

슈퍼바이저들은 슈퍼바이지들에게 아무리 자신이 신뢰할 수 있는 사람이고 선의를 가지고 환자를 대하더라도 정작 환자들은 그렇게 생각하지 않을 수 있다는 것을 가르쳐 주어야 한다. 만약 어떤 환자의 개인사에서 권위 있는 위치에 있던 누군가와 맺었던 최초의 관계 경험이 방임과 배신으로 가득 차 있다면 그 환자에게는 타인의 선의를 신뢰할 수 있는 정서적 기반 자체가 없는 것이나 다름없다. 우리는 신뢰할 만하다는 증거가 확실하지 않은 상황에서 치료자가 "나를 믿어!" 달라고 호소하는 게 얼마나 무의미한지 직관적으로는 알고 있다. 같은 맥락에서 치료자의 진심 어린 태도만으로는 이 회의적인 내담자에게 치료자가 신뢰할 수 있는 사람이라고 안심시키는 건 무척 어려운 일이다. 그런데 열의가 넘치는 수련생들에게 이런 부분을 이해시키는 것 또한 힘든 일이다. 수련생들은 내담자와 신뢰를 구축하는 데 상당히 오랜 시간이 걸린다는 사실을 절감하게 되면 무척 놀라고 실망하는 경향이 있다. 이런 말을 하면 슈퍼바이지들에게 조금이나마 위안이 될 수 있을지 모르겠는데 사실 경험이 많은 치료자들도 수년 간 헌신적으로 치료해 온 환자가 치료자와의 상호작용에서 공감을 받지 못했다고 느낀 순간이나 대화의 내용을 언급하면서 치료자를 신뢰하기 어렵다고 말할 때가 있다. 그런 경우 상당히 당혹스럽다.

그래서 "치료를 하려고" 시도하기 전에 치료자는 환자에게 안전감을 줄 수 있는 실질적인 방법을 찾아야 한다. 초심자들은 내담자의 주관적 경험을 공감해 주고 존중하라는 말만 들었지, 치료자를 위협적이라 느끼는 환자들을 어떻게 다루어야 하는지에 대해 배웠을 가능성은 적다. 이런 환자들을 다룰 때에는 치료실 공간을 적절하게 배치하는 것(예: 편집적 성향이 있는 환자에게 문 근처에 앉기를 원하는지 물어보기), 환자가 두려움을 드러낼 때 방어적으로 대응하지 않도록 하면서 열린 마음으로 경청하는 것 등을 포함하여 모든 방법을 동원해야 한다. 경험 많은 실무자들은 내담자들이 경험하는 불안감이 다양하고 때로는 예기치 못한 모습으로 드러날 수 있음도 이미 알고 있다. 예를 들어, 나는 정신분석에 대해 잘 알고 있는 한 남성 환자를 치료한 적이 있는데, 그는 내가 너무 따뜻해서 견딜 수 없다고 했다. 나의 따뜻함으로 인해 정서적 노출과 퇴행이 일어났고 이로 인해(기존에 자신이 알고 있던) 자신의 모습이 산산조각날까 봐 두려워했다. 이 환자는 내게 "당신, 나에게 칼 로저스처럼 개소리를 하려는 건 아니겠죠?!"라고 묻기도 했다. 이처럼 특히 상태가 심각하고 정신상태가 혼란스러운 환자의 경우 치료자가 자신의 마음을 꿰뚫어 보고 영향력을 미치는 것을 받아들이지 못한다. 그리고 그러한 침해가 일어났음을 감지할 때 많이 불안해하고 안전하지 않다고 느낀다.

치료에서 중요한 변화의 실마리는 환자의 "사소한 말"이나 겉보기에는 우연히 하는 말 속에서도 드러날 수 있고, 이는 검사 도구를 통해 평가한 결과보다 훨씬 더 명확할 때가 있다. 이런 사실은 특히 측정 가능하고 검증 가능한 기준을 중요시하는 프로그램에서 수련받은 이들에게는 생소하게 다가올 수 있는 부분이다. 예를 들어 과거 심각한 분리 불안을 겪었던 남성이 최근 혼자서 주말을 즐겼다고 지나가는 말처럼 툭 던질 수 있다. Michael Garrett(2019)은 자기 몸에서 나쁜 냄새가 난다는 망상을 가진 여성을 치료했는데 그 여자 환자는 옆집 사는 "크랙 코카인 중독자(crack addicts)"가 그녀 몸에서 나는 냄새에 대해 불평하는 환청에 시달렸다. 치료가 몇 주간 진행된 어느 날, 그녀는 또 다른 크랙 코카인 중독자 한 명이 더 있는데 그 사람은 그녀에게서 아무런 냄새가 나지 않는다고 말했다고 보고했다. 그녀는 여전히 증상, 즉 환각을 경험하고 있었지만 긍정적인 무언가를 내면화했던 것이다. 이렇듯 내담자들은 자신이 무심코 지나가듯 내뱉는 말의 깊은 의미를 모르는 것처럼 보이기도 하지만, 때론 무언가 중요한 변화가 일어나고 있다는 것을 분명히 인식하고 있을 때도 있다.

이와 관련하여 기억나는 일화가 또 하나 있다. 심각한 편집적 불안을 겪고 있는 여성 환자였는데 나와 상담한 지 약 일 년 반쯤 된 어느 날 약간 흥분하여 사무실을 찾아왔다. 그녀가 평소에 주로 앉던 의자에 다가가며 생각에 잠긴 듯 보이더니 "여기 오는 길에 이상한 일이 있었어요"라고 말했다. 그녀가 사무실로 오는 길에 목격한 일에 대해 이야기할 것 같아 무슨 일이냐고 물었다. 그러자 "이런 생각이 들었어요, 'Nancy에게 이 일에 대해 이야기하고 나면 기분이 나아질 거야.'라는 생각이요. 근데 저는 살면서 아무한테도 그런 느낌을 가져 본 적이 없어요!"라고 말했다. 그러고 나서 한동안 그녀의 편집증적 증상은 오히려 더 심해졌다. 이런 일은 치료 과정에서 전형적으로 관찰되는 진전과 퇴행의 모습이다. 그녀는 자신이 타인의 도움을 기대하고 있다는 사실이 매우 공포스러웠을 것이다. 그녀의 편집적 삽화는 치료관계에서 전반적으로 안전감을 더 많이 느끼는 진전이 생길 때 나타날 수 있는 일시적인 퇴행이었다.

슈퍼비전에서 우호적인 분위기를 경험한 치료자(슈퍼바이지)는 슈퍼비전 상황에서 끊임없이 주눅 들어 하고 불안해하는 치료자(슈퍼바이지)에 비해 훨씬 수월하게 자기 환자에게 안전감을 느끼게 해 줄 수 있다(Sherman, 2015). 때문에 슈퍼비전 관계에서 안전감을 극대화하는 것은 매우 중요하다(Slavin, 1998; Zicht, 2019). 슈퍼비전 관계에서 슈퍼바이저가 슈퍼바이지로 하여금 안전감을 느끼도록 노력해야 하는 또 다른 이유는, 슈퍼바이저와의 관계에서 안전감을 느끼는 슈퍼바이지는 내담자와의 관계에서 자신이 신뢰받지 못한다고 느낄 때 본인들이 믿을 만한 사람이라는 것을 증명하기 위한 다양한 노력을 할 수 있다. 한편 슈퍼바이지는 자기 내담자가 불신감을 표현한 때 이를 능숙하게 다룰 수 있어야 한다. 슈퍼바이저는 슈퍼바이지로 하여금 내담자가 본인들의 불만과 불신을 편하게 털어놓을 수 있게 도와주어야 하고, 이런 작업을 하는 와중에 슈퍼바이지 본인들이 경험하는 고통스러운 감정 역시 잘 견딜 수 있도록 도와주어야 한다. 이러려면 슈퍼바이저의 좋은 의도를 전달하려고 노력하는 것보다 슈퍼비전 관계에서 안전감을 느끼게 해 주는 것이 정답이다. 내담자의 호전적이고 못 미더워하는 감정을 견디기 어려워하는 슈퍼바이지는 방어적이 되기 쉽다. 내담자의 치료적 효과를 높이기 위해서는 이와 같은 부정적인 감정을 포함한 내담자의 주관성 전체가 치료적 관계 안에서 오롯이 드러나기를 바라야 하는데 말이다.

자기 그리고 대상 항상성

정신분석적 작업의 두 번째 주요 관심사는 자기 항상성과 대상 항상성을 구축하는 것이다. 정신건강의 핵심은 자신과 타인을 복잡성을 가진 그러나 일관성도 지닌 한 개인으로 보는 능력이다. 즉, 자신과 타인 모두에게 좋은 면과 나쁜 면이 공존하고, 급작스럽고 파국적인 변화에 일관성을 유지할 수 있는 사람으로 보는 능력이다. 그래서 "분열"(Kernberg, 1975; Klein, 1946)을 극복하기 위한 노력은 오랫동안 정신분석에서 정의하는 치료적 진전의 핵심이었다. 변증법적 행동치료(DBT)에 익숙한 슈퍼바이지들은 Marsha Linehan(1993)이 이분법적 사고(either–or thinking)가 아닌 변증법적 사고를 발전시켜야 한다고 강조한 것과 유사점을 볼 수 있을 것이다.

Freud(1920)는 유아가 숨바꼭질과 같은 게임에서 느끼는 기쁨의 심리적 의미에 매료되었다. 그는 자신의 손자가 시야 안팎으로 물건을 반복적으로 움직이며 "여기!" 그리고 "저기!"라고 외치는 것을 지켜보았다. 이는 아기에게 물체가 자신의 시야에서 사라져도 계속 존재한다는 지식이 습득되었음을 나타낸다. 위대한 인지 심리학자이자 Sabina Spielrein에게 정신분석을 받았던 Jean Piaget(1923/2011)는 이렇게 성취한 역량을 "대상 영속성(object permanence)"라고 불렀다. 더 관계적인 개념인 "대상 항상성(object constancy)"은 사랑하는 대상이 물리적으로 부재할지라도 감정적으로 연결되어 있고, 박해자로 변하지 않고 신뢰할 수 있는 존재(대상_역주)로 남는다는 것을 알 수 있는 역량인데 Melanie Klein(1946)이 이를 최초로 정교하게 개념화했다. Klein의 글은 좀 난해한 측면이 있지만 잘 요약 설명해 주면 슈퍼바이지들은 특히 편집-분열적 자리나 우울적 자리와 같은 개념이 내담자를 이해하는 데 도움이 된다고 한다.

슈퍼바이지들은 자신들에게도 자신과 타인을 전적으로 좋거나 전적으로 나쁘게만 보는 편집-분열적 자리와 대상 연속성을 이해하고 타인의 정서를 삼차원적으로 고려하는 우울적 자리 사이를 오가는 정상적인 변동성이 있다는 사실을 염두에 두어야 한다. 우울적 자리에서는 타인의 독립된 주관성을 인식하고 자신과 타인 모두에게 좋은 점과 나쁜 점이 공존한다는 것을 인정한다. 심리적 항상성과 관련해서 이후에 나온 용어들로 "정체성 통합(identity integration)"(Erikson, 1968)[그리고 그 반대 개념인 "정체성 혼돈(identity diffusion)"(Kernberg, 1984)], "자기 응집성(self-cohesion" [그리고 그 반대 개념인 "자기 파편화(self-fragmentation)"(Kohut, 1971)] 등이 있다. Sullivan(1953)의 "악의적 변형(malevolent transformation)"이라는 개념은 좋은 대상을 비열한 적으로 변화시키는 현상을 설명하는 개념인데 Winnicott(1963)이 "있는 그대로 존재하기(going on being)"*라고 개념화했던 연속성에 대한 감각이 부재한 상태를 의미한다.

슈퍼바이지들은 편집-분열적 자리와 우울적 자리를 오가는 환자들과 항

* going on being은 D. W. Winnicott이 제시한 개념으로 방해받지 않고 계속 존재할 수 있는 상태, 자아의 연속성을 가능하게 하는 조건을 의미한다. 방해받지 않고 자기 경험을 자연스럽게 연결해 나가며, "나는 계속 존재한다"는 감각을 형성할 수 있다. "going on being"이 허용되지 않으면, 존재의 연속성을 잃고 공허감, 단절감을 경험할 수 있다.

상 두려움에 떠는 편집-분열적 자리에서 기능하는 환자들을 구분할 수 있어야 한다. 즉, 자기 연속성과 대상 연속성을 충분히 지닌 환자들과 언제 어디서든지 무슨 일이 일어날 수 있는 불안정한 심리적 세계에서 살아가기에 갑자기 낯선 자기(alien self)가 나타날 수 있는, 자신과 타인이 악의적 변형(malevolent transformation)에 노출될 가능성이 높은 환자들을 구분할 줄 알아야 한다. 슈퍼바이지들은 정서가(emotional valence)의 변화와 자아 상태(self-state)의 변화를 구별할 필요가 있다. 즉, 기억, 감정, 신체, 지식, 그리고 기본적인 자기감이 사라지는 해리 경험에 대해 이해해야 한다(Howell, 2020 참조).

이런 점들에 주의를 기울이지 않으면, 초심자들은 자신들이 시공간의 연속성을 느낀다는 이유로 환자들 역시도 그런 역량을 가지고 있을 것이라고 가정하기 쉽다. 그들은 환자가 갑작스럽게 자아 상태(self-state)에 변화를 보일 때 이를 단순한 기분의 변화로 오해할 수도 있다. 슈퍼바이지들은 내담자들이 다양한 마음의 상태 사이에서 Broomberg가 "그 틈새 혹은 공간에 서 있기(standing in the space)"(Bromberg, 1998)라고 부른 상태를 어느 정도 경험하고 받아들일 수 있게 돕는 방법에 대해 배워야 한다. 이런 역량이 늘어나는 것은 일시적인 고통을 완화하는 것보다 훨씬 중요하다. 환자에게 이런 역량이 없다는 것을 인식하는 것은 매우 중요하고 광범위한 함의를 지닌다. 따라서 이에 대해서는 슈퍼바이저가 슈퍼바이지에게 명확하게 설명해 주어야 한다.

외상 이력이 있는 환자들의 연속성(자기와 대상 항상성)에 주목하면서 사례를 들어 좀 더 자세히 설명해 보겠다. 최대한 단기 치료를 하라는 요즘의 압박 속에서, 슈퍼바이저는 외상 경험을 한(posttraumatic) 환자들에게는 천천히 가는 것이 오히려 빨리 가는 길이라는 사실을 강조하는 것이 특히 중요하다. 실제 초보 치료자들은 이와는 정반대의 메시지를 들었거나 듣게 될 것이다. 하지만 그들이 들었거나 듣게 될 견해는 외상 경험이 있는 환자들보다 훨씬 건강한 사람들을 대상으로 한 연구 결과에 근거하고 있다는 점을 기억해야 한다. 복합외상과 성적 학대 이력을 가진 내담자의 경우, 서두르려는 듯한 느낌은 타인에게 복종할 수밖에 없었던 과거의 감정을 자극할 수 있다. 심하지 않은 경우라도 너무 빨리 가는 것은 오히려 그런 환자들의 치료적 진전을 가로막을 수 있다. 그리고 최악의 경우에는 환자들로 하여금 외상 경험을 재경험하게 할 수 있다. 외상과 해리(dissociation)에 관한 전문가들은 이런 점을 일관되게 지적해 왔다(예: Chefetz, 2015).

복합 외상 생존자들이 치료에 대해 조급함을 표현하고 더 자주 상담을 받고 싶어하거나 혹은 명시적으로 요청할 때, 초보 치료자들은 오히려 속도를 늦춰야 한다. 치료자들은 대부분 정신분석적 작업에 매력을 느끼며 환자와 더 자주 만나는 것이 치료가 깊게 들어가는 데 도움이 될 것이라 생각한다. 따라서 상담 횟수를 늘리는 데 동의하는 것이 자연스러운 반응일 수 있다. 그러나 과거 권위자들에게 착취당하고 상처받은 개인사를 가진 외상 환자들의 경우, 더 강력한 애착 관계를 맺는 것에 대해 심각한 무의식적 공포심을 갖고 있을 수 있다. 이들에게는 상담의 빈도를 늘리는 것은 편안함과 안전감 대신 퇴행적 고통을 유발할 수도 있다. 일반적으로는 더 자주 치료하는 것이 좋지만, 외상 이력이 있는 내담자들의 경우는 상담의 주기가 너무 빠르면 더 혼란스러워할 수 있다는 점을 슈퍼바이저는 슈퍼바이지에게 반드시 설명해 주는 것이 좋다. 위기감이 지속되는 경험은 연속감(자기, 대상 항성성의 역량)의 발달을 저해하기 때문이다.

이런 상황에서 나는 슈퍼바이지들에게 환자가 무의식적으로 경험하는 친밀감에 대한 두려움을 먼저 해석하라고 제안하기도 한다. 예를 들면, "더 자주 만나고 싶어하는 ○○씨의 마음은 이해하지만, 동시에 ○○씨는 너무 가까워지는 것에 대한 무의식적 두려움도 무척 많을 것 같습니다"와 같이 말해 줄 수 있다. 혹은 "○○씨가 현재 주 2회 세션에 잘 적응하는 것을 확인한 후에는 주 3회 세션도 가능하다고 생각합니다. 만약 ○○씨가 몇 달 동안 증상(해리, 자살 시도, 폭음, 성적 행동, 또는 무엇이 되었든 환자의 특정 경향성을 나타내는 것) 없이 잘 지내면, 상담 횟수를 더 늘리려는 것에 대해 다시 고려해 봅시다."라고 제안할 수도 있다. 이렇게 하는 것은 환자가 더 나빠지기보다 더 나아진다는 조건으로 환자와 더 가깝게 연결될 수 있게 해 주고, 퇴행을 유도하거나 보상하는 것을 피할 수 있는 방식이다. 또한 환자가 아직 준비되지 않은 상황에서 고통스러운 자아 상태에 대해 너무 깊이 파고드는 일은 없을 것이라는 확신을 주는 방식이기도 하다. 이러한 상황에서 치료자의 역할, 그리고 슈퍼바이저의 역할은 Winnicot의 "안아 주기(holding)" 내지는 Bion(1962)의 "담아 주기(containment)"란 개념으로 이해할 수 있다.

앞의 예시는 환자의 자기 및 대상 항상성을 증진하기 위한 치료자의 노력을 감독하는 슈퍼바이저가 동원할 수 있는 다양한 방법 중 하나에 불과하다. 슈퍼바이지가 자기 내담자의 자기 및 대상 항상성을 촉진하도록 도와줄 수 있는 또 다른 방식은 치료자 자신이나 슈퍼바이저가 정상적인 분열(nornal splitting)을 보이는 경우를 주목하도록 하는 것이다. 예를 들어 초심자들은 자신의 환자를 긍정적으로, 환자의 현재 혹은 과거의 보호자를 악마, 즉 부정적으로 보는 경향이 있다. 환자를 선으로, 부모를 괴물로 보는 프레임을 지양하고 분열을 일으키는 개입을 피하기 위해서는 공감 수준에 일종의 도약(leap of empathy)이 필요하다. 슈퍼바이저는 치료자들이 다음과 같이 내담자에게 반응할 수 있도록 도와주어야 한다. "와, ○○씨 어머니가 정말 끔찍한 잘못을 했네요. 어머니가 그렇게 하는 게 ○○씨에게 좋을 것이라고 오해를 한 것일까요? 어머니의 이런 폭력적인 행동을 설명해 줄 법한 어머니의 과거사에 대해 알고 있는 게 뭐가 있을까요?"

마찬가지로, 슈퍼바이지가 어떤 권위자는 좋은 존재로, 다른 권위자는 나쁜 존재로 여기거나, 내담자가 치료자와 집단 리더, 부부 상담가, 또는 의사 사이를 갈라놓는 분열된 시각에 슈퍼바이지가 동조하는 모습을 보이면 분열(splitting)이 일어나고 있다는 것을 인정하고, 문제가 있다고 지적해 주어야 한다. 때로는 상대 전문가(집단 리더, 부부상담가, 혹은 의사)에게 자문을 구하도록 해, 물론 적절한 사전 동의를 받고, 치료적 방향과 계획에 대한 이견에 대해 논의하고 해결을 도모할 수도 있다. 어떤 전문가가 더 나은가에 대한 슈퍼바이지의 판단이 옳든 그르든 간에, 상황을 전체적인 맥락 속에서 파악하며 복합적으로 이해할 필요는 있기 때문이다.

나는 슈퍼바이저가 슈퍼바이지에게 자신의 분열 반응을 고백하는 것도 유용하다고 생각한다. 하지만 나는 동시에 이분법적이지 않은 태도를 견지하는 것을 모델링해 주려는 노력을 한다. 예를 들어, "나도 이 아버지를 정말 싫어하게 되었습니다! 하지만 우리는 내담자의 일차원적인 시각으로 아버지와의 경험을 듣고 있다는 것을 유념해야 합니다. 우리가 궁극적으로 지향해야 하는 것은 내담자로 하여금 아버지와 아버지의 개인사와 관련해서 극적으로 드러난 부분의 이면에 있는 것까지도 섬세하게 이해할 수 있도록 돕는 것입니다."라고 말해 준다.

주체성(자율성, 자기 효능감)

정신분석 임상 문헌에서는 일관되게 환자의 주체성(sense of agency)을 증진하는 것에 초점을 둔다. "이것에 대해 당신은 어떻게 생각하시나요?" "여기서 당신이 선택할 수 있는 옵션은 무엇이라고 생각하세요?" "꿈에 대해 당신은 어떤 연상을 하는지요?"와 같은 식의 정신분석적 특유의 질문을 풍자하는 이들은 환자의 주체성을 키워 주려는 우리의 노력을 잘 이해하지 못해 그런다.

아무리 좋은 조언일지라도 다른 사람의 지시를 따른다면 환자가 스스로 문제 해결을 할 능력이 있다고 보기 어렵기 때문에 분석가들은 조언을 자제하는 경향이 있다. 또한 조언을 하는 것은 양가감정을 고려할 수 있도록 돕기보다는 내적 갈등의 어느 한 측면만을 지지하는 것이 된다.

슈퍼바이지 중에는 과거 본인들의 멘토들로부터 분석가들이 좀 더 적극적인 조언을 하지 않는 것이 권위적인 포지션을 취하지 않으려는 나태하거나 그저 정신분석의 전형적인 규칙을 따르기만 하려는 좋지 않은 태도라고 들었을 수 있다. 그래서 슈퍼바이저들은 정신분석적 접근이 추구하는 이런 가치를, 다시 말해 직접적인 조언을 자제하는 이유가 환자 스스로의 문제 해결 역량을 키워 주기 위함이라는 것을 상기시켜 주어야 한다. 그렇기 때문에 사람들이 흔히 갖고 있는 정신분석에 대한 고정관념이 잘못된 이해에서 비롯된 것임도 변호해 주고, "왜 그렇게 생각하시나요?" 등과 같은 전형적인 코멘트를 하지 않고도 내담자의 자율성을 지지해 줄 수 있는 부분이 있는지를 알아낼 수 있도록 지도해야 한다.

정신분석적 발달 이론에서의 주체성(sense of agency)이란 개념을 정리해 보자. 일부 수련생들에게는 익숙한 개념일 수도 있지만, 이제는 이를 실제 치료적 작업과 연계해서 이해할 필요가 있다. Jung(1921)의 "개성화(individuation)" 개념은 주체적인 자기(agenctic self)라는 목표에 초점을 두었던 초기의 개념이다. Erikson(1950)은 이러한 정신건강의 측면을 "자율성(autonomy)"[그리스어에 뿌리를 둔 용어로 원뜻은 "자치(self-governance)"를 의미한다]이라고 불렀는데, 나중에 "주도성(initiative)"으로 진화하게 된다. 이와 밀접한 비교적 최근의 용어는 "자기 효능감(self-efficacy)"이다(예: Frank, 2001). 대부분의 분석가는 자기가 자기의 주변 환경과 미래에 영향을 미칠 수 있다는 느낌을 "주체성(sense of agency)"이라고 부른다. 내담자와 이 문제에 대해 이야기할 때 우리는 흔히 "자신의 목소리를 찾기" "스스로를 대신해 협상하기" "순응하기 전에 잠시 멈추고 생각하기"와 같은 표현을 사용하기도 한다. 한편 치료가 잘 되면 환자는 더 이상 치료자를 필요로 하지 않게 된다. 때문에 좋은 심리치료는 자체적으로 치료가 종결될 수 있는 여건을 만드는 것이다. Winnicot(1968)이 "우리 모두는 치료가 끝나면 환자가 우리를 잊어버리기를 바라야 하며, 환자가 일상을 살아가는 것 자체가 제대로 된 치료라고 생각하시기 바랍니다"(p. 712)라고 언급했던 것처럼 말이다.

자율성이라는 개념은 개인주의를 지향하는 서구의 고정관념을 반영하고 있다. 슈퍼바이지가 집단주의 문화권에서 온 환자들을 치료할 때, 슈퍼바이저는 집단주의 문화의 맥락에 맞게 자율성의 개념을 적용할 수 있도록 도와야 한다. 그런데 터키, 극동 지역, 북미의 공동체주의 하위 문화권 출신인 동료들에게 주체성(agency)에 대해 물어본 적이 있는데, 그들의 문화가 개인의 자유를 덜 강조하기는 하지만 그들이 주체적인 삶을 살고자 하는 목표가 부족한 것은 아니라고 대답했다. 한 중국인 치료자는 "우리는 다른 사람을 돌봐야 할 의무가 커진다는 관점에서 성숙이라는 개념을 생각합니다. 그러나 우리는 그것을 수행하는 방식에 대해 선택의 여지가 없다고 느끼는 사람들과, 자신의 방식으로 그 의무를 수행할 수 있다고 여기는 사람들 사이의 차이를 구분할 수 있습니다."라고 말했다.

슈퍼바이지는 환자가 자신이 어떤 사건에 영향을 미쳤다고 느끼는 정도를 파악하는 데 주력해야 한다. 많은 내담자가 어떤 일이 그저 자신에게 "일어났다(happen)"고 생각하며 치료를 시작한다. 주체성(sense of agency)의 부재는 다음과 같은 반응들을 통해 유추할 수 있다. 가령 치료자가 "그 남자와 구강 성교를 하는 데 동의했을 때 성욕을 느꼈나요?"와 같은 질문을 던졌는데 내담자가 멍한 눈빛을 보이거나 "모르겠어요. 그 당시에는 그냥 그렇게 해야 할 것만 같았어요"와 같은 반응을 한다면, 주체성(sense of agency)이 부족한 것으로 이해해야 한다. 이런 환자는 치료자의 지시를 수동적으로 기다리는 경우가 많아 정신분석을 배우려는 치료자들을 당혹스럽게 한다. 정신분석 치료가 일련의 지시를 따르는 것이 아니라는 점을 알고 있기는 하지만, 이렇게 수동적으로 기다리기만 하는 환자의 비참여적인 태도에 직면했을 때 어떻게 대응해야 할지 어려움을 느끼게 한다. 즉, 치료자로서 자신의 자율성을 발휘하기 어려워한다. 정신역동 치료자는 내담자가 자신의 삶에 영향을 미칠 수 있는 힘이 점점 커지고 있음을 느끼고, 자신만의 방식을 찾고, 자신이 필연적으로 희생당해야 하는 존재라거나 타인에 의해 통제당하거나, 무작위적인 트라우마에 무기력하게 노출되는 취약한 존재라는 인식에 의문을 제기할 수 있기를 원하는 데 말이다.

환자들은 치료를 받으면 당연히 고통이 멈출 것이라 믿는다. 치료자를 단순히 자신의 감정을 고쳐 주거나 자신의 파트너, 상사, 또는 부모를 고쳐 주는 권위자로 여길 수도 있다. 치료자가 당장 실행에 옮길 수 있는 적극적인 전략이 있다는 말을 들었을 수도 있다. 초심 정신분석적 치료자, 특히 증거 기반 기법이나 약물을 강조하는 수련을 받은 치료자들은 기법이나 약물 치료가 통계적으로 고통을 줄이는 데 효과적이라고 알려졌기 때문에 그런 식의 마법을 부려 즉각적인 고통을 줄여 주어야 한다는 압박감에 시달릴 수도 있다. 그러나 자신을 불행하게 만드는 것들을 스스로 바꿀 수 있다는 자신감을 얻은 환자는 일시적인 고통의 완화보다 훨씬 더 가치 있는 것을 얻게 된다. 우리는 심리치료를 통해 Panksepp(1988)이 언급한 대로 주로 도파민에 의해 작용된다는 추구 시스템(SEEKING system)을 정상적으로 회복시킬 수도 있으며, 편도체로부터의 긴급한 메시지를 관리하는 전전두엽 피질의 기능 또한 강화시킬 수 있음을 알고 있다(전전두엽 피질은 집행기능을 통제한다)(Buchheim et al., 2012).

어떤 환자들은 치료자로 하여금 즉각 어떤 조치를 취하게 하는 정보를 주면서 주체성을 느끼기도 한다. 정신병적 상태의 환자들이 그런 경우인데 가령, 불면증으로 괴로워하며 망상에 시달리는 남성이 정신과 의사를 설득하여 수면제를 처방받음으로써 일말의 주체성을 느낄 수 있다. 때때로 치료자가 이런 메시지를 간파해서 내담자를 위해 무언가 할 수 있다는 것을 보여주는 것이 치료적 동맹을 구축하고 주체성을 모델링하는 좋은 첫 단계가 될 수 있다. 그러나 일반적으로, 치료자들은 문제를 즉각적으로 뚝딱 고쳐주는 해결사(fixer)의 역할에 빠지지 않도록 유의해야 하며 이렇게 되는 데는 슈퍼바이저의 도움이 필요하다. 해결사가 즉시적으로 문제해결을 해주는 식의 역할은 궁극적으로 내담자의 증상을 변화시키는 데 효과적이지 않다. 단기적으로는 약간의 효과를 볼 수 있으나 결국 삶에서 내담자 스스로 할 수 있다는 것이 고작 권위 있는 사람을 찾아가 그들의 지시를 따르는 것뿐이라는 신념을 강화시키는 결과로 이어진다.

또한 슈퍼바이지는 즉각적인 처방을 내리는 해결사의 역할과는 상반되는 무력한 방관자의 역할에 빠지지 않도록 하는 데에도 슈퍼비전에서 도움을 받아야 한다. 환자를 위해 무언가를 적극적으로 하는 것과 수동적으로 환자의 비참함을 관망하는 태도 사이에는 다양한 대안들이 존재할 수 있기에 이에 대해 슈퍼비전에서 논의해 볼 수 있다. 주체성이 떨어지는(nonagentic) 내담자를 보는 치료자 대부분은 환자보다 자신들이 더 열심이어서 좌절감을 느끼고 슈퍼비전에서 이를 표출할 수도 있다. 슈퍼바이저들은 학생들에게 자신이 내담자보다 더 많은 노력을 하고 있다면 한발 물러서서 내담자와 함께 이런 상황에 대해 전반적으로 면밀히 살펴봐야 한다고 조언해야 한다. 하지만 치료자들은 이런 균형감을 갖는 방법에 대해 잘 알지 못한다. 또한 무력감으로 채색된 역전이 감정을 창의적인 문제 해결로 전환시키는 데도 슈퍼바이저의 도움이 필요하다. 때문에 수동적이고 무기력한 환자를 치료하는 치료자의 슈퍼바이저는 치료자부터 먼저 자신의 효능감을 회복하도록 도와주어야 한다.

이를 위한 한 가지 방법은 여러 대안적인 해결책을 역할극으로 시연해 보는 것이다. 함께 선택지를 확인하고, 치료자가 가장 가능성 있는 접근방법을 스스로 선택하도록 하는 과정은 치료자 내부의 자기 주도성(inner-directedness)을 회복하는 데 도움을 줄 수 있다. 환자를 연기하는 슈퍼바이지는 슈퍼바이저에게 좌절감을 주는 상황을 즐길 수도 있고, 이러한 유머는 슈퍼바이지가 처한 우울하고 정체된 상황을 유희(play)로 만들 수 있다. 다음과 같은 대안적 해결책도 포함할 수 있다. (1) 환자가 침묵을 깨고 스스로 말할 때까지 말하지 않기 (2) 자신의 딜레마를 표현하기(예: "지금은 저도 ○○씨를 어떻게 도와야 할지 모르겠어요. ○○씨는 본인의 목소리를 찾고 싶어 상담을 받으러 왔지만, 저한테 어떻게 생각하는지 알려 달라고, 제 의견을 들려 달라고 강요하는 것 같은 느낌을 받아요. 제가 그렇게 하면 ○○씨 스스로 자기 목소리를 찾을 수 있는 능력을 갉아먹게 되는 셈인데, 또 한편으로는 제가 그렇게 하지 않으면 ○○씨가 무척 언짢아하는 것처럼 보이네요") (3) 환자가 신체적으로 어떤 느낌을 받는지 물어보기(예: "지금 몸으로 느끼는 건 뭐지요? 그런 느낌이 ○○씨 몸 어느 부분에 집중되어 있나요?") (4) 오래된 대인관계 패턴을 반복하는 것에 대해 언급하기(예: "○○씨와 저는 마치 ○○씨의 어린 시절의 핵심 정서를 반영하는 역할들을 맡고 있는 것 같네요. 우리 사이에 오가는 감정을 경험하는 유일한 방법이 한 사람은 이래라저래라 요구하는 부모의 역할을 하고, 다른 한 사람은 불만이 많은 아이의 모습이 되어야 하는 것 같네요"). 막상 이런 전략들이 효과적이지 않더라도, 다양한 전략을 고려하는 과정 자체는 슈퍼바이지가 자율감을 회복하고 주체성 혹은 자율성과 같은 역량이 얼마나 중요한지를 깨닫게 해 주는 데 도움이 된다.

현실적이고 안정적인 자존감(건강한 자기애)

자존감은 전반적인 정신건강의 핵심 요인이다. 자신에 대한 평가가 더 현실적이고 안정적일수록 성격장애나 중독 문제, 행동 장애로 이어질 가능성이 낮고, 정신병적 상태로 악화될 가능성도 줄어든다. 정신분석적 치료는 항상 자존감에 관심을 가져왔는데 최근 수십 년 동안 자존감 관련 문제가 증가하면서 관심이 더 확대되고 있는 것 같다. 초기 분석가들은 사회나 문화가 강요하는 비합리적이고 억압적인 기준 때문에 자존감에 손상을 입은 사람들을 많이 치료해 왔다. 예를 들면, 여성은 남편이 일깨워 주기 전까지는 성적 욕망을 "느끼면 안 된다"거나 남자라면 명예를 지키기 위해 불사할 것이 없어야 한다는 식의 사회문화적 압박이 있었다. 이러한 초기 정신분석 환자들은 심각하고 비합리적인 죄책감을 겪는 경향이 심했으며 그들의 삶을 끝없는 의무와 책임의 관점에서 바라보는 경향이 있었는데, 이와 같은 현상은 나중에 Karen Horney(1950)가 제시한 "당위의 폭정(the tyranny of the shoulds)"이라는 개념으로 널리 알려졌다.

20세기 후반으로 갈수록 환자들이 도움을 구하는 자존감 관련 문제는 종종 이렇게 "가혹한 초자아"를 반영하는 듯 보이는 유형에서 내면의 공허함과 삶의 핵심 가치에 대한 혼란을 반영하는 쪽으로 바뀌었다. 한편 대중문화가 자존감에 관한 광범위한 연구 결과를 잘못 전달하는 경우도 종종 있다. 작업의 질적 수준과 상관없이 모든 사람에게 좋은 점수를 주라고 하는 것과 같이 대중문화가 제시하는 자존감을 향상시키는 전략은 실제로는 단기적인 만족감(feel-good)만을 주는 피상적인 방식에 불과하다. 이러한 방식들은 정직한 자기 탐색을 통해 얻어지는 진정한 자기 가치감의 발달에 종종 역효과를 낳는다(Battan, 1983; Lasch, 1978 참조).

20세기 영향력 있는 심리치료자들(예: Rank, Adler, Rogers, Maslow, Murray, Allport, Kohut)의 저서를 보면, 자존감은 점차 성숙하면서 결국 안정적인 성격의 핵심적 특성으로 자리잡는다. 현실에 기반한 자존감은 합리적인 자기 평가 기준, 즉 완벽주의적이지도, 거짓으로 부풀려지지도 않은 기준을 반영한다. 안정적인 자존감은 비판에 의해 완전히 무너지거나 누군가의 감언이설에 넘어가 조종당하는 것을 막아 준다. 부정적인 피드백을 받아들일 때 내적으로 무너지지 않게 해 주고, 긍정적인 피드백을 받아들일 때 아첨에 현혹되지 않게 해 준다. 건강한 자존감은 부모가 우리의 진솔한 감정, 생각, 행동을 수치스럽게 여기지 않는 태도를 내면화하는 것에서 비롯된다. 부모의 기준이 합리적이라면 우리는 그 기준에 부합할 때 자기 인정(self-approval)을 받는 느낌을 갖게 되고, 기대에 미치지 못했을 때는 개선하려고 노력한다. 가학적인 비판이나 공허한 칭찬을 통해 전달되는 비합리적인 기준은 병리적인 우울증이나 자기애적 결과를 초래한다. 부모가 기준을 제시해 주지 않으면 아이들은 문화의 아이콘, 예를 들면 슈퍼히어로나 멋있는 셀럽, 상업 광고 등을 기준으로 삼게 되는데 이는 현실과 동떨어진, 도달하기 어려운 갈망을 갖게 할 수 있다.

적절한 수준의 자존감을 가진 개인들은 자신의 강점뿐만 아니라 한계와 실패에 대해서도 균형 잡힌 시각을 지니고 있다. 그들의 자기상은 필연적인 결함과 부족함을 포용하기 때문에 다른 사람에게 상처를 입혔을 때 사과할 줄 알고 도움을 받으면 감사할 줄도 안다. 말하지 않아도 사람들이 알아서 자신이 필요한 것을 해 줄 것이란 전능감을 갖고 있지 않기 때문에 본인이 필요한 것을 명확하게 표현할 수 있다. 비난을 전가하는 대신 "나-전달법(I-statements)"을 사용하여 자신의 생각과 감정을 말할 수 있다. 솔직한 모습을 보여 주는 것을 힘들어 하지 않기 때문에 진정한 감정적 친밀감을 맛볼 줄도 안다. 슈퍼바이저들은 슈퍼바이지로 하여금 환자가 진심으로 사과하고, 감사를 표할 수 있는지, 그냥 불평만 하는 대신 필요한 것을 요청할 수 있는지를 주의 깊게 보라고 조언할 수 있다. 견고한 자존감을 가진 환자들은 도움을 요청할 수 있고, 같은 성격적 장점을 가진 슈퍼바이지들도 마찬가지로 슈퍼바이저에게 도움을 청하는 것이 수월하다. 물론 아무리 건강한 자존감을 가진 치료자들이라고 해도 심리치료 자체는 어려움으로 다가올 수 있다.

내담자들이 현실적이고 안정적인 자존감을 가질 수 있게 돕도록 초보자(슈퍼바이지_역주)를 지도하려는 슈퍼바이저가 경험하는 핵심적인 어려움 중 하나는, 초보 치료자들은 흔히 내담자의 자기 비하나 과도한 자기 과시를 바로잡으려고 환자의 장점을 언급하거나 일종의 격려 연설(pep talk)*을 하는 방식으로 대응한다는 점이다. 노련한 치료자들은 이런 접근방법이 종

* 상대적으로 치료자의 자존감이 올라가는 현상_역주

종 역효과를 낸다는 것을 알고 있다. 자존감이 낮은 환자들은 긍정적인 피드백을 들게 되면 치료자가 자신의 진짜 모습을 보지 못하고 있다고 생각하고, 어쩌면 자신이 가치 있는 사람처럼 보이려고 치료자를 속이는 데 성공했다고 결론 지을 수 있다. 방어적으로 부풀려진 자존감을 가진 환자들은 치료자가 뻔한 것을 강조하며 시간을 낭비한다고 느낄 수도 있다. 슈퍼바이저는 자신의 슈퍼바이지들에게 그들의 선의의 노력이 오히려 환자의 우울증을 심화하거나 병리적 자기애를 강화할 수 있는 가능성이 있다는 것을 넌지시 전달해야 한다. 그런 다음 내담자의 상처받은 자아를 지지해 주려 노력하기보다는 좋은 대안을 가르쳐 주어야 한다고 알려 주어야 한다. 내담자의 가혹하게 비판적인 초자아를 직면시키거나(McWilliams, 2011, 11장 참조), 낮은 자존감이나 지나친 특권의식을 무조건 "고치려(fix)" 하기보다는 이에 대해 자세히 탐색하는 방식 등이 대안이 될 수 있다고 가르쳐 줄 수 있다.

4장에서는 슈퍼바이저가 슈퍼바이지의 자존감을 증진시킬 수 있는 방법에 대해 더 자세히 다룰 것이다. 세심하면서도 솔직한 피드백을 제공하는 것과, 슈퍼바이지가 지나치게 불안해하지 않으면서도 실수와 실패를 털어놓을 수 있을 만큼 충분한 정서적 안전감을 제공하기 위한 노력을 특히 강조할 것이다. 마찬가지로, 슈퍼바이지들은 멘토들로부터 환자들이 자신의 가장 못난 측면을 보여 줄 수 있게 하는 방법을 배워야 한다. 그래야만 환자들은 자신의 한계나 잘못한 점, 그리고 취약성에도 불구하고 치료자에 의해 온전히 받아들여지는 경험을 할 수 있다.

회복탄력성, 유연성, 그리고 정서조절(자아 강도)

정신역동의 오랜 학문적 전통에는 "자아 강도(ego strength)"(예: Bellak,

Hurvich, & Gediman, 1973)를 평가하는 것이 포함된다. 자아 강도란 상당한 스트레스를 받는 상황에서도 적응적으로 반응하는 능력을 말한다. 보다 현대적인 용어는 "회복탄력성(resilience)"(예: Ginsberg, 2014)으로, 특히 긍정심리학 연구자들에 의해 광범위하게 연구되고 있다. 그런데 막상 왜 어떤 아이들은 부정적 정서 경험에 의해 쉽게 무너지는 반면 다른 아이들은 그러한 경험을 통해 오히려 심리적으로 강해지는지에 대해서는 연구자들도 정확한 설명을 내놓지 못하고 있다. 이 질문은 스트레스와 트라우마로 인해 힘들어 하는 사람들이 정서적으로 강인해지도록 돕는 데 주력하는 우리 같은 치료자들의 임상적 초점은 아니다.

역경을 겪으면서, 그리고 역경을 겪은 이후에도 회복력을 유지하려면 강력한 감정을 견딜 수 있는 능력[감정 인내(affect tolerance)]과 이를 조절하는 능력[감정 처리(affective processing) 또는 감정 조절(affect regulation)], 그리고 그 감정을 적절히 표현함으로써 파괴적이지 않은, 적응적인 효과를 얻을 수 있도록 관리하는 능력이 필요하다. 일반적으로, 인지행동주의 치료자들은 나쁜 행동을 유발할 수 있는 감정 자체를 통제하는 데 중점을 두는 경향이 있다(예: 분노 관리). 반면 정신분석적 치료자들은 정서조절 문제 및 행동화의 기저에 있을 수 있는 부정적인 감정 상태(예: 수치심, 시기심, 절망감)를 이해하고 받아들이며 감소시키는 데 초점을 맞춘다(예: Gilligan, 1996). 일반적으로 정신분석 치료자들은 환자들이 현재의 스트레스와 외상기억의 활성화로 인해 혼란스러울 때 "그것을 말로 표현해 보라"거나 "감정을 느껴 보라"고 권한다.

슈퍼바이지들로 하여금 환자가 보이는 극단적이거나 비정형적인 정서 반응을 견딜 수 있게 돕는 것은 정신분석적 슈퍼비전의 핵심적인 부분이다. 압도적인 마음의 상태는 때때로 말로 표현되지 않으며, 대신 몸짓과 얼굴 표정에 분명하게 드러나는 분노와 고통으로 그 존재를 드러낸다. 그러나 환자는 이를 의식하지 못할 수 있는데, 이는 부인이나 해리와 같은 방어 때문이거나, 혹은 그러한 감정이 아직 의식 속에 형상화되지 않았기(unformulated) 때문일 수 있다(Stern, 1997, 2009 참조). 감정표현불능증(alexithymic)을 보이는 내담자들은 특히 초심자들에게는 매우 어렵게 느껴진다(Taylor & Bagby, 2013). 감정표현불능증에 대한 뉴로이미징(neuroimaging) 연구에 따르면, 감정표현불능증 내담자들의 뇌 기능은 겉으로 드러나는 행동이 특정 감정을 명확히 나타내고 있는 상황에서조차 본인들의 감정을 제대로 처리하지 못한다고 한다(예: Craig, 2009). 이러한 환자들과 함께 작업하는 데에는 많은 인내력이 요구된다. 치료자들은 이런 환자들에게 감정의 언어로 미숙한 신체적 경험을 표현하는 법을 가르쳐 주어야 하며, 그 과정을 함께 견뎌 내기 위해서는 슈퍼바이저의 도움이 꼭 필요하다(Stern, 1997, 2009).

한편 또 다른 유형의 내담자들은 수련생들을 폭언, 가령 필터링 없이 증오와 편견으로 가득 찬 절망적인 말들로 압도시킬 수 있다. 내담자에게 "모든 것을 다 말하라"고 격려했음에도 불구하고, 내담자가 자신을 개인적으로 공격하는 말을 할 때 방어적이지 않게 행동하는 건 쉽지 않은 일이다. 그럴 때 슈퍼바이지들은 얼어붙거나, 과도한 자기 성찰에 잠기거나, 자신의 의도를 설명하려 하거나 혹은 내담자들과의 힘겨루기에 휘말리게 될지도 모른다. 슈퍼비전은 치료자들이 이렇듯 "부정적 전이"라는 일반적인 용어로 치부하기 어려운 방식으로 대우받는 것을 감내할 수 있도록 도와주어야 한다. 치료자의 회복탄력성을 높이는 것이 환자의 회복탄력성을 높이는 가장 좋은 방법이기 때문이다.

정신분석 치료가 자아 강도를 높이는 주요한 방법은 안전한 관계적 기반을 형성하는 것, 즉 "안아 주는 환경(holding environment)"(Winnicott, 1965)을 조성하여 환자가 천천히 이완할 수 있도록 하는 것이다. 결과적으로 내면화된 치료자의 목소리가 내담자로 하여금 감정의 폭풍을 진정시키고 적응적으로 대처할 수 있는 방법을 찾을 수 있게 해 준다. 하지만 내담자들은 지난한 내면화 과정이 일어나는 동안 아주 구체적인 도움이 필요할 수 있다. 비정신분석적 치료에서 내담자들은 종종 감정 조절 전략[예: 스퀘어 호흡법(square breathing), 브레인스팟팅(brain spotting), 신체 경험하기, 정서적 압도감에 대처하는 DBT 기술 등]을 배운다. 정신분석적 슈퍼바이저 중에는 슈퍼바이지들에게 이러한 기술을 정신분석적 치료에 통합하는 방법을 가르치거나, 환자들에게 관련 도서와 비디오를 추천하도록 조언하기도 한다. 다른 슈퍼바이지들은 감정 조절을 돕는 마음 챙김, 명상, 호흡법을 가르치기도 한다. 또 어떤 이들은 분석 작업에 안구운동 민감소실 및 재처리(Eye Movement Desensitization and Reprocessing: EMDR)를 통합한다. 이러한 전략들을 알고 있는 슈퍼바이저는 그런 방법들을 슈퍼바이지에게 직접 가르쳐 줄 수도 있다. 혹은 이런 전략을 이미 알고 있는 슈퍼바이지들의 경우에는 전체적인 분석 과정을 저해하지 않는 선에서 다양한 방식을 활용하도록 격려한다.

회복탄력성에 중요한 것은 성숙하면서도 유연한 방어기제와 대처 기술을 사용하는 것이다. 『정신분석적 진단』(McWilliams, 2011)에서 나는 가장 흔한 원시적인 방어기제부터 더 높은 수준의 방어기제들을 검토하고, 스트레스를 다루기 위해 승화와 유머를 사용할 수 있는 것을 발달적 성취라고 언급했다. 슈퍼바이저들은 환자들이 더 적응적인 방어기제로 감정을 관리하도록 도울 수 있는 기회를 주라고 슈퍼바이지에게 일러 줄 수 있다. 예를 들어, 강렬한 수치심이나 시기심을 겪을 때, 내담자들은 즉각적인 평가절하나 자기 공격(self-attack)에 의존하는 대신, 타인의 긍정적인 측면과 동일시하는 방식을 배울 수도 있다. 결국 그들은 자신의 반응을 자기 자비(self-compassion)와 유머로 바라보는 법을 배우게 된다. 그리고 비록 부정, 회피, 해리, 분열, 혹은 정신적 고통을 줄이기 위한 다른 자동적인 전략을 사용하더라도 자신의 전형적인 방어 수단을 넘어서 반응 범위를 확장하는 데 자부심을 가질 수 있다. 이런 식으로 성장해 나가려면 몇 년이 걸릴 수도 있다.

때문에 슈퍼바이저는 슈퍼바이지에게 환자가 성숙하고 유연한 방어를 사용하는 방향으로 작은 발걸음을 내딛고 있다는 것을 보여 주는 증거들을 포착할 수 있게 도움을 주어야 한다.

반성적 기능(통찰)과 정신화

정신역동적 치료자들은 통찰을 중요하게 여겨왔다. Freud는 자기 이해를 치료적 변화의 근원으로 보았는데 그 말이 맞다. 한편 통찰은 좋은 치료적 변화의 결과일 수도 있다(Freud & McWilliams, 2006). 분석적 치료에서 자기 이해는 어떤 목적을 달성하기 위한 수단이 아니라 그 자체로 치료의 목표가 된다. 자기에 대한 성찰 능력은 긍정적인 치료 효과와 관련이 깊은데, 이는 관찰 자아(observing ego)(Richard Sterba, 1934) 혹은 성찰 기능(reflective function)(Fonagy & Target, 1996)이라는 용어로 널리 알려져 있다. 환자들의 내성 능력이 부족한 경우 그것을 키워 주는 것은 치료의 주요 목표가 된다. 최근 정신분석 관련 문헌에서는 자기에 대한 통찰뿐만 아니라 타인에 대한 통찰 또한 강조하고 있는데, 이는 철학자들이 "마음 이론(theory of mind)"이라고 부르는 능력이다. 타인의 독립적인 주관성을 이해하려는 능력은 Klein(1946)의 "우울적 자리", Benjamin(2017)의 "인식(recognition)", Fonagy의 "정신화(mentalization)"(예: Fonagy & Target, 1996), Jurist(2018)의 "정신화된 정서성(mentalized affectivity)" 등의 개념에서도 강조된다. 이것은 Martin Buber(1937)의 "나-너 관계(I-Thou relationships)"의 핵심이기도 하다.

성찰하고 정신화하는 능력이 없을 때, 우리는 스스로의 의도와 역동을 다른 사람들에게 투사한다. 9개월 된 아기의 아버지가 나에게 이렇게 말한 적이 있다. "저 아이는 내 분노 버튼을 누르는 방법을 정확히 압니다!"라고 말이다. 그는 유아의 정신 상태를 가늠할 수 없었기 때문에, 아이를 자신의 일부로 체험해 아이의 고통을 주관적으로, 자기 중심적으로 경험한 것이다. 노련한 정신역동 치료자들은 슈퍼바이지들이 환자들을 정신화하는 데 실패하는 경우 이를 알아챌 수 있는 능력을 키워 주어야 한다. 정신화에 문제가 있다는 증거는 종종 전이 경험을 통해 드러난다. 치료자의 말이 환자의 감정을 상하게 했을 때, 치료자가 개별적인 주체성을 지녔음을 상상할 수 없는 환자들은 치료자가 자신을 박해하는 것처럼 느끼고, 치료자가 도와주려는 의도로 그런 말을 했다는 것을 인식하지 못할 수 있다. 대신 그들은 "선생님은 나에게 상처를 주려고 하시는군요" 또는 "나를 아프게 하는 것을 좋아하시나 봐요!"라고 주장할 수 있다.

물론, 치료자들 역시 우리들 대부분처럼 정신화 능력이 부족할 수 있다. 그런 경우 Klein 학파가 말하는 "의도에 대한 투사(projection on intent)"에 의존하는 것을 피하기 위해 슈퍼비전이 필요할 수 있다. 예를 들어, 환자의 행동에 대한 느낌에 기반하여 환자의 의도를 성급히 결론짓는 경우가 있다(예: "그 여성 환자는 노출이 많은 옷을 입으니 나에게 성적인 의도가 있는 것이 분명하다" 또는 "이 남자가 내 의자에 외투를 걸쳐 두는 게 짜증 나니, 그것은 적대적 행위일 것이다"라고 단정 짓는 것이다). 슈퍼바이저는 치료자가 자신의 투사 반응 외에 환자의 행동을 촉발하는 다양한 다른 가능성을 고려할 수 있게 도와주어야 한다. 성찰 기능과 타인을 정신화하는 능력은 평생을 걸쳐 성숙해질 수 있다. 슈퍼비전은 종종 이러한 성장 과정을 시작하게끔 하거나 가속화한다.

공동체성과 개별성 모두에서 느끼는 편안함

심리적 건강은 다른 사람들과 협력할 수 있는 능력과 더불어 개인의 필요에 따라 스스로 독립적인 자세를 유지할 수 있는 능력 모두를 요구한다. 공동체 의식과 개인주의 중 무엇을 더 강조하는지는 문화마다 차이가 있다. 앞서 주체성(agency) 부분에서 언급했듯이, 많은 아시아 문화권과 부족 문화(tribal cultures)에서는 집단성 혹은 공동체성(collectivity)에 초점을 맞추는 반면, 대부분의 서구의 후기 산업사회에서는 개별성(individuality)을 강조한다(Jones, 2004). 내가 다양한 문화권의 치료자들과 협업해 보니, 각 사회가 중요하게 여기는 능력이 다르고 그 능력을 갖추고 있는지를 판단하는 기준도 다르지만, 해당 능력이 부족하다고 생각할 때 사용하는 암묵적으로 합의된 기준은 분명 존재하는 것 같다.

서구의 진단 관례에서 병리적으로 간주되는 조건들은 개인주의 또는 공동체주의의 한 극단으로 치우쳐 있어, 그 극단의 반대편에 있는 능력들에 결핍이 있는 것을 기본으로 한다. 예를 들어 지나치게 의존적인 사람들은 타인의 압력을 거부하고 자신의 생각을 말할 수 있고, 타인의 욕구보다 자신을 우선시하는데 치료적 도움이 필요하다고 생각한다. 반대로, 정신병적 수준으로 다른 사람을 조종하는 사람들은 파괴적일 정도로 "자기 자신을 위해서만 살아가는(out for Number One)" 태도에서 벗어나 타인에 대한 배려를 할 수 있는 능력을 키워 주는 데에 치료적 초점을 맞춘다.

Sidney Blatt(예: 2008)은 수십 년 동안 인간 심리의 다양한 차원을 연구하는 데 전념하면서 우울한 사람의 내적 경험의 차이를 이해하려고 노력했다. 그는 동일한 증상을 보이면서도 주관적으로 텅 빈 느낌, 외롭고, 늘 무언가를 갈구하며, 수치심을 많이 느끼는 "의존형" 우울과 내적으로 스스로를 질책하고, 나쁜 사람으로 경험하고, 죄책감을 많이 느끼는 "내사형" 우울의 차이를 밝혔다. 슈퍼바이저는 환자에게 더 우세하게 나타나는 우울의 유형을 구별할 수 있도록 돕고, 그런 차이가 갖는 임상적 함의에 대해 이해하도록 도와주는 방식으로 슈퍼바이지들의 임상적 역량을 키워 줄 수 있다(Auerbach, 2019; Lingiardi, McWilliams, & Muzi, 2017).

Blatt은 우울한 상태뿐만 아니라 다른 심리적 상태들 역시 "관계적 자기와 자기 정의적 자기(self-in-relation versus self-definition)"의 스펙트럼상에서 어디에 위치하는지에 따라 다르게 묘사될 수 있음을 관찰했다. 『정신역동적 진단 매뉴얼(Psychodynamic Diagnostic Manual)』(Lingiardi & McWilliams, 2017; PDM Task Force, 2006)에서 우리는 Blatt의 양극성 개념이 제공해 주는 함의를 성격 유형과 성격 병리의 치료와 관련하여 설명했다. 흥미롭게도 Blatt의 연구는 심리적으로 가장 건강한 사람들이 이 두 극단 사이의 중간 지점에 위치한다는 것을 보여 주지는 않는다. 오히려 건강한 사람들은 두 극단 모두에서 견고하다. 즉, 전반적인 정신건강은 혼자 설 수 있는 능력과 더 큰 무언가에 자신을 맡길 수 있는 능력(Ghent, 1990 참조), 개인적인 문제와 공동체적인 문제 사이를 유연하게 이동하며 양쪽 모두에서 편안함을 느끼는 것을 포함한다.

일반적으로 교육을 많이 받은 젊은 세대들이 문화적으로 더 민감한 경향이 있음에도 불구하고 슈퍼바이저들은 일부 초심 치료자인 슈퍼바이지들보다 이러한 양극성에 더 민감할 수 있다. 특히 우리 중 백인이고 특권층에 속하는 슈퍼바이저들이 더욱 그러하다. 그렇기 때문에 슈퍼바이저는 슈퍼바이지로 하여금 자기가 속한 문화와는 다른 방식으로 양극성을 이해하는 문화권에서 온 환자를 지나치게 병리적으로 바라보지 않도록 가르쳐야 한다. 문화적 차이와 관련된 주제는 야단치고 비난을 할 것이 아니라 관심을 가지고 관찰해야 할 부분이다.

몇 년 전 내가 중국에서 강의를 하는 도중에 한 여성 치료자 집단에서 "우울한 할머니들을 어떻게 도울 수 있을까요?"라는 흥미로운 질문이 있었다. 그 할머니들은 여성으로서의 정절을 중시하고 남성에게 순종하는 것이 기대되던 시기에 자랐다고 설명했다. 아버지, 다음으로는 남편, 그다음으로는 아들에게 순종하는 식으로 말이다. 질문을 던진 치료자들은 할머니들과 두 세대 정도 차이가 났다. 즉, 중국에서 여성 성애가 더 받아들여지고 많은 여성들에게 직업 선택과 더 큰 자율성을 누리는 게 가능해진 세대였다. 그들은 할머니들이 다른 세대를 살아가는 자신들에게 본인들이 누리지 못했던 자유와 관련해서 시기심과 고통을 느낄 수 있는지 궁금해했다. 그들은 할머니들이 그러한 감정을 견디지 못하고 우울증에 빠졌다고 추측했다.

우리는 함께 브레인스토밍을 하면서, 할머니 세대의 여성들이 그렇게 다른 가치관과 기대를 가진 젊은 여성들로부터 멸시당할 것이란 무의식적인 기대를 갖고 있을지도 모른다는 생각에 이르렀다. 우울한 할머니에게 손녀로 하여금 할머니들이 그렇게 심한 사회적 제재와 많은 문화적 요구에 잘 대처해 온 것에 대한 존경심을 표현하게 하고, 그 시대에 적응하기 위해 감내했던 희생을 인정해 주면 도움이 될지도 모른다고 생각했다. 치료자들도 그렇게 하는 것이 괜찮은 해결책일 수 있다는 데 동의했다. 내가 이 사례를 통해 말하고자 하는 바는 미국의 치료자들로부터는 절대 이런 질문을 받지 못 할 것이라는 것이다. 많은 사람이 할머니가 우울하다는 사실에 유감을 표하기는 하겠지만, 할머니의 고통을 덜어 주려는 개인적인 책임감은 느끼지 않을 것이다. 미국의 치료자들이 내 강의를 듣고 있는 상황이었다면 이렇게 원가족에 대한 우려를 표한 치료자가 원가족으로부터 충분히 분리-개별화가 되지 못했다고 경솔하게 결론지을 수도 있다는 점을 지적하고 싶었다.

미국의 전문가들은 종종 집단주의 문화의 환자들을 병적으로 의존적이거나, 원가족과 분리되지 못한 문제적 대상으로 잘못 이해하는 실수를 범해 왔다(Gherovici & Christian, 2018; Tummala-Narra, 2016). 마찬가지로 집단주의 사회의 치료자들은 때때로 서양 환자들을 이기적이거나 자기 중심적으로 보기도 한다. 이런 편향된 시각은 지배적인 문화적 분위기와 다르게 행동하는 하위 집단에도 적용될 수 있다(Sue, 2010). 슈퍼바이지에 비해 치료 경험뿐만 아니라 인생 경험도 더 풍부한 슈퍼바이저는 더 넓은 시각으로 다양한 임상군들을 볼 수 있는데, 슈퍼바이지도 이렇게 넓은 시각을 갖고 치료에 임해야 한다.

활력

Winnicott은 "살아있는 것처럼 보이지도 않는 사람도 정상일 수는 있다(A person can be normal without being alive.)"고 농담처럼 말한 적이 있다.

정신분석적 치료자들은 환자들의 호기심, 열정, 그리고 열의를 다시 찾아 주려고 노력한다(Panizza, 2014 참조). 우리는 오랫동안 삶의 활력을 잃은 채, 그냥 숨만 쉬는 것처럼만 보이는 사람들을 이해하려고 노력해 왔다. 이렇게 삶의 활기를 잃어 내적으로는 죽은 듯 보이는 사람들의 심리를 포착하기 위해, Helene Deutsch(1942)는 "가장 인격(as-if personality)"이라는 개념을 제안했고, Winnicott(1960)은 "거짓 자기(false self)"란 개념을 제안했다. Joyce McDougall(1980)은 "정상 정신병리(normopath)"라는 용어를 만들었고, Christopher Bollas(1987)는 "정상인 척 보이는(normotic)" 성격에 대해 묘사했다. 관계 중심 정신분석가들은 이러한 용어들로 묘사될 수 있는 내담자들은 삶의 감정적인 측면으로부터 장기간 해리된 상태에 있다고 생각할 것이다(예: Stern, 2009). Lacan 학파는 아마 "주이상스(jouissance)"* 의 부재로 이들을 설명할 것이다. 내적 죽음의 연속선상 극단에는 André Green (1993)의 "죽은 어머니 증후군"(Kohon, 1999; Mucci, 2018)이 있는데, 이는 생애 초기에 자신의 존재를 기뻐하는 어머니의 행복감이 전혀 내면화되지 않은 것이라고 가정한다.

이런 내담자들의 "마치 …인 것 같은(as-if)" 상태는 무쾌감성 우울(anhedonc depression) 상태와 유사해 보일 수 있다. 하지만 정작 그들은 이를 자신의 삶에서 의미, 목표, 그리고 감정적 풍요로움이 있었던 정상 상태에서 벗어난 일탈로 경험하는 것이 아니라, 삶의 만성적인 현실로 받아들인

* 주이상스는 자크 라캉(Jacques Lacan)의 정신분석 이론에서 사용되는 개념으로, 단순한 만족이나 즐거움을 넘어서는, 쾌락과 고통이 역설적으로 뒤섞인 상태를 의미한다. 라캉의 개념에서 주이상스는 인간 경험의 이중성을 극명하게 드러내는데, 그것은 황홀하게 초월적인 동시에 고통스럽기도 한 것이다. _역주

다. 이와 같은 심리상태는 감정표현불능증(alexithymia)를 포함하며, 최근에 "정서인지불능증(affective agnosia)"으로 알려진 정신 상태를 포함한다(Lane, Weihs, Herring, Hishaw, & Smith, 2015). 많은 사람들이 내면에 생동감의 원천을 잃어버린 채 마치 영화 트루먼 쇼의 주인공처럼 다른 누군가가 깔아 놓은 판에서 연기를 하고 있는 것처럼 느끼는 데에는 최근의 전 세계적인 트렌드(대중 문화, 현란한 변화 속도, 즉각적인 커뮤니케이션, 관료제, 이동성, 소비주의 등과 같은 것)가 원인 제공을 했을 수도 있다.

현대인의 삶에서는 외부적인 압박이 너무 심해서 내면의 목소리를 무시하기 쉽다. 내면의 활력이 부족한 것과 마약과 같은 물질 남용은 밀접한 관련이 있을 수 있다. 내적으로 죽어 있는 것처럼 느끼는 사람들은 코카인이나 임패타민(amphetamines)과 같은 자극제를 찾아 살아있다는 느낌을 맛보려 한다. 중독상태에서 벗어나는 노력을 하는 경우에도 이미 도파민 체계가 약물에 의해 장악되어 내면의 공허함을 심하게 느낀다. 따라서 무료함(boredom)은 약물 사용 장애 및 중독의 위험 요인이 될 수 있으며, 약물 중독을 극복하는 과정 중에 특히 초기 단계에서 심한 고통을 안겨 주는 원인이 될 수 있다(Washton & Zweben, 2006).

상담에 오는 환자들이 삶의 활력을 잃었기 때문에 상담이 필요하다고 말하는 경우는 드물다. 내적인 활기를 한 번도 느껴본 적이 없는 사람은 활기가 부족한지를 알 도리가 없기 때문이다. 평행과정(parallel processing)으로 보면, 슈퍼바이지들도 활력이 부족한 내담자에게 "뭐가 잘못되었는지"를 설명해 주는 게 어렵다. 이런 환자들은 대개 식이 장애나 중독과 같은 구체적인 문제나 증상을 호소하는 경향이 있다(하지만 막상 치료자가 이런 호소 문제를 자세히 탐색하려고 할 때는 여러 가지 어려움에 봉착하게 된다). 이런 내담자들은 스스로 오는 게 아니라 누가 보내서 상담에 오는 내담자인 경우도 많다. 나한테 한 남성이 찾아와서 아내가 상담을 권해서 오게 되었다고 한 적이 있다. 아내에게 관심이나 열정을 통 표현하지 않아서 치료를 받아보라고 요구했단다. 나는 이 남성을 상담에 진심으로 임하게 하는데 실패했다. 그가 나와 몇 번 만나고 나서 상담을 종결할 때, 나는 내가 유능한 치료자가 못 되어 준 것 같아서 자책을 했다. 이럴 때 나의 이런 마음을 공감해 주는 슈퍼바이저가 있었다면 도움이 많이 되었을 것 같다. 그런 환자와 치료적 관계를 계속 유지하는 데 도움을 주거나 내가 너무 자책을 하지 않도록 하는 데 도움이 되었을 것이다.

슈퍼바이저들은 경험이 적은 치료자들에 비해 내담자가 "내면이 텅 비어 있다"거나 "마치 몽유병 환자처럼 무감각하게 살아간다"는 사실을 알아차리는 경우가 많다. 초심자들은 자신들이 이렇게 활기가 없는 내담자에게서 느끼는 이상한 단절감이 공감 혹은 치료적 기술의 부족에서 비롯되는 것이 아니라는 말을 듣게 되면 안도감을 얻을 수 있다. 이런 증상은 환자의 내적 생동감의 부재와 관련이 있다. 환자가 제시한 주 호소 문제가 무엇이든 일단 이런 생동감이 부족한 것이 확인되고 명명되면 내담자와의 치료적 작업의 초점이 된다. 치료자는 환자가 진실한 감정, 관심사, 그리고 동기를 찾는 데 도움을 주어야 한다. 보통은 그리고 누구라도 과거 삶의 어느 지점에는 열정이란 것이 분명 있었을 것이다. 비록 그게 야구 경기의 승률이거나 비디오 게임, 혹은 길거리에서 연예인을 본 것과 같은 지극히 평범하고 일상적인 사건에서 비롯된 것이라 하더라도 말이다. 치료자와 내담자가 삶의 활력소가 되는 그 열정을 되찾으려고 함께 노력하기 시작하는 그 지점으로부터 활기가 살아나 천천히 확장될 수 있다.

수용, 용서, 그리고 감사

심리치료는 단순히 행동을 바꾸는 것이 아니라, 바꿀 수 없는 것을 받아들이는 것이기도 하다. 돌이킬 수 없는 상실을 받아들이는 것은 애도의 과정, 때로는 아주 긴 과정을 필요로 한다. 애도는 우리가 인생에서 경험하는 가장 가슴 아픈 상처를 치유해 가는 데 도움을 주는 자연의 섭리인 것 같다. 상실은 사람, 소유물, 사랑하는 애완동물, 또는 좋아하던 장소나 삶의 방식과도 관련된 것일 수 있으며, 고향이라는 장소 내지는 고향의 문화와 언어까지도 상실의 대상일 수 있다. 또는 자신의 젊음, 건강했던 과거의 모습, 예전에 가졌던 직업, 또는 마음속에 품었던 기대나 환상이 영원히 소실되는 것일 수 있다. 이혼이나 성전환과 같은 의사결정도 대체적으로는 긍정적인 결과를 가져오지만 부정적인 측면, 즉 상실하게 되는 것이 분명히 있기 때문에 애도의 과정을 포함할 수 있다.

긍정 심리학 그리고 관련된 현대 사회적 흐름의 영향을 받은 각종 문헌에서는 수용, 감사, 그리고 용서에 대한 관심이 재부각되고 있다. 이런 것은 보통 종교 단체들이 강조를 하고 세속 문화에서는 많이 간과되어 왔다. 현대 사회에서 불교와 마음 챙김에 대한 관심이 높아진 이유는, 서구의 소비주의 이념이 끊임 없이 추구하도록 조장하는, "될 수 있는 것(what might be)"에 대한 욕망이 아닌, "단순히 있는 그대로(what simply is)"에 집중하는 것에 대한 필요성 때문일 수 있다. 이런 지혜로움은 때때로 우리를 둘러싸고 있는 상업적인 문화의 기본 가정과는 매우 다른 가치를 추구하는 것이 심리치료임을 감안하면 매우 중요한 부분이다. 정신분석적 문헌에서도 지혜에 대한 관심이 증가했고, 용서와 같은 주제 역시 마찬가지이다(예: Mucci, 2013; Siassi, 2013).

치료자들은 슈퍼바이저로부터 삶에서 당면할 수 있는 어려움 앞에 평온함을 유지하고 관용을 베풀 수 있는 능력을 키우는 방법을 배울 필요가 있다. 표면적인 증상을 줄이는 것에만 집중한다면 평온함과 관용, 감사와 용서의 영역은 다룰 수가 없을 것이다. 불안이 줄어든 남성이라도 여전히 마음속에 깊은 원한을 품고 있다면 치료를 받기 전보다 조금 나아진 것에 불과하다고 볼 수 있다. 자신이 누리는 모든 것을 당연하다고 느끼는 여성이 감사하는 마음을 갖지 않는다면, 한계를 느끼게 하는 상황을 마주칠 때마다 반복적으로 분노하게 되는 삶을 살게 될 것이다. 환자가 돌이킬 수 없는 경험 때문에 고통받을 때, 치료자가 환자로 하여금 고통을 잘 견딜 수 있게끔 조력하는 과정에서 슈퍼바이저의 역할은 매우 중요하다. 비록 완전히 사라지지는 않더라도 슬픔은 결국 옅어질 것이고, 애도의 과정은 그것을 참고 견뎌낸 사람들에게 삶의 풍요로움을 다시 가져다 준다. 안심시키기, 재구성하기, 행동 목표 설정하기 등과 같은 기법을 동원해 이와 같은 감정들로부터 주의를 분산시키려는 시도를 하는 치료자들은 내담자가 깊이 있는 치유의 과정을 감내하는 것을 지켜보면서 지지해 주는 중요한 작업을 하기가 어려울 가능성이 크다.

고통 속에 있는 내담자를 바라보는 초심자들은 자신이 치료자로서 "충분히 노력하고 있지 않다고 생각하고, 뭔가를 더 해야 할 것만 같이 느끼고" 걱정하게 된다. 초심자들이 환자의 문제를 완전히 "치료"하고자 하는 전지전능한 소망을 버릴 수 있도록 슈퍼비전에서 도움을 주어야 한다. 슈퍼바이저들은 슈퍼바이지들로 하여금 완벽하게 혹은 완전히 내담자를 치료하려고 매달리기보다는 삶에서 마주할 수밖에 없는 어려움들을 견딜 수 있도록 해 주는 게 중요하다는 것을 일깨워 주어야 한다. 그리고 초심자들은 실수를 편안하게 받아들일 수 있는 모범을 보여 주는 슈퍼바이저를 통해 자신의 한계를 받아들이는 법을 배우게 된다. 또한 실수를 저질렀을 때 비난하지 않는 슈퍼바이저를 통해 용서의 가치도 배운다. 치료자로서 느끼는 현실적인 즐거움을 보여 주는 슈퍼바이저를 통해 감사의 가치도 배운다. 정신분석적 슈퍼비전은 바꿀 수 있는 것과 그저 수용하고 애도해야 하는 것을 명확하게 구분한다. 그렇기 때문에 불가능한 것을 할 수 있을 것이라는 초심자들의 희망은 도전을 받게 된다. 그렇지 않으면 치료자는 정작 치료를 통해서 얻을 수 있는 변화에 대해 온전히 감사할 수 없으며, 그러한 변화들이 내담자에게 얼마나 소중한지, 즉 치료 효과를 온전히 알아채지 못할 수 있다.

사랑, 일, 그리고 놀이

Erik Erikson(1950)에 따르면 Freud는 정신분석 치료의 전반적인 목표가 무엇이라고 생각하냐는 질문을 받고 치료는 "사랑하고 일하는(to love and to work)" 능력을 키워 주거나 회복시켜 주는 것이라고 답했다고 한다. 고인이 된 Bertram Karon도 나에게 똑같이 말해 준 적이 있는데 Richard Sterba 역시 Freud가 비슷한 말을 했다고 하면서, 하지만 자기가 기억하기로는 Freud가 "물론 즐거움(enjoyment)도 포함해서"라고 덧붙였다고 했다. 나는 이런 정신건강의 이상적 가치(ideal)를 "사랑, 일, 그리고 놀이"로 번역했다. 내가 앞서 나열한 대부분의 역량이 이러한 주제 아래 포함될 수 있다고 생각하는 사람도 있겠지만, 좀 더 합리적으로 생각해 보면 사랑하고 일하며 즐길 수 있으려면 앞서 언급한 활력증후들이 필요하다.

정신분석학자들이 말하는 '사랑'은 반드시 전통적인 이성애적 결혼 내지는 부모가 되는 것을 의미하지는 않는다. 정신분석적 치료에서 지지해 주고 확장시키려 하는 사랑할 수 있는 능력에는 두 가지 핵심 요소가 있다. 첫째, 내담자들이 자신들의 삶 속에 있는 사람들을 자신들이 원하는 모습이 아닌 실제 현실의 모습 그대로 사랑하고 돌보는 것이다. 이는 이상화와는 대비되는 성숙한 사랑의 모습이다. 둘째, 헌신할 수 있는 능력이다. 일이란 단순히 직업을 갖는 것이 아니라 개인적으로 의미 있는 유용한 활동을 하는 것을 의미한다. 일의 의미는 자신이 싫어하는 일을 통해 가족을 부양하는 것부터, 자신의 일 자체를 사랑하는 예술가, 학자 등이 느끼는 내재적인 만족감에 이르기까지 다양할 수 있다. 놀이는 어린 시절에 상상력과 유머를 발휘하여 무언가를 표현하는 것 혹은 아이들이 천진난만하게 구르고 뒹굴고, 뛰고 넘어지면서 장난치는 것과 같은 정상적인 신체적 상호작용(Panksepp & Biven, 2012)은 물론, 성인이 성적 활동, 스포츠, 취미, 게임, 음악, 연극, 춤, 예술 등에 참여하는 것을 포함한다.

맺음말

지금까지 논의한 10가지 요인은 심리적 활력증후(vital signs)에 해당하는 것으로서 정신분석적 임상가들은 슈퍼바이저들이 이런 징후를 모니터링해야 한다고 가르친다. 불행한 과거사로 인해 충분히 획득하지 못한 인지 및 정서적 역량을 가진 많은 환자들이 자신들의 문제를 이런 식의 용어로 묘사하지 못한다. 사람은 한 번도 가져 보지 못한 것들에 대해 소망할 수 없기 때문이다. 만약 나에게 타인을 신뢰할 수 있는 능력(애착 안정성), 스트레스를 받았을 때 스스로를 진정시킬 수 있는 능력(정서 조절 능력), 또는 다른 사람의 마음 상태를 이해하는 능력(정신화 능력)이 없었다면, 나는 당연히 그렇게 할 수 있다는 상상을 할 수 없을 것이다. 나에게 누군가를 신뢰할 이유가 전혀 없었다면, 나는 신뢰가 합리적이라고 생각하는 치료자를 순진하다고 여길 것이다. 만약 나의 파트너가 이상하게 행동하는 게 나를 힘들게 하려는 의도에서 비롯된 것이란 생각이 들면, 나는 내 치료자에게 파트너의 성격을 좀 고쳐 달라고 요구했을 것이다. 만약 내가 고독(solitutde)과 친숙해지지 않았다면, 나는 혼자 있는 상태를 공포가 아닌 다른 그 어떤 것이라 상상할 수 없을 것이다. 슈퍼바이저들은 치료자들이 환자와 함께 환자의 그런 능력을 키워 주는 작업을 할 수 있도록 가르쳐야 한다.

나는 이 장에서 증상을 경감시키는 차원을 넘어서는 임상적 성장과 치유의 영역에 대해 검토했는데, 이는 전반적인 심리적 안녕감을 얻기 위해서는 기본적인 것들이기도 하다. 나는 치료에서 진전을 보여야 하는 영역으로 애착 안정성(attachment security), 영속감(feelings of continuity), 주체성(sense of agency); 현실적이고 신뢰할 수 있는 자아존중감(realistic and reliable self-esteem); 감정 인내하기와 조절(affect tolerance and regulation); 성찰적 기능과 정신화(reflective function and mentalization); 자기 주도성과 공동체적 의식과의 편안함(comfort with both self-direction and communality); 활력(vitality); 바꿀 수 없는 것을 받아들이기(acceptance of what cannot be changed: 수용, 용서와 감사_역주); 그리고 사랑, 일, 놀이라는 주제로 구성했다. 대부분의 정신분석 멘토들은 이러한 활력 징후(vital signs)들에 대해 그들이 배운 언어로 이해하고, 개별 환자에게 적용되는 고유한 영역에 대해 알고 있으며, 해당 지식을 슈퍼바이지에게 전달할 것이다. 나는 이 장에서 이와 같은 내용을 기술하고 다양한 정신 기능에 대해 간략하게 설명해 보았다. 정신분석적으로 사유하고 작업하려고 노력하는 치료자와 슈퍼바이저에게 도움이 되는 내용이었기를 바란다.

04

개인 슈퍼비전과 자문

대부분의 정신분석적 치료자들은 초기 슈퍼비전 경험이 학위과정에서 들은 수업(course work) 혹은 학술문헌을 통해 배운 것보다 치료자로서 성장과정에 더 중요한 영향을 미쳤다고 보고할 것이다. Guest와 Beutler(1988) 역시 치료자들에게 첫 경험, 즉 초기 슈퍼비전 경험은 심지어 수십 년이 지난 후에도 여전히 생생하게 기억 속에 남아 있고, 영향을 미친다고 일찍이 보고한 바 있다. 치료자들은 슈퍼비전을 통해 환자의 심리적 역동에 대해 개념화하고, 현존을 포함한 치료 과정에서 일어나는 즉시적 경험(immediacy)의 의미를 해석하는 방법을 배운다. 또한 내담자가 털어놓는 내용을 경청하고, 적절하게 개입하는 치료의 기술을 배운다. 전문 지식을 받아들이는 과정에서 치료자로서 자신의 강점과 취약점이 무엇인지도 스스로를 모니터링하여 의도치 않게 못 보고 놓치는 부분(blind spot)에 대한 통찰도 갖게 된다. 즉, 자신의 고유한 개성(individuality)을 치유적 기술에 녹여내는 심리치료의 예술(art of therapy)적 감각을 습득해 간다. 슈퍼바이저는 슈퍼비전에서 이렇게 다양한 측면들을 각기 다른 방식과 차별화된 기술로 가르친다. 지혜로운 슈퍼바이지들은 멘토들이 지닌 치료적 레퍼토리 중에서 자신에게 가장 도움이 되는 부분을 배우려 노력한다.

이 장은 임상가들에게는 인간 본연의 지적 호기심이 있고 배움을 통해 지속적으로 치료자로서의 역량을 향상시키고자 하는 바람도 있다는 가정으로 시작하려 한다. 그렇기 때문에도 대부분의 슈퍼바이지는 슈퍼비전을 통해 관련 지식을 확장하고 임상적 기술을 개발하여 부쩍 성장한다. 슈퍼바이지들에게 호기심, 변화와 성장에 대한 동기가 있다는 믿음은, 환자들 역시 변화에 대한 두려움이 아무리 크더라도 심리적으로 건강해지고자 하는 기본적인 내적 동기도 있고 바로 이 내적 동기가 어려움을 동반하는 치료적 작업을 가능케 하는 원동력이라는 정신분석의 핵심적 가치와 맥을 같이 한다. 정신분석적 자문에서는 슈퍼바이지들이 전문가로서의 삶 전반에 걸쳐 슈퍼바이저가 기대하는 정신분석적 치료의 핵심을 배우는 과정을 즐기고, 가치를 만끽하는 데 도움을 준다. 정신분석적 슈퍼비전의 가장 핵심적인 신념은 멘토들이, 치료자, 자문가, 혹은 슈퍼바이저인지 여부와 상관없이, 배움의 과정에서 걸림돌이 되는 것은 제거하고 슈퍼바이지의 정상적인 성숙 과정에 도움이 되는 심리적 자양분을 제공하는 것이다.

치료자를 대상으로 슈퍼바이저에 대한 경험을 조사한 실증연구는 여전히 많지 않지만(Eubanks et al., 2019; Feinstein, Huhn, & Yazer, 2015; O'Donovan & Kavanagh, 2014) 최근 들어 경험연구들이 꽤 나오기 시작했다. 그리고 질적 자료나 개인적 경험에 근거한 기존의 연구결과를 보완하는 내용이 보고된다. 최근 『실무 심리학의 수련과 교육(Training and Education in Professional Psychology』(Callahan & Love, 2019) 그리고 『심리치료의 통합(Journal of Psychotherapy Integration』(Callahan, 2020)이란 두 학술 저널에서는 수련 과정에서 슈퍼바이지의 경험이란 주제로 특별호를 각각 발간했다. 드디어 슈퍼바이지, 즉 슈퍼비전 교육의 실소비자의 목소리가 수련 과정을 담당하는 슈퍼바이저들의 견해에 반영되기 시작한 증거라고 볼 수 있다.

나는 매우 유용한 경우부터 노골적으로 해가 되는 경우까지 매우 다양한 슈퍼비전 경험에 대해서 들어 익히 알고 있다(1장 Dr. Lamia의 일화 참조). 이는 관련 경험연구(예: Bambling, 2000; Ellis, 2017; Ellis et al., 2014; Gray, Ladany, Walker, & Ancis, 2001; Henry, Schacht, Strupp, Butler, & Binder, 1993)에서도 밝혀졌다. 대부분의 정신분석적 치료자들이 결정적인 영향을 받았다고 회상하는 초기 슈퍼비전 경험은 Winnicot이 이야기한 "안아 주는 환경"을 연상케 한다. 존중받고, 지지받는 느낌, 새로운 정보, 이론, 문제 해결 전략, 공감 능력의 향상, 그리고 역전이에 대한 새로운 시각을 비롯한 다양한 자양분으로 꽉 채워진 따뜻한 밥 한 끼와 같기 때문이다. 반대로, 슈퍼비전 경험을 거의 고문에 가까운 험악한 것으로 기억하는 사람도 있다. 이런 좋지 않은 경험 때문에 필수 슈퍼비전 시간을 채우면 안도의 한숨을 쉬거나 곤혹스러웠던 경험을 되풀이 안 해도 될 것 같은 사람 위주로 슈퍼바이저를 선택해 필수 슈퍼비전 시간을 겨우겨우 채우는 사람들도 있다. 이 장의 내용 자체가 슈퍼바이지의 지속적인 성장에 도움이 되는 좋은 슈퍼비전 경험으로 남았으면 하는 마음으로 효과적인 개인 슈퍼비전의 몇 가지 조건에 대해서 설명하려고 한다.

슈퍼비전 동맹을 형성하고 유지하기

강력한 슈퍼비전 동맹이야말로 좋은 슈퍼비전의 가장 기본이며 슈퍼바이지가 치료자로 성장하는 과정에 핵심적인 역할을 한다. 슈퍼비전 동맹의 중요성은 최근 양적 연구(Geller, Farber, & Schaffer, 2010; Nagel et al., 2014; Watkins, 2011)와 질적 연구(예: Cucco, 2020; Mammen, 2020)로도 밝혀지는데 이는 정신분석 현장에서 오랫동안 속설처럼 전해 내려오는 내용(lore)을 입증하는 것이다. 내가 아는 한, 강력한 슈퍼비전 동맹을 형성하는 가장 좋은 방법은 슈퍼바이지의 정서 지능(EQ), 잠재적 직관력(intuition), 그리고 좋은 의도(good intention)를 존중하면서 슈퍼바이지에게 도움이 되어 주는 것이다. 이어지는 내용에서는 이 과정을 가능하게 하는 슈퍼바이저의 역할을 강조하면서 슈퍼바이저와 슈퍼바이지가 협력해서 강력한 슈퍼비전 동맹을 형성하는 데 필요한 요인들을 설명할 것이다.

슈퍼비전 계약

슈퍼비전이나 자문의 초기 단계에서는 슈퍼바이저가 슈퍼바이지와 함께 슈퍼비전을 통해서 배우고자 하는 것을 명확하게 짚고 넘어가야 한다. 예를 들면, 슈퍼바이저마다 슈퍼바이지로 하여금 슈퍼비전 받고 싶은 사례와 관련 자료를 준비하게 하는 방식이 다를 수 있다(예: 동영상을 보거나 치료 노트를 읽거나 혹은 슈퍼바이지로 하여금 사례에 대해서 구두로 보고하게 하는 등).

한 사례를 깊게 다루는 것을 선호하기도 하고 학생들의 필요에 따라 여러 사례를 한 세션에서 모두 다루는 경우도 있다. 수련 기관마다 각기 다른 규정을 가지고 있는 경우도 있다[예를 들어, 대부분의 분석 연구소에서는 고급과정(advanced candidates)의 슈퍼바이저들은 각각 한 사례만을 심도 있게 지도하도록 되어 있다. 대학원 과정에서는 딱히 어려움이 없는 내담자의 사례까지 포함해 슈퍼바이지가 맡은 모든 사례를 정기적으로 슈퍼바이저와 논의하도록 되어 있다].

위의 두 방식과 사뭇 다른 새로운 방식으로는 실시간 슈퍼비전 형식으로 진행되는 Feinstein의 인지 도제식 수련 모델이 있다(cognitive apprenticeship model; Feinstein, 2020; Feinstein et al., 2015; Feinstein & Yager, 2013) 경험연구 결과로도 긍정적인 효과가 검증된 이 모델에서는 슈퍼바이지들이 슈퍼바이저가 내담자를 어떻게 치료하는지를 관찰하고, 슈퍼바이저가 왜, 어떤 이유로 해당 치료적 접근을 했는지에 대해 슈퍼바이지와 먼저 논의한다. 그런 다음, 수련생은 블루투스를 끼고 혹은 슈퍼바이저가 실제 치료실에 동석한 상황에서 실시간으로 슈퍼바이저로부터 피드백을 받으며 상담을 진행하고, 세션이 끝난 이후에도 슈퍼바이저로부터 진행과정에 대한 피드백을 받는다. 이렇게 실시간 슈퍼비전을 하는 방식은 가족치료에서 취하는 방식과 비슷한데, 내담자들의 전이 경험이 분산(splitting)되는 것을 염려하는 정신분석가들에게는 매우 낯선 슈퍼비전 방식이다. 여러 가지 우려가 있음에도 불구하고 또 초반에는 정신분석뿐 아니라 다양한 이론적 접근에서도 반대를 받았음에도 불구하고, Feinstein과 동료들은 수련 과정에 이와 같은 실시간 슈퍼비전 방식이 매우 효과적이고 보람 있다는 것을 밝혔다. 마지못해 한 번 시도를 해 본 동료들도 우려했던 것보다는 내담자들이 잘 협조했고, 치료자가 지도감독을 받으면서 자신을 치료하려고 노력하는 모습을 보기 때문에 고마워했다고 보고했다. 이런 식으로 수련을 받는 학생들도 처음에는 걱정을 하지만 결과적으로는 도움이 되었다고 보고했다. 나는 이런 식의 슈퍼비전에 대해서 자세히 알지는 못하지만 Feinstein의 연구 결과가 꽤 인상 깊었다.

정신건강 분야에서 사전 동의를 얻는 것과 달리 슈퍼비전에서 사전동의를 얻는 것, 즉 슈퍼비전 계약을 맺고 시작하는 것에 대해서는 별로 진전된 부분이 없다. 상담의 사전 동의서는 대부분 일정 관리나 비용 지불 방식, 약속 취소와 관련된 규정, 내담자의 권리, 비밀 유지 및 법적 예외 조항 등등에 대해 명시하고 있다. 하지만 슈퍼비전과 자문에서는 슈퍼비전 관계와 관련된 조건에 대해 명시적으로, 사전 서면동의서를 작성하기보다는 구두로, 그리고 구체적이기보다는 대략적으로 논의한다. 하지만 슈퍼비전에서도 상담에서 사전 서면동의서를 통해 짚고 넘어가야 하는 조건들과 비슷한 내용이 적용된다. 첫째 슈퍼비전 세션에서 슈퍼바이저들은 슈퍼비전에서 기대하는 바에 대해서, 그리고 자신들의 슈퍼비전 방식, 경우에 따라서는 보험 회사를 포함한 외부기관이나 자격증 등을 관리하는 주체에 슈퍼바이지에 대한 평가를 보내는지 여부에 대해서도 구체적으로 명시해야 한다. 내담자가 상담 장면에서 보장받아야 하는 조건과 비슷하게 슈퍼바이지는 슈퍼비전으로부터 얻고 싶은 것과 관련해서 충분히 질의할 수 있어야 하고 우려하는 부분이 있으면 이에 대해서도 편안하게 논의할 수 있어야 한다. 슈퍼바이지들은 특히 아직 초심자인 경우, 임상적 멘토들에 대해서 이상화하는 경향이 있다. 따라서 슈퍼바이저들이 갖고 있는 환상적인 내적 슈퍼바이저 대상을 현실적인 전문적 역량에 근거한 실제 대상으로 대체해야 하는 측면이 있는 것이다. 슈퍼바이저의 자기 반성적 태도는, 즉 자신들의 장점과 단점에 대한 인식을 기반으로 슈퍼바이지를 가르치면, 슈퍼바이지가 품고 있는 환상 속 혹은 내재화된 슈퍼바이저가 현실의 슈퍼바이저의 모습으로 전환되는 과정에 도움이 된다.

둘째, 슈퍼비전 계약은 필요에 따라 탄력적으로 수정, 보완되어야 한다. 슈퍼바이지의 관심사나 지위가 바뀌거나 슈퍼바이지가 더 도움을 필요로 하는 부분이 무엇인지에 대한 상호 간의 이해가 깊어지면 좀 더 강조해야 하는 부분들이 적절하게 바뀌어야 한다. 슈퍼비전의 초기 단계에서 슈퍼바이저와 슈퍼바이지는 각자 서로에 대한 기대를 명료화해야 한다. 치료적 상황에서 내담자와 의뢰문제 그리고 어떤 식의 도움이 필요로 하는지에 대한 이해가 공유되어야 하는 것처럼 슈퍼바이저와 슈퍼바이지가 치료의 효과와 치료의 방향성에 대해 동일한 기대치를 가지고 슈퍼비전을 시작하는 것이 매우 중요하다. 두 사람 모두 슈퍼비전 관계와 관련된 구체적인 조건들에 대한 이의가 없어야 슈퍼바이저의 접근 방식이나 상호 간의 책임과 의무에 대해 예상치 못한 일이 생기지 않는다. 특히 슈퍼바이저가 실시간으로 슈퍼바이지의 상담 세션을 관찰하지 못하는 경우라면, 슈퍼비전 계약은 슈퍼바이지가 사례에 대해서 보고할 때 어떠한 정보를 포함해야 하는지를 구체적으로 명시하는 것이 필요하다. 나는 슈퍼비전을 할 때 슈퍼바이지들에게 아래의 질문에 답할 수 있는 수준의 정보를 요구한다. 보통은 서면이 아니라 구두로 설명이 가능한 질문들이다.

- 도움이 필요한 임상적 문제나 주제가 무엇입니까?
- 환자는 어떤 사람인가? (환자의 나이, 대인관계 양상, 성별과 성 정체성, 민족성/인종/사회적 계급/종교적 지향, 현재 환자가 처한 상황, 외모와 인상, 그리고 치료자에 대한 일반적인 태도는 어떻습니까?)
- 환자를 얼마나 오래, 자주 만났습니까? 어떻게 그 환자가 당신에게 의뢰되었나요? 내담자가 과거에 정신 치료를 받은 적이 있습니까? 만약 있다면 해당 경험은 어땠습니까?
- 환자의 주 호소 문제는 무엇입니까?
- 주 호소 문제가 언제부터 시작됐고, 환자는 왜 그때를 시작점으로 지목하는가요?
- 환자의 어린 시절의 발달사를 짧게 묘사하면 어떤 모습인가요? 환자가 주양육자, 형제자매, 그리고 기타 영향을 받았다고 생각하는 주요 인물

들에 대해 어떻게 설명하고 있나요? 환자의 설명이 신빙성이 있어 보이고, 포괄적이라고 생각하나요?

- 환자와의 치료에서 전반적인 정서적인 톤은 어떻습니까?
- 환자와 있을 때 치료자는 어떤 느낌을 받나요?

환자를 위한 현실적 치료 목표 설정하기

슈퍼비전에서 얻고자 하는 목표를 정확히 설정하는 것이 슈퍼비전 동맹을 견고히 하게 하고, 슈퍼바이지의 만족도를 높인다는 것은 오래전부터 임상적으로 관찰되어 왔으며, 이는 실증 연구로도 뒷받침된다(예: Lehrman-Waterman & Ladany, 2001). 정신분석적 치료의 궁극적인 목표는 증상 완화뿐만 아니라 이전 장에서 설명한 활력 신호가 개선되는 것을 포함한다. 정신건강은 일차원적이지 않다. 가령, 높은 정서 인내력이나 생기(vitality)가 높아져도 자아존중감이나 주체성이 여전히 낮을 수 있다. 때문에 환자마다 구체적으로 어떤 활력 징후(vital sign)를 모니터링해야 하는지는 각각 다를 수 있다. 하지만 가능하면 모든 내담자의 치료적 목표를 설정함에 있어 증상 완화 이상을 목표로 설정해야 한다(물론 치료자와 슈퍼바이저가 원하는 수준의 발달적 성취를 꾀하기에 환자가 준비되지 못한 상태라면, 이는 불가능한 목표일 수도 있다). 따라서 어떤 환자든 슈퍼바이지, 즉 치료자가 가장 먼저 해야 하는 일은 환자가 동의할 수 있는 수준의 치료적 목표를 슈퍼바이저에게 분명히 전달하는 것이다. 그럼으로써 슈퍼바이저와 슈퍼바이지 사이에는 내담자의 의미 있는 진전(progress)을 어떻게 정의할 것인가에 대한 동의가 있어야 한다. 즉 똑같은 비전을 공유해야 하는데 이렇게 하는 것이 쉽지만은 않다.

예를 들어, 환자의 문제가 얼마나 심각한지에 대해 슈퍼바이저와 슈퍼바이지 사이에 명시적이거나 말은 안 해도 암묵적인 의견 차이가 있을 수 있다. 내 경험상 환자가 DSM 혹은 ICD 진단 기준에 명확히 부합하는 경계선 성격장애나 정신증적 장애를 갖고 있지 않은 한, 초보 치료자들(슈퍼바이지)은 심각한 정신적 장애를 잘 알아차리지 못한다. 대학원 프로그램에서는 학생들로 하여금 과도하게 내담자를 병리화하지 않도록 조심시키는 경향이 있는데, 반대로 과소병리화(underpathologyze)하는 위험성에 대해서는 경고를 잘 안 하는 면이 있다. 특히 환자가 똑똑하고 집안 배경도 좋고 혹은 특권층 출신이며 다양한 면에서도 뛰어난 사람이라면, 대학원생들은 이런 환자의 방어기제가 얼마나 원시적일 수 있는지, 마음속에 얼마나 불신의 골이 깊은지, 혹은 겉모습과 다르게 내적 세계는 무척 공허할 수 있다는 것을 바로 알아차리지 못하는 경향이 있다. 게다가 학생들이 환자에게서 자신들과 비슷한 점을 보게 되면(예를 들어, 자신들처럼 똑똑하고 사회성 기술도 유능하며, 가치관이나 관심사까지 비슷하다면), 환자의 심리적 안녕감에 대해서도 자신들과 비슷한 수준일 것이라고 무의식적으로 단정지어 버리는 경향이 있다. 좋은 의도를 갖고 있는 순진한 초보자들에게는 세상에 심각한 문제를 가지고 있는 사람들이 아주 많다는 사실, 그리고 자기들이 도와주려는 내담자의 고통의 무게가 얼마나 큰지를 깨닫는 것은 꽤 충격적일 수 있다. 한 젊은 슈퍼바이지가 나에게 말한 적이 있다. "자라면서 세상에 이렇게 문제가 많은 사람들이 있는 줄 알았더라면, 세상은 참 무서운 곳이구나 하는 생각을 했거나 우리 가족들이 그나마 잘 지내 온 것에 대해, 정상인 것에 대해서, 어쩌면 일종의 죄책감 같은 것을 느꼈을 것도 같아요."

반면, 스스로는 정상이라고 간주했던 특성들이 심리치료자들 사이에서 병리적인 것으로 지목될 수도 있다는 사실을 깨달으면서 당혹스러워하는 슈퍼바이지들도 있다. 예를 들면 슈퍼바이지 중에는 결혼한 사람들치고 싸우지 않는 사람이 드물다거나, 혼자 있는 것을 좋아하는 사람은 아무도 없다거나, 세상 모든 부모들이 자기 자식에 대해 늘 불평불만을 늘어놓는다거나, 외모에 대한 강박이 없는 사람이 없다거나 폭음하지 않는 청소년들은 없다고 생각하는 경우가 있다. 우리는 자신의 가족이나 또래 집단에서 정상 혹은 평균적이라고 경험한 것을 일반화하는 경향이 있다. 그리고 지금 같은 인터넷 시대에는 우리와 비슷한 가정을 가지고 있는 인터넷 커뮤니티를 찾기도 쉽다. 그런데 해당 인터넷 커뮤니티에 있는 사람들 역시 자기네들이 자라온 환경을 기준으로 세상을 바라볼 수밖에 없고 고립된 인터넷 커뮤니티에서의 경험은 기존에 자신들이 알고 있었던 것을 더 강화하는 경향이 있다.

슈퍼바이저로부터 자신들이 평소 보편적이라고 당연시해 오던 특성 혹은 가치관에 문제 소지가 있다는 지적을 받게 되는 것은 슈퍼바이지들의 입장에서는 매우 고통스러운 경험이 될 수 있다. 슈퍼바이지들은 자신들이 당연시했던 것과 임상가들이 일관되게 정상 혹은 건강하다고 생각하는 것 사이에 괴리가 있다는 것을 슈퍼비전 경험을 통해서 체험적으로 깨닫게 된다. 이런 깨달음은 슈퍼바이저의 의도적인 가르침, 혹은 의례적인 질문(예를 들면 "왜 그 내담자가 자신이 원하는 바에 대해서 주장하지 못하고 무기력하게 눈물을 흘린다고 생각하나요?" 혹은 "사과를 하는 것은 남자답지 못하다는 내담자의 신념에 대해서 어떻게 생각하나요?" 혹은 "인생의 만족도는 자신이 남들보다 훨씬 더 똑똑하다는 믿음과 비례한다는 하는 생각은 어디서 비롯된 것인가요?") 때문에 생기는 것만은 아니다. 어쨌든 슈퍼비전에서 지적받는 부분들을 수용할 수 있으면, 즉 정상에 대한 기준이 선명해지면 다른 한편으로는 본인들의 정신건강상태가 누군가를 치료할 정도로 충분히 괜찮은 것인지에 대한 회의가 들 수도 있다. 내 경험상 이렇게 생각할 수 있는 슈퍼바이지들은 대부분 정신건강이 양호한 편이다. 그러나 이처럼 과거에 미처 보지 못했거나 아니면 인정하지 못했던 것들에 대해 수치심을 느끼기 때문에 슈퍼바이저들은 슈퍼바이지가 이런 부분을 극복하도록 도와야 한다.

초보 임상가들이 환자들을 실제 모습보다 더 건강하게 보는 경향에 대해서 다시 한번 생각해 보자. 학생들은 공감적 경청에 대한 훈련을 받기 때문에, 그리고 애초부터 치료자가 되고 싶어하는데 기여한 기질적 혹은 심리적 특성 때문에도 환자와 자신 사이에 유사한 점을 찾으려는 경향이 있다. 그리고 환자를 자신과는 아예 다른 부류의 사람으로 보는 것, 즉 안 좋은 쪽으로 보는 것을 기피하려는 경향이 있다. 환자를 곤경에 처하게 만드는 취약점을 있는 그대로 직시하는 대신, 환자의 강점, 혹은 장점에 주목하려는 성향 자체는 장점으로 작용하기도 한다. 가령, 치료자들이 환자들에게 고칠 수 있다는 긍정적 기대를 갖는 것은 심리적 고통에서 벗어나기를 간절히 희망하는 환자들에게 큰 도움이 된다. 하지만 초심자들이 내담자의 성격의 조직화 수준에 대한 이해가 부족할 경우, 가까운 미래나 심지어 장기적으로도 달성이 불가능한 비현실적인 치료적 목표를 추구할 위험 소지가 따른다. 환자들은 치료적 목표를 달성하지 못하면 큰 실망감을 느끼게 되고, 치료자들 또한 기대하던 수준의 치료적 성과가 없으면 스스로에게 임상가로서의 자질에 문제가 있는 것이 아닌가 하는 자책을 할 수도 있다.

한편 이와 같은 문제는 현대 심리치료에서 강조하는 증거 기반 치료 때문에 빚어진 의도치 않은 결과이기도 하다. 증거 기반 치료법들은 나름대로 가치가 있지만, 관련 연구들을 보면 치료적으로 개입하려는 증상 범주에서 가장 고기능을 보이는 환자를 대상으로 치료 효과를 검증하는 경우가 많다. 치료 접근 간의 비교연구를 진행할 때, 통상 "공병(comorbidities)"을 보이는 사람들은 연구 대상에서 제외된다. 하지만 실제로는 이렇게 제외되는 사람들이야말로 치료하기가 더 어렵고, 치료에 더 저항하는 환자들이라 슈퍼바이지의 입장에서는 가장 슈퍼비전에서 도움이 절실한 대상이다. 정신적으로 더 건강한 사람들은 연구에도 더 협조적이고, 연구과정에서 유실되거나 불참하는 경우가 드물다. 따라서 무작위 대조실험에서 분석하는 데이터는 이렇게 상대적으로 건강한 환자들로 채워져 있는 표본인 경우가 많다.

이런 까닭에 증거 기반 치료 관련 연구 결과를 근거로 초심자를 가르치는 대학원의 교수 중에는 특정 기법의 효과에 대해, 예를 들면 적어도 강박장애에는 노출치료가 확실하게 검증된 치료법이라는 등, 단정적으로 말하기도 한다. 수치상에서 드러나는 연구 결과만을 보게 되면 맞는 말일 수 있겠지만, 최선의 방법(best practice) 내지는 선택할 수 있는 유일한 치료법(treatment of choice)이라고 주장하거나, 심지어는 강박증을 가진 사람을 노출치료가 아닌 다른 방식으로 치료하는 것은 비윤리적이라고까지 말하는 경우도 있다. 최근 몇 년 사이 임상 경험이 거의 없는 사람들이 경험연구의 통계적 결과치에만 근거해서 이런 왜곡된 의견을 제시했다는 이야기를 많이 들었다. 하지만 실제 경계선이나 정신병적 수준의 성격 조직을 보이는 만성적인 강박 장애나 공병 증상까지 가진 내담자를 치료하는 과정에서 이 잘못된 확신 때문에 오히려 치료자들은 더 심각한 무력감을 경험할 수도 있다(Kernberg, 1984). 이는 실제 이런 환자들을 치료한 전문가들 사이에서 공공연하게 알려져 있는 사실이다.

전문가들 사이에 알려진 바나, 상식적으로 봐도 노출치료는 다음과 같은 환자들에게 훨씬 효과적이기 때문이다. 예를 들면, 자신이 곱씹는 생각, 즉 반추사고와 반복하는 행위들(ritual)이 자아 이질적이어서 사실은 말도 안 되는 것임을 인식하고, 이와 같은 강박적 사고와 행동을 하지 않았던 과거의 기억을 가지고 있으며, 비슷한 증상을 가지고 있어서 강박의 모델이 되어 준 가족 구성원이 없기 때문에 증상이 강화받은 경험이 없으며, 치료자가 선의를 가지고 자신에게 도움을 주려고 한다는 사실을 의식적이든 무의식적이든 이해하고 있는 환자에게 효과적이다. 학위 과정을 졸업한 다음에 치료자들은 임상 시험에서는 제외되었을 사람들과 많이 일하게 된다. 이들은 자신의 강박 사고와 강박 행동이 없으면 심각한 위험에 처할 것이라고 속으로 믿고 있으며, 강박적 사고나 행동을 하지 않았던 시절을 기억조차 못하며, 이들의 주 양육자들 역시 비슷한 집착을 보이거나, 치료자가 자기를 도와주려는 것이 아니라 해치려고 한다는 두려움을 가지고 있을 가능성이 많다. 이런 환자들을 변별력 없이(uncritically) 노출 절차에 너무 빨리 밀어붙이면, 환자는 치료의 효과에 대한 실망감만 느끼게 되고, 치료자 역시 패배감을 느끼고 소진되는 상황이 빚어질 수도 있다. 현대심리치료에 팽배한 실증연구로 검증이 쉬운(증거기반_**역주**) 것과 임상적으로 의미 있는 것 사이의 괴리는 이와 같은 상황을 초래한다.

한편, 슈퍼바이저가 초심 치료자에게 환자의 심리적 역기능의 정도를 잘못 판단하고 있다고 지적해 주는 것은 쉽지 않은 일이다. 경험이 많은 멘토들은 최대한 부드럽게 내담자가 지닌 어려움의 깊이를 치료자에게 알려 주려고 노력하지만 여전히 치료자의 저항에 직면하기도 한다. 슈퍼바이지는 종종 멘토들의 이런 지적이 치료에 희망이 없다거나 환자에 대해 너무 비판적이거나 무시하는 태도를 취하는 것으로 곡해해서 받아들이기도 한다(물론 이건 경우에 따라서는 아주 정확한 지적일 수도 있다. 하지만 내가 여기서 하는 얘기는 슈퍼바이저의 지적이 맞는 상황을 가정한다). 초보 치료자들은 환자와 동일시하는 경향이 있기 때문에 슈퍼바이저가 환자의 원시적인 역동에 초점을 맞추면 불편해하거나 불안해할 수 있다. 자신들의 민낯이 드러나는 것처럼 느끼기 때문이다.

인간은 누구나 원시적인 정신적 과정을 보유하고 있다. 따라서 슈퍼바이지들이 눈여겨봐야 하는 것은 환자들의 미성숙한 적응 양식이다. 즉, 심각한 정신병리를 시사하는 것은 원시적인 정신과정(primitive operation)의 존재 여부가 아니라 적응적인 대처양식의 부재이다. 따라서 치료자들은 이 두 가지 양상 사이에 아주 섬세한 균형감을 유지해야 한다. 즉, 슈퍼바이지들로 하여금 자신들도 환자들이 경험하는 문제들을 갖고 있을 수 있다는 것을 인식할 수 있게 해 주어야 한다. 이는 내담자와의 공감대를 넓혀 내담자에 대한 공감과 존중의 태도를 키우는 과정이다. 한편 설령 치료자와 환자 사이에 그와 같은 유사한 부분이 있다고 하더라도, 치료자나 환자 각각이 정상성을 유지하느라 겪는 어려움이 동일하지 않다는 것도 지적해 주어야 한다. 정신병리가 심한 환자들도 일반 사람들이 보편적으로 가지고 있는 심리적인 특성 그리고 치료자 자신도 보유하고 있는 (정상적인) 특성을 여전히 가지고 있다는 점을 기억해야 한다. 하지만 이런 정상적인 부분 때문에 환자의 병리적 수준, 즉 손상의 정도를 최소화하는 우를 범해서도 안 된다.

신참 치료자였던 한 여학생이 생각나는데 천성적으로 공감 능력이 매우 뛰어난 편이었고 당시 불안 장애를 보이는 남성 내담자를 상담하고 있었다. 슈퍼비전에서 나는 이 남성 환자가 참조 망상(ideas of reference)과 공포스러운 소멸 불안(annihilation anxiety)을 포함한 정신병적 특징을 가지고 있다고 제안하였는데, 내 말을 들은 그녀는 무척 혼란스러워했다. 나는 환자의 정치적 견해가 편집적인 양상을 보이고, 주 방어기제인 분열(splitting)에 과도하게 의존하고 있을 뿐만 아니라 내담자는 이런 자신의 상태에 대한 성찰 능력이 없다고 말해 주었다. 그런데 그녀는 이런 내 의견을 받아들이지 못하고 매우 불편해했다. 그녀는 환자와 비슷한 정치적 성향을 가졌는데, 그건 나 역시도 마찬가지였다. 하지만 그녀는 환자와 달리 상반된 정치적 성향을 보이는 사람들이 무조건 다 나쁜 괴물들이 아니고, 게 중에는 선의를 지닌 사람들이 많이 있다는 사실을 충분히 이해하고 있었다. 바로 이점이 환자와 다른 부분이었다. 그녀를 평가하는 위치에 있는 권위자(즉, 나)에게도 자신의 견해를 솔직히 털어놓을 수 있는 성숙한 능력 또한 지니고 있었다. 그래서 자신이 혼란스러워하는 부분을 슈퍼비전에서 털어놓을 수 있었던 것이다. 그녀는 내가 자기의 정치적 견해에 비판적인 것 같고, 자신과 환자가 공유하는 주제들에 대해서는 둔감한 것 같다는 우려를 표명했다.

하지만 이런 걱정 때문에 이 여학생은 나와 함께 하는 슈퍼비전 시간에 충분한 안전감을 느끼지 못하게 되었다. 그런데 이런 모습은 그녀의 내담자가 느끼는 뿌리 깊은 불신과 평행선(paralleling)상에 있었다. 그녀의 내담자도 그녀처럼 매우 똑똑했는데 이런 내담자의 높은 지적 능력은 오히려 치료자로 하여금 환자의 정서적 취약성과 정신병적 불안의 수준을 정확히 가늠하는 데 걸림돌로 작용했다. 나의 신참 치료자는 높은 지적 능력이 심각한 정신병리와 공존할 수 있다는 것을 직관적으로 받아들이기 어려워했다.

그녀의 탁월한 공감력은 오히려 환자의 원시적인 이상화(primitive ideation)를 실제에 기반해서 나온 진짜 신뢰감인 양 느끼게 만들었다. 마치 그녀 자신이 주변의 믿을 만한 사람들에게 갖는 다분히 현실에 기반한 신뢰감과 동일한 것으로 느낀 것이다. 정작 내담자는 치료자를 현실의 대상으로 경험하지 못하고, 영혼의 동반자라고 믿는, 즉 원시적 수준의 융합에서 비롯된 환상(merger fantasy) 때문에 치료자에 대해 충분히 잘 알기도 전에 즉각적으로 이상화하기 시작했는데 말이다. 실제 이 남성 내담자는 이상화하는 방어가 심하고 거의 외상 수준으로 이상화했던 사람들을 평가절하하기를 반복하는 사람이었다. 결국에는 이 치료자도 환자와 충분히 견고하고 안정적인 애착을 형성하는 것 그래서 더 이상 치료를 할 필요가 없게 하는 것이야말로 가장 큰 "성취", 즉 치료의 최종 목표라는 것을 깨달았다. 비록 그의 불안감이 완전히 사라지지 않더라도 말이다. 한편 그녀가 내담자와 동일시하는 경향은 치료에 있어 긍정적인 요인으로도 작용했다. 내담자를 평등하게 대하는 그녀의 태도와 치료적 분위기는 환자의 회복에 도움이 되었다. 하지만 나는 슈퍼비전에서 그녀가 환자와 공유하는 부분이 많더라도 전반적인 정신적 안녕감의 수준까지 공유하지는 않는다는 사실에 대해 반복적으로 일깨워 주어야 했다.

과거 한 남성 슈퍼바이지는 "분노 조절 문제"를 지닌 여성 환자를 담당하고 있었는데 그 환자는 반사회적 행동을 한 과거 이력이 있었다. 한참 나이 차가 있는 어린 동생들을 고의적으로 괴롭혔고, 전혀 반성하는 기미도 없었다. 청소년 시절 라이벌 관계에 있던 친구가 강간을 당했다는 소리를 듣고 가여워하기는커녕 가학적인 미소를 지었다고 보고했고, 친구들에게 마약을 팔아 중독에 빠지게 했으면서도 "그건 걔네들 잘못"이란 태도로 일관했다. 그녀가 내 슈퍼바이지인 치료자를 대하는 태도 역시 딱히 "부적절하다"고까지 할 정도는 아니지만 매우 선정적이고 유혹적이어서 치료자를 불편하게 만들었다. 이런 그녀의 태도 때문에 내 슈퍼바이지는 그녀의 파란만

장한 과거사를 익히 알고 있음에도 불구하고, 치료자와 환자의 관계만 아니었다면 친한 친구 혹은 연인이 될 수도 있을 것 같다는 느낌도 갖고 있었다. 앞에서 제시한 여성 치료자의 사례와 마찬가지로 이 남성 슈퍼바이지 역시 도덕적 판단력은 온전했으나, 교묘하게 접근하는 이 여성 내담자에게 깊이 끌리고 동일시하고 있었다.

이 치료자는 집단 슈퍼비전과 개인 슈퍼비전을 병행하면서 도움을 많이 받았다. 한번은 집단 슈퍼비전에서 자기 환자의 미모, 세심함, 그리고 지성에 대해 열심히 설명하면서 내담자가 사람들로부터 오해를 받는 측면이 많다고 주장했다. 그러자 집단에 함께 있던 다른 동료들은 눈에 띄게 불편해하기 시작했고 드디어 한 명이 웃으며 남자 대 남자로 격의 없이 말하겠다며, 이 환자는 치료자의 자기애적 욕구를 충족시키는 데 선수 같다고 놀렸다. 치료자는 순간 방어적이 되었고 이때 다른 사람들이 둘의 대화에 끼어들면서 아무리 치료자가 열심히 이 환자를 사랑스러운 사람이라고 설명해도 왠지 그녀가 좋은 사람이란 느낌은 들지 않는다고 한목소리로 말했다. 이런 동료들의 반응에 내 슈퍼바이지는 처음에는 납득이 안 간다는 표정으로 일관하며 자기 환자에 대한 전반적인 개념화, 즉 그녀는 사람들로부터 오해받고 있고 자신이 그녀의 유일하고 정당한 옹호자라는 식으로 개념화하는 것을 포기하지 못했다. 하지만 이런 일이 있은 지 얼마 지나지 않아 그 환자는 내 슈퍼바이지에게 상담 센터에 거짓말을 해서 상담료를 덜 낼 수 있게 해달라는 무리한 요구를 했다. 그제서야 내 슈퍼바이지도 이 환자에게 반사회적 색채가 있을 수도 있다고 인정하기에 이르렀다.

이후 이 환자와의 상호작용을 통해 내 슈퍼바이지는 자신의 내담자에 대해 동료들이 직감적으로 느꼈던 것이 다 맞았음을 확인했다. 그러고 난 후 개인 슈퍼비전 시간에 자신이 어떻게 그렇게 순진하게 속아 넘어갈 수 있었는지 모르겠다며 매우 굴욕적이라고 털어놓았다. 그래서 나도 과거에 사이코패스 경향이 있는 환자들에게 "완전히 속았던" 경험을 들려 주었다. 그녀의 교묘한 조작(manipulation)에 넘어간 것은 슈퍼바이지가 가진 개방적인 태도라는 매우 좋은 점의 취약한 단면이라 말해 주었다. 개방성은 보통 치료자에게 도움이 되는 특성이지만 사이코패스 경향이 있는 환자들은 이런 태도를 착취하는데 천재적인 재능을 갖고 있다고 설명해 주었다. 우리는 환자가 반사회적 특성을 가졌다는 것을 상상하는 것은 치료자의 입장에서는 받아들이기 너무 어려운 부분이라 애써 부인하게 되고, 환자도 자신처럼 정직하고 원칙을 지니는 사람일 것이라는 믿음을 투사를 하게 되는 것 같다는 결론에 도달했다.

나는 사람은 포유류이기에 잠재적으로는 포식자가 갖는 무자비한 면모가 있을 수밖에 없다고 생각한다. 그래서 스스로에게도 이런 점이 있다는 것을 수용할 수 있으면 이런 모습을 다른 사람에게서도 쉽게 볼 수 있을 것이라고 말해 주었다. 우리는 우리 안의 사이코패스적 성향과 해리되어 주변에 가까운 사람들의 마키아벨리적 성향을 제대로 인식할 수 없게 되는 것 같다고 설명해 주었다. 자신의 잠재적인 반사회성을 부정하는 것의 또 다른 문제점은 타인의 사이코패스적 특징을 무시할 수 없는 상황이 되면 마치 그런 사람들을 우리와는 완전히 질적으로 "다른 존재(other)", 즉 인간이 아닌 괴물의 형상을 가지고 있는 것으로 보게 된다는 것이다. 치료자들은 내담자에게 매료되거나 "조종당하거나(played)" "코너에 몰리거나(pinned against the ropes)" 간담이 서늘해지고 조종자(manipulator)의 "손아귀에 있는" 느낌(Evans, 2011: Meloy, 1988; Mulay, Kelly, & Cain, 2017)과 같은 역전이 반응에 주의를 기울여야 한다는 점도 이야기했다. 또한 사랑과 애착이 아닌 권력을 중심으로 조직화된 성격을 가진 내담자들에게 치료적 영향력을 행사하려면 반드시 지켜야 하는 원칙에 대해서도 이야기해 주었다(McWilliams, 2011).

신참 슈퍼바이지들은 내담자를 과소병리화(underpathologize)하는 경향성과 상반되게 오히려 자기 자신을 과도하게 병리화(overpathologize)하는 경향이 있다. 이런 치료자들의 모습은 "의대생 증후군(medical student syndrome)", 즉 매우 사소한 신체적 문제도 치명적인 병의 가능성을 알리는 경보로 곡해해 인식하는 예비 의사들의 모습과 유사하다. 따라서 내담자의 기능 수준에 기반한 현실적인 치료의 목표를 설정하고자 할 때 이분법적 사고를 피하는 것이 특히 중요하다. 슈퍼바이저들은 환자들이 취약점뿐만 아니라 강점도 많이 가지고 있다는 사실도 슈퍼바이지들에게 주지시켜야 한다. 환자들은 심리적으로 매우 불안정한 상태일 수 있는 동시에 또 놀랍도록 회복력이 강한 면모를 보일 수도 있다. 마찬가지로 환자의 역동과 병렬되는 임상가 자신의 심리적 역동은 치료 과정에서 장애물이 될 수도 있는 동시에 자산이 될 수도 있다.

환자의 심리적 기능에 대해 치료자와 슈퍼바이저의 평가가 동일선상에 있는 것(Kernberg, 1984; Lingiardi & McWilliams, 2017)은 치료적 개입방법을 선택하고 궁극적인 치료의 목표를 구체화하기 위해 꼭 필요할 뿐만 아니라, 진행 중인 치료의 진전을 평가하는 기준(혹은 진전이 부재한다는 증거)을 가늠하는 데도 중요하다. 내담자의 상태에 대한 상호간의 눈높이가 맞지 않으면 사례개념화나 효과검증에 있어 잘못된 판단을 할 수도 있다. 예를 들어 내 슈퍼바이지 중 한 명은 문제가 많은 인간관계를 벗어나기 어려워하는 여성 환자에게 치료자 자신이 갖고 있는 높은 주체성(agency)을 투사하는 경향을 보였다. 힘들게 하는 인간관계에서 벗어나는 것이 내담자에게 얼마나 어려운 일인지에 대해 치료자가 자기 본위로 생각하는 바람에 정작 내담자가 용기를 내어 자기 주장을 하는 엄청난 도전을 한, 치료적으로 너무나 중요한 순간을 그냥 간과해 버리는 실수를 범했다. 내담자가 남자친구에게 처음으로 "자기가 나를 이렇게 비난하면 내 마음이 많이 상한다"고 말했는데, 치료자는 이 내담자가 이런 말을 하기까지 얼마나 많은 용기가 필요로 했는지 전혀 가늠하지 못한 것이다. 이 사건은 그녀에게 자기 옹호(self-advocacy)라는 큰 산을 향한 엄청난 진전이었지만, 내 슈퍼바이지는 그녀

역시 자신만큼 자율성을 소유하고 있을 것이라 암묵적으로 판단했기 때문에 내담자의 이런 엄청난 시도를 마치 "아기 걸음마처럼 더딘 것(baby step)"으로 여기며 하찮게 치부했다. 그가 내담자의 이 소심한 시도가 사실은 어마어마한 성취였다는 것을 간과함으로써 내담자는 용기를 내 본 것에 대한 충분한 지지를 받지 못했고, 치료자 또한 이렇게 내담자가 진전을 보이는 데 기여한 본인의 치료적 역량에 대해 뿌듯함을 느낄 수 있는 기회를 놓쳐버렸다. 나의 또 다른 슈퍼바이지는 일곱 살 먹은 내담자가 어느 날 자신에게 "엿이나 먹어(fuck you!)" 하고 욕을 했다면서 기막혀 했다. 그 전까지 몇 개월 동안이나 상담 시간에 늘 침묵으로 일관했던 이 어린 내담자가 이렇게 폭발적으로나마 감정을 드러낸 것은 사실 엄청난 진전이었는데 말이다.

한편 슈퍼바이지들은 내담자에 대한 초기 평가(original assessment)가 아무리 다방면에서 체계적으로 이루어졌다 하더라도 상담에서 진전을 보이는 속도를 예측하기는 매우 어렵다는 것을 깨달아야 한다. 경험상, 그리고 실증 연구결과(예: Seligman, 1995)들도 치료의 빈도와 기간은 치료의 효과와 매우 밀접하다고 보고한다. 따라서 우리는 수련생들에게 단기치료나 시간 간격을 두고 간헐적으로 진행되는 치료는 장기치료나 집중적인 치료에서 기대할 수 있는 치료적 효과에 미치지 못할 것이라는 것을 어느 정도 확신을 가지고 말해 줄 수 있다. 치료의 빈도나 기간 외에도 내담자가 언제, 어떠한 심리적 변화를 보일지에 대한 예측을 가능하게 하는 요인들이란 치료 초기에는 평가가 힘든 것들이다. 치료가 시작되고 환자가 치료에 임하려는 동기수준이 꾸준히 유지될지도 미지수이고, 치료자-내담자 사이의 라포르(rapport)가 잘 형성될지 처음부터 예측할 수 없고, 친구와 가족 혹은 다른 예상치 못한 운명적 사건들이 내담자의 긍정적 변화를 강화 혹은 방해할 수도 있기 때문이다.

20세기 중반에는 정신분석적 치료를 시작할 때 내담자가 "분석 가능한지" 여부를 평가하는 데 많은 주의를 기울였다. 하지만 이런 노력에도 불구하고 확실한 평가 방법을 찾아내지는 못했다(Erle, 1979: Frosch, 2006: Karon, 2002: Peebles-Kleiger, Horwitz, Kleiger, & Waugaman, 2006). 실무 장면에는 "초심자의 열정"에 대한 이야기들을 많이 하기도 한다. 이런 얘기가 회자되는 것은 숙련된 선임들이 치료가 불가능하다고 여겼던 환자들을 오히려 초심자가 성공적으로 치료를 한 경우가 있다는 것을 의미한다. 슈퍼비전은 젊은 치료자들의 치료적 야망을 지지해 주는 동시에 불가능에 도전하려는 것을 절제시키는 노력 사이의 적절한 균형을 유지해야 한다. 이를 통해 치료자들이 각각의 내담자가 보여 주는 치료적 진전에 대해 합리적으로 평가할 수 있도록 도울 수 있다.

나는 이제 치료의 목표와 삶의 목표 사이의 차이에 대한 설명을 하면서 이 절을 마무리하고자 한다. 내담자의 치료적 목표와 삶의 목표를 처음으로 구분한 사람은 Ernst Ticho(1972)인데 나도 초심자일 때 이 둘을 차별화하는 데 많은 도움을 받았다. 우선 치료적 목표를 설정하는 데는 내담자의 자기(self)에 대한 작업을 통해 성취할 수 있는 영역만이 포함되는 반면 삶의 목표는 개인의 통제 밖에 있는 요소들로부터 많은 영향을 받는다. 치료적 목표는 완벽주의 줄이기, 현실적 자존감 키우기, 내적 갈등 해결하기, 어려운 선택을 할 수 있기, 가슴 아픈 상실의 경험에 대해 충분히 애도하기 등이 포함될 수 있다. 삶의 목표의 예시로는 좋은 배우자 만나기, 좋은 직장 얻기, 부모가 되기 같은 것 등이 있을 수 있다. 치료적 목표가 달성되었을 때 삶의 목표를 더 쉽게 달성할 수 있게 되겠지만, 삶의 목표 자체가 치료적 목표와 동일한 것은 절대 아니다. 임상가는 내담자에게 치료가 끝날 때쯤이면 배우자, 직장, 혹은 아기를 가질 수 있을 것이라고 약속해 줄 수 없다. 이러한 소망의 실현은 외부 상황으로부터 지대한 영향을 받기 때문이다. 초심 치료자들은 내담자의 삶의 목표를 추구하는 쪽으로 얽혀들어 가지 말아야 한다. 내담자의 심리내적 차원의 변화를 촉진해서 궁극적으로 내담자가 삶의 목표를 달성할 수 있도록 치료적 초점을 내담자의 상황에 대한 재

개념화, 재구조화하는 데에 슈퍼바이저의 도움을 받아야 한다.

개방성과 정직함 증진하기

슈퍼비전 관련 규칙에 대해 합의가 되면 슈퍼바이지가 자신의 치료적 작업에 대해 가능한 한 솔직하게 말할 수 있는 분위기를 조성하는 데에 집중해야 한다. 치료 세션이 비디오로 녹화되어 함께 시청하거나 오디오로 녹음하여 함께 들을 수 있으면 슈퍼바이저는 상담 시간에 "실제로" 무슨 일이 어떻게 일어났는지 알 수 있으니 슈퍼바이저가 실제 치료상황에 대한 현실적 감을 잡는 데 도움이 된다. 이렇게 슈퍼바이저에게 노출되는 경험 자체도 슈퍼바이지에게는 치료자로서 자신의 민낯이 드러나는 것에 대해 더 편안해지는 교육적 경험이 되기도 한다. 한편 동영상이나 녹취록을 제공하는 자체가 수련생에게 극심한 불안감을 초래할 수도 있다는 점도 슈퍼바이저들은 염두에 두어야 한다. 물론 슈퍼바이지가 자신의 모습이 면밀히 검토되는 것에 대해 어떻게 느끼는지를 슈퍼비전에서 탐색하는 것이 필요하다.

정신분석적 지향을 가진 치료자에게는 심리치료와 슈퍼비전 상황 둘다 서로에게 인간적으로 실현 가능한 수준에서 최대한의 솔직함(honesty)을 허용하는 관계적 공간(relational space)을 조성하는 것이 핵심이다(Thompson, 2004 참조). 이는 임상가가 자발적으로 멘토링을 구할 때, 슈퍼바이지가 자문가를 선택할 수 있을 때, 그리고 자문가가 슈퍼바이지에 대해 평가할 권한이 있는 기관에 슈퍼바이지에 대한 교육내용을 보고하지 않아도 될 때 훨씬 더 쉽다. 나는 앞으로 5장과 6장에서 슈퍼바이저가 수련 프로그램(training program)과 일반 대중에 대한 책임감과 관련한 복잡한 부분을 다룰 예정이다. 그런데도 지금 이 주제를 여기서 언급하는 이유는 기관 평가가 있거나 내담자의 문제가 일반대중에게까지 함의를 갖고 있는 등이 슈퍼바이지와 슈퍼바이저 모두에게 솔직해지는 것을 어렵게 하기 때문이다. 슈퍼바이지의 입장에서 보면 슈퍼비전에서 긍정적인 평가를 받는 것은 현실적으로 매우 절실한 부분이다. 따라서 이렇게 매우 솔직해지기는 힘든 상황을 초월해서 진솔함에 대해 논의를 하는 것 자체가 어려운 일이다. 슈퍼바이지에게는 자신의 한계가 드러나는 것이 불안할 수밖에 없기 때문이다. 하지만 적어도 이런 현실을 명확하게 지적하고 이해하는 노력을 할 수는 있다고 생각한다. 방 안에 있는 덩치 큰 코끼리와 같은 무시하거나 회피하고 싶은 문제를 입에 담고 직접 명명하는 것은 솔직함을 모델링해 주는 차원에서도 매우 중요하다.

슈퍼비전이 상위 감독 기관이나 규제로부터 자유롭고 슈퍼바이지가 자발적으로 슈퍼비전에 참여하는 상황일지라도, 양쪽 모두에게 내재된 관계적 역동 또한 솔직해지려는 노력을 어렵게 만들 수 있다. 슈퍼바이지는 많이 배우고 싶지만 동시에 너무 모르는 것만 있는 무능한 치료자로 보이고 싶지 않으며, 슈퍼바이저가 자신에게 새로운 환자들을 배정해 줄지 혹은 다른 동료 전문가들에게 자신을 추천해 줄지에 대한 현실적인 걱정을 할 수도 있다. 슈퍼바이지들은 당연히 알고 있어야 하는 것도 모른다는 인상을 주지 않으면서 모르는 것들에 대해 지도를 받을 수 있어야 하는 딜레마가 있다. 반면 슈퍼바이저들은 슈퍼바이지의 감정을 상하게 할까 봐 따끔하게 지적을 하지 못하는 문제를 갖고 있는 경우가 많다.

슈퍼비전 관계를 형성하는데 어려움이 되는 것이 무엇이든 간에, 다음에서는 치료자들이 슈퍼바이저인 나에게 더 편안하게 마음을 열 수 있게 하는, 내가 경험을 통해 터득한 몇 가지 방법을 소개하고자 한다. 첫째, 나는 빠릿빠릿하지 못하고 거북이처럼 느릿느릿 걸어간 나의 배움의 길에 대해, 또 내가 오해했거나 범했던 실수는 어떤 것인지, 그리고 내가 슈퍼바이저로서 어떻게 슈퍼바이지가 힘들어 하는 문제들을 해결하는 데 기여했는지에 대해 말해 준다. 둘째, 나는 슈퍼바이지가 혹시 말하기 어렵거나 피하고 싶은 주제들이 있는지에 대해 자주 질문하려 노력한다. 셋째, 나는 슈퍼바이지의 관점에서 슈퍼비전이 잘 진행되고 있는지에 대한 피드백을 수시로 요청한다.

슈퍼바이지가 내게 잘 보이려고 노력하거나 나를 회피하는 것처럼 보이면, 나는 인지행동 치료자들이 말하는 것처럼 구체적인 영역에 대해 "집중적으로 파고들어(drill down)" 공략하는 시도를 한다. 가령, 슈퍼바이지가 내가 한 말에 동의하지 않는데 그렇다라고 솔직히 말을 못한 적은 없는지 물어본다. 내가 문화, 인종, 성별, 종교 등과 같은 요인들에 대해 민감하게 대처하고 있는지 여부에 대해서도 캐묻는다. 경험연구 결과에 따르면 슈퍼바이지들은 중요한 정보를 슈퍼바이저에게 다 털어놓지 않고 숨기는 경향이 있다고 한다(예: Cabaniss 외, 2001; Ladany, Hill Corbett, & Nutt, 1996; Mehr, Ladany, & Caskie, 2015; Stromme & Gullestad, 2012; Yourman & Farber, 1996). 그러나 내가 특히 주의하는 것은 슈퍼바이지의 개인적인 배경이나 심리상태에 대한 정보는 굳이 캐내지 않는 것이다. 그런 것들은 슈퍼바이지의 개인적인 부분이기도 하도, 그런 질문을 받으면 정당한 프라이버시를 침해받는 느낌, 즉 너무 벌거벗겨진 느낌을 받을 수 있다. 가령 나는 멘티가 중독문제로 고생했거나 성적 학대와 같은 개인사가 있는지에 대해 묻어 보지 않는다. 대신 다음 장에서 논의하듯, 슈퍼바이지가 자발적으로 그런 정보도 털어놓을 만큼 안전하게 느끼도록 하는 데 주력한다. 이렇게 슈퍼바이저가 먼저 본인의 솔직한 모습을 드러내면 슈퍼바이지는 자기 수용, 학습에 대한 개방성, 정서적 경험과 지적 이해를 통합할 수 있는 역량을 키울 수 있게 된다.

마지막으로, 나는 슈퍼바이지들이 나와 의견을 달리해도 괜찮은 관계적 경험을 제공하기 위해 노력한다. 이런 노력의 일환으로 슈퍼바이저로서의 내 역할과 업무방식에 대한 평가를 단도직입적으로 요청한다. 덧붙이자면 사실 나는 평가 양식(evaluation forms) 같은 것으로 슈퍼비전 관계의 발전을 꾀하려는 방식을 그다지 좋아하지는 않는다. 평가 도구를 통한 조사들은 솔직한 면대면 대화 대신 슈퍼바이지의 부정적인 감정들을 설문지를 탓하는 것으로 치환하게 할 수도 있다. 평가서나 설문조사 같은 평가 양식들은 임상연구나 슈퍼바이저를 체계적으로 평가해야 하는 프로그램에서는 충분한 가치가 있지만, 슈퍼바이지들이 슈퍼바이저에 대해서 어떤 생각을 하는지 혹은 슈퍼바이저들의 한계가 무엇이라고 생각하는지에 대해서 직접적으로 대화하는 것을 대신할 수는 없다. 이렇게 본인의 단점 혹은 취약점이 드러나 불리해지는 것을 마다하지 않고 솔직하게 털어놓으며, 편안함보다는 우직한 솔직함(candor)을 선택하는 슈퍼바이저의 태도는 멘티들이 슈퍼비전을 통해 내면화하여 본인들 역시 임상작업 전반에 일반화해야 할 중요한 부분이다.

한편 슈퍼바이지들은 원가족에서 부모화된 아이(parentified child)였던 과거력 때문에 치료자라는 전문적 소명을 찾은 사람들일 수 있다. 그들 스스로 Alice Miller(1975)가 『Drama of the gifted child』에서 처음 묘사한 '민감한 가족치료자'의 역할을 자처했는지 모른다. 이 책이 당시 많은 실무자들의 공감을 얻어 대 히트작이 된 것을 보면 이런 가능성을 충분히 추론해 볼 수 있다. 따라서 그들의 자동적인 기본 설정값은 자신들의 솔직함을 희생하면서 슈퍼바이저의 자기애적인 욕구를 채우는 것일 수 있다. 그런데 바로 이런 점이 반드시 인식하고 소화해야 하는 심리적 역동이다. 부모의 자존감을 지지하는 쪽으로 키워진 사람들에게 권위에 이의를 제기하는 것은 어렵다. 그러므로 치료자들이 환자들에게 자신에 대해 갖고 있는 부정적인 감정에 대해 묻는 법을 배워야 하는 것처럼, 멘토들 역시 슈퍼바이지의 비평을 들을 때 그저 견디는 것에 그치지 않고 슈퍼바이지에게 자신을 비판적으로 평가해 줄 것을 적극적으로 요청할 수 있어야 한다.

환자와 함께한 공간에서 작업하는 사람은 슈퍼바이저가 아닌 슈퍼바이지이다. 때문에 슈퍼바이저는 자신보다 슈퍼바이지가 특정 내담자의 치료과정에서 대두되는 문제를 다루는 방법과 함의에 대해 더 많이 알고 있을 수 있다는 점을 명심해야 한다. 슈퍼바이저와 슈퍼바이지 간에 의견의 차이가 있을 때에는 윤리적 문제가 개입되지 않는 한 실제 치료를 이끌고 있는 치료자인 슈퍼바이지가 옳다는 기준을 유지하면서 격려를 해 주어야 한다. 내가 이런 입장을 취하는 이유는 그들이 진정성(authenticity)을 가지고 임하는 데 원치 않는 것, 즉 슈퍼바이저가 옳다고 보게끔 하면 안 되기 때문이다. 환자와 실제로 함께 하며 비언어적으로도 의사소통하는 사람들은 그들이기 때문이다. 나 역시 내가 의미 있다고 생각한 것을 먼저 시도해 보는 과정, 그리고 그렇게 해서 실패하는 경험을 하지 않았더라면 제대로 배우지 못했을 것이란 것을 경험을 통해 잘 알고 있다. 이렇게 멘티들이 적절하다고 생각하는 치료적 개입을 시도하면, 실패했을 때는 실수를 통해 많이 배우게 되고, 성공하면 슈퍼바이저가 틀렸다는 것을 입증할 수 있는 기회를 갖는다. 둘 중 뭐가 됐든 모두 치료자들의 성장에 기여하는 좋은 교육적 경험이 된다.

언젠가 Rutgers 대학 대학원 프로그램에서 무보수로 학생들에게 슈퍼비전을 제공하던 심리학자들과 집단토론을 한 적이 있다. 왜 아까운 시간을 무료(pro bono)로 제공하는지 물었었다. 학생들과 함께하는 시간이 즐겁다는 답변과 더불어, 학생들이 초보 치료자들이기는 해도 그들로부터 환자들과 치료적으로 관계하는 새로운 방법들에 대해 배울 것이 많다고 입을 모아 말했다. 슈퍼비전에서 학생들이 슈퍼바이저와 다른 의견을 제시할 수 있는 자유를 경험하지 못하는 환경에서는 슈퍼바이저 역시도 자신의 전문성을 향상시킬 기회가 제한된다. 치료자들은 저항하는 내담자의 감정과 생각 또는 행동 패턴을 다루는 데 유용한 다양한 아이디어를 얻고 싶어 한다. 평소 즐겨 쓰는 방법들이 진부해져서 내담자에게 별 큰 영향을 미치지 못하고 있다고 느낄 수 있기 때문이다. 따라서 다른 치료자들의 해결 방안을 접하는 것은, 설령 그들이 경험이 별로 없는 초보 치료자들이라고 해도, 자신의 임상적 레퍼토리(임상적 대응 자원_**역주**)를 확장시킨다.

학습에 대한 저항 다루기

슈퍼비전은 심리치료와는 다른 상황이긴 하지만, 특히 초기 과정에서 슈퍼바이저는 최적의 학습을 방해하는 전이와 방어기제를 다루어야 할 때가 있다. 슈퍼비전에서 보편적으로 다루어야 하는 학습을 저해하는 요인으로는 1장에서 언급한 우울한 역동으로부터 나오는 방어기제를 들 수 있다(Hyde, 2009). 많은 임상가들은 내적으로 자신에게 매우 엄격한 편이라 엄격한 초자아에서 비롯된 자기 비난을 멘토에게 투사할 때가 있다. 자기 의견이 받아들여지지 못할 것이라 예상하는 것, 멘토(슈퍼바이저)가 유용한 제안을 할 때 자신이 무능하여 비난받는 것처럼 느끼는 것, 무지에 대해 수치심을 느끼고, 확인도 하기 전에 수치심부터 먼저 느끼거나 실수나 잘못을 저질렀다고 가정해 버리는 오류(presumed error)를 범하는 경우도 흔하다.

다음 장에서는 그룹 슈퍼비전 세팅에서 구성원들로 하여금 자신의 치료적 작업을 솔직히 보여 주는 데 필요한 안전감을 주는 방법에 대해 논의한다. 이 내용은 대부분의 개인 슈퍼비전에서도 동일하게 적용된다. 한 가지 다른 점은 일대일 상황에서는 슈퍼바이저가 비판적인 태도를 보일 경우 집단 슈퍼비전 세팅에서처럼 지지를 받거나 뒤로 숨을 수 있는 방패가 되어 주는 동료가 없다는 것이다. 슈퍼바이지는 그룹 슈퍼비전보다는 개인 슈퍼비전 상황에서 더 발가벗겨진다고 느끼거나 자신의 의견이 받아들여지지 않을 거라는 두려움을 더 크게 느낄 수 있다. 앞서 1장에서, 슈퍼바이저에게 가학적으로 노출될 것에 대한 두려움 때문에 흔히 나오는 보편적 방어로 자신을 선제적으로 공격하는 자학적 전략에 대해 언급한 바 있다. 그래서 많은 슈퍼바이지들은 거의 모든 미팅을 자신이 이런저런 실수를 했을 것이라는 일종의 추정 오류(putative error)에 대한 고해성사로 시작한다. 이는 마치 "제발 나를 공격하지 말아요! 나는 이미 스스로 충분히 하고 있으니, 받을 만큼 받았어요, 이미 충분해요."라는 암묵적인 하소연을 하는 것이다.

슈퍼바이지는 이렇게 미리 속죄하고 자아비판으로 장전하면 멘토가 알아서 한발 물러나지 않을까 하는 바람이 있는 것이다. 설사 자신이 예측한 대로 슈퍼바이저가 자신을 비판하려는 상황이 아니더라도, 학생의 입장에서 이와 같이 선제적으로 자기를 낮추는 전략은 나쁠 게 없으니 말이다.

하지만 방어적으로 이런저런 자기 비난을 늘어놓는 시간만큼 배움의 시간과 에너지는 줄어들기 때문에 이런 식의 방어는 멘토들을 짜증 나게 할 수 있다. 멘토는 슈퍼바이지의 방어적인 태도로 인해 정서적 거리감을 느끼고 자신이 슈퍼바이지를 괴롭히는 악역을 맡고 있다는, 즉 오해받는 것 같이 느끼는 역효과도 있다. 이러한 패턴에 내가 선호하는 대처방식은 자학적 방어에 이름을 붙여주고, 과거에 나 역시 슈퍼바이저들과 함께 있을 때 그런 행동을 한 적이 있기 때문에 슈퍼바이지의 심정을 충분히 "이해한다"고 말해 주며, 자기 비난과 자성하는 모습 뒤에 숨어 있지 말고 그냥 덤덤하게 정확히 뭘 어떻게 했는지 말하는 위험 감수를 해 보라고 권유하는 것이다.

동영상이나 오디오 녹음본을 활용하지 않고 진행하는 슈퍼비전의 경우 슈퍼바이지가 초기에 가장 흔히 보이는 방어기제는 자신이 말하고 싶어한다는 것을 구체적으로 말하지 못하고 광범위하고 일반적인 개념으로 모호하게 설명하는 것이다. 예를 들어, "나는 내담자에게 지지를 표현했다" 또는 "환자의 감정을 반영했다" 같은 식이다. 상담에서 환자들이 자신의 상태를 모호하게 보고하는 것처럼(예를 들어 치료자가 기분이 어떤지 물어보면 "이상하다" 또는 "긴장된다"고 대답하는 경우가 그렇다), 슈퍼바이지 역시 추상화와 일반화 뒤에 숨어 버리는 것이다. 슈퍼바이저는 슈퍼바이지에게 "실제로 무슨 말을 했나요?" 또는 "지지를 해 주었다는 게 정확히 무슨 의미인가요?" 또는 "환자의 어떤 양가감정을 반영했나요?"와 같은 질문을 친절하게 그러나 여러 번 되풀이해야 할 수도 있다. 슈퍼바이지에게서 이러한 유형의 저항이 심한 것을 보게 되면 이를 정확히 지적하고, 슈퍼바이지와 협의해서 향후 어떻게 슈퍼비전을 진행할 것인지 논의하는 방식으로 모호함에 대응해야 할 수도 있다. 예를 들어 오디오로 녹음한 것이나 상담 기록을 가져오게 하는 방법이 있을 수 있다.

슈퍼바이저와 슈퍼바이지의 자기애적인 욕구가 충돌하는 것도 개인 슈퍼비전에서 흔히 볼 수 있는 모습인데 이는 해석을 통해 완화될 수 있다. 슈퍼바이저는 쓰임이 있길 원하며, 슈퍼바이지의 임상 지식과 기술 발전에 교육적 기여를 했다는 느낌을 갖고 싶어한다. 슈퍼바이지에게 유용한 무언가를 제공했다는 느낌, 가르침을 주었거나 치료적 역량을 향상시켰다고 느낄 때 스스로에게 자부심을 느낀다. 한편 슈퍼바이지의 자기애적인 욕구는 사뭇 다르다. 평가받는 것에 대한 당연한 불안감이 심하기 때문에 슈퍼바이저로부터 자신이 좋은 치료자라는 메시지를 받으면 자존감의 욕구가 충족된다. 그러나 슈퍼바이저로부터 실질적인 도움을 받는 것에 감사하면서도 슈퍼바이저의 좋은 제안을 선물처럼 선뜻 받아들이지 못하고 자신들이 스스로 알아서 깨달았어야 하는 것을 미처 알아채지 못한, "제대로" 하지 못한 자신들의 치부가 드러나는 느낌을 받기 쉽다. 슈퍼바이저와 슈퍼바이지 사이에 이런 자기애적 욕구의 불일치 역시 단도직입적으로, 솔직하게 다룰 수 있다. 이러한 역동에 이름을 붙여 명확하게 인식하게 도와주되 슈퍼바이저가 너무 빨리, 그리고 너무 많은 대안을 제시하여 초심자를 압도하지 않도록 주의하는 것이 필요하다.

임상적 문제에 대한 대안적 해결책 탐색하기

전반적인 정신분석적 감성과 예민성(psychoanalytic ethos or sensibility) (McWilliams, 2019)에 기반해 정신역동적 슈퍼비전은 임상가의 자율성과 잠재적인 성숙 과정을 최대한 지원한다. 정신분석적 교육자 중에는 임상적 결정을 내려야 할 지점마다 멘티들에게 정확히 무엇을 어떻게 해야 할지 알려 주며 훈련시키거나 "표준 기술"의 필요성을 끊임없이 주장한 사람들도 있었다. 하지만 대부분의 경우는 어떤 임상 상황에서든 슈퍼바이지 앞에 놓인 다양한 임상적 선택지들에 대해 열린 마음과 호기심을 가지고 대화하는 방식을 채택한다.

임상적 딜레마를 풀어낼 수 있는 대안적 해결책에 대해 논의하는 데 슈퍼바이지와 슈퍼바이저가 공유하는 내담자의 역동에 대한 이해, 현 상황, 그리고 내담자의 개인적 장점과 취약점을 감안하여 각각의 해결책을 적용했을 때 어떤 결과를 얻을 수 있는지 예측해 본다. 무의식을 의식화시키는 방법은 다양하다는 것을 강조하면서 멘티는 결국 자신에게 가장 잘 맞는 방식을 찾게 될 것이라 가르쳐 준다. 슈퍼비전의 궁극적 목표는 슈퍼바이지가 자신만의 독특한 스타일에 가장 쉽게 통합할 수 있는 것을 찾아내는 감수성을 키우는 것이라는 것을 강조한다.

슈퍼바이지들이 임상적으로 성숙해지면 특정 정신분석적 접근법에 대해 자발적으로 배우려고 할 수도 있다. 예를 들어, 통제-숙달(control-mastery) 치료(Silberschatz, 2005), 전이 초점 심리치료(Caligor et al., 2018), 정신화 기반 치료(Bateman & Fonagy, 2013), 대화 모델(Meares, 2012a, 2012b), 역동적 탈구조화(dynamic deconstructive) 심리치료(Gregory & Remen, 2008), 집중적 단기 정신분석적 심리치료(Abbass, 2016), 가속경험적 역동(accelerated experiential dynamic) 치료(Fosha, 2005) 등에 대해 배우고 싶어 할 수 있다. 또한 정신분석과 밀접한 관계에 있는 정서 중심치료(Greenberg, 2014)나 EMDR(Shapiro & Forrest, 1997), 그리고 신체 중심치료(예: Levine & Frederick, 1997; Ogden, Pain, & Minton, 2006)와 같이 분석 작업과 병행할 수 있는 치료법을 배우고 싶어할 수도 있다. 슈퍼바이지가 이러한 단계에 도달하면 정해진 프로토콜을 매우 열심히 배우고자 하고, 그것을 또 얼마나 잘 따르는지에 대한 비판적인 평가도 기꺼이 받아들일 준비가 되어 있을 수 있다. 하지만 슈퍼바이지가 수련 초기 단계에 있거나 아직은 특정 치료 모델을 배우려고 하지는 않은 상태라면 치료자로서의 존재감을 키우고, 치료의 목적지에 도달하는 데에는 다양한 방법이 있음을 인식할 수 있게 하는 것이 필요하다.

예를 들어, 어떤 젊은 여성 슈퍼바이지가 자신이 늘 옳다고 생각하기 때문에 친밀한 관계에서 발생한 문제를 갖고 내방한 남성 환자의 사례를 제시했다고 가정해 보자. 환자의 이러한 경향이 치료 세션에서도 나타난다면, 가령 환자가 치료자보다 자기가 무엇이든 더 잘 안다고 주장한다면 치료자는 어떻게 반응해야 할까? 그녀는 그 남성 환자의 방어를 해석하고 직면시킬 수 있다. 그가 자신이 항상 옳다고 여기는 데에 집착하는 것으로 자신의 자존감을 충족해 왔으며, 바로 이것이 인간관계에 문제가 생긴 이유가 될 수 있음을 깨닫게 해 주는 것이다. 이러한 해석이 맞을 수는 있지만 내담자에게 크나큰 자기애적 상처로 경험되기에 쉽게 받아들여지지 않을 수 있다. 이럴 때 내담자에게 자신의 대인관계 패턴에 대해 부드럽게, 농담처럼, 혹은 장난치듯 말해 주는 것이 좋을까?("당신은 모든 것에 대해 나보다 더 잘 알 것 같네요!") 아니면 웃으며 "제가 그렇게 말하면 당신이 아니라고 정정할 거란 걸 알아요!"와 같이 말하며 그를 무장해제시킬까? 아니면 모든 것을 다 아는 체하는 방어 뒤에 숨겨진 감정을 탐색해야 할까?("당신이 저를 정정하기 직전에 얼핏 마음이 상한 표정이 스쳐 간 것을 본 것 같아요. 그게 무슨 의미일까요?") 아니면 환자가 아직은 자신의 강박적이고 거슬리는 경향을 인정할 준비가 되지 않았다고 판단해 그의 행동을 그냥 있는 그대로 받아들여야 할까? 물론 때때로 슈퍼바이지는 슈퍼바이저가 고려할 수 있는 것보다 더 나은 치료적 반응을 제시할 수도 있다.

내가 슈퍼바이저라면 이러한 임상적 상황에서 치료자로서 어떻게 행동할지에 대해서 터놓고 이야기해 줄 것이다. 하지만 내 접근법이 슈퍼바이지의 전반적인 입장과 잘 맞을지, 그리고 이런 나의 접근방식이 해결책이 될지 아닐지에 대해 신중하게 숙고부터 해야 한다. 예를 들어 슈퍼바이지가 평소와 다르게 자신감 있는 목소리로 이야기하는데 그게 환자의 말투와 약간 비슷하게 들리고, 환자의 이런 어조가 슈퍼바이지에게 영향을 주었듯 슈퍼바이지가 말하는 말투가 나에게 거슬리게 들린다면 나는 "평행(parallel)" 과정에 대해 지적할 수 있다. 또한 슈퍼바이지와 나는 치료적 개입에 대한 내담자의 반응에 대해 논의할 뿐만 아니라 아직 경험이 부족한 내 슈퍼바이지가 그런 개입을 실제 실행에 옮길 수 있을지에 대해서도 함께 논의할 것이다. 정신분석의 중요한 원칙인 다중 기능의 원리(principle of multiple function)(Waelder, 1936)에 따르면 환자로 하여금 상담실을 찾게 만들만한 의뢰 문제는 다양한 원인과 요인들에 의해 촉발했기 때문에 단순히 한 가지 이유나 결과로 단정 지을 수 없는 "과잉결정(overdetermination)"된 것이다. 이는 치료자가 문제에 대해 훨씬 다양한 방향으로 개입할 수 있음을 의미하기도 한다.

한 번은 자기 파괴적인 여성 환자를 맡은 남성 치료자에게 "자신을 자꾸 이렇게 낮추는데 그렇게 해서 돌아오는 이득이 무엇인지?"라고 질문할 것을 제안했다. 그러자 슈퍼바이지는 "선생님이라면 그렇게 말할 수 있겠지만, 제가 그렇게 하면 환자는 야단받는 것처럼 느낄 것 같고, 저를 여자 앞에서 잘난 척이나 하며 가르치려 드는 이상한 남자라고 비난할 수도 있을 것 같아요"라고 응답했다. 대신 그는 이 내담자에게 "○○씨는 이런 식의 자기 파괴적 패턴을 바꾸고 싶어 하는 것 같기도 하지만, 그냥 저절로 그렇게 되는 것 같은데, 이에 대해 어떻게 생각하세요?"라는 정도는 말할 수 있을 것 같다고 했다. 그룹 슈퍼비전에 같이 참여하던 치료자 한 명은 나라면 그 내담자에게 "○○씨의 행동이 저를 매우 불안하게 하는데, 왜 정작 ○○씨는 전혀 불안해하지 않는 것처럼 보이나요?"라고 물어보면 어떻겠냐고 제안했다.

다양한 개입의 장단점에 대해서 논의할 때 슈퍼바이지가 환자 역할을 하고, 슈퍼바이저가 어떻게 반응할지 고민하는 모습을 직접 시연해 주는 것이 도움이 되는 경우가 종종 있다. 환자의 어조를 직접 듣고 경험하는 것은 임상적으로 무슨 일이 일어나고 있는지를 정확하게 이해하는 데 기본이 된다. 역할극에서 나타나는 감정, 어조, 운율을 통해 개입하는 내용뿐만 아니라 스타일에 대해서도 새롭게 상호작용할 수 있는 가능성이 생길 수 있다. 치료자가 하는 말이 맞기는 하지만 환자가 그 말을 전달하는 치료자의 어조가 너무 무례하다거나, 너무 순진한 것 같다거나, 어떤 방식으로든 부적절하다고 느낀다면 "옳은" 말이라도 도움이 되지 않을 가능성이 높다.

마지막으로 상호주관성을 강조하는 동료들에게 꼭 하고 싶은 말은 슈퍼바이지의 실수가 모두 역전이에서 비롯된 것은 아니라는 것이다. 이는 Annie Reich가 1955년에 이미 지적한 사항이다(Sloane, 1957). 아직 경험이 적은 치료자들에게는 치료 과정에서 떠오르는 생각과 감정에 주의를 기울이는 것이 중요한 것만큼, 숙련된 멘토의 정보와 지혜를 필요로 한다. 어쩌면 환자에게 잘못된 진단을 했을 수도 있고, 그동안은 굳이 생각할 필요가 없던 다문화적 이슈를 직면하면서 무감각하게 행동했을 수도 있으며, 그들이 별생각 없이 내뱉은 말이 미처 보여 주지 않은 환자의 외상적 상처를 자극했을 수도 있다. 만약에 멘토가 슈퍼비전의 핵심은 슈퍼비전을 받는 학생의 상호주관성(intersubjectivity)을 키워 주는 것이라는 암묵적 혹은 명시적 입장을 견지하는 경우, 학생들에게 유용한 지식을 충분히 제공하지 못할 수가 있다. 이렇게 되면 특히 초보 치료자들은 부족한 지식으로 치료를 하고 있는 상황이라서 자격지심(self-consciousness)이 생길 위험이 있고, 이는 치료적 효과성을 방해할 수도 있다는 것을 유념해야 한다.

윤리적 감수성 지원하기

슈퍼바이저는 슈퍼바이지가 자신의 전문 분야에서 요구하는 윤리적 규범과 실천에 관련된 법률을 잘 숙지하도록 지도해야 하는 책임이 있다(Alonso, 1985). 슈퍼바이저의 구체적인 역할은 일반적인 윤리적 가이드라인이 지금-여기의 임상 상황에서는 언제 어떻게 적용되는지 알려 주는 것이다. 그러나 심리치료에서 발생하는 모든 윤리적 문제들이 법적 규제, 윤리 규정, 매뉴얼 또는 관련 주제에 대한 연구를 참조해서 해결되는 것은 아니다. Carol Gilligan의 연구(예: 1982)가 보여 주듯 다양한 수준의 도덕적 감수성이 존재하며, 때로는 윤리적 선택에 관한 서로 다른 관점들 사이에 갈등이 생길 수 있다. 대부분의 윤리적 결정은 명확하고 올바른 유일한 결정을 하는 것이 아니라, 경쟁 관계에 있는 다양한 도덕적 주장들을 비교 평가해야 하는 과정을 포함한다.

그 결과 숙련된 치료자들조차 복잡하거나 우려되는 임상적 상황에서 올바른 일이 무엇인지 결정하기 위해 자문을 구하기도 한다. 가령 환자가 자살 사고에 빠져 있거나 아이에게 책임을 전가하며 아이를 희생양으로 삼는 경향을 보이는 등의 경우가 그러하다. 모든 사람은 각자가 보지 못하는 맹점이 있고, 그 부분에서 동료가 도움을 줄 수 있기 때문에 자문을 구하는 것은 합리적이기도 하며 위험을 관리(risk management)하는 좋은 방법이기도 하다. 참조로 내담자가 심리치료자에 대해 공식적인 방법으로 불만을 제기할 때, 치료자들을 감독하는 규제 위원회에서는 치료자가 해당 문제에 대해 상급 동료에게 자문을 구했는지 여부를 상당히 중요하게 본다.

윤리적 결정 대부분은 명확한 옳고 그름이 있는 것이 아니라 하나를 얻으면 하나를 잃는 거래(trade off)와 같다고 생각해야 한다. 많은 경우 최소 두 명 이상이 머리를 맞대고 각각의 선택의 함의에 대해 신중하게 저울질해야 한다. 발생 가능한 모든 윤리적 상황을 다루고 있는 규정집 같은 것은 존재하지 않기 때문에 복잡한 임상적 상황에 대한 윤리적 결정은 치료자와 슈퍼바이저 내면의 윤리적 기준이나 감각에 의존하게 된다. 그리고 이러한 감각은 임상 경험과 함께 성장한다. 윤리 규정과 전문가 강령이 모든 윤리적 문제를 해결할 수 없다는 인식 자체를 갖는 것도 임상적으로 성숙하는 중요한 부분이다. 6장에서 복잡한 임상적 문제에 대해 더 자세히 다룰 것이며, 텍스트나 윤리 규정, 프로토콜만으로는 명확하게 판단하기 어려운 딜레마 상황에 대해 자세히 제시할 것이다. 이러한 상황에서는 적어도 한 번 이상 슈퍼바이저에게 자문을 구하는 것이 필수적이다.

치료자에게 교육분석받도록 독려하기

모든 정신분석적 치료자들이 동의하는 몇 안 되는 것 중 하나가 치료자가 정신분석적 교육분석을 받는 것이 좋다는 것이다(이에 대한 근거는 McWilliams, 2004에서 확인 가능하다). 정신분석 연구소는 수련과정에서 개인분석을 필수로 하며, 정신역동을 지향하는 대부분의 전문과정에서도 대학원 과정에서도 개인 분석을 강력히 권장한다. 따라서 내가 리드하는 집단에 참여하는 많은 슈퍼바이지들은 교육분석을 받았거나 현재 받는 중이며, 교육분석의 중요성을 정확하게 이해하고 있다. 그러나 정신분석적 슈퍼바이저 중에는 이 관점에 동의하지 않거나, 진단 가능한 장애가 있지 있지 않는 한 치료를 받을 의향이 전혀 없는 슈퍼바이지들을 지도하게 될 수도 있다. 초심자 중에는 정신건강 관련 치료는 공식 DSM 범주에 해당할 경우에만 유효하다는 입장을 취한 교수들로부터 학부과정을 배웠던 경우도 있다. 그런 교수들이라면 정신질환 때문이 아니라 순수하게 개인적인 성장을 위해 상담을 받는다고 하면 매우 이상하게 생각했을 것이다. 우리는 우리의 동료 혹은 동료가 될 수도 있는 사람들이 스스로 분석적 상담을 받는 것이 개인적으로나 전문가로서도 이점이 많다고 믿는 것이지 그들이 뭔가 부적합한 점이 있다고 여겨서 치료를 적극 권장하는 것은 아니다. 물론 가끔 치료자의 개인적인 역동이 지속적으로 내담자의 치료를 방해하는 것처럼 보이면 긴급히 다른 치료자에게 상담을 받도록 의뢰해야 할 경우가 있기는 하다.

예를 들어, 내가 초창기에 지도했던 한 슈퍼바이지는 내담자 중심-인본주의 전통을 따르는 여성 치료자였는데 안정적이고 공감적인 돌봄 환경을 필요로 하는 환자들을 잘 치료했다. 그러나 성격장애가 심하거나 방어적이고 적대적인 내담자들을 치료하는 데는 효과적이지 못했다. 이런 환자들은 이 슈퍼바이지의 관대함을 악용했고, 특권의식에 가득 차 타인을 조종하려는 성향은 오히려 강화되기까지 해 치료가 조기 종결되기 일쑤였다. 나는 이 슈퍼바이지에게 환자와 합리적인 수준에서 한계(boundary)를 설정하도록 권장했는데 그녀는 내가 충분히 "공감적이지 않다"며 항의했다. 심지어 자신이 환자들을 보던 상담센터의 내부 규정에 따르는 것, 가령 예약을 했지만 오지 않은 경우나 사전에 상담 약속을 취소하지 않은 환자들에게 상담비를 청구하는 것도 반대했다.

내 슈퍼바이지는 Carl Rogers를 추종하여 공감의 모범이 되고자 하는 일념으로 자신의 부정적인 측면에 주의를 기울이지도 않았는데 이러한 그녀의 방어기제는 환자들의 경쟁적이고 적대적이며, 공격적이고 이기적인 동기 역시 공감하지 못하게 만들었다. 그녀에게 있어서 공감이란 다른 사람들의 좋은 면과 그들에게 필요한 것들만 보는 것을 의미했다. 내 슈퍼바이지가 환자에게 적극적으로 피해를 입히고 있다는 증거는 없었지만 많은 환자들이 상담을 조기 종결했다. 그런 의미에서는 그녀는 내담자가 가장 치료를 필요로 하는 상황에서 적절한 도움을 제공하지 못했다고 볼 수 있다.

내가 이 슈퍼바이지에게 교육분석을 받도록 설득하는 데에는 2년이란 시간이 걸렸다. 그녀는 저항이 심했으며, 자신은 "천성적으로" 치료자가 되기에 적합한 기질을 지녔다고 주장했다. 친구와 가족들은 항상 자신에게 그들의 문제를 털어놨다고 하면서 꼭 심리치료가 아니더라도 그녀의 출신인 동유럽계 공동체에서는 전문가가 아닌 일반사람들로부터도 충분히 비슷한 도움을 얻을 수 있다고 말했다. 그녀는 동정적인 어조로 넌지시 나에게 이렇게 말하기도 했다. 교육분석이 가치 있을 것이라는 나의 믿음은 그저 검증되지 않은 정신분석적 교리에 대한 맹목적인 믿음일 수 있다(교육분석이 임상가에게 도움이 된다는 방대한 경험적 증거가 있기 때문에 그녀의 이런 저항은 나를 화나게 했다. Geller et al., 2005 참조). 결국 그녀는 심각한 우울증 삽화를 겪었고, 환자와도 좋지 않은 경험을 여러 번 겪었다. 치료비를 계속 내지 않는 환자에게 아무런 불만을 제기하지 않은 적도 있었다. 결국 그 환자는 상당한 액수의 상담비를 지불하지 않고 상담에 더 이상 나타나지도 않았다. 이러한 사례들이 누적되면서 드디어 그녀는 교육분석을 고려하게 되었다.

이러한 슈퍼바이지에게 치료를 받으라고 제안하는 것은 혹시라도 자신의 정신건강 전반에 대한 비판으로 받아들일 수 있기 때문에 매우 조심스럽다(물론 그때 나는 그녀의 정신건강 전반에 대한 우려도 좀 있기는 했지만 그녀가 생각한 것처럼 심각한 정도는 절대 아니었다). 개인 치료를 제안할 때 저항을 줄이기 위해 내가 주로 활용하는 방법은 내가 개인 분석을 통해 치료자로서 얼마나 도움을 많이 받았는지에 대해서 이야기해 주는 것이다. 나는 다른 분석가들도 동의할 법한 일반적인 장점에 대해서도 이야기하지만, 나는 소위 "구체적인 것을 추구하기(pursue the particular)"(Levenson, 1988) 위해 노력한다. 개인 분석을 통해 배운 내용이 어려운 임상 장면에서 나에게 어떤 도움이 되었는지를 구체적인 예를 들어 설명해 주는 것이다. 때로는 슈퍼바이지가 무엇을 두려워하는지에 대해 대화하는 것이 유용할 수 있지만 이렇게 되면 슈퍼비전이 아닌 치료에 가까워지기 때문에 나는 거기까지 가는 것은 자제한다. 그러나 자신이 치료를 받아야 한다는 말을 들었을 때 치료의 가치를 평가절하한다면, 본인은 진정으로 심리치료가 가치 있다고 보는 것이 맞는지, 그리고 심리치료의 긍정적인 영향을 직접 경험해 보지도 않았는데 어떻게 치료자로서 본인이 도움이 된다는 확신을 가질 수 있는지에 대한 질문을 제기한다.

개인 슈퍼비전과 자문을 통해 얻는 보상과 만족감

슈퍼바이지나 자문을 구하는 동료가 심각한 성격 병리를 갖고 있는 경우가 아니라면, 그리고 내가 8장에서 제시한 바와 같이 슈퍼바이저와 슈퍼바이지의 기본적인 '궁합(chemistry)'이 잘 맞지 않는 경우를 제외하면, 숙련된 치료자들 대다수는 일대일 슈퍼비전을 진행하는 것이 개인 치료를 하는 것보다 더 쉽고 즉각적인 보상도 받는다고 말한다. 슈퍼비전을 통해 슈퍼바이저가 느끼는 만족감은 다른 교육적 역할을 수행할 때 느끼는 만족감과 유사하다. 학생들의 자신감이 늘어나고 전문성이 향상되는 것을 보면서 마치 부모가 자식들을 보면서 가질 법한 뿌듯함과 자부심을 느낀다. 환자들에 비해 슈퍼바이지들은 장기적인 임상적 치료를 요하는 침습적이고 원시적인 역동을 지니는 일이 거의 없다. 또한 환자와는 달리 대부분의 슈퍼바이지들은 슈퍼바이저들로부터 받는 도움에 대해 직접적으로 감사하다는 표현을 자주 한다. 때문에 환자들과 개인 치료를 할 때보다 슈퍼비전을 하는 것이 우리의 자존감을 더욱 온전하게 보전할 수 있게 해 준다고 볼 수 있다.

슈퍼바이저는 환자를 직접 대면하지 않기 때문에 슈퍼바이지에 비해서 감정적으로 한 걸음 떨어진 상태에서 치료 과정에 대해 듣게 된다는 것도 장점이다. 슈퍼바이지보다 더 광범위한 시각과 객관성을 가질 수 있다. 치료자의 임상 지식 수준과 관계없이 슈퍼비전이란 상황 때문에 그렇다. 상담관계에서 반복되는 역동은 거리를 두고 볼 수 있을 때 더욱 쉽게 눈에 들어오고, 환자의 진전 또한 더욱 뚜렷하게 관찰된다. 슈퍼바이저가 슈퍼비전을 하는 횟수는 슈퍼바이저가 내담자를 상담하는 횟수보다 적기 때문에 슈퍼바이저는 "나무"를 보는 것에 주위를 덜 기울이는 대신 "숲"을 보는 것이 더 쉬울 수밖에 없다. 아이와 늘 함께하는 부모보다 오랜만에 만나는 할아버지가 "너 정말 많이 컸구나!"라고 놀라는 경우처럼 슈퍼바이지에게는 고되고 지난한 시간으로 느껴지는 내담자와의 작업에서 슈퍼바이저는 뚜렷하게 진전되는 양상을 볼 수 있다. 심리치료와 슈퍼비전은 부모 역할과 암묵적으로, 그리고 자주 비교된다. 자식에게 부모가 해 줄 수 있는 가장 중요한 역할이 자식들로 하여금 더 이상 자신들을 필요로 하지 않게 해 주는 것이란 말이 있다. 슈퍼비전도 마찬가지인 것 같다. 슈퍼바이저가 슈퍼바이지를 가르치면서 느끼는 만족감은 부모가 자식을 키우며 느끼는 만족감과 매우 유사하다. 그래서 슈퍼바이지들이 전문적 기술을 연마하고 스스로 임상적 판단을 할 수 있는 주체성을 키워 전문가로서 독립해 나가는 모습을 보면서, 자식이 성장하여 독립해 나가는 것을 볼 때 느끼는 뿌듯함을 느낀다.

맺음말

이 장에서는 슈퍼비전 관계를 맺고 관계적 동맹을 강화하기 위해 필요한 일반적인 요소들을 개인 슈퍼비전을 진행하는 것에 기반해 자세히 설명했다. 상호 동의하는 슈퍼비전 계약(supervisory contract)을 맺는 것, 환자마다 현실적이고 개별적인 치료 목표를 설정하는 것, 슈퍼바이지가 슈퍼비전 상황에서 솔직하고 개방적인 논의를 할 수 있게 해 주는 것, 슈퍼바이지가 슈퍼바이저의 가르침에 저항할 때 이를 어떻게 다루어야 하는지, 치료적 개입에 있어 대안적인 가능성들을 상호 논의하는 것에 대해서, 그리고 슈퍼바이지가 윤리적으로 사고하는 성숙함을 갖도록 도와주는 것이 중요하다고 설명했다. 마지막으로는 슈퍼바이저로서 느끼는 만족감에 대해서도 언급했다, 이러한 내용 대부분은 다음 장에서 논의하게 될 집단 슈퍼비전 장면에서도 동일하게 적용된다.

05

집단 슈퍼비전과 자문

나는 소그룹으로 자문을 해 주는 형식으로 진행되는 슈퍼비전 방식을 가장 좋아하는데 이런 관계에서는 가르치는 만큼 내가 배우는 것이 많기 때문이다. 1장에서 언급했듯 나는 뉴욕시에서 Arthur Robins가 이끌던 역전이-초점 그룹 슈퍼비전(counter-transference focused supervision)에서 가장 많은 것을 배웠다(예: 1988년 참조). 심화과정으로 진행된 이 교육과정을 통해 지식적인 측면에서도 많이 성장했고, 환자들과의 상호작용에서 겪는 어려움이나 치료자로서 의도치 않게 보지 못하는 맹점(blind spot)에 대해서도 더 솔직해졌으며, 통상 개업 상담자들이 느낄 수밖에 없는 외로움도 줄었다. 여러 명의 전문가와 공감대를 형성할 수 있는 기회를 가질 수 있어서 치료 역량 또한 부쩍 늘었다. 당시 나는 형편이 그다지 풍족하지 않아서 그룹 슈퍼비전이 개인 슈퍼비전보다 비용적으로도 부담이 적은 것도 좋게 작용했는데 이런 현실적인 측면은 현재 나한테 자문을 받는 치료자들에게도 해당되는 중요한 고려사항이다. 자격증을 취득하고 나서 나는 내가 체험한 이 교육과정을 동료들에게도 제공해 주고 싶었다. 일종의 또래 슈퍼비전(peer supervision)의 형태였던 이 집단 슈퍼비전에는 상담 스케줄 관리나 일반적인 행정 업무를 처리하고, 집단 과정(group process)에서 발생할 수 있는 문제들을 해결해 주면서 관련 전문 지식을 알려 주는 촉진자(facilitator)가 함께 했다.

집단 슈퍼비전의 우선적인 목적은 참여자들의 치료적 기술을 향상시키는 것이다. 하지만 다른 치료자들과 친교를 쌓을 수 있고, 전문가로서 네트워킹도 하고, 실무 관련해서 유용한 정보를 공유할 수 있으며, 순수한 배움의 과정(learning to learn)을 경험할 수 있는 추가적인 이점도 제공한다. 치료자들이 자신의 민낯을 드러내고, 불평불만을 늘어놓을 수도 있으며, 같이 웃고, 서로의 경험을 얘기하면서 위안을 얻을 수도 있는 소중한 안식처를 제공한다. 내게 집단 슈퍼비전을 받는 치료자 중에는 치료 장면에서 복잡한 역전이나 곤란한 상황에 대처할 때 슈퍼비전 그룹에 속해 있다는 사실 자체만으로도 큰 힘이 된다고 말하는 사람이 많다. 자신의 감정을 공감하면서 들어주는 청중이 있다는 것이 매우 든든하다고 한다. 슈퍼비전 집단에서는 동료들과 함께 치료자로서의 강점을 찾아가고 내담자에게 적절한 피드백을 주는 역량을 키우며 자신만의 슈퍼비전 스타일을 개발해, 치료자로서의 역량 혹은 기여도에 대한 전반적인 그리고 현실적인 평가를 할 수 있는 기회도 가질 수 있다. 내가 진행하는 "슈퍼비전 그룹에서 드디어 치료자로서의 정체성 혹은 내 목소리를 찾았다"고 보고했던 치료자들도 여럿 있었다.

이 책을 쓰고 있는 현재 시점에서 나는 6명에서 8명의 치료자가 참여하는 총 3개의 슈퍼비전 그룹을 지도하고 있다. 슈퍼비전 집단에 참여하는 치료자들은 임상 경력과 이론적 지향, 그리고 활동하는 분야(심리학, 정신의학, 사회복지, 상담, 정신분석, 예술, 드라마, 운동 치료 등)가 다양하다. 제일 오래된 집단은 1970년대 후반쯤 시작했고, 가장 짧은 기간을 지도한 집단은 1997년에 시작했다. 참여하는 치료자들 대부분이 내가 지도하는 집단을 슈퍼비전이라고 부르기는 하지만 집단 슈퍼비전에서 논의하는 환자들에 대한 법적 책임을 최종적으로 지는 사람은 내가 아닌 실제 이들을 상담을 하는 치료자들(집단 구성원들_역주)이기 때문에 정확히 말하면 내 집단은 슈퍼비전보다는 자문 집단이라고 하는 게 맞다. 집단에 참여하는 사람 중에는 수십 년간 참여하고 있는 치료자들도 있는데 여름에는 방학을 하고, 보통 2주에 한 번씩, 90분 동안 모여서 사례에 대해 논의한다. 시간이 지나면서 이들 집단 구성원들이 대부분 여성으로 구성되게 되었는데 심리치료 분야의 성비가 여성으로 기우는 까닭도 있지만, 자격증 취득 이후에도 전문 교육을 계속 받고자 하는 치료자들은 여성인 경우가 더 많아서 그럴 수도 있는 것 같다.

나는 1982년부터 Rutgers 대학교의 전문대학원(Graduate School of Applied & Professional Psychology)에서 박사과정 학생들이 참여하는 슈퍼비전 그룹도 맡고 있다. 이 네 번째 슈퍼비전 집단에서는 집단 슈퍼비전에 참여하는 학생들이 상담하는 내담자나 집단 슈퍼비전에서 발표하는 내담자에 대한 사례 관리와 최종적인 법적 책임소재가 내가 아닌 학생들의 개인 슈퍼바이저 역할을 하는 교수들에게 있다는 점이 특이하다. 따라서 나는 이들 개인 슈퍼바이저들을 도와 학생들이 치료자로서 임상적 전문성을 키워 가는 과정에서 당면하는 문제를 좀 더 다양한 관점에서 접근할 수 있는 교육적 경험을 제공한다. 이 집단은 또래 슈퍼비전(peer supervision)을 하는 역량, 즉 동료들에게 적절한 피드백을 주는 능력과 전반적인 임상 기술, 사례 개념화, 그리고 임상 장면에서 당면하는 크고 작은 주제들에 대해 적절히 대처하는 치료자의 역량을 키워 주는 역할을 한다.

내가 Rutgers 대학에서(대학원생을 대상으로_역주) 진행하는 이 자문 집단(consulting group)은 통상 참가자를 최대 9명으로 제한하고는 있지만 더 많은 학생에게 기회를 주기 위해 최대 12명까지 받은 적도 있긴 하다. 예를 들면 2020~21학년도에는 코로나19 팬데믹 때문에 생긴 대학의 재정적 어려움으로 교수들이 평소보다 더 많은 학생들의 수강신청을 허용해야 해서 총 14명의 참여자를 매주 화상회의(Zoom)로 만났다. 사실 14명은 학생들이나 나에게도 친밀감을 느끼기에는 상당히 많은 수이다. 그래도 학생들에게 최대한 의미 있는 교육적 경험이 되게 하려고 노력했다. Rutgers 집단은 1년간 매주 한 번, 1시간 15분씩 만나는데 보통 이 슈퍼비전 그룹은 1학점짜리 수업이고, 대학원 3년차부터 수강할 수 있게 되어 있다. 슈퍼비전 참여자들은 재학중에는 원하는 기간만큼 그룹에 참여할 수 있어 3~4년 내내 수강하는 학생도 있지만, 졸업과 인턴십 등의 이유로 매년 구성원들은 꽤 많이 바뀌는 편이다.

개관

내가 지도하는 모든 (슈퍼비전_**역주**) 집단에서는 치료자들이 맡고 있는 사례 중 특히 어려운 사례를 발표하도록 하는데 단, 나를 포함 다른 구성원이 개인정보를 식별할 수 있는 내담자의 사례는 제외시킨다. 드물기는 하지만 학생 중 발표하는 사례(내담자)의 신원을 알게 되는 상황이 생기면 해당 학생은 그날의 집단에서는 빠지도록 한다. Rutgers 그룹의 경우 학기 초에 수강생들에게 내 환자나 슈퍼바이지의 내담자를 아는 사람이 있으면 미리 개별적으로 말해 달라고 요청하기 때문에 해당 사례를 수업에서 다루지 않아도 되는 장치가 마련되어 있는 셈이다. 개인적으로 지도하는 다른 슈퍼비전 그룹에서는, 내 환자나 슈퍼바이지를 알고 있는 경우 개별적으로 미리 알려달라고 말하고 이를 주기적으로 리마인드해 준다.

한 집단에서는 참여자들이 공개 사례발표 순서를 이름순으로 정하되, 만약 위기사례가 생기면 그 사람에게 우선순위를 주는 것으로 했다. 한편 "필요한 사람순으로 자문을 요청한다"는 원칙을 따르는 그룹도 있다. 슈퍼비전에서는 상담 관련 모든 전문적인 주제에 대한 토의를 할 수 있다. 상담약속을 취소하는 것과 관련된 규정, 상담료, 보험 관련 문제, 법적 혹은 윤리적 고려사항이나, 내담자에게 필요한 정보나 자원을 제공하는 것과 관련된 부분 혹은 유익한 학술 콘퍼런스 관련 정보 그리고 집단에 참여하면서 경험하는 집단과정(group process)과 관련된 문제도 논의 대상이 될 수 있다. 나는 참가자들로 하여금 집단이 진행되는 방식과 관련해서 우려되는 것이 있으면 편하게 말하도록 미리 일러 준다. 특히 사례에 대해 편하게 설명하는 것에 방해가 되는 집단의 역동에 대해서는 반드시 언급하도록 한다.

참여자의 기본적인 책임은 정기적으로 출석하여, 자신과 내담자 사이의 상호작용에 대해 최대한 솔직하게 말하는 것, 다른 구성원들의 감정과 입장에 대해 고려할 것, 환자의 사례를 논의하는 과정과 관련된 복잡한 윤리적 문제들에 대한 예민성, 그리고 자신의 상담 사례를 공개하는 데 있어 안전하다는 느낌과 편안함을 느끼기 어렵게 만드는 것이 있으면 언제든지 문제 제기를 할 것 등을 포함한다. 말수가 적은 참여자나 자기 의견을 자주 밝히는 사람 모두 똑같이 배려해야 한다. 사례에 대해 논의하는 지금-여기의 당면 과제의 수행을 저해하는 것들에 대해서도 편하게 이야기하라고 시키는 데 실제로는 집단 과정 관련 문제들을 내가 직접 다루어야 하는 경우는 거의 없다. 대학원생들을 포함한 참가자들 대부분이 집단의 역동과 관련해서는 나보다 더 많은 훈련을 받았기 때문인 것 같다. 집단원들 대부분이 경쟁 심리, 비난받는 것 같은 느낌, 새로운 구성원에 대한 양가감정, 기존의 구성원을 잃는 경험, 전 집단시간에 미처 해결이 되지 않은 감정과 같은 주제에 대한 인식이 매우 뚜렷한 편이다. 집단에서 안전하단 느낌을 유지하는 데 방해가 되는 요소들도 구성원들 스스로 알아서 잘 해결하는 편이다. 하지만 내가 보기에 집단의 원활한 기능에 방해가 되는 문제가 있다고 생각하면 이에 대해 내 의견을 제시한다.

잘 진행되는 슈퍼비전 그룹은 감정적으로 아주 친밀하고 만족스러운 학습 경험을 제공한다. 구성원들은 여태껏 잘못 알고 있던 점이나 가장 치명적인 실수 등도 드러내, 이해하고, 바로잡을 수 있어, 같은 실수를 반복하지 않을 수 있게 된다. 그러나 그룹에 참여한 것 자체가 트라우마가 되는 최악의 상황도 발생할 수 있다. 발가벗겨질 정도로 적나라하게 노출된 느낌으로 괴로워하며, 견딜 수 없는 굴욕감으로 인해 감정적으로 완전히 차단된 상태가 될 수도 있다. 수련 초기에 나도 이런 경험을 한 적이 있다. 그룹 리더로부터 정서적으로 침해당했던 경험은 나의 내밀한 생각을 다른 사람들에게 털어놓거나 타인을 신뢰하는 법을 배우는 데 오랫동안 걸림돌로 작용했다. 치료자들, 특히 초심자들이 동료들 앞에서 자신이 상담하는 것을 공개할 때 부정적인 평가나 평가절하되는 느낌 때문에 얼마나 수치스러워하는지에 대해서는 말로 다 설명하기 어렵다.

내 집단 슈퍼바이저였던 Arthur Robbins는 나를 드러내는 것이 지속적으로 긍정적인 경험으로 체험될 수 있도록 매우 안전한 분위기를 만들어 주었다. 그러나 내가 동료들을 대상으로 집단 슈퍼비전을 처음 시작했을 때 나는 상대의 마음속을 꿰뚫어 보는 듯한 그의 스타일이 내 성격과는 잘 맞지 않는다고 생각했다. 그래서 그의 접근 방식을 있는 그대로 답습할 수 없었고, 그와 동일한 방식으로 슈퍼비전을 하면서 다른 사람들에게 상처를 주지 않을 자신도 없었다. Robbins의 집단 슈퍼비전은 내가 평소 지도하는 슈퍼비전 맥락과도 차이가 있었다. 당시 Robbins의 그룹에 참여하는 사람들 대부분은 수년간 학생으로서 정신분석에 대해 공부했거나 환자로서 분석을 받은 경험을 갖고 있고 정신분석에 심취해 있던 사람들이다. 따라서 집단을 통해 자신들의 심리 내적 구조를 속속들이 탐구하기를 그리고 그 과정에서 강력한 감정들과 조우하기를 기대했다. 반면에 내가 이끄는 슈퍼비전 그룹은 정신분석적 수련 경험이 많지 않은 임상가들에게 더 호응이 있어 정신분석적인 지식, 특히 성격의 개인차에 관한 정신분석적 관점을 본인들의 임상 레퍼토리에 추가하고자 하는 목적으로 참여하는 사람들이 많다. 그래서 그들은 자신의 영혼까지 드러내 보이고 싶어하지는 않아 그들의 심리적 역동을 깊게 파고들려고 하면 오히려 침해당한 느낌을 받고 과도하게 노출된 느낌을 받는 것 같았다.

임상가들로 구성된 슈퍼비전 그룹을 이끌었던 리더로서의 경험을 되돌아보면, 네 가지 기본적인 기능을 수행한다는 결론에 이르게 되었다. 첫째, 구성원들은 내게서 전문적인 지식을 배우기를 기대한다. 경험 많은 실무자의 관점에서 설명해 주고, 특정 내담자와의 상담 작업이 어떻게 진행되고 있는지를 명확하게 이해하는 데에 도움을 주는 문헌이나 자료도 제공해 주길 기대한다. 둘째, 내가 슈퍼비전 그룹 운영 전반에 필요한 구조화를 해 주기를 바란다. 그룹의 일정, 발표 순서, 예를 들면 기상악화로 미팅이 취소될지 여부, 새로운 구성원을 모집하기 위한 면접, 사랑하는 사람을 잃은 구성원이 생기면 조화를 보내 주는 것과 같이 구체적이고 다양한 일을 맡아 해 주기 바란다. 셋째, 슈퍼비전 집단에서 중재자 역할도 해 주기 바란다. 예를 들면 집단원들의 피드백이 너무 성급해서 사례발표자에게 충분한 성찰의 여지를 허용하지 않을 때, 슈퍼비전의 흐름이 자주 끊길 때, 발표자가 압도당하는 느낌을 받지 않게 진행 흐름을 조절하고 발표자를 보호해 주길 기대한다. 마지막으로, 자유로운 학습을 방해하는 그룹의 역동을 감지하면 해결을 해 주는 리더십을 기대한다. 각기 다른 슈퍼비전 그룹은 고유한 "성격"을 가지고 있으며, 앞의 여러 가지 기능 중 어떤 특정 기능을 얼마나 많이 해 주어야 하는지에 대한 선호도 역시 다르다.

대학원생으로 구성된 슈퍼비전 그룹은 나름의 독특한 감수성을 가지고 있다. 그룹의 전반적인 성격은 학년마다 다르지만, 그룹 리더로서 몇 가지 일반적인 주제가 되풀이되는 것을 봐 왔기에 지금부터는 대학원생들로 구성된 슈퍼비전 그룹과 수련 프로그램의 일환으로 진행되는 그룹 슈퍼비전과 관련된 얘기를 하려고 한다. 이 내용은 정신과 수련과정, 상담 및 심리치료 석 · 박사 프로그램, 그리고 박사후 수련기관 등을 포함한 다양한 교육적 환경에 적용할 수 있다고 본다. 한편 이러한 모든 상황에서 독립적이고 전문성을 가진 치료자로서의 역할수행에 필요한 준비도를 평가받는다는 사실은 슈퍼바이지들의 학습 과정을 촉진하기도 하고, 더 복잡하게 만들기도 한다.

수련생 대상 집단 슈퍼비전

Rutgers 대학에서 내가 진행하는 집단 슈퍼비전에서는 학생들이 힘든 사례부터 차례대로 발표하는 형식을 취한다. 비슷한 문제에 대해 각자의 의견을 나누기도 한다. 예를 들면, 슈퍼바이지들은 자살 위험이 있는 내담자에 대한 불안을 표출하기도 하고, 문화적 · 종교적 배경이 많이 다른 내담자의 내면 세계를 이해하려는 시도를 하기도 한다. 인종 · 나이 · 발음 · 외모 때문에 받는 미묘한 (때때로는 노골적인) 공격을 당하면서 느끼는 고통에 대한 나눔을 하기도 하고, 인턴십 지원 과정에서 겪었던 어려움에 대해 회고하기도 한다. 특히 예전에 자기편이던 동료들과 경쟁해야 하는 상황에서 경험하는 고통에 대해 위로를 받기도 한다. 준비되지 않은 종결을 해야 하는 환자 때문에 힘든 마음을 표현하기도 하고, 보조적 치료(예: 12단계 프로그램, EMDR, 정신과 상담, DBT 그룹)를 병행하는 사례를 관리하는 방법에 대해 논하기도 한다. 환자의 가족 혹은 제3자가 개입하는 도전적인 상황에 대처하는 방법을 의논하기도 하고, 임상 수련을 하는 기관의 책임자로부터 받는 압박감에 대해 이야기하면서 공감대를 형성하려고 하기도 한다. 드물게는 발표자가 개인 슈퍼바이저와의 문제에 대해 털어놓기도 하고, 개인 슈퍼비전 상황에서 어떻게 하면 슈퍼바이저에게 문제 제기를 할 수 있는지에 대해 그룹의 도움을 요청하기도 한다.

때로는 도움이 아니라 해를 끼쳤거나, 전문성이 떨어지거나, 아예 슈퍼비전의 근본적인 취지에서 벗어난 것처럼 보이는 개인 슈퍼비전이나 자문 경험에 대해서도 이야기하고 그런 상황을 어떻게 다룰 수 있을지에 대해 다 같이 브레인스토밍하기도 한다. 예를 들어 막 성인이 된 딸에 대한 걱정이 많았던, 나이 지긋한 남성 슈퍼바이저로부터 개인 슈퍼비전을 받고 있던 여성 집단원이 있었는데 슈퍼바이저가 슈퍼비전 시간에 지속적으로 그녀 세대의 성적 관습에 대해 질문을 했다고 한다. 슈퍼바이저는 그녀가 이성애자라고 가정하고(사실 그녀는 양성애자였는데 슈퍼바이저의 편견 때문에 이를 솔직히 말할 수 없었던 상태이다), 그녀의 또래 중 성적으로 다른 정체성을 가진 사람들을 "잘못된" 사람으로 몰아갔다고 한다. 슈퍼바이저가 슈퍼비전 시간을 이렇게 부적절하게 자기의 필요를 충족하는 방식으로 허비했기 때문에 정작 그녀가 환자들을 더 잘 치료하는 데 필요한 도움은 충분히 받지 못했다. 슈퍼바이지의 입장에서 멘토에게서 배울 수 있는 부분을 최대한 끌어내는 방법이나 슈퍼바이저마다의 독특성을 감안하면서 슈퍼바이저가 본연의 역할을 하도록 하는 이 발달적 도전에 대처하는 방법을 배우는 데에 동료 슈퍼비전(peer supervision)은 큰 도움이 될 수 있다. 슈퍼바이저로부터 별로 배우는 게 없어서 다른 슈퍼바이저를 찾아보는 것을 고민할 때, 학생들로 구성된 슈퍼비전 집단은 소통을 통해 한목소리(집단지성_역주)를 찾는 것 같다.

이처럼 슈퍼비전 집단은 일종의 안전기지가 되어, 각자가 겪는 스트레스와 기대에 대한 환상이 깨져 느끼는 환멸감을 서로 비교하고 나눌 수 있게 된다. 미국의 전반적인 정신건강 시스템 비용 절감을 최우선하는 명목으로 점점 심한 압박을 받고 있다. 때문에 대학원생들이 실습 혹은 인턴 기관에서 업무 스트레스로 소진된 상태인 스태프나 직원들로부터 무시당하거나 심지어 갑질을 당하는 경우가 많다고 불평하는 경우도 늘고 있다. Rutgers 대학의 대학원생들은 법적, 윤리적 기준을 엄격하게 지키도록 교육받고 있는데 정작 현대의 많은 수련(training) 장면에서 이러한 기준이 무시되는 것을 목격하고 분노한다. 대개는 업무의 과부화와 인력 부족으로 인해 이직률이 높은, 임상 서비스의 최전선에서 멀리 떨어져 있는 공무원들에 의해 관리되고 있는 기관의 경우가 그렇다. 환자가 퇴원할 때 퇴원 서류가 양식에 맞게 제대로 작성되었는지에만 관심이 있지, 정작 치료자들이 작성한 치료기록이 향후 환자를 치료할 다른 치료자들에게 도움이 될지 여부는 뒷전인, 행정적인 절차에 대해서만 관심이 있는 기관에서 이런 경험을 한다는 보고를 듣곤 한다.

한편 내가 Rutgers 대학에서 지도하는 슈퍼비전 그룹의 참여자들은 평가를 받는 학생이라는 지위 때문에 부담을 느끼고 있어 나에게 인정을 받으려 서로 경쟁하거나, 내부자-외부자(종종 기존 집단 구성원과 새로 참여하는 구성원 간의 경쟁으로 나타난다) 간의 미묘한 갈등이 생기기도 하고, 내가 제시하는 의견에 대해 동의하지 않거나 의문을 가지면서도 이에 대해 표현하는 것을 망설이거나 아예 그냥 참고 넘어가는 등의 상황이 벌어지기도 한다. 따라서 나는 이런 점들도 슈퍼비전 시간에 논의를 한다. 대학원생들로 구성된 자문집단은 특히 전문지식에 대한 갈증도 많다. 그래서 전문지식을 제공하는 것과 집단의 역동을 처리하는 것 사이의 균형을 잘 유지하는 것이 다른 슈퍼비전 그룹들보다 더 어렵다. 학생들로 구성된 슈퍼비전 그룹에는 가르침을 받고자 하는 욕구와 집단 관련 주제를 참여자의 관점에서 이야기하고 싶어하는 욕구 사이의 팽팽한 긴장감도 존재한다. 이는 제시된 사례에 대해 개념적으로 더 심도 있게 이야기해 달라고 요청하는 구성원들과 슈퍼비전 집단 내에서 발생하는 대인관계적 상호작용을 탐색하고 치료적 의미를 찾고자 하는 사람들 사이에 분열이 생기게 만들기도 한다.

이런 맥락에서 한 남학생 치료자가 자기 파괴적 패턴이 두드러진 이성애자 여성 내담자의 사례를 발표한 경우가 생각난다. 이 남학생은 처음에는 이 여성 내담자에게 연민이 많았으나 점점 그 여성 내담자가 불평불만만 늘어놓는 사람처럼 느껴져 결과적으로는 고통스러운 부정적 역전이 경험을 했다. 내담자는 이 치료자에게 자신이 어떻게 하면 자꾸 위험에 빠지는 상황을 되풀이하지 않을 수 있는지에 대한 조언을 지속적으로 요청했지만, 치료자가 제시하는 제안을 매번 무시했다. 예를 들어 그녀는 바에서 처음 만난 남자들과 무방비 상태로 성관계를 갖곤 했는데 콘돔을 사용했는지, 그 남자의 성 편력에 대해 물어보았는지 치료자가 질문하면, 콘돔을 사용하지도, 그 남자의 과거에 대해 확인하지 않았다면서 동시에 그 남자는 "깨끗해 보였고 충분히 좋은 사람이다"라며 치료자를 안심시키려 했다. 이런 행동은 자기 파괴적인 성향을 보이는 내담자들이 흔히 보이는 행동으로 이들은 자기 파괴적인 행동이나 생각에 대한 불안을 치료자에게 전가시키는 데 매우 뛰어나다. 마치 치료자에게 자신의 문제를 해결할 책임을 떠맡게 해 정작 본인이 아니라 치료자가 피임 여부나 성적편력에 대해 걱정하게 만드는 것이다(McWilliams, 2011, 12장 참조).

이 슈퍼비전 그룹에 있던 학생들의 한 절반 정도는 이 사례에 대한 자신들의 정서적 반응에 대해 이야기하고 싶어했다. 끔찍한 과거로 인해 여전히 고통받고 있는 이 내담자를 비난하는 듯한 감정을 갖는 것을 상당히 힘들어 하면서도 그녀가 치료자를 괴롭히고 있다고 느껴 자신들도 일종의 이차적 고통(secondary pain)을 경험하고 있었다. 나머지 구성원들은 내가 피학적 성격 특성에 대해 전반적으로 설명해 주기를 바랐고, 자기 파괴적 성격 패턴의 의미를 개념적으로 이해할 수 있게 가르쳐 주길 원했다. 발표자 역시 더 많은 개념적 설명을 원했기 때문에 나는 슈퍼비전에서 후자에 대해 더 많은 시간을 할애했다. 동시에 나는 일반적으로 치료자들은 자기 파괴적 행동의 일환으로 잘못된 판단을 하는 환자들에 대해서 증오심, 심지어는 가학적인 감정을 느낄 수도 있다는 설명도 해 주었다.

나는 Rutgers 대학의 집단 슈퍼비전 그룹에 참여하는 학생들 사이의 개인적인 유대감에 대해서는 잘 알지 못한다. 그룹 세팅 밖에서 매우 친하거나 복잡한 관계를 맺고 있을 수도 있어 자신의 생각이나 감정을 자유롭게 표현하는 게 제한적일 수 있다. 만약 이런 상황이라면 나는 보지 못하지만 그들 사이에는 명백히 보이는 관계적 역동에 대해서 집단에 참여하는 학생들이 슈퍼비전 시간에 논의할 수 있도록 화두를 던져야 한다. 특히 대학원생들은 멘토를 이상화하는 경향이 있기 때문에 개인적인 영역까지 꿰뚫어 본다고 가정하기 쉽다. 따라서 그들 사이에 존재하는 관계적 역동이 나에게는 잘 보이지 않는다는 사실에 놀라기도 한다. 집단 밖에서의 역동으로 인해 슈퍼비전에서 자유롭고 솔직한 의사소통이 제한되거나 억제되는 상황도 있고, 학생과 교수 사이의 불평등한 지위도 감안을 해야 하기 때문에 나는 학생들이 불편감을 느끼는 수준까지 밀어붙이지 않도록 늘 주의한다. 학생들에게 슈퍼비전 집단의 규칙에 대해 안내할 때 집단 내에서 일어나는 일을 절대 밖에서 이야기하지 말 것을 요청하며, 발표하는 사례의 환자뿐만 아니라 지극히 개인적인 부분을 공개하게 되는 동료(발표자)의 사생활도 보호하도록 가르친다.

나는 구성원들이 자신의 개인사, 고민거리 그리고 성격적 특성을 공개적으로 이야기할 수 있을 만큼 안전하다고 느끼면 집단의 과정에 큰 도움이 된다는 점을 상기시킨다. 하지만 매년 집단마다 구성원들이 자신들의 개인적인 부분을 어느 정도까지 편안하게 개방하고 공유할지에 대한 기준이나 분위기가 다르다는 것 역시 언급해 준다. 나는 집단에 같이 참여하는 사람들의 관계에 대해 거의 알지 못하며, 그들이 무방비 상태에서 자기 개방을 하는 것이 얼마나 안전한지 알 수 없기 때문에 개인적인 부분에 대해서 털어 놓으라고 "밀어붙이지" 않을 것이라 말해 준다. 즉, 나의 공식적인 입장은 자기 개방을 환영하지만, 자발적일 때만 그렇다라는 것을 알려 준다. 가끔씩 내가 프라이버시를 침해하는 질문을 한다고 느끼는 사람이 있다면 알려 달라고 하고, 불편한 부분에 대해서는 이야기하지 않아도 괜찮다는 점을 지속적으로 상기시킨다.

그럼에도 불구하고, 때때로 구성원이 자발적으로 자기 개방을 과도하게 해서 정서적으로 힘든 상황에 놓이게 되거나, 다른 구성원에게 과도한 자극을 주는 경우가 생긴다. 이럴 때 나는 주제를 바꾸도록 유도하거나 집단 슈퍼비전이 끝난 다음에 나와 개인적으로 이야기할 것을 권유하는 식으로 해당 구성원을 보호한다. 예를 들어, 상당한 외상 경험이 포함된 개인사를 갖고 있는 여성 집단원이 어린 시절 성학대를 받은 환자에 대한 설명을 들으면서 약간 해리된 어조로 자신이 어렸을 적 겪었던 성추행 경험을 세세하게 묘사하기 시작했는데, 그때 나는 그녀가 자신을 재외상화(retraumatizing)하고 있다고 판단했다. 그리고 다른 구성원들이 보기에 이 여성이 임상 장면에 자주 등장하는 성추행이라는 주제를 상담에서 다루는 데 적합하지 않다고 생각할 것 같은 우려가 생겼다. 그래서 나는 그녀의 이야기를 조심스럽게 중단시키고 대화를 다시 정향시켰고 집단 슈퍼비전이 끝난 후에 그녀와 따로 이야기를 나누었다. 본인의 외상 이력을 밝히고 이를 통해 외상 환자들을 도울 수 있는 직접적인 치료적 지혜를 나눌 수 있는 이점과 치료자의 구체적인 외상 경험을 너무 생생하게 집단 슈퍼비전 장면에 끌어들여 다른 집단 구성원들이 방어적으로 거리를 두게 되는 것의 단점에 대해 설명해 주었다.

1장에서 언급했듯이, Rutgers 대학의 슈퍼비전 집단에서는 나 스스로 비판에 대해 방어적 자세를 취하지 않으려고 노력하는 모습 자체가 참가자들의 전문적 성숙에 도움이 되는 것 같다. 학생들은 권력을 쥐고 있는 사람에게 진실을 말하는 것이 반드시 위험하지만은 않다는 것을 알게 되었고, 치료에 있어서는 권위자인 사람들도 실수를 인정하고 사과할 수 있다는 것을 본 것이 도움이 되었다고 보고한다. 예를 들어, 몇 년 전, 해리 현상을 겪는 환자들에게 도움이 될 수 있는 최면 기술을 배워서 매우 흥분된 상태였던 나는 학생 발표자에게 내담자와 최면 작업을 하라고 성급하게 제안한 적이 있다. 그 학생이 자신은 최면 훈련을 받아본 적이 없다고 항의를 했는데 나는 그런 것은 쉽게 배울 수 있다며 협조적인 환자에게 가벼운 최면 상태를 유도하는 방법을 설명해 주었다. 다음번 집단 슈퍼비전 시간에 그는 나의 태도에 대해 비판을 했고 그의 동료들도 이에 동참했다. 그중 한 명은 그에게 "너 설마 그런 미친 조언을 따르진 않을 거지?"라고까지 말했다고 보고했다. 나는 학생들에게 사과하면서 새로 배운 기술에 대한 나의 지나친 열정을 이해해 달라고 부탁했고, 학생들이 편안하게 다룰 수 있는 기술의 수준과 영역을 넘어서는 이야기를 한 것에 대해 깊은 유감을 표했다.

학생들과 함께 하는 맥락에서 더 극적으로 나타나기는 하지만, 실수를 하기도 하고 실수한 것을 인정하는 것은 모든 집단 슈퍼비전 리더에게도 중요한 치료적 과정일 수 있다. 정신분석학자들이 오랫동안 지적해 왔듯이(Casement, 1985, 2002; Fors, 2018; Kohut, 1977; Maroda, 1991, 1999; Wolf, 1988), 권력을 가진 사람(권위적인 위치에 있는 사람_**역주**)이 자신의 공감적 실패(empathic failure)

에 대해 인정하고 그 영향을 탐색할 때의 치료적 효과는 엄청나기 때문에 실수에서 오는 고통을 감수할 만한 가치가 충분하다. 특히 수련 중인 치료자들은 치료자로서의 적절한 행동과 전문적 책임에 대해 지속적으로 경고를 받기 때문에 강화된 완벽주의적 방어기제를 지니고 있다. 그래서 그들에게는 한계와 실수를 인정하면서도 자존감을 유지할 수 있는 본보기가 필요하다. 또한 모든 의사가 모든 환자를 치료할 수 없고, 모든 교사가 모든 학생을 학자로 만들 수 없는 것처럼, 아무리 좋은 의도와 수련 경력을 가진 치료자라도 모든 환자를 돕는 데 성공하지 못할 수 있다는, 인정하고 싶지는 않지만 궁극적으로 우리를 자유롭게 하는 사실을 받아들이도록 가르쳐 주어야 한다.

집단 슈퍼비전의 실제

전형적인 슈퍼비전 또는 자문집단은 아주 긴급한 임상적 이슈 때문에 두 명의 치료자가 각자의 사례에 대해 발표를 하게 되는 경우를 제외하면 보통 한 명이 특정 환자에 대해 자세히 발표하는 형식으로 진행된다. 이때 발표자가 환자에 대한 정보를 미리 준비해 올 수도 있지만, 준비된 자료를 읽어가며 발표하는 것은 되려 임상적 의미를 갖는 정서적 톤이나 자연스러운 신체적 표현의 이해를 저해할 수 있어 주로 즉흥적으로 사례에 대해서 설명을 하게 하는 편이다. 발표자는 해결하려는 문제의 기본적인 특성을 언급하면서 슈퍼비전을 시작하고, 구성원들은 발표를 들으며 해당 문제에 집중한다. 예를 들어 발표자는 강력한 저항 때문에 치료가 정체된 상태라고 말할 수 있다. 또는 치료자가 환자를 인지적으로 이해하거나 환자를 공감적으로 이해하는 데 어려움을 경험하고 있다고 보고할 수 있다. 아니면 치료자가 강한 역전이나 걱정스러운 재현상황(enactment)에 휘말려 있는 것 같다고 말할 수도 있다. 다루고자 하는 이와 같은 주요 주제들을 언급한 후에는 내담자의 나이, 대인관계, 성별 정체성 및 성적 지향, 인종 및 문화적 배경, 종교, 사회경제적 지위, 직업 등과 같은 인구학적 정보를 보고한다.

그다음에는 환자를 얼마나 오랫동안, 어떤 주기로 상담해 왔는지, 내방 당시의 주 호소는 무엇이었는지, 의뢰 문제는 어떠한 과정을 거쳐 생겼는지, 환자가 이전에 치료를 받았던 적이 있는지에 대해 언급한다. 발표자가 환자의 일반적인 신체적 특성, 외모, 말투, 몸짓 등 내담자를 될 수 있으면 생생하게 묘사하고 내담자가 치료자를 대하는 태도는 어떤지 등을 설명해 주는 것이 집단에 도움이 된다. 마지막으로 발표자는 내담자의 과거력을 요약하는데 특히 양육자와 가족 구성원들에 대한 내용을 강조하여 언급한다. 가족에 대한 정보를 제공할 때는 가족 구성원들의 나이나 그들이 건강한지, 사망했는지 여부, 직업, 앓고 있는 질환이나 진단명 등과 같은 객관적인 정보와 더불어 주관적인 정보, 가령 내담자는 가족과의 관계에서 어떤 경험을 했으며 가족들의 성격을 어떻게 묘사했는지 등에 대해서도 설명한다. 발표자들은 때때로 내담자의 애착 유형을 추측하여 전달하기도 하고, 가계도를 나눠 주기도 한다. 심리적 또는 신경학적 검사 결과가 있으면 언급하기도 한다. 이사나 이주, 상실의 경험, 질병, 부상 및 스트레스나 외상적 경험들도 보고해야 한다. 가장 오래전 기억, 반복되는 꿈, 어린 시절 이야기들도 제공될 수 있다. 환자의 허락을 받은 경우 발표자는 집단에서 환자의 예술 작품, 시, 일기 등을 공유할 수도 있다. 때로는 환자가 보낸 이메일 내역(thread)이나 문자 메시지를 읽기도 한다.

이런 식으로 요약 설명하는 데 보통 30분 정도 걸린다. 집단 구성원들은 대부분 조용히 발표자의 임상적 상황에 대해 듣고 내담자의 전반적인 심리상태를 파악하고 이런 요인들이 치료자와의 관계에 어떤 영향을 미치는지에 대해 이해하려 노력한다. 혼란스러운 부분이나 잘 모르는 부분을 명확히 하거나 더 잘 이해하기 위해 질문을 하기도 한다. 그러다가 사례 개념화, 저항, 전이, 역전이에 대한 가설을 포함한 다양한 피드백을 제공하기에 이른다. 또한 발표자를 정서적으로 지지해 주고 본인들이 겪었던 비슷한 임상 사례에 대한 경험을 나누기도 하며 적용해 봄직한 개입 방식을 제안한다. 가장 유익한 것은, 발표한 사례에 대한 그룹 구성원들의 정서적 반응이 치료자가 내담자와 경험하는 감정과 평행선(parallel)을 이룬다는 가정(Ekstein & Wallerstein, 1958/1971)하에, 구성원들이 발표되는 사례에 대해 들으면서 느끼는 감정을 공유하는 것이다. 나는 발표자와 학생들 사이에 이런 일련의 과정이 끝나야 대화에 참여하는 편이다. 그리고 내담자의 성격, 성숙 과정, 그리고 제시된 문제에 도움이 될 수 있는 다른 특징들에 대한 나의 생각을 제시한다. 만약 내가 내담자와 치료 전반을 잘 이해하는 데에 도움을 줄 수 있는 학술 문헌에 대해 알고 있으면 추천을 해 주거나 나중에 구성원들에게 보내 주기도 한다.

사례발표가 지지부진해지거나 지나치게 주지화되는(intellectualization) 것처럼 느껴지면 나는 발표자에게 내담자 역할을 시연해 보도록 권하기도 하는데, 이때 나 또는 다른 구성원 중 한 명이 치료자 역할을 맡는다. 이러한 역할극(role play)을 통해 내사(introjection), 즉 타인이 우리의 마음속 덜 의식적인 영역으로 들어와 존재가 각인되는 과정이 필연적으로 발생함을 알 수 있게 도와준다. 발표자가 얼마나 빨리 “내담자가 되어가는지” 놀라울 정도이며, 이를 통해 관찰자들은 치료자가 다루고자 하는 부분을 훨씬 더 명확하게 이해할 수 있게 된다. 역할극은 발표자로 하여금 역전이에 대한 책임소재를 걱정하게 하지 않으면서 치료 장면에서 드러나는 감정의 톤을 지금-여기에서 생생하게 드러나게 할 수 있다.

발표자가 내담자 역할을 맡고 내가 치료자 역할을 맡을 때, 나는 종종 임상적 진전이 없는 상태를 타개할 방법을 알고 있다는 확신을 갖고 상호작용을 시도할 때가 있다. 하지만 그러면 나 또한 발표자가 빠져나오려고 하는 정서적 늪에 빠져 버리는 게 되곤 한다. 이럴 때 나는 기법적 차원에서 문제를 해결하기 앞서 내 모든 추악한 감정과 상상을 여지없이 표현하는데 이게 발표자와 구성원 모두에게 위안이 된다. 가령 최근에 있었던 슈퍼비전 집단에서 나는 환자를 치료적인 방향으로 움직이게 하는 것이 쉬울 것이라고 생각하고 역할극을 시작했는데, 막상 치료자 역할에 들어가자 꽤 괜찮을 것이라 생각했던 나의 전략들이 통하지 않았다. 그러고는 나도 모르게 "이 환자가 정말 싫어!"라고 소리쳐 버렸다. 이렇게 카타르시스를 하고 나서야 참여자들과 함께 치료를 좀 더 나은 방향으로 나갈 수 있게 하는 전략들을 찾아낼 수 있었다.

자문 집단에서 구성원들이 사례를 발표하는 치료자가 부인 혹은 무의식적으로 무시해 온 감정과 접촉하게 되는 것은 흔히 일어나는 경험이다. 나는 성애적인 전이를 보이는 환자를 사랑스럽게 묘사하는 발표자를 여러 번 봤다. 발표자는 환자를 매력적이라 느끼게 하는 자신의 역전이 감정에 대해서 불편해했거나, 성적인 요소로 채색된 치료적 상황이 더 복잡해지기 전에(동료들에게 조언을 구하는 것이 맞기 때문에(Celenza, 2011; Gabbard, 2016) 해당 환자에 대해 발표를 한 것이다. 이럴 때 발표자는 통상 환자의 매력적인 특성을 강조하여 제시하지만 그룹 구성원들은 무슨 매력이 있는지 이해하지 못하는 상황이 전개된다. 오히려 구성원들은 이 환자를 보통 싫어하게 되는데, 환자가 선정적으로 행동함으로써 동료가 적절한 전문적 역할을 수행하는 것을 방해하고, 교묘하게 치료자와의 힘겨루기에서 우위를 가지려고 하는 것으로 보기 때문이다. 발표자는 보통 처음에는 구성원들의 관점이 맞지 않다고 강력하게 주장해 발표자와 구성원 간에 의견이 양분되는 상황이 벌어진다.

이럴 때 나는 환자가 성적 매력을 동원하는 것은 자신이 취약하다는 느낌과 권위에 대한 막연한 두려움을 떨쳐 내기 위한 방어에서 비롯될 수 있다고, 환자를 공감적으로 묘사하면서 개입을 시도한다. 다시 말해, 나는 나의 연민 어린 태도를 구성원들이 모델링할 수 있도록 하는 동시에 환자의 성애적인 행동이 치료자를 지배하려는 적대적 권력 암투의 일환임을 제시해 주는 것이다. 이런 식으로 설명을 제시하면 치료자는 비로소 내담자에게 성적으로 매료되었던 역전이의 늪에서 벗어날 수 있게 된다. 이렇게 안도감을 얻고 다시 내담자와의 치료적 거리를 두는데 자신감을 회복한 치료자는 치료자에게 매력적으로 보이길 원하는 환자의 자연스러운 욕구를 수용하고 수치심을 주지 않으면서 성적 유혹 뒤에 숨겨진 두려움과 적대감에 대해 치료적으로 접근할 수 있게 된다.

그룹 세팅에서는 유머와 장난기(playfulness)를 다루는 것이 더 쉽다. 집단 내에서는 상호작용이 확장되기 때문에 단순히 '좋음 대 나쁨'으로 분열되는 현상이 줄어들어 현대 분석가들이 말하는 "제3의 공간"(Benjamin, 2017)이 만들어진다. 집단 내에서 통용되는 농담이나 치료자들끼리만 할 수 있는 이야기들을 편하게 나눌 수 있다는 점도 임상가들이 집단 슈퍼비전에 끌리는 이유이기도 하다. 치료자들이 저지른 실수나 한계, 그리고 뼈아픈 역전이 등에 대해 구성원들과 함께 웃으며 이야기할 수 있는 경험은 개인 슈퍼바이저가 치료자의 실수에 대해 농담을 던질 때와는 상당히 다른 느낌으로 다가온다. 그룹 세팅에서 반복적으로 등장하는 환자 유형은 평가절하, 수동성, 공격성과 같은 특유의 두드러지는 특징 때문에 유명세가 높다. 유머를 통해 그룹 구성원들은 발표자가 인내심을 가지고 어려운 환자들과 작업하는 것을 견딜 수 있게 도와주고 시간이 지나면서 해당 환자들이 좋아지는 과정도 함께 볼 수 있게 된다.

그룹 미팅이 끝날 때쯤 나는 발표자에게 오늘 집단 슈퍼비전에서 나온 조언들이 도움이 되었는지 물어본다. 이렇게 하면 발표자는 다른 사람들이 유용하게 기여한 점들을 인정하고, 별로 도움이 안 되었던 부분은 무엇인지, 치료자가 여전히 막혀 있는 듯한 느낌이 드는 부분은 무엇인지에 대해 논의할 수 있다. 이러한 마지막 질의를 통해 발표자가 비난받거나 오해받았다고 느끼는 지점들과 자신의 작업을 자세히 묘사하며 느꼈을 자기 개방에 대한 불편감에 대해 표현할 기회 또한 제공한다. 나는 발표자가 도움이 되었다고 말하는 걸 들으면서 가끔 놀랄 때가 있는데, 예를 들어 한 발표자는 "정말 좋았어요. Mary가 한 농담이 하이라이트였어요"라고 말했었다. 임상가마다 각자의 개성이 다르기 때문에, 치료의 향방을 결정할 때 역시 각 치료자의 독특한 감수성을 고려해야 한다.

2인 집단 슈퍼비전

나는 두 명의 치료자를 한두 시간 가량 같이 슈퍼비전하기도 한다. 내 남편인 Michael Garrett 역시 주기적으로 병원 레지던트들을 대상으로 한 번에 두 명씩 슈퍼비전을 진행한다. 우리 둘 다 처음에는 시간과 경비 차원에서 이러한 방식을 선택했지만, 두 명이 함께 하는 슈퍼비전이나 컨설팅이 수련 중인 치료자들에게 도움이 되는 부분이 많다는 것을 곧 깨닫게 되었다. 수련생들은 동료들도 비슷한 어려움을 겪고 있다는 것에서 안도감을 느끼고, 동료가 슈퍼바이저로부터 잘했다는 칭찬을 받는 것을 보면서 자신도 잘할 수 있다는 희망도 품을 수 있다. 동료에 대한 피드백이 부정적일 경우, 자신만 실수하는 것이 아니라는 점에서 위안을 받기도 한다.

대형 슈퍼비전 집단에서는 일부 구성원들이 적극적으로 참여하지 않고 그냥 조용히 있을 수도 있지만, 2인 집단 슈퍼비전에서는 숨을 데가 없다. 적극적으로 경청할 수밖에 없고, 슈퍼바이저는 발표자가 아닌 사람에게 언제든지 환자나 임상 장면에서의 상호작용에 대한 의견을 물어볼 수도 있다. 이렇게 두 사람이 짝(pair)이 되어 진행하는 슈퍼비전 상황에서는 발표를 하지 않는 사람 역시 사례에 대해 심도 있게 생각할 수밖에 없고 본인 머릿속에 떠오르는 환상과 이미지에 주목할 수밖에 없다. 이렇게 주고받기를 하다 보면 발표자는 압박감을 덜 수 있고, 편하게 다른 치료자가 어떤 생각을 하는지 들어볼 수 있는 시간을 가질 수도 있다. 슈퍼바이저가 두 명의 치료자 모두를 정중하게 대해 주고 수치심을 느끼지 않게 해 주면, 공개 수업이나 더 많은 동료 앞에서 슈퍼비전을 받는 것보다는 부담감을 덜 느끼면서 자신이 맡은 사례에서 경험하는 어려움에 대해서 솔직히 털어놓고 호소도 할 수 있다.

한 명의 동료 앞에서 슈퍼바이저에게 자신의 사례를 설명하는 행위는 공연적 측면에서 보면 상호 간의 유쾌함과 장난기를 발동하게 할 수도 있어, 고통받는 환자를 돕고자 하는 사람의 험난한 고군분투로 인해 다소 무거울 수 있는 분위기를 훨씬 가볍게 해 준다. 이렇게 치료자들이 자신의 사례를 서로 그리고 슈퍼바이저와 지속적으로 논의하게 되는 2인 슈퍼비전 집단에서는 동료의 기여도가 더해지기 때문에 해당 내담자에 대한 장기적인 치료적 혜택(long term follow up, 슈퍼비전 효과_역주)은 사실상 두 배로 늘어나는 셈이다.

집단 슈퍼비전과 자문: 저항과 문제점

집단 슈퍼비전이나 자문 과정에서는 인지적으로 숙달이 필요한 부분과 내담자 혹은 집단 과정이 불러일으키는 복잡한 감정에 대한 표현과 탐색의 필요성 사이에 일종의 줄다리기가 반복된다. 집단 슈퍼비전 계약상 치료가 의무사항이진 않지만 사례의 논의를 중심으로 집단에서 이루어지는 심도 있는 학습은 그 자체가 치료적 효과를 가지며, 일부 구성원들은 이러한 효과를 명시적으로 추구하기도 한다. 때때로 구성원들 사이에 지적인 담론을 이어가고자 하는 바람과 감정적인 대화를 나누고자 하는 욕구가 상충하기도 한다. "우리는 너무 머리로만 생각한다"고 불평하면서 개인적인 역전이 경험에 대해 더 깊이 탐색하기를 원하는 사람이 있는가 하면 슈퍼바이저인 나에게 "더 많은 가르침을 달라"고 요구하는 사람도 있다. 어떨 때는 이런 역동이 집단 전체가 공유하는 양가감정으로 드러나기도 한다.

대학원생을 대상으로 집단 슈퍼비전을 진행할 때와 마찬가지로, 나는 이러한 집단원들의 욕구가 충돌할 가능성을 선제적으로 다룬다. 나는 우선 시간이 지나면서 자연스럽게 정서적 친밀감이 생길 수 있는 분위기를 조성하려고 노력하겠다고 말해 준다. 이렇게 함으로써 좀 더 심도 있는 학습을 가능하게 하는 "우뇌에서 우뇌로의 소통 과정(the right-brain to right-brain processes)"을 증진시키려고 노력한다(Shore, 2016). 동시에 나는 자기 개방의 수위와 관련해서는 개인차가 있을 수 있다는 점을 존중한다고 말해 준다. 구성원들의 사적인 부분을 침해하지 않으면서 자기 개방을 촉진하기 위해 나는 될 수 있으면 자주 내 감정을 표현한다. 나의 특정 역동을 촉발한 내담자와 나 사이에 일어났던 감정적 체험을 예로 들어 설명해 주고, 내가 치료적 작업에서 경험하는 정서적 스트레스에 대해 호소하기도 한다. 구성원들이 묘사하는 치료적 상황에 대해 들으면서 머릿속에 떠오르는 감정에 정확한 이름을 붙여 주기도 한다. 또한 나의 임상 경험이나 치료 사례가 아닌 개인적인 경험, 그냥 머릿속에 맴도는 노래, 떠오르는 이미지나 글귀들을 언급하기도 한다.

나는 "세 번째 귀(with the third ear)"(Reik, 1948)로 듣는 훈련을 받아왔기에 환자의 이야기가 어떠한 방식으로 내 내면의 연상을 자극하는지에 주의를 기울이면서, 내 안에서 일어나는 일차적 과정(primary-process)을 집단원들에게 보여 주려는 노력을 한다. 최근 몇 년 동안은 사례발표를 들으면서, 특히 정신적 과정이 원시적인 수준에 있는 환자들의 경우가 그런데, 장난기 많은 내 손자들의 모습이 자주 떠올랐다. 예를 들어, 한 집단 구성원이 별로 마음에 들지 않는 자신의 성격적 단면을 다른 사람들에게 투사하고 전치시키는 데 선수인 환자의 사례를 발표했다(예: "내 상사 때문이야. 그가 그렇게 적대적이지 않았다면 나는 기꺼이 따랐을 거야"). 사례에 대해 들으면서 나는 당시 5세가 된 내 손자의 상상 속 친구인 유령이(Ghosty)가 떠올랐다. 내 손자는 자기가 저지른 실수나 장난기 넘치는 행동, 특히 방귀를 뀌고 나면 모두 유령이 탓으로 돌리곤 했기 때문이다.

집단 슈퍼비전 상황에서는 슈퍼바이저의 세심한 대처 능력이 특히 중요하다. 개인 슈퍼비전에서는 치료자의 감정을 상하게 하면 이에 대해 슈퍼바이지가 개인적으로 대응할 수 있지만, 많은 사람 앞에서 받는 상처는 더욱 아프게 다가오기 때문이다. 자신의 치료 사례를 공개적으로 발표하는 것과 관련된 불안감은 개인 슈퍼비전과 집단 슈퍼비전 상황에서 다소 차이가 있다. 개인 슈퍼비전이든 집단 슈퍼비전이든 발표자는 자신의 작업에 대해 슈퍼바이저가 탐탁지 않아 할 수도 있다는 것을 예상하며 마음의 준비를 하게 된다. 그런데 집단 슈퍼비전에서는 좋지 않은 평가를 받는데 따른 굴욕감에 대한 두려움이 더 큰 만큼 집단 슈퍼비전을 통해 동료들 역시 슈퍼바이저의 평가에 대해 불안감을 많이 느낀다는 점을 확인할 수도 있다. 또한 슈퍼바이저의 평가에 대해 불안해하는 것이 자신만의 독특한 신경증적 문제가 아니라 집단 슈퍼비전 상황에 참여하는 슈퍼바이지라면 누구나 느낄 수 있는 매우 보편적인 반응이라는 것을 깨닫게 되기도 한다.

집단의 형식으로 진행되는 자문의 또 다른 장점은 슈퍼바이저가 굴욕감을 주지 않는 방식으로 피드백을 주는 시범을 보여 줄 수 있다는 것이다. 이는(이와 같은 모델링 효과는_역주) 슈퍼바이지로 하여금 배려하고 친절하게 대해 주려는 리더(슈퍼바이저_역주)의 노력과 동일시할 수 있는 기회를 제공한다. 수련 중인 치료자들은 일반적으로 부정적 평가를 기대하는 경향이 심해서 슈퍼바이저가 상처 주지 않으려는 고심 끝에 아주 조심스럽게 하는 코멘트에서조차 비난의 흔적을 찾으려 한다. 하지만 자신들이 상처받지 않도록 해 주려는 슈퍼바이저의 노력을 감사하게 생각하고 이렇게까지 슈퍼바이지의 입장을 배려하는 슈퍼바이저의 모습을 내면화하려고 노력한다. 정신병 환자를 치료하는 임상가들을 위한 슈퍼비전 집단에서 상급 정신과 레지던트로 활동하고 있던 Razieh Adabimohazab는 존경하던 슈퍼바이저에게 우수 강의상을 시상하는 자리에서 자기 슈퍼바이저의 스타일에 대해 농담처럼 다음과 같이 표현했다.

"많은 사람들이 '괜찮으시면 제가 지금 농담을 하나 하겠습니다.'라고 말하시는 선생님의 모습을 기억할 것입니다. 슈퍼비전에서 슈퍼바이지가 무슨 의견을 말했는데 약간의 침묵이 흐른 다음 선생님이 "흠! 그럴 수도 있죠! 그런데……"라고 말하시면, 그때가 바로 아! 내 생각이 완전 핵심에서 벗어났구나라고 깨닫는 순간이죠…… 서로에 대해 임의로 판단하거나 수치심을 주는 따위의 행동을 하지 않고 편하게 개인적인 이야기를, 치부를 드러내도 되는 방법을 가르쳐 주셔서 감사합니다(2019년 6월 20일, 동의를 얻어 인용함)."

내 경험상 자발적으로 참여한 집단 슈퍼비전이나 자문과정에서 슈퍼비전에서 드러내 놓고 저항하는 경우는 흔치 않다. 만약 있다면 구성원들의 결석, 반복적인 지각, 또는 "발표할 사례가 없다"는 태도 정도일 것이다. 그중 "발표할 게 없다"는 태도를 예로 들어 생각해 보아도 학습에 대한 무의식적인 저항을 나타내는 것은 아니다. 자신보다 타인을 중요시하는 성격 혹은 학습된 경향이 있는 치료자들은 다른 사람이 "더 도움이 필요해 보인다"고 생각될 때 본인의 사례를 발표하기를 주저할 수 있다. 집단 구성원들은 경쟁 상황에서 서로를 배려하는 반응을 자주 보인다. 가령 "선생님이 먼저 발표하세요. 저는 얼마 전에 했으니까요."라고 말하면 "아니에요. 오늘은 선생님이 해요. 선생님이 더 급해 보이세요"라고 하며 사례를 발표할 수 있는 선택권을 쟁취해야 하는 경쟁 상황에서 오히려 열심히 양보하는 자신들의 모습을 보며 웃음 짓곤 한다. 그런데 이런 모습은 저항은 아니지만 참여 과정에서의 원활한 상호작용에 방해가 될 수는 있다.

집단이 성숙해지고 구성원들이 더 많은 임상 경험을 쌓으면서 "이 내담자와 무엇을 해야 할지 모르겠어요!"에서 "제가 잘하고 있는 것은 같은데, 좀 더 깊이 이해하고 싶은 내담자의 사례를 발표할 수는 있겠네요."로 변화하는 경향이 있다. 때때로 구성원들이 너무 관대해져 다른 구성원들에게 발언 기회를 너무 많이 양보하고 자신의 발언 기회를 충분히 주장하지 않으면 내가 개입하기도 한다. 이런 태도는 특히 여성 참가자들에게서 두드러지게 나타난다(여성들이 경쟁을 피하는 경향으로 인해 초래되는 집단의 효과에 대해서는 McWilliams & Stein, 1987 참조). 내가 리드하는 집단에서는 구성원들이 상호 협의하여 발표 순서를 정하고, 그 순서에 맞춰 차례대로 사례를 발표한다. 구성원들이 경험을 쌓게 되면 초기 단계에서처럼 도움에 대한 긴급성이 줄어들기 때문에 정기적으로 발표하는 순서를 정해 진행한다.

자발적으로 집단에 참여하는 사람일수록, 저항의 색채를 띠는 역동이 나타날 가능성이 적은 것 같다. 한때 자격증 취득에 필요한 집단 슈퍼비전 시간을 채우던 구성원들이 있었는데, 그들은 다른 참가자들보다 모임에 참여하는 것에 대한 양가감정이 훨씬 많았다. 흥미로운 점은 자격증을 따고 나니 그중 몇 명이 "너무 오랫동안 학생 역할을 해 와서 지쳤다"고 하면서 집단에서 탈퇴해 버렸다. 한 예로 뉴저지주 심리학자 면허시험에 합격한 후 집단 슈퍼비전에서 탈퇴했다가 2년 후에 다시 돌아온 여성 치료자가 있었는데, 그녀는 한 번 탈퇴했다가 돌아오고 나서 집단 슈퍼비전에 대한 자신의 경험이 극적으로 달라졌다고 말했다. 이제 그 사람에게 슈퍼비전은 필요한 자격증을 얻기 위해 반드시 넘어야 할 장애물이 아니었기 때문이다. 배움 자체를 위해 배우는, 즉 학습 과정을 온전히 소유함에 따라 자기 노출의 본질적인 불편함이 상쇄될 수 있었다.

간혹 구성원 중 누군가가 다루기 어려운 집단 역동을 일으키기도 하지만, 지난 40년 동안 내가 그런 문제 때문에 집단원에게 다른 슈퍼비전 집단으로 옮기라고 요청한 적은 단 한 번뿐이었다(그 사람은 집단을 옮겼고, 옮겨간 집단에서는 그녀의 독특함에 대해 훨씬 관대했다. 실제로 시간이 지나면서 그녀를 아주 좋아하게 되었다). 때때로 새로운 구성원은 내 스타일을 싫어하거나 같은 집단에 있는 다른 임상가들을 개인적으로 싫어해서 집단에서 나가기도 한다. 이런 문제는 아주 드물게 발생하기 때문에 나도 이런 사실을 거의 인지하지 못하고 지나가는 편이다. 최근에 새로 들어온 집단원이 다른 치료자들로부터 환영받지 못하는 것 같다면서 그만두겠다고 한 적이 있다. 지금 와서 돌이켜보면 그 구성원이 그만두기 전에 내가 그의 불편함에 대해 다루어 주었어야 했는데 너무 늦게 알게 된 것 같았다.

집단 슈퍼비전의 큰 단점으로는 리더가 치료자들의 심각한 성격장애에서 비롯된 문제들을 효과적으로 다루지 못하는 것을 들 수 있다. 이는 개인 슈퍼비전에서도 어려운 일이기는 한데 그룹 세팅에서는 거의 불가능하다고 볼 수 있다. 참가자의 정신병리에 주목하는 것은 당사자에게 극도의 방어적 태도를 유발하고 그룹 내에서는 무기력한 짜증감을 만들어 낼 수 있다. 치료자의 심각한 정신건강 문제는 자주는 아니라도 가끔씩 발생하기는 한다. 문제가 되는 구성원과 집단 리더가 사적인 대화를 나누거나, 그 사람이 아직 치료를 받고 있지 않다면 치료받을 것을 권장하는 것, 집단 슈퍼비전을 진행하되 다른 멘토와 별도의 개인 슈퍼비전을 받도록 의뢰하는 것, 그리고 최후의 수단으로 그룹을 탈퇴하도록 하는 것이 가능한 해결책이 될 수 있다.

치료자들은 성격적인 문제에 대해 너그러운 편이지만 한 구성원의 정신병리로 인해 집단 과정이 지나치게 고통받는 경우, 참가자들이 이러한 부정적인 영향을 인내해야 한다고 생각하면 곤란하다. 치료자들은 이미 임상 장면에서 성격장애를 가진 사람들과 충분히 많이 접하고 있으며, 다른 사람들의 과민함에 지속적으로 주의를 기울여야 하는 부담에서 벗어날 수 있는 기회를 집단에서 찾기 때문이다. 상담을 통해 전문가를 자문집단에서 탈퇴시키는 경우는 드물지만 문제가 많은 동료로 인해 다른 구성원들의 배움이 원활하게 이루어지지 않을 경우, 집단 전체의 지속적인 교육적 경험을 위해 그러한 조치를 취하는 것이 윤리적 책임을 다하는 일이라고 생각한다.

집단 슈퍼비전과 자문의 장기 효과

임상가들이 경험 많은 치료자가 이끄는 슈퍼비전 그룹에 참여하면 동료들에게 자신의 치료적 작업을 보여 주는 데 점차 편안함을 느끼게 되는 좋은 점이 있다. 그룹 경험을 통해 치료자로서 활동하는 동안 편안하게 자기개방을 할 수 있는 초석을 마련할 수 있다. 정신분석 전통은 다른 그 어떠한 치료 지향들보다도 끊임없이 스스로를 성찰하고, 평생 동안 역전이와 개인적인 맹점에 대해 주의를 기울일 것을 강조해 왔다. 우리는 강렬한 전이와 복잡하고 도전적인 임상적 상황에 대해 심층적으로 작업하는 의미를 잘 알고 있는 동료들에게 우리가 하는 일을 노출시킬 필요가 있다. 그룹 슈퍼비전에 참여한 치료자들은 먼 훗날 치료자로서의 경력을 쌓은 후에 자신만의 슈퍼비전 그룹을 이끌거나, 미래에 정기적으로 모이는 동료 슈퍼비전 그룹을 만들 수도 있다.

나는 동료 슈퍼비전 그룹의 가치에 대해 충분한 임상적 전례를 가지고 있다. 나는 뉴저지주에서 수십 년 동안 진행되는 슈퍼비전 그룹들을 알고 있는데, 구성원들은 매주 혹은 격주로 만나며 매우 헌신적으로 활동한다. 이 주제에 관한 학술적 작업은 거의 없지만, Lee Kassan(2010)은 예외적으로 『동료 슈퍼비전(peer supervision)의 실제와 필요한 이유(Peer Supervision Groups: How They Work and Why You Need One)』라는 책을 통해 동료 슈퍼비전 그룹의 가치를 논했다. Kassan은 체계적인 질적 연구를 통해 정신분석 실무자들에게 이러한 그룹이 가져다주는 매력적인 장점들을 자세히 기록했다. 치료자들이 수련 과정 중에 그룹 슈퍼비전에 참여함으로써 전문적인 성장을 위한 지속적인 지지의 기반을 마련했으면 하는 것이 나의 바람이다.

맺음말

학자 혹은 치료자이거나 상관없이 나의 동료 중에는 특히 초보 치료자들에게 그룹 슈퍼비전을 추천하는 데 주저함을 표하는 사람이 있다. 학생들이 그룹 앞에서 노출될 준비가 되어 있지 않다고 생각하거나, 그룹 슈퍼비전은 어떠한 방식들이든지 개인 슈퍼비전이라는 더 순수하고 강력한 패러다임을 "희석시킨다고" 걱정할 수도 있다. '한 명의 치료자-한 명의 슈퍼바이저' 모드에는 분명 중요한 이점들이 있다. 하지만 그룹이나 연대 모델이 더 적합한 영역도 있다. 그룹 세팅은 다양한 관점 사이 그리고 다양한 범위 내에서의 동일시를 용인하며, 슈퍼바이지 역할에 내재되어 있는 불안감을 완화할 수 있도록 도와주고, 치료자라는 본질적으로 고립된 역할에서 오는 외로움을 덜어 준다. 그룹은 구성원들이 스스로 좋은 슈퍼바이저가 되어가는 성장 과정을 지지해 주며, 다른 임상가들에게 피드백을 줄 때 어떻게 해야 할지 그리고 때로는 무엇을 하지 말아야 할지에 대한 다양한 롤모델을 제공한다.

슈퍼바이저로서도 그룹 세팅에서 활동하는 것이 개별적인 멘토링보다 교육적으로 더 고무적일 수 있다. 구성원들이 수련 초기 단계에 있는 경우에도 다양한 기술, 다양한 개인적 경험, 그리고 그들의 지식 세계(pool) 전체는 리더의 학습과 치료적 개입 레퍼토리를 크게 확장시킨다. 또한 경험이 적은 그룹 구성원 중 일부의 아이디어가 자신의 것보다 나을 때도 있음을 인정하지 않을 수 없게 되기도 한다. 이렇게 겸손해지는 부분은 개별 치료와 개인 슈퍼비전 장면에서 나타날 수 있는 가장 심각한 치료적 위험인 반복적으로 이상화되거나 매우 중요한 사람처럼 대우받는 경험 때문에 커지는 자만심을 교정하게끔 하는 좋은 점이 있다(McWilliams, 1987 참조).

이전 장에서 언급했듯이, 나는 커리어를 쌓아가며 사람들이 계속해서 배우고 성장하고자 하는 열망이 얼마나 강력한지, 그리고 특히 스스로 효능감을 느끼고 다른 이들에게 도움이 되고자 하는 개인적인 욕구가 얼마나 강한지에 늘 감명을 받았다. 그룹 세팅에서 서로를 향한 존중감이 극대화되고 수치심이 최소화될 때, 참여하는 전문가들은 대개 배움에 열정적으로 자신을 내어 보인다. 이렇게 임상가로서 성장하면 그들이 치료하는 환자들에게서도 뚜렷한 개선점이 보인다. 이보다 더 슈퍼비전 그룹에 적극적으로 참여하는 것이 도움이 된다는 확신을 주는 것은 없을 것이다. 체험적이고 교육적인 그룹 슈퍼비전 세팅에서 재능 있고 성실한 여러 실무자들이 치료자로서 성숙해 가는 것을 보는 것은 일종의 특권이기에 나는 이런 경험을 할 수 있는 것에 대해 늘 감사하고 있다.

06

슈퍼비전과 윤리: 더 넓은 관점

임상 슈퍼비전에서는 상담실 내에서의 치료적 효과성과 관련된 사안을 넘어서 환자, 슈퍼바이지, 그리고 크게는 사회공동체를 위해 가장 도덕적으로 옳은 것이 무엇인가에 대해서도 필연적으로 다루게 된다. 정신분석적 치료에서는 (내담자에게_역주) 강렬한 소망과 두려움을 촉발하는 (치료자와 내담자 간의_역주) 강력한 애착관계를 촉진한다. 또한 환자들로 하여금 심연의 가장 깊은 곳에 숨기고 있는 수치심, 어두운 비밀, 그리고 정서적 고통에 취약한 민낯을 드러내도록 하기 때문에 치료사들은 이에 따르는 윤리적 책임을 무겁게 받아들여야 한다.

슈퍼비전 윤리의 길잡이가 되는 가정들

심리치료는 진공 상태에서 진행되지 않는다. 임상가들은 자신의 개인적인 신념(예: 종교적 교리, 선거 정치, 개인적 성 윤리 등)을 환자들에게 강요하지 않으려 노력하지만, 내담자와 치료자는 주변 문화가 치료자에게 대표하기를 기대하는 가치의 맥락 안에서 상호작용하게 된다. 이전 장에서 제안했듯 다음 세대를 짊어질 실무자들에게 심리치료 작업에 중요한 영향을 미치는 도덕적 감수성을 전수하는 것은 슈퍼바이저가 하는 역할의 매우 신성한 부분이라 할 수 있다. 최근에 Kevin Smith(2021a, 2021b)가 설득력 있게 주장한 대로 철학적 깊이를 가진 학자들은 심리치료 자체를 윤리적 실천의 장으로 본다. 멘토와 자문가들은 우리 학문의 도덕적 나침반을 후배에게 전수할 의무 외에도 치료자로서 무능하거나 역량이 부족하거나 부패한 임상가들로부터 대중을 보호할 책임 또한 지고 있다.

최근 정신분석 문헌에서는 치료가 진행되는 맥락을 "도덕적 제3자(moral third)"(Benjamin, 2017)라는 개념으로 조망한다. 이는 "사회적 계약"이 우리를 자유롭게 만들도록 강제한다(예: 최선의 모습을 유지하도록 하고, 가장 성숙한 감수성이 추구하는 의사결정을 하게 하므로)는 Jean-Jacques Rousseau의 주장과 유사하다. 이와 같이 치료자들이 공유된 가치에 대한 자각을 갖는 것은 치료자와 내담자 둘만의 이인 관계적(dyad) 환상에 빠지지 않게 한다. 즉, "나와 당신은 특별하고, 우리 자신 외에는 그 누구에게도 책임을 질 필요가 없다." (참조로 이러한 합리화는 과거 많은 잘못을 정당화하는 데 이용된 바 있다). 심리치료의 안아 주는 환경(holding environment)이란 보편적이거나 고정된 것(특성_역주)이 아니다. 문화권마다 치료자에게 요구되는 책무가 다르며, 이는 또 사회 정치적 변화에 따라 바뀐다. 예를 들어 내가 처음 심리치료자로서 경력을 쌓기 시작했을 당시에는 치료에서의 비밀보장이 절대적인 것으로 간주되었지만, 1976년의 Tarasoff 판결은 그 불가침성을 예외적으로 허용하는 일련의 판례들을 촉발시켰고, 이는 점차 임상 실무 전반에 걸쳐 광범위한 영향을 미치게 되었다(Bollas & Sundelson, 1995; Furlong, 2005 참조).

1장에서 나는 치료자들이 당면하는 윤리적 딜레마의 복잡성, 윤리강령이나 규정의 한계, 서로 충돌하는 다양한 도덕적 관점들, 임상적 지혜를 키우는 것이 중요함을 언급했다. 윤리적 문제에 관해서는 숙련된 치료자이든 초심자이든 치료 경력과 상관없이 항상 적절한 자문을 구해야 한다는 것, 그리고 슈퍼바이저가 도덕적으로 청렴 강직하다는 것을 보여 주는 것의 중요성을 강조했다. 나는 여기서 그와 같은 주제들을 좀 더 확장하여 설명하려고 한다. 먼저 슈퍼비전에서 치료 기록에 대한 환자의 알 권리와 관련된 주제에 초점을 두려고 한다. 그다음에는 슈퍼비전에서, 특히 치료자-내담자 관계에 영향을 미치는 임상적 의사결정과 관련된 문제, 그리고 마지막으로는 공동체에 대한 슈퍼바이저의 책임과 관련된 주제에 대해 논의하려고 한다. 슈퍼비전이 진행되는 맥락은 매우 복잡하고, 대부분의 윤리적 딜레마는 일반화하기 어려운 고유한 특성 혹은 고려사항들이 있기 때문에 부연 설명이 필요하다. 그래서 이 장에서는 여러 가지 사례를 들어 자세히 논의하고자 한다.

환자의 알 권리 존중하기

과거 매우 가부장적이던 시절에 많은 의료 전문가들은 환자를 위해서라는 명분이 있으면 환자 본인에 대한 정보도 환자에게 공개하지 않을 권리가 있다고 생각했다. 하지만 요즘의 실무자들은 대부분 선배들의 이런 자의적 판단 때문에 환자들에게 못 할 짓을 많이 했다고 울분을 토한다. 환자에게 나쁜 소식을 전해야 하는 상황을 직면하기보다 내담자 보호라는 일종의 특권 뒤에 숨어 버렸다고 생각한다. 내가 이렇게 강경한 입장을 취하는 데는 내 어린 시절 경험이 한몫하는 것 같다. 내가 어릴 때 새어머니가 암에 걸렸는데 환자를 "보호"한다는 구실을 대고 의사들은 정작 새어머니에게는 본인의 병명을 알려 주지 않았고 이 때문에 우리 가족들도 맘고생을 많이 해야 했다. 정신분석적 치료가 내담자 정보에 대한 개방 수위에 대해 매우 조심스러워하는 데에는 여러 가지 타당한 이유가 있다. 하지만 환자의 알 권리가 반드시 보장되어야 할 사안들이 있다.

이런 차원에서 나는 치료자는 반드시 환자에게 자신의 의료 기록을 볼 수 있게 해야 한다고 점을 논문(Fors & McWilliams, 2016)에서 자세히 논의한 바 있다. 이제부터는 내담자에게 제공되는 것이 윤리적으로 맞다고 생각되는(내담자의 알권리가 보장되어야 하는_역주) 정보에 대해 설명하고자 한다. 나는 그중에서도 슈퍼바이저들이 슈퍼바이지의 윤리적 성장을 도모하려 할 때 가장 부담이 되는 영역들을 선택했다. 물론 내가 여기서 제시하는 것을 고수하는 게 어려운 예외적인 상황이 있을 수 있다. 결국 많은 것은 치료자의 전문적 판단, 간혹 미국 사법 체계에서 언급되는 "합리적인 사람(reasonable person)"의 판단에 달려 있다.

치료자의 수련과 개인적 배경

초심자들은 자신이 초보자라는 사실에 대한 자격지심(self-conscious)을 갖고 있지만 환자들은 자신이 만나고 있는 치료자가 어떤 수준의 상담 수련을 받은 사람인지 대해 알 권리가 있다. 슈퍼바이저는 상담자의 자격요건에 대한 환자의 질문에 슈퍼바이지가 어떻게 대처해야 할지에 대한 조언을 해 줄 수 있다. 예를 들어 "네, 저는 아직 수련 중이고 이제 2년차입니다. 그게 걱정되시나요?"라고 답해 보라고 할 수 있다. 슈퍼바이지가 상황을 조금 더 탐색하는 게 좋겠다고 판단이 되면, "네, 저는 아직 대학원생입니다. 제가 경험이 부족하지 않을까 염려되세요? 그렇다면 제가 경험은 부족하지만 ○○씨를 돕고 싶은 마음으로 최선을 다할 것이라고 말씀드릴 수 있습니다."라고 해 보면 어떠냐고 건의해 볼 수도 있다. 만약 환자가 치료자에게 지도감독을 받고 있는 슈퍼바이저의 이름이 뭐냐고 물어본다면, 치료자는 즉답을 하기 전에 왜 이런 질문을 하는지에 대해 좀 더 탐색을 해 보는 것이 좋겠다고 조언할 수 있다. 물론 이 경우에도 내담자의 알 권리는 존중되어야 한다고 생각한다. 슈퍼비전을 받으며 상담을 하는 상황에서 사례에 대한 책임 소재는 최종적으로 슈퍼바이저에게 있기 때문이다.

어느 수준에 있는 치료자이든 상관없이, 상담 관련 대학원 교육 후(post graduate) 수련 경력이나 전반적인 이론적 지향에 관한 질문들은 왜 물어보는지를 탐색해 볼 수는 있지만 반드시 답변을 해 주어야 하는 부분이다. 그리고 이러한 질문들이 초기 단계에서 나오지 않고 치료가 진행이 많이 된 지점에서 제기되는 경우는, 슈퍼바이지로 하여금 우선 질문의 의미를 탐색해 볼 것을 제안할 수 있다("그 질문에 답을 해드리겠지만, 먼저 왜 지금 그게 궁금한지 말씀해 주실 수 있나요?"와 같이 말이다). 궁금했던 이유와 관련된 역동에 대해 이야기를 나누다 보면 내담자들은 더 이상 그 질문에 대한 답을 궁금해하지 않는 경우도 있다. 하지만 이런 탐색 작업에도 불구하고 내담자의 궁금증이 해소되지 않는다면 즉답을 해 주어야 한다. 한편 치료자의 대답을 듣고 내담자가 오히려 더 개인적인 질문을 하기 시작하면 그때는 치료자는 당연히 자신의 프라이버시를 지키고 더이상 개인적인 질문에 답을 하지 말아야 한다. 대신 왜 이렇게 개인적인 사항에 대한 호기심이 많은지에 대한 탐색으로 치료의 초점을 돌려야 한다.

치료의 진행방식과 관련된 정보

수십 년 전에는 대부분의 서구 사회 중산층 사람들 사이에는 정신분석 치료의 기본 전제에 대한 이해가 어느 정도 있었다. 주기적으로 상담실에 와서 자유롭게 이야기하며, 치료자와 협력하는 과정에 어떤 점진적인 변화가 생길 것이란 기대를 갖고 있었다. 하지만 지금 세대는 정신분석과 경쟁적인 다양한 치료 접근법이 많기 때문에 임상가들은 종종 "이게 어떻게 도움이 되죠?"와 같은 질문을 받기도 한다. 특히 자신들이 약물 치료를 받아야 한다거나 기술 훈련 같은 것을 받는 게 좋겠다는 말을 들은 내담자들에게 정신역동 치료를 어떻게 하는지에 대해 설명하는 게 어려울 수 있다. 이럴 때 슈퍼바이저가 내담자가 쉽게 이해할 수 있도록 정신분석 치료에 대해 설명해 주는 방법을 초심자에게 가르쳐 주면 많은 도움이 될 수 있다. 또한 정신역동 치료에 대해 잘 설명하는 서적들, 정신분석 훈련 프로그램의 인터넷 웹사이트 등을 슈퍼바이지에게 소개해 줄 수도 있다. 이러한 자료들은 전문가가 아니더라도 충분히 이해할 수 있도록 잘 정리된 경우가 많다.

치료적 한계 설정의 조건

다음에 이야기하고 싶은 내용은 심리학과 대학원생을 지도하는 슈퍼바이저들도 자주 범하는 실수에 대한 것이다. 학생들이 장기치료 또는 종결시기를 미리 정해두지 않고 상담을 시작할 때 환자들에게 자신들의 실습과정이 끝나는 시점에 대해 미리 알려주라고 지도하지 않는 경우가 있다. 수련기간이 제한되어 있음을 내담자에게 미리 알려주지 않으면 막상 상담자를 변경해야 하거나 상담을 종료해야 하는 전환기가 다가올 때 치료자에게 배신감을 느낄 수 있다. 이는 내담자와 치료자 모두에게 상담을 안 좋은 경험으로 종결하게 한다. 물론 종결 시기를 따로 정해 두지 않은 경우라도 내담자와 치료자 양쪽 모두, 혹은 한쪽은 치료가 단기로 진행될 것이라고 가정할 수도 있다. 하지만 정확한 상담 횟수와 기간이 명시된 단기 치료 모델과는 달리 종결시기가 딱히 정해지지 않은(open-ended) 치료에서 정확한 치료 기간을 예측하는 건 어렵다. 따라서 상담의 진행 방식에 대한 구체적인 정보가 없는 경우 내담자들은 치료적 협력이 무한정 계속될 거라고 가정할지도 모른다.

초심자와는 반대 입장에 놓인 치료자들의 경우, 이사를 가거나 은퇴를 계획하고 있는 경우 환자에게 그런 계획에 대해 미리 알려 주어야 한다. 휴가나 출장, 기타 요인으로 인해 치료 스케줄에 변동이 생길 가능성이 있으면 가능한 한 빨리 내담자에게 알려 주어야 할 의무가 있다. 슈퍼바이저는 슈퍼바이지가 내담자에게 이러한 정보를 적절하게 전달하는 방식에 대해 각기 다른 조언을 한다. 상담 세션을 시작할 때 이런 자신의 계획에 대해 말해서 환자의 반응을 보면서 충분히 탐색할 시간을 갖는 게 좋다고 조언하는 슈퍼바이저가 있을 수 있다. 내 경우는 상담 시간을 시작할 때 이런 말을 하게 되면 환자가 하려던 이야기를 못할 수도 있고, 내 말에 대해 즉시 반응을 하지 않고 나중에 반응을 보이는 경우도 있어서 이런 얘기는 상담을 마칠 시간이 다 되었을 때, 즉 세션 말미에 하고 다음 상담 시간에 환자의 반응을 듣는 것이 좋다고 조언하는 편이다. 치료가 조기 종결될 수 있는 가능성과 관련해서는 언제 알려주는 것이 적절한지에 대한 정답이 딱히 없다. 환자의 고유한 상황에 맞게 조정하면 된다.

치료자에게 심각한 건강상의 문제가 생겼을 때

나는 자신에게 심각한 건강상의 문제가 생겨서 환자들이 불안해하는 지경까지 갔는데도 불구하고 걱정 마라며 안심을 시키는 치료자들을 여러 명 봤다(Robbins, 2020 참조). 이런 식으로 자신의 문제를 직면하지 않는 것은 내담자에게 엄청난 피해를 끼칠 수 있다. 특히 치료자가 "갑자기" 사망하는 경우가 그렇다. 환자가 경험하는 상실감의 깊이를 가장 잘 이해할 수 있는 유일한 사람이 사라져 버린 상황에서 남아 있는 내담자는 엄청난 상실과 애도의 감정을 혼자 해결해야 한다. 하지만 정신분석적 치료를 해 본 경험이 없는 치료자들이 이런 감정들을 능숙하게 다루는 경우는 거의 없다. 나는 시한부 판정을 받은 동료들을 자문해 본 경험이 여러 번 있는데 그때마다 심리치료는 무엇보다 솔직함을 기반으로 해야 하기에 매우 고통스럽고 부담스럽더라도 내담자와 자신의 죽음에 대해 충분히 대화를 나누는 것이 필요하다고 말해 줬다. 우리는 이런 상황이 되면 내담자에게 사실대로 솔직히 말해 주어 내담자 스스로 치료를 지속할지 아니면 종결을 준비할지에 대한 결정권을 주어야 한다.

조발성 알츠하이머를 앓았던 내 친구 Sandra Bem은 진단을 받은 후 가끔씩 기억을 잃는 경우가 있었다. 그럼에도 불구하고 그녀의 환자들은 계속 그녀에게 치료를 받고 싶어했다. 아마도 그녀는 환자들에게 여전히 좋은 치료자로서의 역할을 다하고 있었던 모양이다. 그래서 그녀는 환자들로 하여금 치료자에게 인지적으로 문제가 있다는 것을 알지만 치료를 지속하기 원한다는 서면 동의를 하게 하고 한동안 치료를 계속했다. 그러다가 본인의 건강 상태가 충분히 좋은 치료자로서의 역할 수행을 하는 데 지장을 준다고 느끼자 환자들의 바람을 뒤로 하고 적절한 시기를 정해 모든 환자와의 치료를 종결했다.

현대 정신분석 치료자들 사이에는 만약 치료자가 치료를 하는 데 방해되거나 치료를 하지 못할 정도로 건강상의 문제가 생길 때 "중립(neutral)"을 지킨다거나 "절제(abstinent)"를 해야 한다며(고전적 정신분석의 치료적 태도_**역주**) 이런 사실을 감추어서는 안 된다는 인식이 자리잡고 있다. Barbara

Pizer가 1997년에 유방암 판정을 받고 이를 내담자들과 공유한 경험에 대해 쓴 글은 이러한 변화에 중요한 촉매가 됐다. 다른 많은 분야도 그렇겠지만, 정신분석에서 전통적으로 사용되는 비공개 규범(nondisclosure norms)은 원래 분석 과정에서 자유연상과 환상을 촉진하기 위해 도입된 것이다. 따라서 치료자에게 심각한 건강상의 문제가 생기는 경우처럼 치료 과정을 저해할 수도 있는 상황이 생겼는데 이를 감추면 오히려 환자의 자유연상과 환상을 탐색하는 데 문제가 생긴다. 초보 슈퍼바이지들은 치료자에게 심각한 질병이 생기면 비공개 원칙을 예외 적용하기로 현대 정신치료자들 사이에 합의(consensus)된 부분, 그리고 경력과 무관하게 슈퍼바이저의 건강상의 문제에 대한 자기 개방이 촉발하는 감정들을 다루려면 상당한 시간 동안 슈퍼비전이 필요하다는 것을 아직 잘 모르고 있을 수 있다.

환자 이익을 최우선하는 것과 관련된 윤리적 딜레마

최근 나를 심각한 윤리적 고민에 빠지게 했던 두 사례가 있었다. 첫 번째 사례는 최근 내가 자문을 해 주는 치료자에게 생긴 일이다. 통상 상담자들이 임상 장면에서 다루는 윤리적 딜레마보다 훨씬 극적인 측면이 있었다. 하지만 본질적으로 보면 그다지 예외적이거나 당혹스러운 문제도 아니다. 이 첫 번째 사례에 비해서는 덜 심각하지만 내가 개인적으로 고심했던 또 다른 사례가 있는데, 결국에는 해결을 위해 나 역시도 (동료에게_역주) 자문을 구해야 했다. 둘 다 단순히 윤리 강령을 참조해서 해결할 수 있는 문제가 아니었고 도덕적 측면에서 서로 상충되는 부분도 있었다.

1. 극적인 깨달음과 다양한 잠재적 함의

종종 자기 사례를 나와 상의하던 남미의 남자 동료가 있었다. 몇 달 전 치료를 시작한 여성 환자의 사례에 대해 자문을 구했는데 이 여성 내담자는 우울증이 여러 번 재발했고 약물치료도 효과가 없는 상황이었다. 남자들과의 관계를 개선하고 싶어하면서 본인이 아버지 없이 자란 것이 문제의 근본 원인이라고 생각하고 있다고 했다.

내 동료는 이 내담자를 보자마자 바로 호감을 느꼈다면서 그녀가 매우 우아하고 매력적이었다고 했다. 첫 만남에서 그녀를 보자마자 과거 자신이 많이 좋아했던 친구가 떠올랐다고 했다. 그 친구는 지금은 멀리 떨어진 지역에 거주하고 있고 몇 년째 보지도 못했는데 그녀가 그 친구와 똑 닮았다고 생각했다고 한다. 환자는 우울증의 원인을 여러 남성과의 관계, 가령 선생님이나 직장 상사 혹은 연인과의 관계에서 종국에는 소외감, 이해받지 못한 느낌, 그리고 거부당한 느낌을 받는 것과 연관이 있다고 말했다고 한다. 현재 사귀고 있는 남성과의 관계도 언제 깨질지 모르는 위태위태한 상태라고 했다. 내게 자문을 구할 당시 내 동료는 이 여성 환자와 주 2회 만나고 있었고, 내담자와의 치료적 동맹은 견고해 보였다.

문학을 전공한 이 여성 내담자의 직업은 대학교수였는데, 매우 어려운 경제적 상황에서 자랐다고 했다. 아버지 없이 자랐고, 가족 중에 아버지의 역할을 해 준 사람도 없었다고 한다. 자신은 어머니가 어쩌다 하룻밤을 같이 하게 되었던 남자와의 사이에서 생겼는데 현재 그 사람이 어디서 뭘 하는지는 어머니도 전혀 아는 것이 없다고 했다. 내 동료는 내담자가 힘들어하는 거절에 대한 민감성, 우울증 특유의 자기 혐오, 그리고 반복되는 이성과의 문제 등이 그녀의 발달력(developmental history)으로 잘 설명된다고 생각했다. 치료는 잘 진행되고 있는 편이었고, 치료자는 환자의 두려움, 즉 치료자 역시 자신에게 별로 관심이 없고 결국에는 자신을 오롯이 받아 주지 않을 것이란 느낌을 전이반응으로 다루기 시작한 상황이었다.

그런데 나에게 전화하기 직전 세션에서 환자가 털어놓은 이야기가 문제의 발단이었다. 환자가 처음으로 과거 대학 졸업 직후 외국에서 단기 연구

인턴으로 근무했던 적이 있다고 말했다. 그녀의 연구 분야는 매우 특화되어 생소하고 신비하기까지 한 분야였다. 그녀는 자기 어머니가 자신이 연구 인턴십을 할 수 있게 도와줄 경제적 여유가 없을 거라 생각했는데 뜻밖에도 필요한 돈을 마련해 주셔서 매우 놀랐다고 했다. 그 말을 듣자 갑자기 내 동료의 머릿속에 떠오른 기억이 하나 있었다고 했다. 자신의 오랜 친구, 즉 이 여성 환자와 많이 닮았다고 생각한 바로 그 친구가 예전에 자신이 술기운에 아내 몰래 혼외 자식을 두게 되었다고 했던 것이 생각났다고 했다. 그리고 현재 성인이 되었을 그 딸이 지금 이 내담자가 활동하는 도시 근처에 살고 있다고 말했던 것도 생각이 났다고 했다. 그런데 그 친구 말로는 자기 딸의 엄마는 아빠인 자신이 어디서 살고 있는지도 알고 있고, 딱 한 번 딸이 연구 인턴을 할 수 있도록 경제적 도움을 달라고 연락해 온 적이 있다고 했다. 재정적 지원에 대한 대가로 애 엄마는 멀리서나마 자신이 딸을 한 번 볼 수 있게 허락해 주었다고 했고, 딸이 자신과 많이 닮았더라고도 했다. 이렇게 내 동료는 자기 환자의 나이, 연구 분야, 그리고 현재 거주지 모두 친구가 해 준 이야기와 정확히 일치한다고 했다.

이런 우연의 일치는 사실 생각처럼 드문 일이 아니다. 이 사례가 좀 예외적이긴 하지만 임상 장면에서는 비슷한 성격의 보다 일반적인 딜레마들도 드물지 않다. 우연히 상담실 밖의 정보들이 치료자의 귀에까지 들어와 임상적으로 골치 아파지는 상황이 되는 것은 꽤 익숙한 경험이다. 치료자들은 어찌어찌하다 내담자 본인도 미처 알지 못하는 내담자에 대한 결정적인 사실을 알게 되어 불편한 상황에 처하게 되는 경우도 생긴다. 이런 상황은 우리가 이중관계에 대한 경계(boundary)를 철저히 지키고 있어도 여전히 발생할 수 있다. 예를 들어 치료 중인 사람이 우리가 맡은 다른 환자를 알고 있다는 것이 밝혀지고, 우리나 그 환자도 모르고 있던 중요한 정보를 언급하는 경우가 그렇다. 또는 내담자의 파트너가 내담자 몰래 외도를 하고 있다는 사실을 치료자는 내담자로부터 듣는 것이 아니라 풍문을 통해 듣는 경우도 있다.

내 슈퍼바이지는 거의 확실하게 자기 환자를 버리고 떠난 아버지가 누구인지 알게 되었던 것이다. 이런 상황에서 그는 어떻게 해야 할까? 내담자에게 말을 해야 할까? 만약 내가 내 슈퍼바이지한테 환자에게 사실대로 말할 것을 선택하라고 조언을 한다면 그 이유는 치료자와 환자 사이에 비밀이 생기면 치료 과정에서 매우 중요한 자유로운 탐색이 방해를 받게 되기 때문이다. 만약 내가 어떤 환자의 남편이 바람을 피우고 있다는 사실을 모르고 그저 그녀로부터 그가 이상하게 행동한다는 얘기만 듣는다면, "남편이 혹시 바람을 피울 수도 있다고 생각해 본 적이 있나요?"라고 물어볼 수 있다. 하지만 내가 환자의 남편이 바람을 피운다는 정보를 다른 경로로 이미 알고 있다면, 이런 내 질문은 더 이상 순수하게 탐색적일 수가 없다. 그래서 내가 "남편이 바람피지 않느냐"고 천연덕스럽게 물어볼 가능성이 매우 희박하다. 갑작스럽게 알게 된 사실 때문에 나는 치료 과정에서 다양한 가능성을 자유롭게 탐색하는 데 방해를 받게 된다. 치료자의 입장에서는 내담자가 모르는 중요한 사실을 알고 있다는 것이 매우 부담스럽다. 이런 상황이 되면 불가피하게 내담자에게 내가 정직하지 않다는 자의식을 갖게 된다.

남미의 내 동료는 당시 이런 도덕적 딜레마에 직면해 있었다. 그는 친구에게 자신의 비밀을 아무에게도 발설하지 않겠다고 약속했다. 하지만 동시에 그는 내담자가 가장 필요로 하는 도움을 주어야 하는 전문가로서 당면한 책임도 있었다. 환자에 대한 의무가 오래전 친구에게 한 약속보다 우선한다고 주장할 수도 있겠지만, 그가 그녀의 친부일지도 모르는 사람에 대해 알고 있는 것을 내담자에게 알려 주기를 선택한다면 친구의 신뢰를 배신하는 것이 된다. 그리고 그렇게 함으로써 생길 수 있는 좋지 않은 결과에 대해서 정확히 예측할 수도 없다. 물론 그의 환자(그리고 환자의 어머니와 어머니의 가족)에게 미칠 좋치 않은 영향 또한 가늠할 방법이 없다.

"첫째, (환자에게) 해를 끼치지 마라"는 히포크라테스 원칙은 그가 아는 바를 밝히지 않는 것이 맞다고 지지하는 것처럼 보였다. 그러나 언젠가 내담자가 치료자에게 자기 생부가 누구인지 알고 싶다는 말을 하면 어떻게 되나? 그리고 그녀가 친부를 찾아 만나고 싶어한다면? 치료자는 그런 내담자의 계획을 선의를 가지고 도와줄 수 있을까? 만약 당사자가 자신의 오랜 친구가 아니었다면 치료자는 힘이 들더라도 모르는 것보다 아는 게 낫다는 일반적인 정신분석적 관점을 고수했을 것이다. 하지만 그가 사전에 알고 있던 정보가 있다 보니 환자가 이런 상황에 대해 전혀 모르는 것이 오히려 그의 마음을 더 편안하게 해 줄 것이다. 따라서 평소처럼 자신의 전문적인 태도를 견지하는 것이 어렵게 되어 버릴 것이다.

내담자가 결국 친부의 정체를 알게 되고, 친부로부터 그녀의 치료자가 자신의 친한 친구란 소리를 들으면 어떻게 될까? 그녀는 치료자가 이 놀라운 사실을 자신에게 끝끝내 함구한 것에 충격을 받지 않을까? 그 사실을 알게 되면 자기 친부가 자신을 버렸다는 배신감만큼이나 치료자에게도 배신당한 느낌을 받지 않을까? 친부가 어디 사는지 모른다고 거짓말한 어머니에 대해서도 배신감을 느끼지 않을까? 이로 인해 수년간의 헌신적인 치료가 수포로 돌아가지는 않을까? 정신분석의 역사를 보면 과거 이런 문제 때문에 치료가 산산조각나는 재앙을 맞은 선례들이 있다. 그래서 대부분의 치료자들은 이와 같은 상황을 방지하는 것을 최우선으로 한다. 윤리적 딜레마는 실제로 이렇듯 복잡하다.

알고 있는 사실을 공개했을 때 초래될 수 있는 결과를 예측하기 어려운 상황에서, 치료자와 나는 환자에게 아무 말도 하지 않기로 결정했다. 지금은 우리가 이런 입장을 취하기로 했지만 나중에 입장을 바꿀 수도 있다. 과거 그 상황으로 되돌아가 비밀을 말해 줄 수는 없겠지만 말이다. 우리는 그의 친구가 내담자의 친부일 가능성이 99%일지라도, 1% 아닐 가능성을 무시할 수 없다며 합리화했다. 이러한 사적인 정보가 앞으로 이 여성 환자의 치료에 어떤 영향을 미칠지는 아직 미지수이지만, 적어도 내 동료는 이 환자에 대한 최선의 이익을 위해 미래에 다른 결정을 내려야 할 시점이 되면 나와 다시 함께 상의하며 그 부담을 나눌 수 있다는 것을 잘 알고 있다.

이 딜레마의 흥미로운 점은 개인으로서의 도덕적 기준과 전문가로서의 도덕적 기준이 충돌한다는 것이다. 상담 윤리를 지키기 위해 오래된 우정에 금이 가게 하는 것은 결코 도덕적으로 중립적인 결정이 아니다. 하지만 치료자는 내담자의 복지를 개인적 관계보다 우선시할 수밖에 없다고 느낄 때가 가끔 있다. 이어서 제시된 예시에서도 이렇게 상충되는 지점이 있다. 물론 나의 남미 동료의 사례에 비해서는 소소한 편이긴 하지만 나는 이 사례 때문에 남편과 경미한 부부 간의 갈등을 겪기도 했다.

2. 문제시되는 재현

오래전 나와 한 동네에 사는 남성이 치료를 받겠다고 찾아왔다. 나는 보통 한 동네에 사는 사람을 환자로 받지 않았다(사무실에서 전문적인 모습을 유지하고 적절한 규율을 지키는 것만으로도 충분히 힘들기 때문에, 사무실 밖에서 환자와 갑작스럽게 만날 수 있음을 염두에 두며 긴장감을 유지해야 하는 부담을 지고 싶지 않았다). 하지만 이 남성은 정신분석가에게 상담을 받고 싶어했고 가까운 거리에 정신분석 수련을 받은 치료자가 거의 없었다. 그리고 그가 상담받고 싶어했던 것은 소년 시절 어머니가 암으로 사망한 것과 관련된 해결되지 않은 슬픔이었는데, 나 역시 비슷한 나이에 암으로 어머니를 잃었기 때문에 그를 도울 수 있겠다고 생각했다. 우리는 신중하게 서로의 소셜 네트워크를 비교해 보았다. 그리고 치료를 방해할 법한 중복된 관계가 없음을 확인하고 함께 작업하기로 결정했다. 그리고 이 책에 다음에 기술하는 상황을 포함시키는 것에 대해서도 그의 허락을 받았음도 미리 밝혀 둔다.

나와 치료한 지 2년 차에 접어들 때 이 내담자는 공직에 출마하기로 결정했다. 그런데 당시 그가 사는 지역 정당의 대표가 내 전남편이자 현재는 고인이 된 Carey였다. 그는 치료 시간에 나에게 전남편에 대한 이야기를 하기 시작했다. 비밀 유지 때문에 나는 아무 말도 할 수 없었지만 집에서 선거유세에 관한 대화가 나올 때마다, 예를 들어 남편이 후보자인 내 내담자를 저녁에 초대하자는 제안을 하면, 나는 이런저런 변명거리를 들어 못한다고 했고 그럴 때마다 남편을 속이는 것 같은 느낌이 들었다. 내담자는 내 남편과 좋은 관계를 유지하고 있었고 우리는 그가 치료자의 배우자와 함께 일하면서 어떤 점이 좋은지에 대해 대화를 나누기 시작하였다. 하지만 나는 남편이 이 상황을 모른다는 것이 불공평하다고 생각했고, 집에서 내가 불편할 정도로 가식적인 태도를 취하고 있다고 생각했다.

나는 동료에게 자문을 구했는데, 동료는 내담자가 직접 본인이 나에게 치료를 받고 있다고 내 남편 Carey에게 조용히 알리도록 요청해 보라고 했다. 동료는 나에게 비밀 유지는 내담자에게 속하는 권리이기 때문에 내담자가 그것을 포기하기로 결정할 권리 또한 가지고 있다는 점을 상기시켜 주었다. 치료자인 나는 가장 위급한 상황에서만 비밀 유지 조항을 위반할 권리가 있기 때문에, 공개를 포함 그 어떤 가능성에 대해서 미처 생각하지 못했었다. 나는 동료의 조언을 따랐고, 다행히도 내담자는 내 요청에 따르겠다고 했다. 내담자한테 이런 식으로 상황을 정리한 것은 괜찮았는데 이 사실을 알게 된 남편은 한동안 내게 까칠하고 신경질적으로 굴었다. 남편은 내가 평소와 달리 뭔가 감추는 듯한 태도를 보였던 것과 그의 정치적 후원자인 내 내담자가 간직해 온 이 다소 도발적인 비밀에 대해 불쾌해했다. 다행히 Carey도 정신분석을 받은 적이 있어서 내담자의 상황과 내 전문적 딜레마를 이해했고, 그의 짜증도 곧 없어졌다.

만약 내담자가 내 배우자에게 우리의 관계를 말하는 것을 거부했다면 내가 그 상황을 어떻게 다뤘을까 궁금하다. 만약 이 상황이 내가 효과적으로 치료에 몰입하는 것을 불가능하게 만들 정도로 심각한 문제를 야기했다면, 내담자가 Carey에게 우리의 관계에 대해 말하도록 요구하는 것을 치료를 지속하는 조건으로 걸었을 수도 있다. 이 장의 뒷부분에서 나는 치료자가 임상적 역할을 충분히 잘 수행하기 위해, 그러니까 자신을 위해 고수할 수 있는 윤리 및 실용적 주장에 초점을 맞출 것이다. 하지만 상황이 단지 불편할 뿐 크게 피해를 끼치는 것이 아니었기 때문에, 나는 계속해서 내담자와 그의 재현(enactment)를 분석하려고 노력했을 것이고, 결국 그가 정치적 멘토인 Carey에게 우리의 관계를 솔직하게 말하기를 바라며 기다렸을 것이다.

내 동료들 중에는 내담자가 공직 후보가 되기로 결정하고 내가 남편과의 관계가 꼬일 것인을 알았을 때 상담을 중단했어야 했다고 주장하는 사람도 있을 수 있다. 혹은 치료가 종결된 후에 공직에 출마할 수 있다는 점을 강조하며, 내담자의 정치적 야망과 나와의 상담 사이에서 선택을 하도록 했어야 한다고 하는 사람도 있을 수 있다. 그러나 공직에 출마하기로 한 그의 결정은 그가 치료를 받아서 좋아지는 부분과 관련이 있고, 그는 우리가 살고 있는 지역에서만 공직에 출마할 수 있는 상황이었으며, 당시 내 남편은 그의 정치적 야심을 충족시켜 줄 수 있는 적절한 조언자였다.

따라서 치료와 정치 둘 중 하나를 선택하라고 내담자에게 강요하라는 것은 나에게는 너무 가혹한 요구였다. 내가 그의 삶에 행사할 수 있는 권한 그 이상의 것이기도 했으며, 그의 개인적 성장을 저해하는 것처럼 느껴졌다. 또한 종결하는 것은 치료의 자연스러운 흐름이 전혀 아니었고, 만약 그가 정치적 목표를 위해 치료를 중단하기로 결정했다면 그는 그의 심리적 문제에 큰 영향을 미친 초기 상실의 경험을 재현하는 고통을 겪었을 것이다(또한, 당시 나는 내담자가 원하는 정치적 위치에서 훌륭한 업적을 낼 수 있다는 직감을 갖고 있었다. 물론 이런 나의 직감은 윤리적 평가와는 관련이 없고 대부분 내 무의식에서 비롯된 것이었다. 내가 전체적인 상황을 투명하게 공개하기 위해 고민했던 것들을 지금 언급하고 있는 것이다. 그는 선출되었고 내가 보기에는 업무도 잘 수행했다. 나와의 작업이 조금은 좋은 영향을 미쳤을 것이라고 생각하고 싶다).

두 사례 모두 경험 많은 치료자에게도 슈퍼비전과 자문이 중요하다는 것을 보여 준다. 두 경우 모두 다양한 선택지에 따르는 경우의 수를 모두 고려하는 과정에 한 사람보다는 여러 사람이 머리를 모으는 것이 필요했다. 명확하거나 단순한 해결책이 있는 도덕적 딜레마를 갖고 있는 상황이 아니었으며, 잠재적인 부정적 결과 역시 배제할 수 없는 상황이었다. 이렇게 복잡한 상황임에도, 이런 유형의 윤리적 딜레마는 슈퍼비전의 여러 기능 중 문지기 역할(gatekeeping)과 대중을 보호하는 문제와 관련된 윤리적 문제보다는 쉬운 부분이 있다. 앞의 두 예시에서 치료자의 결정에 영향을 받는 사람은 치료자, 내담자, 그리고 그들과 밀접한 관계를 가진 몇몇 개인들뿐이다. 하지만 지금부터는 좀 더 넓은 사회적 맥락에서 상담의 함의가 복잡하게 얽혀 있는 상황을 살펴보도록 하겠다.

공공의 선과 관련된 윤리적 딜레마

치료자에게 현실적인 도움을 요청하거나 자신의 입장을 대변해 달라는 경우

최근 경험이 그다지 많지 않은 슈퍼바이지로부터 내담자가 장애인 등록에 필요한 소견서를 써 달라고 하는데 어떻게 대응해야 하느냐는 질문을 받았다. 내담자는 자신이 심각한 성격장애가 있고, 취직 자리를 구하기 어려울 정도로 우울하다고 써달라고 했단다. 실제 그녀의 증상은 DSM 진단 기준에 부합하긴 해서 그녀가 공식적으로 장애인으로 등록되면 정부 보조금을 받을 수 있는 상황이었다. 평소 이 내담자는 사람을 신뢰하지 않고, 퉁명스럽고 시무룩해 보였는데, 내 슈퍼바이지는 이런 내담자에게 자신이 공감적이고 지지적이며, 도움을 줄 수 있는 사람이라는 인상을 주려고 부단한 노력을 기울여 왔다. 치료자는 내담자의 부탁을 들어 주겠다는 긍정적인 답을 하려고 마음먹었지만 먼저 나와 상의하고 싶었다고 했다. 한편 그는 지나가는 말처럼 사실 그런 소견서가 별 소용이 없을 것 같다고 말했다.

내담자는 20대 초반으로 원가족과 함께 살고 있는 여성으로 중간 정도의 성적으로 대학을 졸업했는데 마치 독립된 성인으로의 "이륙 불가능증(failure to launch)"을 겪고 있는 상태처럼 보였다. 아침에 늦게 일어나고 무기력했으며 대부분의 시간을 인터넷 채팅방에서 보냈다. 항우울제를 복용 중이지만 우울 증상은 호전되지 않는 상황이었다. 치료에서는 수동적인 태도로 일관했고, 치료자가 진심으로 자기를 생각한다면 정부 보조금을 받아야 할 정도로 자신의 상태가 심하다고 써 줘야 한다는 뉘앙스를 풍겼다.

내 슈퍼바이지는 미국 심리학회의(2017) 윤리 강령인 선행(beneficence), 신의와 책임(fidelity/responsibility), 진실성(integrity), 공정성(justice), 그리고 인간의 권리와 존엄에 대한 존중(respect for people's rights and dignity)의 원칙을 양심적으로 준수하려고 노력하는 치료자였다. 처음에는 내담자의 요청을 들어주는 것이 선행에 해당한다고 생각했다. 그렇게 함으로써 자신이 그녀의 우울감과 절망감에 대해 충분히 이해하고 공감하는 것이 전달되어 치료적 동맹을 강화할 수 있을 것이라 생각했다. 하지만 나와 대화를 하면서 내 슈퍼바이지는 이 젊은 여성의 상태가 일을 전혀 못 할 정도는 아니라는 것을 깨닫게 되었다. 그렇다면 그녀를 영구적인 장애인으로 간주하는 소견서를 쓰는 것은 사실에 기반한 것이 아니므로 진정성이라는 기본적인 윤리 원칙(principle of integrity)을 위반하게 된다. 이는 다른 사람들과 솔직하게 대화하기보다는 거짓말을 하는 경향이 있는 내담자에게 치료자 역시 솔직하지 못한 것을 보여 주는 셈이 되기도 한다.

슈퍼비전 중에 이 슈퍼바이지는 오래된 개인적 어려움을 털어놓았다. 자기가 주변 사람들을 실망시키지 않으려고 부단히 노력하는 경향이 있는데 이는 자신의 심리적 독립과 개별화를 방해한 부모의 영향에서 비롯된 것 같다고 했다. 그는 내담자의 요구를 거절하는 것이 힘들어 치료자로서 좀 더 적절한 행동을 취하기보다는 본인에게 부담이 덜 되는, 쉬운 방식을 취하면서 이를 내담자를 위한 것이라고 합리화하고 있었던 것은 아닌지 스스로에게 질문을 던졌다. 내담자가 우울한 상태인 것은 맞지만 장애인이 될 정도로 심각하지 않다고 정중하게 그러나 솔직하게 말하는 것이 진정한 의미의 선행(beneficence)이 아니었을까 하고. 치료자는 그녀가 거절당하면 분노할 것이 뻔하다는 생각으로 두려워했고, 그녀의 과거사에 비추어 볼 때 치료자가 자신을 한 인간으로서 강력히 거부한다고 생각할 것이라 직감하고 있었다.

여기에서 슈퍼바이지의 역전이는 내담자의 요구를 들어 주는 것이 진정으로 윤리적인 것인지 여부를 결정하는 중요한 근거를 제공해 주었다. 나와 이야기 중에 그는 내담자의 요구가 자신에게 불편하고 약간 "민망한" 느낌까지 주었다는 것을 깨닫게 되었다. 그는 이 반응을 진지하게 받아들여 그 의미에 대해 고민하던 끝에 이 여성이 자신을 통해 (소견서로 증명해) 스스로를 더 병리화하려는 것은 아닌지 의심하기 시작했다. 내담자가 요청한 소견서에 대해 자세히 검토해 본 결과 환자의 요구는 친절한 전문가가 기꺼이 들어 줄 수 있는 단순한 부탁을 넘어서는 심각한 함의를 가지고 있었다.

이 젊은 여성은 치료를 시작할 때 삶의 다양한 도전을 당면하면서 자신이 퇴행적이고 회피적인 반응으로 일관하는 경향을 갖고 있다고 인정했다. 따라서 자기 주도성을 높이는 것이 치료의 목표라는 데 동의했었다. 우리는 그녀의 요구사항이 통제-숙달 이론가(control-mastery theorists)들이 무의식적 시험(unconscious test)이라 개념화하는 것과 유사한지, 그리고 만약 그렇다면 그 시험의 성격이 무엇인지 대해 같이 고민했다. 표면적으로 그 무의식적 시험은 "나를 위해 소견서를 써 주는 것으로 나에 대한 마음이 진심이라는 것을 확인해 줄 수 있나요?"라는 것으로 보였다. 이 개념은 "전이 시험(transference test)" (Weiss, 1993)으로, 내담자가 "어릴 적 어머니가 그랬듯 나를 인정해 주지 않음으로써 시험에 통과하지 못할까요? 아니면 무조건적으로 나를 수용해 주어 시험을 통과할까요?"라고 말하는 것과 다름없어 보였다. 하지만 이렇게 해석하는 게 왠지 맞지 않는 것 같고 또 이게 다가 아닐 것 같이 느껴졌다. 그 이유는 치료자와 내담자 모두 상담을 통해 내담자가 아동기적 패턴으로 되돌아가지 않고 점차 자율적인 기능을 습득하는 것, 즉 동일한 상담의 목표에 동의했기 때문이다.

좀 더 깊은 수준에서, 우리는 내담자가 이렇게 치료자를 시험대에 올리는 것이 어쩌면 "이런 압박감 속에서 당신이 나보다 더 자기 주장적이고 단호할 수 있을까요? 하고 시험해 보는 것은 아닌지 혹은 당신은 예라고 말하는 쉬운 길을 택해서 결국에는 나의 시험을 통과하지 못하게 되는 것은 아닌가요? 그것도 아니라면 나의 분노를 감당하면서 "아니오"라고 말하는 더 어려운 길을 택하면서도 나를 여전히 인간 공동체에 기여할 수 있는 구성원으로 대해 줄 수 있나요?"와 같은 의미일 수 있다고 생각했다. 이런 가능성들이 슈퍼바이지에게는 더 큰 울림을 주었다. 그는 내담자의 시험이 "수동에서 능동으로의 변환(passive-into-active transformation)"(Weiss, 1993)을 의미할 수도 있다고 생각하기 시작했다. 이는 환자들이 자신의 성장기에 많이 겪었던 딜레마를 제시하고, 치료자가 그들이 어릴 적 하지 못했던 그러나 더 바람직한 방식으로 이 문제를 해결할 수 있는지를 시험해 보는 과정이다. 상담을 하는 동안 내담자는 어릴 적 부모가 자신을 너무 밀어붙여도 저항하지 못했다는 말을 많이 했다고 했다. 한편 치료자는 왠지 내담자의 요구에 반대하면 안 될 것 같은 느낌을 줄곧 받았다고 했다. 이는 Racker(1968)가 치료자가 내담자의 감정과 동일시하는 일치적 역전이(concordant countertransference)로 설명될 수 있어 보였다.

치료자는 그녀의 요청을 거절하는 것이 당장은 인간의 권리와 존엄에 대한 윤리적 원칙에 어긋나는 것이라 생각할 수 있지만, 그 원칙의 근본적인 의미는 그녀를 온전히 기능할 수 있는 잠재력이 있는 성인으로 대우하는 것이라는 점을 깨닫기 시작했다[『정신분석적 심리치료』(McWilliams, 2004)에서 나는 "Donna"라는 내담자가 내 '아니오'라는 대답을 존중의 의미로 이해하게 된 비슷한 상황에 대해 설명했다]. 내담자는 합리적인 한계에 대해 투정하는 식의 반응을 보임으로써 주변 사람들의 행동을 조정하려 했는데, 대부분의 권위적인 위치에 있는 사람들, 특히 원가족이 그녀의 투정을 받아 줬다. 투정을 들어 주는 것이 정확한 한계를 설정해 성숙한 방식으로 현실의 도전들에 대처하는 방식을 배우게 하는 것보다 쉬웠기 때문이다.

치료자와 나는 장애인 소견서를 써 주는 것이 윤리적으로 문제가 되는 이중관계, 즉 옹호자(advocate)이자 치료자라는 두 가지 역할을 하는 것으로 간주될 수 있는지에 대해서도 검토했다. 때때로 치료자들은 자기 내담자를 옹호해 줘야 할 때가 있다. 그런데 적절하게 내담자를 지원해 주는 행동은 치료자로서의 역할에 쉽게 통합될 수 있고 "이중관계"라는 느낌이 들지 않는다. 예를 들어 내담자의 허락을 받아 보험사에 충분한 상담 횟수를 보장받을 수 있게 해 주거나, 아이의 부모나 교사에게 도움이 될 방법을 제안하거나, 의사에게 환자의 증상에 대한 임상관찰 내용을 공유해 줄 수도 있다. 일부 기관에서는 치료자로 하여금 내담자에 대한 구체적인 상담 보고서를 작성하도록 요구하기도 한다. 하지만 이렇게 치료자가 정해진 절차에 따라 보고서를 작성하는 상황이라면 이는 치료의 전제조건으로 시작 단계에서 구조화되어야 하는 치료적 틀의 일부이기 때문에 치료자에게 추가적인 임상적 판단을 해야 하는 부담은 없다.

하지만 많은 경우 치료자가 내담자의 권익을 대변하는 역할을 병행하는 것은 상충되는 면이 있고, 환자를 위한 최선을 다할 수도 없으며, 상담자 윤리 강령을 금지하거나 권장하지 않는 이중관계를 형성하게 만든다. 예를 들어 임상가가 법적 분쟁에서 환자의 편에 서는 행위는 설령 내담자 입장의 정당성을 확신하는 경우라도 더 이상 효과적인 치료를 하기 어렵게 만든다. 슈퍼바이저와 컨설턴트들은 경험이 많은 임상가들에게도 내담자를 옹호하는 행동은 정신분석적 작업을 매우 복잡하게 만든다고 가르쳐야 한다. 정신분석 치료의 가장 "근본적인 규칙"은 내담자에게 모든 것을 얘기하라고(내면을 드러내라고_역주) 요구하는 것이다. 그런데 만약 치료자가 내담자가 법적 장애인으로 판정받을 수 있도록 소견서를 써 주거나 법정에서 자신을 대변해 주길 바라는 상황이라면 내담자는 의식적으로나 무의식적으로 치료자가 자기편을 들게 하려고 치료자에게 자기의 생각과 감정을 전달할 것이다. 이렇게 되면 내담자의 주관적 세계의 다양한 측면들은 마치 아무리 기다려도 구조선이 도착하지 않는 황량한 무인도에 유배된 것처럼 그 모습을 드러내지 못할 것이다. 이 책의 2장에서 나는 초창기 정신분석 연구소들이 분석가 과정을 밟고 있는 후보생들의 개인 분석가들에게 후보생이 수련 단계를 잘 통과할 수 있고 졸업 자격이 충분한지에 대해 보고하도록 했다고 설명했다. 분석가가 자신을 평가하는 위치에 있는 경우 분석가 후보생이 개인분석에서 자신의 모습을 진솔하게 개방하기는 불가능할 테니 이와 유사한 문제점을 갖고 있는 것이다.

치료자와 나는 환자의 부탁을 들어주지 않는 것이 윤리적인 결정이라고 결론지었다(그리고 다행히도 그 결정은 치료적이기도 했다). 그 후 우리는 어떻게 하면 그녀의 의식적인 마음 상태를 충분히 공감해 주면서 실망스러운 소식을 전할 수 있을까 고민했다. 예를 들어, 그는 환자에게 "당신이 이런 도움을 받고 싶어하는 마음은 충분히 공감해요. 하지만 솔직히 말하면 나는 ○○씨가 평생 일을 못 할 거라고는 생각하지 않아요. 그래서 당신의 부탁을 들어줄 수 없을 것 같아요. 우리가 함께 당신의 우울감과 불안감을 해결하고 나면, ○○씨도 자기 힘으로 일을 할 수 있다고 생각할 만큼 자존감이 높아지길 바라요. 지금은 미래에 대해 꿈도 꿀 수 없을 정도로 절망적으로 느끼시겠지만 나는 ○○씨가 꼭 그렇게 될 수 있다고 믿어요"라고 말할 수 있다고 생각했다.

그런 다음 우리는 이 내담자가 느낄 것으로 예상되는 적개심에 가득한 분노를 견뎌내는 방법에 대해 이야기했다. 다음과 같은 선택지들이 있을 것으로 생각했다. 첫째, 내담자의 감정의 폭풍이 지나갈 때까지 그냥 참고 견디는 것. 둘째, 치료자를 그렇게 나쁜, 가학적인 박해자로 생각하는 게 고통스럽겠다고 말해 주거나 아니면 환자가 이거 아니면 저거란 이분법적 사고에 갇혀 있다고 지적하는 것이다. 우린 궁극적으로 환자의 분열된 사고를 지적하고, 혹시 치료자가 거절할 수밖에 없는 다른 이유가 있을지도 모른다는 생각을 하는지 물어보기로 했다. 예를 들어 치료자는 내담자에게 "○○씨는 딱 두 가지 선택지만을 생각하는 것 같습니다. 내가 ○○씨를 정말 중요하게 생각한다면 ○○씨의 부탁을 들어줄 것이고, 만약 내가 부탁을 안 들어주면 그건 내가 ○○씨를 미워하기 때문이라는. 그런데 혹시 또 다른 이유가 있을 수 있다는 생각은 안 드는지요?" 하고 물어보기로 했다.

길었던 슈퍼비전 세션이 끝날 즈음에, 나는 예전에 나에게 무척 화를 냈었던 환자가 생각났다. 그는 몇 주간 아니 어쩌면 몇 달에 걸쳐 나를 비난했는데, 나중에는 내가 단호하게 "안 된다"는 입장을 고수하는 모습이 자기에게 좋은 모범이 되었다고 말했다. 자신이 주변 사람들로부터 불합리한 요구를 받거나 부당한 대우에 맞서야 할 때 내 모습을 떠올릴 수 있어 내가 자신의 롤모델이 됐다고 했다. 나에게 자신을 좀 안아 달라고 간절하게 요청했던 여성 환자 생각도 떠올랐다. 내가 안아 달라는 요구를 들어주지 않자 그녀는 몇 주 동안 무척 화를 냈는데, 역시 나중에 가서는 내가 정확하게 선을 그었던 것을 모델 삼아 자신을 학대하는 남편에게 대항하는 힘을 얻었다고 말했다. 나는 당시 미숙했던 내 슈퍼바이지에게 특별한 어려움으로 다가왔던 소견서를 안 써 주는 일이 결국에는 좋은 치료적 효과로 이어지기를, 그리고 우리가 슈퍼비전에서 적절한 한계를 설정해야 한다고 생각했던 것을 실제 상담에서 실행에 옮기는 데 좀 더 자신감을 가질 수 있기를 원했었다.

한편 정신병원에서 매우 심각한 환자들을 치료하기 때문에 환자들의 다양한 요구사항을 많이 접할 수밖에 없는 Michael Garrett(2019)(Nancy McWilliams의 남편_역주)는 나에게 이렇게 말한 적이 있다. 자기가 가장 중요하게 생각하는 것은 환자들이 치료자에게 무언가를 해 주길 수동적으로 기대하는 상태에서 그들 스스로가 행동의 주체가 될 수 있는 상태로 전환하는 것이라고. 장애인 지위를 신청할 수 있도록 소견서(disability letter)를 써 달라고 말하는 남성에게 본인이라면 먼저 그가 왜 장애인 지위가 필요한지, 장애인 지위에 대해 어떤 생각을 해 왔는지 물어볼 것이라고 했다. 자신이 어떤 구체적 '장애'를 갖고 있다고 생각하며, 장애 때문에 할 수 없는 게 뭔지 물어볼 것이라고 했다. 정신병원에 입원해 있는 환자 중에는 정신과적 진단을 부인하는 경우가 있는데, 이런 경우 환자가 왜 받아들이지 않는지부터 먼저 물어볼 것이라 했다. 이 문제가 해결되기 전까지는 장애인 지위 신청은 논의 대상조차 될 수 없다고 했다. 환자 스스로도 인정하지 않는 진단을 근거로 장애인 지위를 받겠다고 하는 것이 무슨 치료적 의미를 갖는지 생각해 봐야 한다고 했다.

Michael은 장애가 있다고 주장할 수 있는 환자라면 재활치료 계획이 무엇인지부터 물어본다고 했다. 뉴욕시에 위치해 있는 자기 병원에서는 공무원들이 환자들이 장애인 지위를 충족하는지 여부를 정기적으로 검토한다고 했다. 환자들은 자신의 병에 대한 치료 계획을 갖고 있어야 하고, 이를 정기적으로 보고할 의무가 있기 때문에 Michael은 치료계획이 없는 환자를 위해 함께 치료 계획을 세우고 환자들이 기존에 짜인 계획을 제대로 지키지 않는 경우 그 이유를 탐색한다고 했다. 치료 계획이란 일반적으로 환자가 정기적으로 내방하고, 처방받은 약을 잘 복용하도록 하는 것이다.

장애를 갖고 있다는 소견서를 보내는 것이 합당한 경우, 예를 들어 환자가 심각한 정신장애를 가지고 있고 성실하게 치료 계획에 참여하는 경우에는 소견서를 작성하지만, 반드시 소견서를 발송하기 전에 환자에게 내용을 주의 깊게 읽어보도록 한다고 했다. 이런 관행은 정신병 환자들이 자신의 상태를 제대로 인식하지 못해 화를 내고, 자신들을 잘못 대변했다며 고소하겠다고 협박했던 경험에서 비롯되었다고 한다. 환자가 직접 그가(치료자가_역주) 쓴 소견서를 읽고 확인하는 것은 환자의 알 권리에 관한 HIPAA 규정을 준수하는 것이기도 하고, "당신이 나를 망쳤어!" 또는 "왜 이런 내용은 포함되지 않았나요?"와 같은 반응을 방지한다. 그리고 그들과 함께 소견서를 검토하는 과정에서 중요한 임상적 자료가 드러날 수도 있다고 일러 주었다.

앞서 설명한 예시는 내담자들이 다른 시민들의 세금으로 지원되는 혜택을 요구할 때 슈퍼바이저가 공동체에 대한 책임감을 갖고 행동하는 것과 관련이 있다. 미국과 다른 서구 국가에서는 치료자들이 점점 더 넓은 맥락에서, 사회 전체에 대한 책임의식을 가져야 하는 심각한 상황들이 많아지고 있다. 근래 수십 년 동안, 임상가들이 자살, 살인, 아동 학대를 예방하는 데 관여할 것을 요구하는 법령이 점점 늘어나고 있다. 내 학생들은 특히 아이들이 위험에 처했을 때 언제 그리고 어떻게 공공 당국에 신고할 것인가를 놓고 점점 많이 고민하고 있다. 경험 많은 치료자들은 이에 더불어 자신들이 아동학대를 보고해야 하는 사회복지 기관들의 무능함을 감당해야 하는 부담까지 지고 있다. 만약 당국에 그들이 직접 보고를 하게 된다면 치료적 동맹이 파괴되는 시나리오로 이어질 가능성이 높다는 것을 알기 때문이다. 우리 분야의 사람들은 이러한 어려운 상황과 씨름하고 있으며, 그 어떤 슈퍼바이저도 모든 상황에 대해 완벽한 전문가일 수는 없다.

치료자와 슈퍼바이저를 위한 위기 관리

개인 혹은 집단으로 슈퍼비전이나 자문을 하는 데 따르는 문제에 더해 위에서 언급한 사안들을 검토하는 슈퍼바이저들은 치료자들에게 전문가 협회나 의료 과실을 취급하는 보험 기관에 문의하도록 조언할 필요가 있다. 법적인 문제와 엮여 있거나 환자가 임상가에 대해 정부 부처 소속 인권 위원회 등에 민원을 제기한 경우라면, 슈퍼바이저는 치료자에게 정신건강법에 정통한 변호사에게 상담을 받아보라고 권유해야 한다. 이때 심리치료 분야에 대해 어느 정도 경험이 있는 변호사와 상담하면 좋겠지만 그런 전문가는 사실 매우 드물다. 임상 작업에 대한 이해가 부족한 변호사들의 경우 환자의 이익이나 치료적 동맹을 유지할 수 있는 가능성을 고려하지 않고 치료자의 법적 책임을 최소화하는 방향으로 최대한 빠른 조치를 취하는 경향이 있다. 그러므로 멘토는 슈퍼바이지에게 이러한 사실 역시 유념하라고 당부해야 한다.

치료와 사회적 책임 사이의 간극으로 인해 어려움을 겪고 있는 치료자들이 법적 조언을 받을 생각을 자동적으로 하지 못하는 점이 늘 이상했다. 경험이 적은 치료자들은 관련 법률과 규정에 대해 교육을 받았으니 본인이 무엇을 어떻게 해야 할지 알고 있다고 느낄 수 있으며, 도움을 요청하면 전문적 유능감이 없어 보일까 봐 염려할 수 있다. 경험이 많은 치료사들은 보통 임상 및 상담 커뮤니티 내에서 문제를 해결하는 데 익숙하기 때문에 외부 법률 전문가에게 도움을 요청하는 것을 생각하지 못할 수 있다. 그러므로 치료실을 넘어 공동체를 위한 의무를 다해야 하는 상황에 직면하여 어려움을 겪고 있는 이들에게 해당 분야와 관련된 지식과 경험이 많은 다른 전문가들이 있다는 것을 인지하는 것만으로도 엄청난 안도감을 줄 수 있다.

변호사와의 관계에 대해 한 가지 더 덧붙이고 싶다. 임상가들은 경력 초반에 변호사나 법원으로부터 연락을 받게 되면 무척 불안해하며, 종종 경험 많은 치료자와 정신건강과 관련된 법 조항에 조예가 있는 전문가들의 도움을 필요로 한다. 자기 내담자에 대한 기록을 제출하라는 요청을 받을 때는 비밀 유지를 위해 법이 허용하는 최소한의 데이터를 제출해야 한다. 그런데 초심 치료자들은 법원이나 변호사들은 관련 법에서 허용하는 수준보다 훨씬 많은 자료를 요청하는 경우도 있다는 것을 모를 수 있다. 내담자에 대한 정보를 요청하는 쪽에서는 법에서 정하는 정보의 범위에 대해서 잘 모르는 임상자를 선호한다는 사실 또한 인지하지 못할 수 있다. 예를 들면, 변호사가 이혼과 같은 갈등 상황에서 임상가에게 법정에서 증언을 해 달라고 요청하거나, 심지어 환자가 자신을 대신하여 치료자가 법정에 서서 증언해 주기를 요청하며 스스로 비밀유지 권한을 포기하려 할 때도 있는데 이런 경우가 관련 법령에서 허용하는 수위를 넘는 경우이다. 이럴 때 멘토는 슈퍼바이지에게 비밀보장의 원칙은 내담자에게 유리하게 부분적으로 예외 적용해 줄 수 없다는 것을 알려 주어야 한다. 가령, 가정폭력을 당한 자기 내담자가 남편에게 폭력을 당한 사실을 법정에서 증언해 주려고 하는 치료자의 경우 법정에 서게 되면 내담자에 대한 모든 정보에 대해 비밀유지 권한을 포기해야 한다. 예를 들면 치료 과정에서 내담자가 치료자에게 자신의 불륜에 대해 이야기한 부분에 대해서도 비밀유지를 포기해야 한다.

슈퍼바이저는 혹시 치료자가 법적 문제로 곤경에 빠질 경우 최소한의 위험에 노출되도록 치료기록을 적절하게 작성하는 방식을 알려 줄 수도 있다. 법원은 내담자에 대한 치료자의 임상적 이해나 영향력이 제한적일 수 있다는 것을 알고 있다. 즉, 내담자에 대한 치료자의 의견이 틀릴 수도 있지만, 여전히 신중하게 접근해야 한다. 상담기록에 대한 사회적 기준을 이해하고, 환자에 대해서 고심 끝에 내린 의견을 문서화하고, 내담자의 치료 과정에 약물 혹은 심리치료 등 어느 부분을 책임졌는지를 문서화하고, 환자가 법적으로 문제시될 수 있는 행동을 할 위험성이 있다고 판단했을 때는 경험 많은 동료에게 자문을 구했다는 점 역시 문서로 남겨야 한다. 따라서 슈퍼바이지에게는 다음과 같은 형식으로 임상 기록을 남기어 위험을 최소화할 수 있다고 알려 줄 수 있다. "임상적 딜레마를 다루면서, 나는 두 가지 가능성을 고려했다. 한편으로는 ______, 다른 한편으로는 ______. 두 옵션을 철저히 고려하고 동료에게 자문을 구한 후, 나는 X를 하기로 결정했다."

수련생 평가

슈퍼바이지가 아직 전문가 자격증을 취득하지 못했거나, 대학원을 마치고 수련을 받고 있는 상태라면 슈퍼바이저는 주기적으로 그들에 대한 공식적인 수행평가를 하게 되어 있다(이 역할에는 추천서를 작성하는 것도 종종 포함되는데, 이에 대해서도 유사한 고려사항이 적용된다). 멘토는 슈퍼바이지의 장점을 칭찬해 주고 단점이 되는 요소에 대해서는 건설적 비판을 하는 것 사이에서 적절한 균형을 맞추느라 고심한다. 특히 자존감이 취약해 보이는 학생들에게는 그저 포괄적으로 좋은 코멘트를 하거나, 공식적인 기록에는 긍정적인 내용을 쓰되 학생의 소속기관에 비공식적으로 연락해서 몇 가지 우려 사항들을 알리고 싶어할 수도 있다.

하지만 필요한 비판을 하지 않고 솔직하지도 않은 슈퍼바이저의 평가는 기관의 관계자들을 곤란하게 만들고, 오히려 슈퍼바이지를 무시하는 행동이 될 수도 있다. 정신분석적 치료를 배우는 학생들은 취약한 환자들에게 솔직하게, 물론 요령 있게 말하는 것에 익숙해져야 한다. 그런데 정작 멘토가 자신들에게 이렇게 하는 것을 회피하며 모범을 보이지 않으면 직언(straight talk)의 롤모델을 볼 수 있는 기회를 박탈하는 것이 된다. Otto Kernberg(2010)가 지적했듯, "일부 슈퍼바이저들은 동료처럼 우호적으로 대해 주는 분위기에서 가르침을 주는 일과, 동시에 후보자를 비판적으로 평가하는 일을 결합하는 데 어려움을 겪는다. 그러나 바로 그것이 슈퍼바이저의 본질적인 과제이다"(p. 604).

항상 법적 요구사항은 아니지만 나는 슈퍼바이지 평가서를 공식적으로 제출하기 전에 반드시 해당 수련생들과 공유해야 한다고 생각한다. 이러한 관행을 통해 멘토는 상대방의 기분을 상하게 하지 않는 선에서 건설적인 비판을 하는 방법을 배울 수 있다(이는 평생 동안 유용한 기술이다). 학생들 역시 슈퍼바이저의 평가에 대한 자신의 생각과 감정을 정리해 볼 수 있고, 이견이 있는 부분에 대해서는 멘토와 논의할 수도 있다. 만약 슈퍼바이저와 슈퍼바이지 간의 의견 차이가 좁혀지지 않으면, 슈퍼바이지는 슈퍼비전 보고서에 자신의 개인적인 의견을 첨부할 수 있다. 이는 슈퍼비전 경험에 대한 일종의 "소수 의견 보고서(minority report)"*와 같은 역할을 한다.

정해진 슈퍼비전 기간이 끝날 때 수련생도 슈퍼바이저를 평가할 수 있다.

---

* 보통 다수의 의견과 다른 개별적인 견해를 담은 문서로 슈퍼바이지가 자신의 관점이나 경험을 공식적인 평가 과정에 포함시킬 수 있는 기회를 제공한다._역주

이는 대학생들이 종강할 즈음에 교수에 대한 강의평가를 하는 것과 같다. 좋은 멘토는 정기적으로 슈퍼바이지의 의견을 물어보며 슈퍼비전이 잘 진행되고 있는지에 대해 대화하겠지만, 그리고 자신의 강점과 약점이 무엇인지에 대해 파악하고 있을 테지만, 대부분의 학생들은 이러한 대화에서 "완전한 진실(whole truth)"을 얘기하지 않고 숨길 것이다. 슈퍼바이저로부터 부정적인 평가를 받는 것은 그들의 경력에 매우 악영향을 끼치기 때문에 슈퍼바이지가 완전히 솔직할 것으로 기대하는 것 자체가 오히려 불합리하다. 특히 슈퍼바이지가 자신의 슈퍼바이저를 의견 차이를 용납하지 못하는 자기애적인 사람으로 생각하고 이에 대한 불만을 가지고 있을 경우, 슈퍼바이지가 솔직하기란 더더욱 어려울 것이다.

하지만 수련 프로그램의 최종 책임자에게는 슈퍼바이저에 대한 불만을 말할 수 있어야 한다. 이 경우 언짢아진 슈퍼바이저가 수련생의 전문가로서의 앞으로 행보에 미칠 수 있는 영향을 감안해서 구체적인 내용은 비밀유지가 되어야 함은 물론이다. 수련 프로그램의 책임자들은 대중을 나쁜 치료자로부터 보호해야 할 뿐만 아니라, 수련생들을 잠재적으로 위해를 가할 수 있는 슈퍼바이저로부터도 보호할 의무가 있다. 네 명 이상으로 구성된 슈퍼비전 집단을 지도하는 교수 슈퍼바이저들은 익명으로 작성된 자신들에 대한 비판적인 슈퍼바이저 평가서 내용을 확인함으로써 많은 것을 배울 수 있다. 반면에 개인 슈퍼비전에서는 슈퍼바이지가 누군인지 식별이 가능하기 때문에 슈퍼바이저로부터의 혹시 모를 보복에 취약하다. 사려 깊은 수련 프로그램의 책임자들은 이러한 현실을 잘 인식하고 있기에, 어떤 슈퍼바이저가 한 명 이상에게 상당히 부정적인 평가를 받았을 경우 해당 슈퍼바이저에게 학생들을 배정하지 않는 방법을 모색한다.

최후의 보루

멘토들은 대체로 관대하며, 슈퍼바이지로부터 감사와 인정을 받는 것에서 큰 보람을 느낀다. 그렇기 때문에 지도하는 슈퍼바이지가 내담자 혹은 대중에게 잠재적 위험이 될 수 있다는 생각을 하는 것은 악몽 그 자체일 것이다. 다행히도 이런 일은 드물어서 나도 지난 40년간 임상 심리 대학원 프로그램에서 가르치면서 교수진이 이런 상황에 직면하는 것을 딱 두 번 보았다. 두 경우 모두 우리에게는 엄청난 스트레스였다. 우리는 학생을 포기하고 싶지 않았고, 우리 사이의 분열과 오해로 인해 결론을 내는 게 어려웠다.

첫 번째 상황은 젊은 이성애자 남학생이었는데 상담하던 여성 환자들 대부분(매력적인 여성들이었다)이 자신에게 강력한 에로틱한 전이 경험을 하고 있다고 느꼈다. 그러나 동료들과 교수들이 보기에 그는 매우 선정적인 어조로, 내담자들이 느끼는 성적 경험과 환상, 특히 자신과 관련된 부분에 대해 말해 보라고 부추겼다. 슈퍼바이저들은 다들 그가 상담에서 내담자와 어떻게 상호작용하는지에 대해 이야기하는 걸 들으면서 섬뜩했다고 말했다. 그는 자신이 허영심과 관음증적 욕구를 충족시키기 위해 내담자들을 잘못 인식하고 있는, 즉 착취하고 있는 가능성에 대해 전혀 인식하지 못했다.

한 슈퍼바이저가 그가 치료하는 모든 매력적인 여성이 정말로 그렇게 즉각적으로 그에게 성적 욕망을 느낀 것이 맞냐는 의문을 제기하자 그는 슈퍼바이저가 자신의 젊음과 매력을 시샘하는 것 같다고 말했으며, 아마도 Freud를 충분히 읽지 않았을 거라고까지 말했다. 그는 정신분석적 지향을 가진 교수진과 동맹을 맺으려 했으며 다른 이론적 지향을 가진 교수들과 의견 대립을 하도록 부추겼다. 그러고는 성애적 전이는 오랫동안 그 실체가 관찰되고 인정되어 왔으며, "우리"는 인정하지만 "그들"은 인정하지 않는 임상적 현상이라며 항의했다(이 주장은 어느 정도 사실이기도 하지만 성애적인 전이는 결코 필연적이거나 보편적이지 않으며, 초기 세션에서 발생하는 경우는 드물다. 만약 발생한다면, 그것은 대부분 성적 욕망보다는 치료자와의 힘겨루기를 하려는 의도를 반영한다. 치료자와 같은 성별을 가진 사람들로부터 군림당한 과거 경험을 바탕으로 말이다).

교수진들은 거의 1~2년간 이 남학생을 이해시키려는 노력을 거듭하고 있었는데 다른 실습기관으로부터 그가 치료자로서 부적합함을 좀 더 확연히 보여 주는 추가 정보를 얻게 되었다. 우리는 학생이 혹시라도 나중에 프로그램을 대상으로 소송을 제기할 경우를 대비해 문서로 상황에 대한 기록을 철저히 준비한 뒤 그를 프로그램에서 퇴출시켰다. 흥미로운 사실은 다른 학생들은 이런 프로그램의 조치를 보고 자신들 역시 저렇게 되면 어쩌나 하는 걱정을 하기보다는 안도감을 표했다는 사실이다. 일반적으로 그렇듯, 학생들은 그가 교묘하게 속이기 쉬웠던 우리처럼 권위적인 위치에 있는 사람들보다 훨씬 먼저 그 남성 슈퍼바이지가 앞뒤가 다르고, 뒤에서 조정을 일삼는 사람이란 사실을 간파하고 있었다.

두 번째 사례는 감정과 뉘앙스에 대해 전혀 감이 없었던 여학생의 경우이다. 그녀는 뛰어난 지능 및 연구실적을 지니고 있었고 정신건강 관련 연구 주제에 관심이 많았다. 하지만 그녀는 환자들과 따뜻한 관계를 맺는 것처럼 보이지 않았다. 그녀의 환자들은 그녀가 DSM 진단 기준에 맞춰 그들의 증상을 분석하는 데에만 관심이 있고, 그 외에는 무관심해 보인다고 불평했다. 거의 모든 환자는 한두 세션 후에 치료를 조기 중단했다. 이전 학생과 달리 이 여학생은 자신의 대인관계적 한계를 인식하고 있었으며, 자신이 "자폐 스펙트럼에 있을 수 있고" 따라서 특정 대인관계적 단서를 읽을 수 없다고 고백했다. 그녀는 우리 프로그램에 남아 졸업했으며, 임상 실무자 면허를 취득하는 대신 정신병리학계에서 연구자의 길을 걷게 되었다.

이외에도 슈퍼바이저들이 치료 공간과 그것이 존재하는 문화 사이의 경계에서 윤리적 문제를 해결해야 하는 다양한 상황이 존재한다. 나는 여기에서 규제 위원회(regulatory board)의 요청에 따라 이루어지는 슈퍼비전, 즉 어떤 동료가 위원회가 판단하기에 윤리적으로 의심스러운 행동을 했다는 이유로 일정 기간 슈퍼비전을 받아야 하는 경우는 포함하지 않았다. 내가 그런 일을 해 본 경험이 없어서 관련된 구체적 어려움에 대해서는 그저 짐

작만 할 수 있기 때문이다.

치료자의 최선의 이익과 관련된 윤리적 딜레마

치료자들은 근로의 조건을 보장받을 정당한 도덕적 · 실질적 권리를 가지고 있다. 폭력 행사 이력이 있는 환자를 치료할 때는 경비원이 가까이서 지키고 있는 치료실이 있어야 하고 환자의 갑작스러운 신체적인 위협에 즉각적으로 대응할 수 있는 매뉴얼이 있는 기관에서만 이런 환자들을 만나야 한다는 것에 대해서는 논란의 여지가 없어야 한다. 이러한 상황에서는 치료자의 안전과 편안함을 보장하는 것이 최우선되어야 하기 때문이다. 하지만 폭력성이 없는 내담자들도 때로는 치료자가 보호를 받아야 할 만큼 위험한 행동을 할 수 있다. 대기실에서 다른 환자들을 괴롭히거나 술에 취해서 치료 세션에 나타날 수도 있으며, 치료자의 자녀와 페이스북 친구를 맺어 치료자 가족의 사적인 정보를 캐내려 할 수도 있다. 내 동료의 내담자는 여성인 치료자가 수영복으로 갈아입는 모습을 훔쳐보기 위해 치료자가 회원으로 있는 수영장에 가입하기도 했다. 1장에서 언급했듯이, 많은 수련 프로그램들이 초심자들에게 내담자가 넘어서는 안 되는 치료적 경계, 즉 선을 어떻게 그어야 하는지에 대해 잘 가르치지 않는다. 그만큼 초심자들의 한계 설정(limit setting) 역량을 강화하는 과정에 슈퍼바이저의 역할이 결정적으로 중요하다는 사실에 놀라곤 한다.

이 장에서는 치료의 구조화, 즉 한계 설정에 대해 논의할 것인데, 치료 과정을 위한 측면보다는 치료자가 정당하게 대우받고 기본적인 배려를 받을 권리를 윤리적으로 보장하는 측면에서 접근할 것이다. 슈퍼바이저와 자문가(consultant)는 존중받을 권리는 환자의 독점적인 권리라고 생각하는 치료자의 태도에 정면으로 도전해야 할 때가 있다. 타인의 관점을 이해하는 데 오롯이 집중하는 것에 익숙한 슈퍼바이지들은 자신들도 개인적인 편안함과 안전을 보장받을 정당한 권리가 있다는 사실을 망각할 때가 많다. 특히 환자의 행동이나 행동의 이유에 대해 동정심을 느끼는 경우라면, 자신들이 최적의 환경에서 일할 권리를 주장하는 대신 내담자의 그 어떤 행동도 참아야 한다는 암묵적 믿음을 갖고 있을 수 있다.

첫 회기에서 치료 전반의 "기본 원칙"을 정하는 것은 초심자에게도 그다지 어려운 일이 아니다. 치료자가 충분히 기능할 수 있도록 하고 치료 전반을 치유적으로 이끄는 이러한 규칙의 구체적인 내용은 치료자마다, 그리고 각자의 세팅마다 다르다. 예를 들어 많은 치료자들은 자신의 사무실에서 흡연을 금지시키고, 사무실에 들어올 때 신발을 벗으라고 요구할 수도 있다. 하지만 치료 과정에서 예상치 못하게 치료자에게 닥칠 수 있는 침해적 경험을 다루는 것은 쉽지 않다. 예를 들어 내 동료의 여성 환자는 치료자의 딸이 알코올 금주 집단(Alcoholics Anonymous: AA)에 참여하고 있다는 것을 알고 일부러 같은 집단에 들어가서 치료자의 십 대 딸과 친구가 되었다. 환자는 치료자의 딸과 이야기하며 치료자의 가족에 대한 많은 사적 정보를 알게 되었다. 물론 자신이 그녀의 아버지가 치료하는 환자라는 사실을 일부러 숨긴 채 말이다. 그러고는 상담 중에 치료자에게 이런 사실에 대해 떠벌리기 시작했다.

치료자는 자신의 프라이버시가 심각하게 침해당했지만 아무것도 할 수 없는 무력감을 느꼈다. 그는 자신이 내담자의 자율성과 금주를 목표로 AA 모임에 나가는 것을 막을 수 없다고 믿었다. 하지만 그는 환자가 자신의 개인적인 가족사에 대해 수다를 떨고 자신의 자녀를 이용한 것에 대해 분노하며 치료 시간에 산만해지는 것을 느꼈다. 그는 자문가에게 환자의 행동이 자신의 딸에게 공정하지 않다고 말했다. 흥미로운 사실은 그러면서도 그 상황을 자신의 경계를 침해하는 상황으로 보지 않았다는 것이다. 자문가는 그 여성 내담자가 그와 함께 치료를 계속하고 싶다면 다른 AA 모임에 참석

해야 한다고 말해 볼 것을 권유했다. 그런데 이런 방식으로 상황에 접근하는 것은 이 치료자에게는 상상도 못하는 일이었다.

치료자가 환자에게 이러한 입장을 취했을 때 그녀는 그를 통제적이고 권위주의적이라고 비난했다. 분개한 그녀는 계속 같은 AA 모임에 있으려는 속셈으로 그곳이 자기가 다닐 수 있는 유일한 AA 모임이라고 했고, 자신이 갑자기 사라지면 치료자의 딸이 상처받을 것이라고 협박까지 했다. 치료자는 자신의 편안함도 중요하며 프라이버시에 대한 권리가 있음을 언급했다. 그가 효과적으로 그녀의 치료자로 기능하려면 그녀가 자신의 가족 구성원과 개인적인 관계를 추구하지 않는 조건하에서만 치료가 가능하다고 말했다. 그는 자신의 가족 구성원을 이용하여 사적인 생활을 알아내려는 것에 화가 난 상태에서는 그녀를 위해 헌신할 수 없다고 했다. 그녀는 화를 냈지만, 분노를 처리하는 과정에서 치료는 많은 진전을 보였다. 나중에 그녀는 타인이 자기의 영역을 침범하는 것에 대항하여 자신을 방어하는 치료자의 능력을 존경한다고 말했다. 성장 과정에서 그녀는 다른 사람의 침해적 행동 앞에 자신을 잘 방어하지 못했기 때문이다. 이 사례는, 흔히 그렇듯이, 치료자에게 좋은 것이 환자에게도 좋은 경우였다.

앞의 사례와 달리 치료자와 내담자에게 상호 유익하지 못한 경우도 있었다. 앞의 사례처럼 치료자는 규칙을 정해 치료자의 프라이버시를 지키는 노력을 했지만 환자는 이를 거부했고, 치료자는 변호사-심리학자의 조언을 받아 치료를 종료해야 했다. 그리고 자신의 의지에 반하는 인물에게 앙심을 품고 복수하는 과거력을 가진 내담자가 훗날 소송을 제기할 가능성에 대비해 자신을 보호하는 조치를 취했다. 치료자들은 종종 그들의 사무실로 들어오는 모든 사람을 돕고 싶어하는 다양한 동기를 가지고 있지만, 심리적인 혹은 기타 이유로 인해 치료자가 다룰 수 없을 정도로 치료를 망치고 치료자를 망가뜨리려는 지속적인 시도를 하는 내담자들도 있다. 이럴 때 슈퍼바이저는 슈퍼바이지에게 치료 관계가 효과적이지 않다고 결론짓는 것이 타당하다는 것을 알려 줄 필요가 있다. 치료적 변화의 증거가 없으면 환자에게서 치료비를 계속 받아서는 안 된다는 윤리적 원칙을 기억하고, 이런 원칙을 환자에게 말해 주면서 종결할 수 있도록 도와주는 게 맞다.

코로나 팬데믹이 절정에 달했던 2020년, 젊은 슈퍼바이지 중 한 명은 마스크 착용을 거부하며, 자신은 부모님이 계신 요양원을 방문할 때조차 마스크를 착용하지 않는다고 공공연히 선언한 남성을 치료하고 있었다. 팬데믹 상황이 좌파 언론의 거짓된 선동이라 여기고, 자신의 행동에는 문제가 없다고 생각했다. 하지만 치료자는 그의 행동이 자신과 타인의 안전을 위협한다고 느꼈으며 이러한 걱정으로 인해 치료자는 자꾸 치료 상황에서 산만해지기 시작했다. 결국 그녀는 자신의 혼란스러운 느낌을 자문(consultation) 그룹에서 털어놨고, 그룹 구성원들은 그녀의 걱정이 치료자로서의 업무 수행 능력을 방해하고 있다고 지적했다. 동료들은 그녀가 마스크 착용에 대한 환자의 태도를 거부할 권리가 있으며, 그녀와 계속 상담을 지속하고 싶다면 내담자가 얼굴을 가리는 데 동의해야 한다고 말했다(아동 성범죄자가 자신의 행동이 사랑에서 비롯되었기에 해롭지 않았다고 주장하더라도, 아동을 성추행하는 행동을 중단하는 조건하에서만 치료가 진행될 수 있다고 말하는 것과 비슷한 경우라고 비유적으로 말하는 집단 동료도 있었다).

치료자는 자신이 이런 규칙을 설정할 정당한 권리가 있다는 사실에 크게 놀라고 또 안도감을 느끼기도 했다. 그녀는 환자에게 자신만의 신념을 가질 수 있는 권리를 존중하지만, 그가 신념대로 행동하게 되면 자신을 포함한 많은 사람을 위험에 빠뜨릴 수 있다고 생각한다고 말했다. 그렇기 때문에 과학자들의 권고에 따라 내담자에게 마스크를 착용하라고 요구하지 않으면 자신이 바이러스 전파를 방조하는 것 같이 느낀다고 털어놓았다. 그녀의 생각과 마음속 공간은 이런 걱정들로 꽉 차 있기 때문에 계속 상담하기를 원하면 내담자는 그녀의 감정을 존중해야 했다. 내담자는 마지못해 마스크를 쓰는 데 동의했다. 그리고 나중에 이 내담자는 치료자의 지시가 맞았다고 인정했다. 그는 얼굴을 가리는 것을 거부하는 행동을 "남성적인 힘"의 표현으로 여겼기 때문에 자발적으로 마스크를 쓰면 "약하게 보일"까 봐 거부를 한 것이다. 하지만 치료자가 정면으로 도전하자 마치 속으로는 통금 시간이 있다는 것을 다행으로 여기는 아이처럼, 다른 사람들에게는 "연약한" 여자가 마스크를 써달라고 해서 할 수 없이 쓴다는 핑계를 댈 수 있게 되었다.

개인적 공간에 대한 제한과 경계가 점점 모호해져 기본적인 프라이버시가 항상 보장되기 어려운 포스트 구글 시대를 살아가는 치료자들은 특히 스스로의 안전감과 편안함을 보장하기 위해서 치료에 필요한 기본적인 규칙에 주의를 기울여야 한다. 슈퍼바이저는 치료자들에게 단순히 타인에 대한 윤리적 실천이 무엇인지만 가르칠 것이 아니라, 치료자들 본인이 마땅히 보장받아야 할 권리가 무엇인지에 대해 숙지하도록 해야 한다. 이는 아무리 강조해도 지나치지 않다. 대부분의 영역에서와 마찬가지로 치료자들이 적절한 자기 돌봄(self-care) 능력을 실천하는 데에 가장 큰 영향을 미치는 것은 슈퍼바이저가 모범을 보여 주는 것이다.

윤리적 실천의 모범 되기

자기 돌봄과 마찬가지로, 슈퍼바이저가 슈퍼바이지에게 높은 윤리적 기준을 유지하도록 가르치는 가장 핵심적인 방법은 직접 그런 기준들을 준수하며 모범을 보이는 것이다. 이는 설명이 필요 없는 사실이지만, 다시 한 번 강조해도 지나치지 않다. 대학원생들을 대상으로 진행한 설문조사 결과 슈퍼바이지들은 멘토가 정직하지 않고, 치료적 경계에 충분한 주의를 기울이지 않거나, 다양한 형태의 부도덕한 행동을 한다는 인식을 갖게 되면 제대로 된 슈퍼비전이 불가능하다고 보고했다(Meyerson, Reddy, Docherty, & Klonoff, 2014년 1월). 수련 중인 치료자가 슈퍼바이저에게 자기 개방(self-disclosure)하는 것에 관한 경험적 연구에 따르면, 슈퍼바이저의 비윤리적 행위는 슈퍼바이지가 자신의 민감한 심리적 부분과 행동을 슈퍼비전 관계에서 드러내기를 주저하게 만드는 주요 원인으로 나타났다(Mehr et al., 2015). 모든 심리학적 사안이 그렇듯, 이들 연구 결과는 말보다는 보이는 행동의 영향력이 훨씬 크다는 것을 보여 준다.

맺음말

이 장에서는 슈퍼바이저의 가르침이 결정적인 영향을 미치는 상담윤리와 도덕과 관련된 주제를 다루었다. 아직 경력이 짧은 치료자들에게 매우 중요한 주제이지만, 예외적인 딜레마 상황을 맞닥뜨려 자문을 구하는 숙련된 실무자들에게도 해당되는 내용이라고 생각한다. 이 장에서는 상담 윤리와 환자들의 알 권리에 대한 기본적인 내용을 설명했다. 사례를 통해 환자들과 윤리적으로 도전적인 상황을 어떻게 다루어야 하는지에 대해 탐색했다. 치료자가 속한 공동체와 사회 전체에 대한 책임감과 관련된 문제를 고민하게 한 슈퍼비전 사례를 소개하면서 치료자들이 내담자로부터 자신 편에 서서 옹호자가 되어 줄 것을 요청받는, 치료 장면에서 빈번하게 대면하는 문제에 초점을 맞췄다. 슈퍼바이지에 대한 평가와 슈퍼바이지가 맡고 있는 내담자의 치료에 대한 최종적인 책임소재를 갖고 있는 문지기(gatekeeping) 역할을 하는 슈퍼바이저의 의무에 대한 내용도 담았다. 치료자들은 자기가 맡고 있는 환자들에게 윤리적인 치료자가 되려고 부단한 노력을 한다고 설명했다. 따라서 슈퍼비전에서 멘토(슈퍼바이저)들은 슈퍼바이지가 자신들의 정당한 권리를 주장할 수 있게 해야 한다고 강조했다. 마지막으로, 나는 슈퍼바이저가 개인적으로나 전문가로서 진정성과 도덕적 진실성(integrity)의 모범이 되어야 한다는 점을 강조했다.

07

개인차 그리고 슈퍼비전에서 맞닥뜨리는 도전

슈퍼비전 관련 실증연구(Gard & Lewis, 2008; Watkins, 2015b)에 따르면 슈퍼비전 동맹은 치료 동맹에 버금가게 치료적 성과에 중요한 영향을 미친다. 특정 치료자-내담자의 관계는 다른 치료자-내담자의 관계와 차별화되는 고유한 측면을 가지고 있다. 특정 슈퍼바이저와 슈퍼바이지의 조합 역시 마찬가지이다. 임상 장면에서 슈퍼바이저, 즉 멘토의 역할을 하게 되면 슈퍼바이지의 고유한 성격 특성에 맞추어 주는 것이 (치료자로서_역주) 내담자의 고유한 성격 특성에 적응해야 하는 것과 많은 공통점을 가지고 있다는 것을 실감하게 된다.

하지만 공감, 경청, 진정한 호기심과 같은 일반적인 특성들의 중요성(Ackerman & HIlsenroth, 2003)을 제외하고는 치료자의 성격적 특성이 치료나 슈퍼비전에 미치는 영향에 대해 연구된 것이 그다지 많지 않다. 그 중 치료자의 개인적 문제가 치료자의 치료적 역량에 미치는 영향을 살펴본 Nissen-Lie, Moltu, Mcleod와 Rabu의 연구(2009)에서는 특히 치료자의 심리적 상처와 같은 개인적 특성이 치료적 역량에 미치는 긍정적, 부정적 함의(특히 상처 입은 치유자의 테마)에 대해 탐색했다. 그리고 치료자의 취약한 부분들은 반드시 해결되어야 할 문제라기보다는 꾸준히 풀어가야 할 과제라고 결론지었다. 이 장에서는 슈퍼바이저나 슈퍼바이지 개개인에게 그리고 두 사람이 만들어가는 슈퍼비전 관계에 영향을 미치는 개인의 성격적 측면과 관련된 부분에 대해 설명하려고 한다.

지난 몇 년 간 나는 아마추어 노래 그룹에서 활동하고 있는데 우리 그룹의 리더는 멤버들의 실력을 단박에 향상시키는 재주가 있다. 정확히 뭘 어떻게 하는지는, 피치, 템포, 호흡조절, 목소리톤, 프레이징, 감정해석, 바디랭귀지, 혹은 청중과의 소통 등 모르겠는데 딱 한 번씩만 솔로를 하게 한 다음에 코치를 해 주는데 그룹 전체의 실력을 단박에 올려놓았다. 내 생각에는 심리치료 슈퍼비전도 비슷한 과정 같다. 민감성을 가지고 접근해야 하는 일종의 가르치는 예술 혹은 가르치는 기술이라고나 할까. 슈퍼바이지가 지금-여기에서 고칠 수 있고, 조율할 수 있으며, 정교화할 수 있는 수준에서 가르치는 것이 열쇠인 것 같다. 하지만 싱어를 훈련시키는 것과 달리 슈퍼바이저는 슈퍼바이지를 넘어 내담자에게 도움이 되어야 하는 의무감이 있다. 궁극적으로 슈퍼바이지에게 상담을 받고 있는 내담자를 위해 가장 옳은 선택을 할 수 있게 해야 한다는 점, 바로 "사람으로부터 시작해야 한다"라는 지침이 결정적인 제약이 되는 것이다.

그 복잡한 문제와 관련된 경험들이 내가 이 장을 쓰게 된 계기가 되었다. 치료자 중에는 슈퍼비전 내용을 마치 스펀지처럼 쏙쏙 빨아들이는 사람이 있다. 경험이 많은 선배 치료자들이 추천하는 방식을 내면화하여 자신들의 치료적 상황에 적용하는 데 문제가 없다. 천성적으로 호기심이 많고 융통성이 있는 사람들은 가이드라인을 잘 따르고 자신의 스타일에 맞게 수정해서 내담자들에게 적용하는 데 어려움이 없다. 감사하게도 내가 여태껏 가르친 슈퍼바이지들은 대부분 슈퍼비전 받는 것을 좋아했고, 최대한 많이 배우려고 노력했다. 그러나 치료자 중에는 새로운 것을 받아들이는 것에 대해 저항을 하는 경우도 있다. 마치 변화에 대해 불안해하며 정체되어 있는 내담자들과 마찬가지로 슈퍼비전에 방어적 자세를 취하는 모습을 보인다. 이런 식의 저항은 슈퍼바이저와 슈퍼바이지의 적합도가 좋지 않거나 성격적으로 맞지 않아서 나오는 경우가 많다. 어떤 경우라도 슈퍼바이지의 교육과정을 복잡하게 만든다. 내담자의 저항이 치료적으로 걸림돌이 되는 상황을 극복하는 것은 어려운 작업이다. 마찬가지로 슈퍼바이지의 저항으로 인해 슈퍼비전에 문제가 생길 때 이를 해결하는 것 또한 쉽지 않다. 치료자로서 내담자의 치료적 성숙을 재촉할 수 없는 것과 마찬가지로 슈퍼바이저로서도 슈퍼바이지가 전문가로 성숙해 가는 데 필요한 시간을 견뎌야 한다.

슈퍼바이저-슈퍼바이지의 성격 특성

만약에 슈퍼바이지가 멘토의 사고를 받아들이고 슈퍼비전의 권고사항을 실천할 수 있는 내적 이해와 자율성이 부족하거나, 관점의 차이를 해결할 수 있는 문제 해결적 대화를 시도하지 못할 때, 슈퍼바이저는 환자를 염려하는 마음에서, 임상가(슈퍼바이지_역주)가 자연스럽거나 쉽게 할 수 있는 범위를 넘어서는 방식으로 행동할 것을 요구해야 할 수도 있다. 이와 같은 추가적인 부담은 슈퍼비전 동맹에 불편감을 가져올 수 있는데, 슈퍼바이저와 슈퍼바이지 성격의 개인차에 따라 그 수위는 다를 수 있다. 그래서 이 장에서는 슈퍼바이저-슈퍼바이지 쌍(dyad)에 부담이 될 수 있는 다양한 역동에 대해서 살펴보고자 한다. 그리고 이러한 상황이 벌어졌을 때 어떻게 문제들을 풀어 나갈 수 있는지에 대해서도 고민해 보고자 한다.

나는 전반적으로 히스테리성, 우울적 성향을 가지고 있다. 그렇다고 내가 히스테리 증상이나 임상적 우울증을 앓고 있다는 것이 아니라, 내 성격 유형이 그런 쪽으로 구조화되어 있다는 의미이다. 내가 이 장에서 제시하는 다양한 사례를 보면 나의 이러한 성격 특성이 드러날 수도 있을 것 같다. 슈퍼비전 관계는 슈퍼바이저인 나 자신 그리고 나에게 자문이나 슈퍼비전을 받는 사람들의 심리적 역동 간의 복잡한 상호작용에 근거한다. 따라서 이 장에서 내가 제시하는 내용 역시 각기 다른 성격 특성을 가진 슈퍼바이저가 자신의 성격 특성에 맞는 선에서 받아들여야 한다. 그리고 슈퍼바이저들은 그 내용을 활용함에 있어, 즉 자신들이 슈퍼비전을 할 때 대면할 수 있는 슈퍼바이지의 저항이나 슈퍼바이지와의 관계에서 경험하는 어려움을 풀어갈 때, 슈퍼바이지의 성격적 특성을 감안해서 슈퍼바이지들이 최대한 잘 받아들일 수 있는 방식으로 절충해야 한다.

우울적, 피학적 역동과 슈퍼비전

앞 장에서 언급했던 것처럼 슈퍼바이저와 슈퍼바이지를 포함한 상담자 혹은 심리치료자의 심리는 우울적 혹은 자기 패배적 역동으로 채색된 경우가 많다(Hyde, 2009). 우울적, 피학적 양상은 내재화 과정과 반동 형성, 특히 뿌리 깊게 자리잡은 죄의식, 자기 비난, 그리고 자신을 희생해 가면서까지 다른 사람들의 욕구와 그들의 관점을 우선시하는 것(Campos, 2013; Huprich, 1998, 2014; McWilliams, 2011; Shedler & Westen, 2004)으로 드러난다. 치료자들에게 우울적, 피학적 경향이 많다는 것을 감안하면, 가장 흔한 슈퍼비전 쌍(dyad)은 성격적으로 우울한 멘토와 우울적으로 구조화된 멘티의 조합으로 이루어진 경우이다. 4장에서 나는 슈퍼비전에서 임상가가 보이는 "피학적 방어(마조히즘적 방어)"를 해석하는 중요성에 대해 설명했다. 이 방어는 흔히 자동적인 자기비판의 형태로 나타나며, 이는 슈퍼바이저가 자신의 접근방식이 맞지 않다고 할 것이란, 예상되는 불승인을 무의식적으로 미리 차단하려는 의도를 담고 있다. 이와 같은 현상은 상황적으로 촉발된 구체적인 자기공격적 역동(self-attacking dynamics)의 표현으로 종종 명명되고, 맥락화되고, 초월될 수 있다. 그러나 더 일반적이고 덜 눈에 띄지만, 슈퍼비전에서 주의가 필요한 우울적이고 자기패배적인 심리의 특징들도 있다. 예를 들면 환자와의 관계에서 한계를 설정하지 못하는 문제, 슈퍼바이저와의 의견 차이를 인정하지 못하거나, 비위를 맞추려는 경향, 진정성(authenticity)을 희생하면서까지 타인의 자존심을 지켜 주려는 경향, 그리고 환자나 자기 자신 안의 공격성을 인식하지 못하거나 다루지 못하는 문제 등이 있다.

우울적 슈퍼바이지를 슈퍼비전할 때 가장 어려운 점은, 특히 슈퍼바이저 역시 우울적 성향을 공유할 때, 슈퍼바이지의 자기애적 균형(자존심_역주)을 지켜 주기 위해 그 사람의 치료적 작업에 대한 정당한 비판을 주저하게 되는 경향일 수 있다. 보완적 역동으로, 우울적 슈퍼바이지는 슈퍼바이저의 자존감을 지켜 주려는 자동적인 경향이 있기 때문에 둘 사이에 존재하는 관점의 차이에 대해서 잘 탐색하지 못할 수 있다. 그렇게 되면 슈퍼바이지가 슈퍼비전을 통해서 배울 수 있는 역량도 제한적이 될 수밖에 없다. 우울적 성격 특성을 가진 사람들은 본인들이 의지하고 있는 사람들을 이상화하거나 과도하게 돌봐주려는 경향이 있다. 자기애적 심리를 가진 사람들이 "내 담당의사는 우리나라에서 제일 유명한 사람이에요!" 혹은 "그건 정말 천재적이에요!"처럼 공허하게 이상화하는 것과 달리, 우울적 성향을 가진 사람들은 상대방의 실제적인 자질을 근거로 이상화한다. 슈퍼비전에서 그들은 멘토의 지식, 친절함, 선의를 진심으로 높이 평가한다.

이와 같은 성격적 양상 때문에 우울적 치료자들을 슈퍼비전하는 것은 큰 기쁨이다. 우울적 특성을 가진 슈퍼바이지들은 솔직하고 근면하며 슈퍼바이저의 관점을 잘 받아들이고, 슈퍼바이저의 조언대로 따르려는 노력을 한다. 그런데 우울적 성향의 슈퍼바이지를 슈퍼비전하는 멘토들은 슈퍼바이지가 슈퍼비전에서의 협업 혹은 내담자의 치료적 진전에 도움이 될 수 있는 부정적인 피드백을 하지 않는 것은 아닌지 살펴봐야 한다. 우울적 성격 구조를 가진 치료자가 안전하다고 느껴서 의견 차이나 비판을 표현할 수 있도록 돕는 것은, 해당 슈퍼바이지의 전문적 발달에 매우 중요한 부분이다. 치료자들에게는 공감에 지나치게 치우치는 바람에, 한발 물러서서 무엇이 문제인지 살펴보고, 다루어져야 할 것을 분명히 지적하지 못하는 것이 일종의 재앙(curse)이 될 수 있다.

임상가의 역할에서 중요한 것은, 모든 슈퍼바이지가 배우게 되는 불편한 진실인데, 달갑지 않은 정보를 어떻게 전달할 것인가이다. 환자가 개인적으로 공격받았다고 느끼지 않도록 하면서 사실을 있는 그대로 말하는 기술은, 불편한 소식을 전하는 역할을 맡는 것에 대해 지나치게 주저한다면 결코 배울 수가 없다. 슈퍼바이저가 본인이나 슈퍼바이지가 보고 싶어하지 않는 부분에 대해 솔직하게 인정하는 모습을 보면서 치료자들은 본인들이 치료하고 있는 내담자와 진솔해지는 방법을 배울 수 있다. 슈퍼비전 상황에서 슈퍼바이저로부터 잘못을 지적받았을 때 자존심을 유지하면서 잘못한 부분에 대해서 이해하고 극복하는 것을 배우는 것을 통해서 슈퍼바이지들은 상담과정에서 환자들이 자신들을 평가절하하는 시도를 감내하는 인내력을 향상시킬 수 있다. 만약에 슈퍼바이지들이 전반적으로 지지적인 분위기에서조차 슈퍼바이저의 지적을 직면하는 것을 감내하지 못하면 치료장면에서 내담자의 부정적인 전이를 감내하는 것은 더더욱 어렵다. 예를 들면, 속으로는 분노하면서 겉으로는 공감하는 시늉을 하게 된다든지 하는 식으로 내담자들을 진솔하지 않은 방식으로 대하게 될 것이다. 만약 내담자가 무의식적으로 치료자를 화나게 만들려고 시도하는 상황이라면, 부정적 전이를 무마시키려는 치료자의 공감적 반응은 오히려 내담자로 하여금 공격성의 수위를 더 높이게 하는 결과를 초래할 수도 있다. 내담자가 부정적인 감정 표현을 통해서 전달하려고 하는 본인들의 메시지가 제대로 전달되지 않은 것에 대해 좌절감을 느끼면서 메시지 전달이 확실해지도록 치료자를 더 자극할 수 있기 때문이다.

슈퍼바이지들이 건설적인 비판을 받아들이는 것을 배우는 것은 전문성 개발에 추가적인 이득이 있다. 우리 분야에서 생존하기 위해서는 강력한 반대의사를 피력하는 것이 반드시 상대를 공격하는 것을 의미하지 않는다라는 것을 배워야 한다. 개인적 보복을 두려워해야 하는 증거가 없는 상황이라면 비판적인 코멘트를 개인에 대한 비난, 즉 인신공격으로 해석할 필요가 없다. 이렇게 불필요하게 방어적인 양상을 띠지 않고 비판을 받아들이는 역량은 꾸준히 키워 나가야 하는 부분이다. 이러한 주제에 대해 너무 예민하게 되면 임상 가이드라인의 특정 부분이나 정신건강 관련된 정책 혹은 심리치료 수련에 대한 표준 정책을 세우는 작업 등과 같은 더 큰 일을 해내기가 어렵다. 그리고 동료심사(peer review)를 바탕으로 하는 학술저널에 논문을 투고하는 것도 어려울 것이다. 왜냐하면 동료의 논문 심사평이 항상 외교적인 방식으로 제시되는 것이 아니기 때문이다.

우울적 역동이 뚜렷한 슈퍼바이저들은 슈퍼바이지의 핵심역동이 우울적이지 않음에도 불구하고 이들을 우울적이라 보는 식으로 슈퍼바이지에게 투사하는(슈퍼바이지가 우울적 역동인 양 슈퍼바이지에게서 자기 마음을 보는_역주) 경향이 있는 것 같다. 지금껏 내가 만났던 슈퍼바이지 중에 나를 가장 힘들게 했던 경우는, 너무 감사하게도 우리 같은 전문직이 본인에게는 너무 힘든 직업이라고 포기했던 이성애자 남성 치료자인데 그는 어린시절 성적 학대 경험 때문에 외상후 증상을 호소하는 이성애자 여성 내담자를 치료하고 있었다. 이 여성 내담자가 지속적으로 안아 달라는 요청을 해서 안아 주다가 급기야는 성기가 발기되는 경험을 하게 되었다고 했다. 이 상황을 슈퍼바이저인 내게 설명을 하면서 내담자의 유혹적인 모습과 제스처 때문에 자기가 얼마나 힘들었는지에 대해서 지속적으로 불평을 늘어놓았다. 그러나 이 내담자와의 관계에서 이와 같은 역동이 빚어지는 데에 본인이 기여한 부분이 있을 수 있다는 통찰은 전혀 없었다.

만약에 내가 이런 이야기를 다른 사람으로부터 들었다면 잘못 생각하고 있다고 판단했을 것이다. 그런데 나는 그때 이 슈퍼바이지를 좋아했었고, 우리 분야에 처음 입문하는 단계라서 이와 같은 성적인 역전이가 특히 성적 학대를 경험한 내담자를 치유할 때에 종종 일어난다는 것을 아직 잘 몰라서 그런 것이라고 생각했다. 그랬기 때문에 이 슈퍼바이지의 얘기를 들으면서 이 사람이 얼마나 힘들었을까 하는 동정심을 느꼈다. 그리고 만약 내가 이 슈퍼바이지에게 본인이 상담 윤리를 어겼다고 지적하게 되면 얼마나 마음이 많이 상할까 걱정했다. 나는 그가 심각한 실수를 저질렀고, 그것은 환자가 과거에 경험했던 가해자들을 연상시키는 방식으로 정상적인 치료적 경계를 넘는 것이라는 것을 알고 있었지만, 그가 환자를 병리화하고 자신의 행동을 정상화하는 데 동조하고 있었다. 어린 시절 성적 학대로 인한 외상을 경험한 내담자에게 이렇게 모든 잘못이 피해자인 본인에게 귀결되는 역동을 만드는 것이 얼마나 치명적인지 나는 너무나 잘 알고 있었음에도 불구하고 그렇게 행동했다.

다행히도 이 슈퍼바이지는 일대일로 슈퍼비전을 받는 동시에 집단 슈퍼비전 그룹에도 속해 있었다. 이 슈퍼바이지가 집단에서 자기 내담자와의 일을 이야기하자 집단에 있던 동료들은 한목소리로 슈퍼바이지가 잘못된 판단을 했다고 지적했다. 이런 집단의 반응을 통해서 의도치 않게 내가 그동안 모든 것을 내담자의 역동으로 치부하고 슈퍼바이지를 감싸 왔다는 것을 깨닫게 되었다. 나도 모르는 사이에 나는 슈퍼바이지가 Klein(1946)이 말하는 우울적 자리로 이동하는 것을 도와주는 대신에 이 슈퍼바이지가 편집-분열적 자리에서 내담자를 비난하는 것에 동조하고 있었던 것이다. 이 슈퍼바이지와의 경험 때문에도 다음에는 편집적 역동에 대해 설명하고자 한다.

편집적 역동과 슈퍼비전

수련 중 나타나는 슈퍼바이지의 편집적 반응은 슈퍼바이지의 성격적 특성보다는 그가 처한 상황을 반영할 가능성이 있다는 점을 우선 인지해야 한다. 내가 6장에서 언급했듯, 수련 기관 및 수련 프로그램에서 수련생에게 적용하는 기준이나 규칙이 명확하지 않을 경우 편집적 환경이 만들어질 수 있다. 그리고 굳이 수련 시스템상의 문제가 아니더라도, 관찰의 대상이 되고 평가를 받아야 하는 상황에서 편집적 반응이 나오는 것은 이상한 일이 아니다. 슈퍼바이저들 또한 학생들로부터 강의 평가를 받을 때, 학부에서 정규직 임용을 염두에 둘 때, 혹은 수련 기관 차원에서 정신분석적 슈퍼바이저로서의 적합성에 대한 평가를 받을 때 가벼운 편집 증상을 겪을 수 있다. 이처럼 상황적으로 나타나는 편집성(paranoia)은 슈퍼비전에서 특별히 이상한 일이 아니다.

그런데 성격 역동의 영역에서는 다르다는 점을 주목해야 한다. 치료자의 역할에 끌리는 사람들이 현저한 편집적 성격 구조를 갖고 있는 경우는 드물기는 한데 개인적으로 나는 스스로를 편집적 성격이라고 밝히거나, 편집적인 경향이 있어 보이는 몇몇 슈퍼바이저와 슈퍼바이지를 알고 있다. 편집적 역동을 가진 슈퍼바이지를 슈퍼비전하는 것은 도전적인 일이며 때로는 직관에 반하는 작업이기 때문에, 이 부분에 대해서는 설명이 다소 길어질 것 같다. 나는 편집적 성격 유형을 가진 사람들에게 슈퍼비전이나 자문을 한 경험이 그리 많지 않기 때문에 다음에서 내가 제시하는 내용은 잠정적으로만 들었으면 한다.

먼저, 나는 "편집성(paranoia)"이라는 용어를 비이성적인 의심이나 공포를 가리키는 DSM의 기술적 의미로 사용하고 있지 않음을 명확히 밝히고 싶다. 사람은 다양한 역동적 요인들(예를 들어, 공포증적 또는 외상 후 과정)에 의해 비현실적인 두려움을 느낄 수 있다. 편집적 과정은 정신분석 문헌에서 이론적으로 제시된 바와 같이(예: Auchin-closs & Weiss, 1992; Freud, 1896, 1911b; Meissner, 1978; Oldham & Bone, 1997; Shapiro, 1965), 불편한 내적 상태(예: 분노, 욕망, 취약성, 수치심, 시기심)를 부인하고 그것을 다른 사람들에게 투사하는 것을 포함하며, 그렇게 자신이 아닌 투사의 대상이 된 사람들이 자신이 소화하지 못해 투사해 버린 감정 상태를 경험하는 것으로 본다. 이렇듯 자신의 내면에 존재하지만 수용할 수 없는 것들이 투사되어 외부의 것으로 경험되기 때문에 오히려 상대로부터 위협을 느낀다. 성장 과정 중에 있는 아이의 편집적 성향은 가족이나 또래로부터 반복적으로 모욕을 당하거나(Garfield & Havens, 1991; Shengold, 1989) 가스라이팅당한(Calef & Weinshel, 1981) 경험에서 비롯되었을 수 있다. 혹은 단순히 자신의 흑백논리적인 기준에 기반해서 착한 아이가 아니라는 주관적인 경험을 통해서도 발생할 수 있다. 편집적 과정에서, 잠재적으로 모욕감을 느끼게 하는 것은 그것이 무엇이 됐든 재외상화될 위험성이 있기 때문에 본인은 이를 부인하고 투사해 버리게 된다.

그렇기 때문에 편집적인 슈퍼바이지를 가르칠 때 슈퍼바이저가 가장 중요하게 고려해야 할 점은 치료자와 인간적으로 동등한 관계를 맺고 그들에게 수치심을 주거나 무시당하는 느낌을 주지 않도록 조심하는 것이다. 편집적인 사람들은 인정하고 존중하는 것이 아니라 은근히 무시하거나 깔보는 듯한 태도에 극도로 민감하다. 반면에 이들은 슈퍼바이저와 의견 차이가 있는 것 자체를 두려워하지는 않는다. 우울적 성격을 지닌 치료자들과 달리, 슈퍼바이저가 "있는 그대로 말해 주는" 솔직함을 보여 주고 은근히 뒤에서 조종하려는 의도가 없다는 것을 깨달으면 안도하는 경향이 있다. 하지만 의견 차이가 있다는 사실이나 뭔가 수정하거나 변해야 할 것이 있다는 것을 제안하는 방식에서 굴욕감을 느끼게 되면 더 이상 배움을 이어갈 수 없을 만큼 경직된 방어들이 나타날 수 있다.

특히 편집적인 슈퍼바이지가 과거에 가스라이팅을 당한 경험이 있으면, 멘토에게 훨씬 더 높은 수준의 솔직함을 요구한다. 슈퍼바이저의 솔직하고 특별할 것 없는 평범한 모습에도 종종 자격지심을 갖거나 부정적인 의미 부여를 하는 경향이 있다. 즉, 감정이나 태도는 정확하게 맞추지만 해석을 잘못하는 경향이 있다. 따라서 생각 없이 내뱉는 말이나 별거 아닌 사소한 얘기도 자기를 빗대어 하는 말이라고 생각하거나 비판적으로 받아들일 가능성이 있다는 점을 염두에 두어야 한다. 내가 평소 편집적 성향이 두드러지는 멘티와의 관계에서 당면하는 어려움에 대처하는 방식을 다음에 제시한다. 일단 치료자와 내가 좋은 슈퍼비전 동맹을 맺은 상황을 기본으로, (1) 내가 할 수 있는 한 최대한 솔직하게, (2) 특히 나의 불확실성이나 단점에 대해서는 평소보다 훨씬 더 많은 자기 개방을 한다. 나에게도 한계가 있다는 것을 지극히 사실적으로 말해 준다. 그렇다고 해서 치료자로서의 유능감과 자신감을 과소평가하지는 않는다. 이렇게 나에 대한 기본적인 신뢰를 기반으로 겸손한 태도를 보이는 데에는 여러 가지 이유가 있다.

첫째, 나는 나 자신의 실수와 실패를 드러내는 것이 편집적 · 분열적 이분법(예: 좋은 기법 vs 나쁜 기법, 유능한 개입 vs 무능한 개입, 윤리적인 실천 vs 비윤리적인 실천)을 줄이는 데 기여하기를 바란다. 수련생의 한계를 직접 지적하여 굴욕감을 주고 그로 인해 심리적으로 혼란을 초래하기보다는 나 자신이 모범을 보여 주어 치료자가 정신화할 수 있는 능력을 갖추도록 유도하고자 한다. 전적으로 좋거나 나쁜 것이 아닌 더 나은 것과 덜 나쁜 것에 대해 생각할 수 있고, 하나를 얻으면 다른 하나를 잃을 수도 있다는 사실을 깨닫고, 심리치료의 복잡성과 관련된 다양한 요소들을 이해하려고 노력하는 것은 편집적 성향이 있는 치료자들에게 특히 중요하다. 이 영역을 다룰 때, 나 자신의 행동을 예시로 삼되 비판적이거나 해석적인 논평은 하지 않음으로써, 슈퍼바이지가 피할 수 없는 인간적 한계 때문에 느끼게 되는 굴욕감에 대한 전반적 취약성을 줄여 주려고 노력한다.

둘째, 나는 편집적 성향이 있는 사람이 방어적으로 거부하거나 수치스러워 하는 부인(disavowal)이나 투사적 방어를 직면시키기보다는 보통 부정적으로 여겨지는 나 자신의 정신 상태를 드러냄으로써, 그 사람이 부인하고 투사할 필요성을 느끼게 만드는 생각 · 감정 · 환상이 해독(detoxify)되기를(사라지기를_역주) 기대한다. 예를 들어, 어떤 슈퍼바이지는 상실과 분리와 같은 상황에 대한 자신의 예민성을 부인하는 대신 자신의 고통에 대해 남을 탓하려는 경향이 있었다. 이 슈퍼바이지와의 작업에서, 나는 그의 환자 중 한 명과의 역동에 대해 설명하는 과정에, 이별에 대한 나 자신의 불안하고 우울한 반응에 대해 솔직히 얘기하면서 몇 가지 예시를 들어 주었다. 나는 그가 상실에 대한 감정을 인정하는 나의 모습과 동일시할 수 있기를, 그리고 편집적인 정신 상태에 갇히기보다는 정상적인 슬픔의 반응을 받아들이는 방향으로 나아가기를 바랐다. 그가 그렇게 할 수 있다면, 아마도 자신이 상담하는 환자들도 그렇게 할 수 있게 도울 수 있으리라 믿었다.

셋째, 내가 슈퍼바이지나 그들이 알고 있는 사람들로부터 비난의 대상이 될 때, 나는 비난의 내용과 비난하는 사람을 차별화하는 능력을 본보기로 보여 주기 위해 노력한다. 내가 소속된 정신분석 기관에서 나와 동료 간의 정치적 언쟁이 있었다는 것을 풍문으로 들어 알고 있던 편집적인 성향이 있는 슈퍼바이지가 있었다. 그녀는 내가 공적인 영역에서 그 남성과 공격적으로 싸우고 있음에도 불구하고, 우리가 여전히 따뜻한 개인적 관계를 유지하고 있다는 사실에 매우 놀라워 했다. 우리의 우정을 언급함으로써, 나는 이 여성이 의견 차이가 있는 사람들을 나쁜 대상으로 여길 필요는 없으며, 중요한 문제에 대해서 의견을 달리하는 사람들과 친하게 지내는 것이 위선적인 것이 아니라는 것을 이해할 수 있게 되길 바랐다.

내가 언급했듯이, 편집적인 사람들은 자신의 감정적 환경에 과민하게 반응하며, 종종 감정을 정확하게 파악하기도 한다. 문제는 파악한 내용이 아니라, 그 의미를 자기 참조적으로 해석하는 데 있다. 편집적 성향을 가진 치료자가 한 개인이 취하는 입장과 그 사람 자체를 구분하지 못하고, 심지어 이 둘의 차이를 지적으로도 이해하지 못한다면 임상적으로 심각한 어려움을 겪게 될 것이다(그리고 이것은 앞서 내가 언급했던 편집적 슈퍼바이지에게는 무척 다루기 어려운 부분이다. 그녀는 내가 동료의 위험성에 대해 너무 순진하게 생각하고 있다고 걱정했다). 예를 들어, 그들은 정치적으로 자신과 견해를 달리 하는 환자들과 작업하는 데 어려움을 겪을 것이다. 그들은 정당한 비판과 증오를 혼동할 것이다. 더 미묘한 측면에서 그들은 자신의 양육자를 미치도록 비난하는 환자들이 사실은 양육자를 사랑한다는 현실을 받아들이는 데에 어려움을 겪을 것이다. 이러한 양가감정을 이해하지 못한다면, 그들은 부모에 대해 불평하는 환자에게 부모와 같은 권위자들은 괴물같이 못된 존재라고 동의해 주어야 환자가 지지를 받는 느낌을 갖게 될 것이라 잘못 생각할 수 있다. 아마 이들은 환자가 자신을 방임했거나 학대했던 부모를 옹호하는 모습을 보게 되면 매우 놀랄 것이다. 그들은 부정적인 전이를 통해 치료자를 괴롭히는 환자들이 사실은 치료자에게 깊은 애착을 가질 수도 있음을 이해하는 데도 어려움을 겪을 것이다.

넷째, 나는 따뜻함(warmth)과 약함(weakness)을 구분하지 못하는 전형적인 편집적 사고를 대면시키는 경향이 있다. 편집적 성향을 가진 사람들은 종종 끔찍한 딜레마에 빠져 있다. 그들은 자신의 부정적인 감정이 강력하고 위험하다는 무의식적인 불안을 가지고 있다. 동시에 그들은 긍정적인 감정(예: 애착, 연민, 희망, 신뢰, 즐거움)과 더 수동적인 부정적인 상태(예: 슬픔, 수치심, 갈망)가 그들을 다른 사람의 학대에 노출되기 쉽게 만든다고 걱정한다. 그리고 부드러운 감정을 취약성과 순진함으로 동일시하는 경향이 있다. 따라서 그들은 단단하고 위축되지 않은 듯 보이면서도, 동시에 감동받는 것을 두려워하지 않는 슈퍼바이저를 필요로 한다. 취약함을 차분히 받아들이는 멘토의 태도는 편집적 성향의 슈퍼바이지에게 멘토가 그의 적대감, 공격성, 시기심, 그 밖의 부정적 정신 내용에 의해 손상되지 않는다는 확신을 줄 수 있다. 슈퍼바이저의 견고함(solidity)이 느껴질 때, 슈퍼바이지는 그런 내적 상태들을 부인하고 투사해야 할 필요성이 줄어든다.

나는 다소 편집적인 한 슈퍼바이지가 자기 환자의 고통스러운 과거사를 설명할 때 내가 눈물을 보이자 매우 힘들어 했던 기억이 있다. 그 슈퍼바이지는 나의 반응을 보고 내가 감정적으로 무너지기 직전이라고 생각한 듯했다. 하지만 내가 연민을 느낄 수 있는 능력이 약점이 아닌 강점이라 설명하고 슈퍼비전을 진행하자 매우 놀라는 모습을 보였다. 나는 스토아주의처럼 감정을 억제하는 것이 강인함을 의미하거나, 치료 시간에 고통스러운 모습이나 눈물을 보이는 것이 일종의 "통제 상실"을 의미한다고 치부하는 것은 제한된 서구식 사고방식을 반영한다고 말해 주었다. 다양한 문화권에서 강렬한 감정을 표현하는 것은 약점이 아니라 힘과 연관된다. 예를 들어 호메로스의 『오디세이아(Odyssey)』에서 주인공은 강력한 리더십의 표본이지만, 전투에서 사랑하는 친구들을 잃을 때마다 많은 눈물을 흘렸다. 그런데도 고대 그리스인들은 오디세우스를 겁쟁이로 여기지 않았다고 말해 주었다.

마지막으로, 나는 다른 성격적 특성을 가진 사람들에 비해 편집적 성향이 있는 수련생들에게 슈퍼비전에 대한 평가와 우리의 협력 관계에서 바꾸고 싶은 것이 있는지 알려 달라는 요청을 더 많이 한다. 왜냐하면 편집적 특성 중에는 비밀을 지키려는 경향이 있는데 이는 임상적 성숙을 막는 적이기 때문이다. 편집적 슈퍼바이지는 내면의 반응을 부정하고 그것을 다른 이에게 투사하려는 경향이 짙고, 때문에 정직한 피드백이 관계를 반드시 손상시키는 것이 아니라는 것을 배우는 것이 더더욱 필요하다.

편집적인 사람들은 자신들이 느끼는 것을 솔직히 말해 보라는 지시에 따르는 게 쉽지 않아 적응할 시간이 필요하다. 직접적으로 말하라고 하는 것은 그들을 겁먹게 한다. 그들은 반드시 보복이 따를 것으로 예상하기 때문이다. 자신들이 슈퍼바이저에게 솔직히 표현한 내용이 슈퍼바이저의 기대에 부합하지 않더라도, 그로 인한 보복이 따르지 않는다는 사실을 이해하고 받아들이는 데 매우 오랜 시간이 걸릴 수 있다. 편집적 성향을 가진 치료자들을 슈퍼비전하는 것은 무척 도전적이고 그들의 성격에 적응하는 것 또한 쉽지 않지만 한편 무척 보람 있는 일이기도 하다. 이렇게까지 민감한 사람들은 좋은 치료자가 되기 위해 많은 고통을 감내하고 부단히 노력하면서 높은 윤리적 기준도 유지하고 있다. 그래서 그들의 이러한 성격 특성을 이해하고 존중해 주는 환경에서 치료자로서 잘 성장할 수 있다.

분열성 역동과 슈퍼비전

흥미롭게도 나에게 치료자로서 가장 강력하고 지속적인 영향력을 미친 슈퍼바이저들과 자문가들은 자신들을 거리낌 없이 분열성 성향이라고 했던 사람들이다. 이때 그들이 말했던 분열성 성격이라는 의미는 DSM이나 ICD의 진단 기준에 기반을 둔 성격장애 분류 모델보다는 Guntrip(1969)이나 Seinfeld(1991)의 현상학적 묘사에 가깝다. 분열성 성격을 지닌 이들은 정신분석이란 직업에 매료되는 경향이 있다. 그들은 감정에 극도로 민감하며 근본적인 인간 문제에 대해 생각하는 것을 즐기고, 사람들 대부분은 의식하지 못하는 정신적 삶의 부분들과 의식적으로 친밀하게 연결되어 있다

(만약 주요 방어 기제가 철수라면 왜곡된 방어가 필요하지도 않다). 그리고 정신분석을 통해 그들이 지닌 친밀감 대 거리감의 갈등을 해결해 가는 것에 매력을 느낀다. 치료적으로 개입하는 것은 그들에게 강력한 친밀감을 경험할 기회를 제공하지만, 이는 제한된 시간과 장소, 역할이라는 신뢰할 수 있는 경계 내에서만 가능하다.

나는 분열성 성향을 가진 사람들에게 자연스러운 따뜻함을 느끼며, 분열성 역동을 핵심 역동으로 하는 치료자들에게 자문을 해 주는 것을 매우 좋아한다. 그들은 공감적으로 몰입하는 것과 경계를 설정하는 것 둘 다 잘하는 경향이 있다. 그래서 그들은 연극성 혹은 경계선적 역동을 지닌 환자들과 작업하는 것, 즉 다소 집착하며 자신의 모습을 과장되게 연출하는(self-dramatizing) 환자들을 치료할 때 힘들어 한다. 내 초기의 멘토 중 한 명은 스스로를 분열성으로 진단했으며, 연극성 혹은 경계선적 역동을 지닌 환자들은 "정직하지 않다"고 생각해 치료할 수 없다고 말하곤 했다. 그런 환자들은 그 멘토에게 아주 낯선 방어 기제인 억압, 전치, 반동 형성, 행동화 등을 사용했다. 내 멘토는 오히려 정신증적 수준의 환자들과 작업하는 것을 선호했는데 그들의 고통은 과장 없는 "진짜"라고 생각했기 때문이다.

분열성 성향의 사람에게 지극히 외향적이고 관계 지향적인 사람들은 이상하게 보일 수 있다. 마찬가지로 분열성 성향의 사람들이 보이는 지극히 내향적인 성향은, 타인을 침해와 자극의 원천이 아닌 편안함과 즐거움의 원천으로 여기는 사람들이 보기에는 매우 이상해 보일 수 있다. 분열성 성향을 가진 사람들에게는 슈퍼바이저가 민감하게 반응하는 것이 특히 중요하다. 분열성 성향을 지닌 사람들에게 회피애착 유형이 흔하다고 알려져 있는데, 회피애착 유형은 좋지 않은 슈퍼비전 경험을 초래한다는 실증연구가 있기 때문이다(Mesrie, Diener, & Clark, 2018; Wrape, Callahan, Rieck, & Watkins, 2017).

분열성 역동을 가진 사람들은 자신들이 미쳐버릴까 봐 걱정하고 정신병

상태에 있는 사람들과 일종의 동질감을 느끼는 경향이 있지만 분열성 심리는 분열성 병리와 동일하지 않다. 분열성 성향을 가진 사람과의 슈퍼비전은 슈퍼바이지가 자신의 독특함과 풍부한 상상력, 그리고 뛰어난 예술적 감각이 어떠한 편견과 판단 없이 있는 그대로 존중받고 있다고 느끼면 더 잘 진행될 것이다. 슈퍼바이저가 분열성 치료자로 하여금 외향적이고, 요구가 많고, 때로는 연극적인 내담자들의 내면 세계를 정신화하도록 도울 수 있으면 그 또한 도움이 될 것이다. 분열성 치료자들이 내담자들의 방어를 인내할 수만 있다면, 그들은 강하게 반응하는 내담자들에게 특히 치유적일 수 있다. 이런 내담자들은 반응하지 않는 치료자와 지속적으로 함께 있음으로써 자신의 경계가 침해와 트라우마적 침투로부터 안전하다는 것을 배우게 된다.

멘토에게 분열성 성향이 있다면, 슈퍼바이지는 그것을 직관적으로 알게 될 것이다. 사실, 슈퍼바이지는 그에게 동질감을 느꼈기 때문에 해당 슈퍼바이저를 선택했을 수도 있다. 슈퍼바이저가 자신의 분열성 성향을 일부 인정한다면 슈퍼비전 동맹에는 크게 도움이 될 수 있다. 분열성 역동을 가진 슈퍼바이지는 같은 역동을 가진 슈퍼바이저로부터 한 종족(tribe)으로서 따듯하게 맞아지는 경험을 할 수 있다. 분열성 슈퍼바이저와 분열성 슈퍼바이지 쌍(dyad)의 경우, 수련생은 자신의 슈퍼바이저를 통해 분열성 역동이 사회적 혹은 개인적인 삶을 어렵게 만들 수는 있지만 치료 작업에 있어서만큼은 좋은 점도 많다는 것을 실제로 경험할 수 있게 된다.

히스테리성(연극성) 역동과 슈퍼비전

히스테리성(연극성)* 역동을 가진 사람들은 보편적으로 예민한 편이지만, 정서적 형평성을 위협하는 감정에 대한 방어는 각기 다르다. 히스테리성

---

* 나는 "히스테리성(hysterical)"과 "연극성(histrionic)"을 심각성의 연속선상에 있는 개념으로 사용하고 있다. 역사적으로 "연극성"이라는 용어가 보다 심각하고 조절되지 않는 히스테리성 심리를 설명하는 데 사용되어 왔다는 점이 DSM에서 관련 성격장애를 연극성 성격장애(histrionic personality disorder)로 명명한 이유 중 하나이다.

및 연극성 역동의 중심에는 과잉자극 상태에 대한 취약성, 내면적으로 스스로가 보잘것없는 혹은 열약하다는 느낌, 그리고 성별, 성(sexuality) 혹은 권력과 관련된 주제에 대한 민감성이 자리하고 있다. 이러한 문제를 가진 사람들은 경미한 형태의 부인과 해리, 퇴행 그리고 주의를 딴 데로 돌리기 위해 위기 상황을 만들어 내는 한편 이런 상황을 스스로 자초한 것이 아니라 자신들에게 "우연히 생긴 일"인 양 경험하는 전치를 통해 과도한 자극을 처리한다. 연극성 역동을 가진 슈퍼바이지들은 사실 관계보다는 인상에 근거해 판단하는 인지 양식을 갖고 있기 때문에(Shapiro, 1965), 슈퍼바이저들은 이들이 치료적 상황에 대해 모호하게 혹은 축소해서 설명하는 것처럼 보이면 세부사항에 대해 자세히 물어보고 구체적으로 탐색하는 것이 중요하다.

우울적, 피학적(masochistic) 성격을 가진 사람들처럼 히스테리성 역동을 가진 치료자들도 대개 슈퍼비전에 명백한 장애가 될 법한 행동을 하지는 않는다. 내가 히스테리성 성향의 치료자들과 작업하는 것과 관련하여 언급한 대부분의 설명은 좀 더 심하게 히스테리성으로 조직화된 치료자들과 작업할 때에도 똑같이 적용된다. 우울한 치료자들처럼 그들은 슈퍼바이저를 기쁘게 하고 싶어 이상화할 수도 있다. 그리고 그들 역시 우울하고 피학적인 치료자들과 마찬가지로 비판적으로 사고할 수 있도록 격려받아야 하고, 자신의 내적 반응을 충분히 이해할 수 있도록 해야 한다. 그들은 자신이 그들이 통제할 수 없는 힘의 희생양이 된다고 느끼기 때문에 자신 안에서 힘을 찾아야 한다. 내 정신과 의사 동료 중 한 명은 임상 장면에서 어려움을 겪고 있는 레지던트들이 자신의 지도나 권위에 무력하게 의존하는 모습을 자주 마주하게 된다고 한다. 그래서 그녀는 자신의 조언에만 맹목적으로 매달리는 수련생/치료자에게 부드럽게 놀리듯 말한다고 했다. "네, 이 환자에게는 의사가 필요하죠. 아 맞다! 당신이 그 사람의 의사였네요! 그렇죠? 어떤 반응이 필요하다고 생각하나요?"라고.

히스테리적인 성향이 좀 더 심한 치료자들을 멘토링할 때는 성별, 성적 지향, 권력과 관련된 주제가 자주 문제의 중심으로 떠오른다. 가장 문제적인 슈퍼비전 쌍(dyad)은 히스테리적 성향을 가진 여성 치료자(슈퍼바이지)와 통찰력 있고 유능하다는 평가를 받으려는 자기애적 욕구를 지닌 이성애 남성 슈퍼바이저의 조합일 수 있다. 문제는 슈퍼바이지는 자신만의 통찰력과 역량을 키워야 하는데 정작 슈퍼바이저는 자신의 능력을 그녀에게 과시하고 싶어한다는 것이다. 이는 비교적 익숙한 상황인데 이때 발생할 수 있는 최악의 시나리오는 다음과 같다. 슈퍼바이저는 자신의 우월성을 입증하고자 하는 욕구를 억제하지 못하고, 슈퍼바이지는 자신이 열등하다고 느끼거나 열등해 보이는 것을 극복하기 위해 은근히 슈퍼바이저를 유혹해 슈퍼바이저와의 권력의 균형을 재조정하려는 시도를 한다. 그러면 슈퍼바이저는 주의가 산만해지거나 슈퍼바이지에게 성적으로 끌리게 되어, 슈퍼비전은 초점을 잃을 수 있다. 유사한 권력 투쟁은 때때로 성별이 정반대인 슈퍼바이저-슈퍼바이지 쌍(dyad)에서도 발생할 수 있다는 추론이 가능하다. 히스테리적 성향의 이성애 남성 치료자가 자기애적 성향의 이성애 여성 슈퍼바이저에게 슈퍼비전을 받는 것이다. 관련된 문제는 둘 중 하나 혹은 둘 다 핵심적인 히스테리성 역동을 가진 경우, 혹은 동성애 성향의 슈퍼바이지와 슈퍼바이저에게도 적용될 수 있다.

히스테리성 성격을 지닌 이들을 멘토링하는 치료자는 환자의 강렬한 감정이나 불안한 전이에 직면하더라도 슈퍼바이지가 자신의 주체성, 견고함, 성숙함을 유지하도록 해 주는 것이 최우선 과제가 되어야 한다. 슈퍼바이지의 임상적 자료에 대해 즉시적으로 슈퍼바이저의 견해를 제시하기보다는, 치료자 본인은 어떤 일이 일어나고 있다고 생각하는지 먼저 묻는 습관을 들이는 것이 중요하다. 세부사항을 파고드는 것도 중요하다. 역전이에 대해 질문하는 것은 가치 있지만 신중하게 접근해야 한다. 히스테리성 역동을 지닌 사람들은 쉽게 자신이 간파되거나 노출됐다고 느낄 수 있기 때문이다.

히스테리성 성향이 있는 슈퍼바이지들을 진지하게 대하는 것도 매우 중요하다. 비록 그들의 스타일이 스스로를 비웃거나(self-mocking) 더 극적으로 과장하는(self-dramatizing) 측면이 있더라도 그런 식으로 대해 주는 것은 역효과를 낼 수 있다. 왜냐하면 히스테리성 역동을 가진 사람들은 타인으로부터 경멸받을 것이란 기대를 해, 선제적으로 상대방이 거들먹거리는 행동을 하도록 유발하는 경향이 있기 때문이다(그리고 이것은 "신경증적 역설" 또는 "자기 충족적 예언"이라는 이름으로 알려져 있다). 그들은 자신을 은근히 조롱하거나 자신들의 감정 상태를 극화하여 이러한 감정들이 거짓인 양 보이게 만든다. 따라서 슈퍼바이저들은 이러한 감정들이 그들이 실제 느끼는 감정이라는 것을 스스로에게 상기시켜야 한다. 문제는 그들이 감정을 드러내는 방식에 있다. 그들이 소통하고자 하는 것이 어떻게 받아들여질지에 대한 불안감이 많아서 내용을 마치 가짜처럼 느껴지게 만들어 버린다는 것이 문제다. 나는 자기를 과장되게 극적으로 묘사하거나(self-dramatizing) 유혹적이거나 어린아이와 같은 순진무구한 얼굴로 바라보는 사람들을 진지하게 받아들이는 것이 얼마나 어려운지 잘 알고 있다. 하지만 이러한 방식으로 관계를 맺는 슈퍼바이지들은 특히 그들의 진정성, 전문성, 성인으로서의 역량에 대한 존중감을 더 필요로 한다. 결국에는 그 귀여운 제스처(cutesy gestures)들은 사라져야 한다.

이 주제에 대해서는 냉철한 정신분석적 해석조차도 설교조로 들리는 것을 피해가지 못한다. 히스테리성 성향을 가진 사람들은 무시당하기 십상이기 때문에, 그들을 유능한 성인으로서 존중하는 것이 특히 더 중요하다. 슈퍼바이저가 가르치는 내용을 슈퍼바이지가 받아들이기 어려운 것은, 그 과정에 은근한 경멸의 뉘앙스를 감지할 때이다. 나는 개인적인 경험을 통해 이런 점을 잘 알고 있다. 당시는 남성의 정당성에 대한 성차별적 가정이 정신분석과 미국 사회를 지배하던 때였는데도 불구하고 내가 애교를 동원해 슈퍼비전 상황을 모면하려고 할 때에도 나를 진지하게 대해 주려고 했던 내 정신분석 슈퍼바이저들에게 감사한다.

강박적 역동과 슈퍼비전

히스테리적 성향을 가진 슈퍼바이지들과는 매우 대조적으로 강박적 성향을 가진 사람들은 인상 따위에 의존하지 않는다. 그들의 문제는 나무 하나하나를 다 보느라 숲을 놓친다는 것이다. 그들은 감정을 최소화해야만 한다는 강박에 압도당하는 것이 아니라 애초부터 대부분의 감정에 접근 자체를 못 할 수 있고, 감정을 주지화(intellectualization)나 구획화(compartmentalization)하여 방어한다. 그들은 머리로는 치료적 접근방법을 숙달하고자 하는 생각을 갖고 슈퍼비전에 참여하지만 치료의 복잡성을 어떤 식으로든 정리가 필요한 혼란스러운 것으로 느낄 수 있다. 강박적인 슈퍼바이저와 강박적인 슈퍼바이지의 조합은 매우 흥미로운 학문적 대화를 이끌어 낼 수는 있겠지만, 가장 이상적인 슈퍼비전 상황에서 기대할 수 있는 수준으로 슈퍼바이지가 성숙하는 것은 기대하기 어려울 수 있다.

강박적인 치료자들이 흔히 저지르는 실수는 임상 작업을 지적으로 접근하는 것에서 비롯된다. 예를 들어, 내게 최근 자문을 구한 한 남성 치료자는 나에게 그의 여자친구가 경계선 인격장애인지 알고 싶다는 이유로 온 예비 내담자에 대해 이야기했다. 치료자는 이 질문에 흥미를 느꼈고 그 전제를 받아들였으며, 상담 세션 동안 내담자와 함께 경계선 인격장애를 진단하는 DSM 기준에 대해 이야기하며, 결국 그녀가 해당 진단 조건을 충족한다는 결론에 이르렀다. 치료자에 따르면 내담자는 기분 좋은 상태로 치료실을 나갔고, 자신이 친구와의 관계에서 겪는 문제들이 모두 여자친구의 성격병리로 인한 것이라고 확신하는 것처럼 보였단다. 그런데 그 내담자는 다음 시간에 오지 않았고, 치료자는 이 사실에 매우 충격을 받았다. 하지만 치료자는 내담자는 어떤 사람인지, 어떤 삶을 살아왔는지를 알아내거나, 여자친구를 병리적으로 보아야만 하는 필요성 뒤에 숨겨진 내담자의 감정과 방어기제를 고려하는 것을 완전히 간과했다. 나중에 이를 돌이켜보면서 치료자는 자신의 실패에 대해 성찰할 수 있었지만, 그 당시에 그는 너무 사례를 지적으로 보는 데 몰두해 있어서 정작 중요한 치료자로서의 역할을 제대로 수행하지 못했던 것 같다.

강박적인 치료자들은 잘 하려고 부단히 노력하는 사람들이다. 때문에 그들을 존경하기 쉽고 그들의 성실함과 지성은 칭찬받아야 마땅하다. 하지만 강박적인 치료자 본인들을 위해서나 그들이 상담하는 환자들에게 잠재적인 이익을 주기 위해서는 강박적인 치료자들을 좀 더 이완시키는 것이 슈퍼바이저가 해야 할 역할이다. 강박적 성향의 단점은 지나치게 진지하고, 생각이 너무 많아 장난스러움을 즐기거나 상상력을 발휘하는 능력, 직관적인 통찰을 가치 있게 여기는 태도, 임상적 지루함을 유머로 전환하는 여유가 없다는 것이다. 감정을 격리, 주지화, 합리화, 혹은 구획화하려는 경향이 있는 치료자를 슈퍼비전할 때는 일반적으로 이들이 정서를 회피하는 경향에 대해 강력하게 직면시켜야 한다. 감정을 회피하는 것을 직면시키지 않고 단순히 관망하기만 한다면 이들은 자신의 회피적 성향에 대해 정서적인 통찰을 얻지 못하고 그저 지적으로만 인정하게 될 위험성이 있다.

강박적인 슈퍼바이지는 무엇이 올바른 기술이고 무엇이 잘못된 기술인지에 대해 지나치게 집착한다. 따라서 농담을 하거나, 유머를 사용하고, 재미있는 이야기를 나누는 것은 과도하게 강박적인 임상 접근 방식을 누그러뜨리고 놀이의 공간을 확장하는 데 도움이 될 수 있다. 역할 놀이는 규칙에 얽매인 치료자들에게 활기를 불어넣을 수 있다. 역할 놀이에서는 환자도 "되어야만" 하기 때문에 그들은 환자를 신체적으로 모방함으로써 환자의 감정에 접촉할 수 있다. 슈퍼바이저는 그들이 갖고 있는 옳고 그름의 이분법적 사고를 직면시켜 그들의 창의적이고 즉흥적인 면을 확장시키고, 치료자로서 즐길 수 있는 재미와 즐거움을 만끽할 수 있도록 도울 수 있다.

외상후 역동과 슈퍼비전

우리들 중에 자신의 외상적 개인사를 이해하고 극복하기 위해 치료자가 되기로 한 사람이 많다는 것은 공공연한 사실이다. 치료자의 개인적인 트라우마는 공감과 인내심, 그리고 임상적으로 필수적인 다른 치유적 태도를 갖추는 기반이 될 수 있다. 하지만 이런 개인사는 치료 장면에서 어려움으로 작용하기도 한다. 우리 중 일부는 환자의 트라우마 경험을 들으면서, 특히 그 환자의 경험이 우리의 과거 트라우마와 유사할 경우, 감정적으로 쉽게 동요될 수 있다. 이차적 혹은 대리적 트라우마의 위험성은 이미 익히 알려진 바 있는데(Gartner, 2014; Pearlman & Saakvitne, 1995; Walker, 2004), 이런 문제들은 모든 치료자에게 해당되지만 특히 학대, 방임, 괴롭힘, 강간, 전투, 그리고 기타 외상 경험이 있는 치료자들에게 그렇다.

외상 경험으로 힘들어 하는 치료자를 슈퍼비전하는 슈퍼바이저들은 첫째, 슈퍼바이지가 트라우마를 경험해 본 적이 있는지 담담하게 물어봐 주고, 둘째, 슈퍼바이지가 치료 시간에 환자가 털어놓는 트라우마 경험에 대해 들으면서 어떤 감정적 반응을 하는지에 대해서 편하게 이야기할 수 있도록 잘 들어주고, 셋째, 슈퍼바이지가 이차적 트라우마를 겪지 않게 예방하고 혹은 그 강도를 줄일 수 있는 자기 돌봄(self-care) 전략에 대해서 알려주어야 한다(자세한 내용은 Walker, 2004 참조). 특히 슈퍼바이지들의 예민한 반응을 인정해 주고 정상화해 주는 것이 매우 중요하다. 왜냐하면 대부분의 트라우마 생존자들은 자학적인 내적 대화를 지속적으로 하기 때문이다. 가령 자신이 "과잉 반응을 한다"거나 "지나치게 연약하다"거나, "충분히 전문적이지 않다"거나, "애초에 내가 치료자가 될 수 있다고 생각한 것이 잘못됐다"는 식으로 자기 비난을 하기 쉽다. 만약 슈퍼바이저가 외상 경험을 가지고 있고, 슈퍼바이지에게 그렇다고 편하게 이야기할 수 있으면(치료자들이라면 그러한 경험 역시 삶의 한 부분으로 덤덤하게 받아들여야 한다고), 그러한 슈퍼바이저의 자기 개방은 슈퍼바이지들이 자신의 트라우마와 관련된 취약성에 대해 현실적으로 접근하는 데 도움이 될 수 있다.

외상 이력이 있는 환자들은 다른 사람들의 정신상태에 매우 민감할 수 있다. 따라서 그들이 치료중에 털어놓는 가슴 아픈 이야기들을 들으면서 치료자가 경험하는 역전이 반응을 알아차릴 때도 있다. 슈퍼바이지는 치료시간에 자신의 고통이나 해리반응을 환자가 감지하면 어떻게 대응해야 하는지에 대해 슈퍼바이저의 조언을 필요로 할 수 있다. 환자에게 다음과 같이 솔직히 말해도 된다는 사실을 일깨워 주면 슈퍼바이지는 큰 위안을 받는다. "○○씨가 겪은 일들에 대해 다 듣고 싶지만 한편으론 너무 가슴 아파서 제대로 듣는 게 어렵네요. 맞아요, 제가 ○○씨 이야기에 집중력이 떨어지기 시작했는데 다시 지금-여기로 돌아올 수 있게 해 줘서 고마워요."라고. 슈퍼바이저가 슈퍼바이지에게 트라우마의 그림자가 대인관계적 공간에 스며들면 치료자나 내담자 모두 오롯이 지금-여기에 머무르는 것 자체가 어렵다는 점을 단순히 인정해 주기만 해도 도움이 된다. 그렇게 해 주면 슈퍼바이지는 환자들을 치료하면서 자신들이 공감의 실패를 경험을 하거나 지금-여기에 머물지 못하고 무아 상태(trance state)에 빠지는 것에 대해 덜 자책하게 된다.

마지막으로, 외상 경험이 있는 치료자들은 본인이 치료적 역량을 밝휘하기 어려운 임상 집단이 누구인지를 식별하는 데에도 슈퍼비전을 필요로 한다. 자신이 겪었던 것과 같은 고통을 겪은 사람들을 돕기 위해 이 분야에 들어왔다가, 결국 그 일은 자신이 감당할 수 있는 일이 아니라는 깨달음을 얻는 치료자가 꽤 많다. 멘토는 이러한 문제를 가진 초심자인 슈퍼바이지에게 트라우마를 갖고 있는 환자들을 너무 많이 맡지 말라거나, 트라우마 집단 치료 전문가가 되는 것은 좋지 않을 것 같다는 지극히 합리적인 조언을 할 수 있다. 자신들이 잘 다룰 수 있는 혹은 그렇지 않은 환자 유형에 대해 현실적으로 생각하는 것은 결코 부끄러워할 일이 아니라는 것을 슈퍼바이지들에게 일깨워 줘야 한다. 심리치료에 대한 기본 수련을 마치고 충분한 자격을 갖추게 되면 슈퍼바이지들은 자신의 전문 분야를 선택하는 데 상당한 재량권을 가지게 된다. 이때 치료자들은 스스로를 잘 돌볼 수 있는 선에서 자신의 전문 분야를 정하는 것이 맞다.

자기애적 역동과 슈퍼비전

나는 자기애적으로 보이는 슈퍼바이지들을 슈퍼비전할 때가 가장 힘들다. 그들이 자기 이미지에 집착하는 정도는 관찰의 대상이 되거나 평가를 받는 상황에서 느낄 수 있는 불편감을 훨씬 뛰어넘는다. 늘 자신들이 옳아야 하고, 공격받는 상황이 아님에도 건설적인 비판을 못 받아들이고 수련상황까지도 자신들이 '최고'로 보여야 하는 경쟁의 수단으로 여긴다. DSM의 자기애적 성격장애 기준에 부합하지 않을 수도 있지만, 이런 슈퍼바이지들의 정신 세계는 지위, 권력, 부를 소유하는 것 그리고 매력적으로 보이려는 집착으로 가득해 보인다. 나는 이런 슈퍼바이지들을 정상적인 자기애적 관심에서부터 신경증적 자기애, 자기애적 성격장애, 악성 자기애, 그리고 노골적인 반사회적 성격장애에 이르는 Kernberg(예: 2014a)의 자기애의 연속성 상에서 제일 하위 단계에 위치한 것으로 개념화한다.

현재 북미에서는 정신분석 수련을 받는다고 해서 예전처럼 부와 높은 지위가 보장되지 않는다. 따라서 대부분의 정신분석 수련 프로그램에는 자기애적 역동을 핵심으로 하는 수련생들이 소수에 불과하다고 생각한다. 요즘 정신분석을 공부하는 학생들 대부분은 명성보다는 정신분석이란 주제 자체에 끌려 이 직업을 선택한다고 생각한다. 그런데 과거 이 분야가 높은 사회적 명성을 누릴 때는 지금 같지 않았다. 어느 정도 나이가 있는 독자라면, 특히 분석가가 아닌 치료자에게 거만하게 행동하여 정신분석학의 평판을 떨어뜨린 분석가들을 기억할지도 모른다. 현재는 랭킹이 높은 대학원 프로그램, 경쟁이 치열한 인턴십과 레지던시(residency), 그리고 저명한 정신분석연구소 등, 명성 때문에 지원하는 기관에서 자기애적 역동을 가진 학생들이 눈에 띈다. 하지만 정신분석학적 지위의 요새라 할 수 있는 이런 몇몇 기관들을 벗어나면 자기애적 수련생은 별로 없는 것 같다.

나는 본질적으로 자기애적으로 보이는 슈퍼바이지들과 함께 일한 경험이 여러 번 있다. 일부는 치료자로서의 역할을 비교적 잘 수행했다. 자기 과시적 목표가 분명해 보이기는 해도 환자들과의 치료 성과는 좋았던 동료들도 몇명 알고 있다. 이상화와 평가절하 등의 핵심적인 자기애적 역동을 가진 사람들은 타인의 자존감 문제를 특히 잘 꿰뚫어보는 통찰력을 지니고 있으며, 대부분 똑똑하고 해박하다. 그러나 자기애적인 슈퍼바이지가 계속 슈퍼바이저를 이상화하거나, 슈퍼바이저 역시 그 이상화를 통해 자신의 자존감을 유지하지 않는 한 자기애적인 수련생을 슈퍼비전하는 것은 무척 힘든 일이다.

슈퍼바이저들에게 가장 큰 어려움은 이런 슈퍼바이지들은 슈퍼비전에서 배워야 할 것들을 이미 다 알고 있다는 듯한 태도를 갖고 있어 새로운 것을 받아들여야 할 필요성 자체를 인정하지 않는다는 점이다. 이렇게 예민하면서 또 극도로 방어적인 사람들은 불가능할 정도로 완벽한 페르소나(거대 자기)를 보호하는 데 몰두하고 있어, 자신의 치료적 작업이 개선될 수 있다는 말을 듣는 것 자체를 받아들이지 못한다. 경험상 내가 자기애적인 치료자들을 지지하고 인정하는 태도로 일관하면 슈퍼비전은 문제없이 진행된다. 그러나 결국 어느 시점에 가서는 불가피하게 슈퍼바이지가 실수를 했다고 생각하거나 문제를 다른 관점에서 접근하는 것이 좋겠다는 생각이 들 수밖에 없다. 내가 그런 조언을 하는 순간 이들은 내 의견을 평가절하하고 나의 개인적 혹은 전문적 결함 때문에 이런 식의 조언을 한다는 등 문제의 원인을 내 탓으로 돌릴 방법을 찾는다.

언젠가 사례발표 스타일이 상당히 연극적이었던 대학원생과 함께 작업한 적이 있었다. 그녀는 슈퍼비전 그룹에서 "선생님의 도움이 필요해요"라기보다는 "제대로 한다는 것이 뭔지 보여 주겠다"라는 태도로 일관했다. 어린

소년 내담자의 놀이 치료 사례를 발표했는데, 그녀의 동료들과 나는 치료를 심화할 수 있는 몇 가지 아이디어를 생각했고 그중 하나에 대해서 내가 제안을 하자 그녀는 발끈하며 내가 최근의 아동 정신분석의 동향에 대해 무지한 것 같다고 공격했다. 그녀는 비판적인 피드백을 받을 때마다 몹시 기분 나빠하며 자존심 상해했는데 잘했다고 칭찬받지 못하는 사실 자체가 기분을 상하게 하는 듯했다. 그녀의 논쟁적인 태도는 나와 동료 학생들을 힘들게 했다. 그녀는 우리의 불편한 속내를 정확히 파악하고는, 우리가 자신을 희생양 삼고 있다는 결론에 도달했다. 독선적인 분노로 가득 찬 그녀는 이런 파괴적인 역동을 조장하는 교수의 수업에 더 이상 참여할 수 없다며 슈퍼비전 그룹을 그만두겠다고 선언했다. 이런 경우처럼, 나는 자기애가 강한 동료들을 슈퍼비전하거나 자문을 할 때, 종종 특유의 딜레마에 빠지게 된다. 자신이 완벽해 보이지 않아 느끼는 고통에 대한 방어로 대화의 초점을 재빠르게 나의 정신병리를 탓하는 식으로 돌리고, 내가 둔감하고 무언가 크게 오해를 하고 있다는 식의 설명을 덧붙인다.

나는 아주 똑똑하고 재능이 많아 보이던 남성 치료자도 기억이 난다. 나는 슈퍼비전 초반에 그에게 우리 아버지가 꽤 위압적이었다고 말한 적이 있다. 내가 그의 치료적 개입을 전폭적으로 지지하는 수준에서 벗어나 무언가 다른 대안을 찾아보는 것이 좋겠다고 제안하니, 그는 내가 남성에 대해 미결과제를 갖고 있는 것 같다고 했다. 그러면서 내가 그에게 부정적인 아버지 전이를 표출하고 있다고 했다. 이런 식으로 자기애적으로 자신을 방어하려는 슈퍼바이지가 암묵적으로 혹은 명시적으로 나에게서 문제의 원인을 찾으려고 하는 상황이 되면 참 난처하지 않을 수 없다. 나는 "그건 아버지 전이가 아닌 것 같은데요. 저는 단순히 환자를 위한 최선의 대안에 대해 당신과 의견 차이가 있을 뿐이라고 생각하는데요."라고 말한다. "물론 나와 당신의 관계에서 아버지 전이의 요소가 있을 수도 있지만, 설사 그렇다 하더라도 내가 ○○씨가 환자에게 개입하는 방식에 대해 지적하는 부분에 대해서는 좀 깊이 생각해 보는 것이 도움이 될 것 같은데요."라고 말할 수도 있다. 내가 첫 번째 방식으로 대응하면, 이런 슈퍼바이지들은 보통은 내가 방어적이라고 치부해 버린다. 내가 두 번째 방식으로 대응하면, 슈퍼바이지는 보통 내 말이 끝나기도 전에 "McWilliams 박사가 자신의 문제라고 인정했으니 이제 나는 더 이상 이 문제에 대해 생각할 필요도 없다."라는 식으로 말을 끊어 버린다. 뭘 하든 나는 편집-분열적, 가해자-피해자의 이분법적 교착 상태(impasse)에 갇히게 된다.

나는 이런 식의 교착 상태에서 슈퍼비전 동맹을 형성하거나 회복할 수 있는 묘안을 아직 찾지 못했다. 때로는 "우리 각자의 심리적 역동에 대한 무지에서 빚어진 실수를 어떻게 하면 구별할 수 있을까요?"라는 진심 어린 탐구적인 질문을 던져 볼 수 있다. "이제 당신이 나에게서 더 배울 게 남아 있는지 생각해 볼 시점이 된 것 같네요."와 같은 말을 하는 게 좋을 수도 있다. 그리고 슈퍼바이지가 슈퍼비전 관계를 지속할 필요성을 인정하는지 그냥 지켜볼 수밖에 없다.

정신분석적 치료자들은 대부분 이런 식의 이분법적 입장의 한쪽에 가담하기보다는 그런 양상 자체에 대해 이야기하며 교착 상태를 해결하려고 할 것이다. 하지만 불행하게도, 자기애적인 슈퍼바이지들의 경우 이분법적 패턴 자체를 다루려는 시도가 특유의 딜레마를 재현하게 하는 경향이 있다. 왜냐하면 자기애적 수련생들은 이런 역동을 갖고 있거나 이런 식의 재현에 휘말리면 자신이 뭔가 부족하다는 판결을 받은 것 같은 느낌에 사로잡혀, 공격받은 것 같이 느끼고 더욱 방어적으로 행동하기 때문이다. 덧붙이자면, 앞서 언급한 아버지 전이의 예시는 자기애적인 멘티에게 슈퍼바이저가 자기 개방을 할 때 따르는 잠재적 위험성을 보여 준다. 즉 멘토의 자기 개방은 자기애적 멘티로 하여금 진정한 정서적 접촉을 방어적으로 회피할 수 있게 해 주는 핑계거리가 될 수 있다. 그래서 대부분의 멘토들은 자기애적 슈퍼바이지에게 개인사를 개방할 때 조심해야 한다는 것부터 배운다. 이는 우리가 자기애적 환자들을 대할 때도 마찬가지인데, 그들은 우리가 이상화된 상상 속 모범적 모습이 아닌 평범하고 인간적으로 보이는 순간, 곧바로 우리를 평가절하할 수 있기 때문이다.

우리가 이러한 복잡한 상황에 직면하는 것은 애석한 일이 아닐 수 없다. 병리적 자기애를 보이는 환자들과 작업할 때와 마찬가지로, 평범한 실패와 맹점을 인정하더라도 자존감에 손상을 입지 않는다는 태도를 보여 주는 것이 자기애적인 슈퍼바이지들에게도 치료적이다. 자기애적 사람들은, 완벽하거나 전지전능하거나 "승자"가 아니면, 낙오자, 어리석은 사람, 혹은 "패자"로 간주하는 경향이 있다. 만약 우리가 그들을 이런 식의 이분법적 사고에서 벗어날 수 있게 해 줄 수 있으면, 우리 모두에게 큰 도움이 될 것이다. 즉, 자기애적 슈퍼바이지들이 치료하는 내담자들과의 치료적 관계뿐만 아니라 개인적인 애착 관계도 개선할 수 있게 도와줄 수 있다.

여타 다른 성격적 역동을 가진 슈퍼바이지들과는 달리, 나는 자기애적으로 방어하는 슈퍼바이지와의 작업을 감정적으로 진솔한 협력적 관계로 바꿀 수 있는 방법에 대해 잘 알지 못한다. 그들이 자신의 마음을 인식할 수 있을 정도로 충분한 치료를 받으면 상당히 도움이 된다. 하지만 그들은 보통 치료를 치료받기 위해서가 아니라, 다른 사람들과 자신을 비교할 기회로 보고 접근하기 때문에 진전을 보이는 데 시간이 많이 걸린다. 그나마 위안이 되는 점은 자기애적인 사람들도 배울 수는 있다는 것이다. 불행하게도 우리한테 뭔가를 배웠다고 인정하지 않으니 슈퍼바이저로서 우리의 자기애적 욕구를 충족하는 만족감은 못 느낀다. 또한 우리의 아이디어를 받아들이더라도 그것을 자신들의 것이라 주장한다. 만약 우리 스스로가 자기애적 욕구를 충족하려는 갈망을 조절할 수 있으면, 적으나마 그들이 슈퍼비전에 반응하여 임상적으로 개선된 모습을 보인다는 사실에 약간의 위안을 받을 수는 있다.

사이코패스 역동과 슈퍼비전

아주 드물게 자기애적 스펙트럼의 극단에 있는 사이코패스 성향을 보이는 슈퍼바이지를 만날 때가 있다. 그런 사람들은 아첨하거나, 은근히 사람들을 속이고 뒤에서 조종하는 방식으로 수련 프로그램을 통과한다. 권력을 지닌 사람들 앞에서는 몸을 낮추고 아첨하며, 윤리적 결함을 감지하는 시스템의 눈을 교묘히 피해 가는 놀라운 재능을 가지고 있다. 슈퍼바이저 앞에서 성실하고 헌신적인 치료자의 페르소나를 연기하는 데 능숙하다. 가식적인 모습으로 자신을 포장하는 데 워낙 능수능란하기 때문에 이들의 위선적인 모습을 알아차리는 것이 거의 불가능하다. 하지만 그나마 다행인 것은 그들의 동료들은 그들의 수법을 결국에는 알아차린다는 사실이다. 따라서, 슈퍼비전 그룹이나 다른 기회에 이들이 자신들이 원하는 것을 갖고 있지 않은 사람들을 어떻게 대하는지 유심히 관찰하면 그들의 권력 추구 동기를 파악하고 바꾸는 데 도움이 될 수 있다.

나는 우선 사이코패스적 역동을 보이는 사람들은 심리치료자가 되면 안 된다고 말하고 싶다. 그들은 자신의 계획에 방해가 되는 사람이라면 환자, 동료, 멘토를 포함 그 누구든 희생양을 만들어 버린다. 그들은 정신분석적 탐구의 근원적 가치인 정직함을 전혀 중요하게 생각하지 않는다. 그들이 생각하는 '공감'은 다른 사람들의 취약점을 파악하는 놀라운 능력을 포함하지만, 타인의 복지에 대해서는 전혀 관심이 없다. 그럴싸한 겉모습을 관리하는 능력, 슈퍼바이저를 포함한 다른 사람들의 신뢰를 악용하는 교활함, 그리고 자신의 수법이 드러나면 사라졌다가 또 다른 곳에서 출몰하는 경향을 감안하면, 그들이 치료자가 되기로 작정만 하면 온갖 수단과 방법을 동원해서 목표를 이룰 것이므로 도저히 막을 도리가 없다.

나는 확실히 사이코패스적 성향을 보여 수련 프로그램에서 졸업을 못하거나 비윤리적 행위를 저지른 후 자격증을 박탈당했음에도 불구하고 우회적인 경로로 종국에는 치료자가 된 몇몇 사례를 알고 있다. 사이코패스 성향을 보이는 사람들은 위험할 정도로 소송을 자주 제기하기 때문에, 교수진은 소송에 휘말릴까 봐 그들을 퇴학시키려는 결정을 재고하기도 한다. 또한 이들은 자기편을 들어주는, 즉 이들이 오해를 받고 있다고 믿고 돌봐 주는, 최소 한 명 이상의 아군을 곁에 두고 있는데 주로 권위적인 위치에 있는 사람들을 포섭한다. 그럼에도 불구하고 우리는 여전히 동료들과 이런 사람들에 대한 우려를 공유하고 문서로도 기록하여 그들이 공인된 치료자의 역할을 하는 것을 막아야 한다.

하지만 특정 권위에 대한 불신 때문에 혹은 특정 목표를 위해 부정을 저지르도록 부추김을 받았기 때문에, 그것도 아니면 마키아벨리식 전략이 효과적이었던 경험이 있고, 또 한 번도 그들의 이런 방식에 대해 사람들로부터 도전을 받은 적이 없기 때문에 특정 상황에서만 사이코패스 같은 행동을 하는 사람들이 있다. 이들은 온전히 반사회적이지 않다. 따라서 그들이 중요시하는 핵심 가치가 임상 실무와 적합도가 맞으면, 좀 더 나은 모습이 되도록 슈퍼바이저가 영향력을 미칠 수도 있다. 예를 들면, 가스라이팅하는 패턴을 바로잡을 수 있는 가장 효과적인 방법은 교활함이나 매력으로 해결할 수 없는 일을 겪게 하는 것이다. 사이코패스 성향을 가진 치료자들은 서류 작업이나 유사한 행정 업무를 경시하는 경향이 있다. 따라서 반사회적 성향이 의심되는 치료자들을 슈퍼비전하는 슈퍼바이저는 그들이 상담기록을 관리하는 일과 같은 좀 더 관료적이고 지루한 실무를 어떻게 수행하는지 주의 깊게 살펴보는 것이 중요하다. 따라서 사소하거나 눈에 잘 띄지 않는 세부적인 슈퍼바이지의 기능적 측면을 주기적으로 점검할 필요가 있다.

사이코패스적 성향이 있는 학생들과는 규칙과 절차를 타협하지 않는 것이 중요하다. 나는 반사회적 성향을 가진 치료자를 슈퍼비전해 본 경험은 별로 없지만, 이들의 동료를 치료한 적이 여러 번 있다. 그들을 통해 수련 프로그램에서 반사회적 성향을 가진 슈퍼바이지들이 마음이 약한 권위자를 교묘하게 이용해 특혜를 받았다는 이야기를 여러 번 들었다. 일반적인 정책에 대해 예외를 두는 것은 누군가를 가스라이팅하려는 경향이 없는 이들에게는 적절할 수도 있다. 하지만 사이코패스 성향을 가진 학생들에게 특혜를 주는 것은 특권 의식과 "시스템을 악용하는" 그들의 습관을 강화시킬 뿐, 진정성을 가지고 기능하는 방법을 학습하게 하지 못한다. 마지막으로, 그들의 계략이 문제시될 때, 슈퍼바이저는 절대 그들이 초래한 상황을 해결해 주는 노력을 해서는 안 된다.

개인차의 또 다른 측면: 슈퍼비전의 함의

진단기준상에서 개념화하는 것 외에도, 슈퍼비전 관계에 영향을 미칠 수 있으며 슈퍼비전 동맹에 시사점을 줄 수 있는 슈퍼바이지의 개인적 특성(individuality)에는 다양한 측면이 있다. 슈퍼바이저와 슈퍼바이지는 각각 다른 기질, 성적 및 성별 지향과 정체성, 민족적 및 인종적 영향과 정체성, 영적 또는 종교적 배경과 관심사, 그리고 정치적 지향을 가지고 있다. 추가적으로, 슈퍼바이저나 슈퍼바이지는 예를 들어 입양아, 쌍둥이 또는 세쌍둥이, 죽은 형제의 "대체 자녀(replacement child)", 암 생존자, 만성 질환 또는 신체적 제한이 있는 사람일 수 있다. 슈퍼바이저 및/또는 슈퍼바이지는 중독, 섭식장애, 양극성 장애 또는 정신병 등의 병력을 가지고 있을 수 있다. 이러한 모든 요소가 개인에게 특별한 통찰력을 제공할 수도, 혹은 개인의 맹점이 될 수도 있다.

나는 슈퍼바이저가 이러한 개인차에 적응하는 것을 "역량"이라 개념화하는 것을 선호하지 않는다. 왜냐하면 다양성의 범위는 무한한데, "역량"이라는 표현은 이 무한한 다원성을 결국에는 숙달할 수 있다는 잘못된 가정을 내포하기 때문이다. 슈퍼바이저와 슈퍼바이지 사이의 모든 중요한 잠재적 차이(혹은 다른 점_역주)에 대해 "능숙하게" 아는 것은 당연히 불가능하다. 아마도 나의 입장과 가장 유사한 것은 Fors(2018, p. 82)의 주장으로, "문화적 역량(cultural competency)이란 개념과 관련해서 정신분석이론의 문제는 문화적 편견이 인지적 교육을 통해 완전히 사라질 수 있다"고 생각하는 점이라고 했다.

내가 서론에서 언급했듯, 일부 학자들은 세밀한 관계적 작업을 배제하지 않는 방식으로 슈퍼비전의 전반적 역량이나 학습 목표를 정의해 왔다(예: Killingmo et al., 2014; Moga & Cabaniss, 2014; Strømme, 2012; Watkins, 2013b, 2016). 이러한 정의들은 연구 목적에 맞게 슈퍼비전의 조작적 정의를 내릴 수 있게 하는 장점을 가지고 있으며, 슈퍼비전 과정에 대한 연구가 절실히 필요할 때 슈퍼비전의 가치에 대한 측정과 통계적 조작을 가능케 한다. 그러나 다양한 "역량"을 습득하는 모델을 다양성의 영역에 적용하는 것은 별로 도움이 되지 않는다. 역량을 습득한다는 개념은 임상 장면에 독특한 소수자의 관점을 가져오는 다양한 슈퍼바이지들에게 민감하게 대응하는 데 항상 도움이 되지도 않으며, 치료자의 내면화된, 따라서 무의식적인 편견을 충분히 인식하지 못하게 할 수 있기 때문이다.

슈퍼바이지는 멘토(슈퍼바이저)가 일반적인 수준의 개인차(예: 인종, 성별, 성적 지향, 민족성, 특정 그룹의 트라우마 역사)의 함의에 대한 이해가 있을 것이라고 생각할 수 있다. 그러나 상담에서 인종차별, 성차별, 이성애주의, 문화적 편견, 혹은 증조부모의 트라우마가 특정 슈퍼바이지에게 어떤 영향을 주었는지 등에 대해 논의한 적이 없다면 슈퍼바이저가 이런 주제에 대해 충분히 이해하고 있을 것이란 기대를 하는 것은 합리적이지 않다. 경험연구들이 증상 감소 기준으로 보고하는 요인들이 실제 임상 장면에서는 치료의 중요한 진전을 반영하는 "활력 징후(vital signs)"를 잘 포착하지 못하는 것처럼, 연구를 하기 위한 목적으로 정의된 개념들로는 좋은 멘토십의 핵심요소—특히 개인의 독특함에 관한 요소—를 포착하지는 못한다.

최근 몇십 년 동안, 인종(예: Akhtar, 2014; Davids, 2011; Holmes, 1992, 2016;

Leary, 2000; Suchet, 2007), 성별(예: Corbett, 2011; Ehrensaft, 2014; Harris, 2008; Lemma, 2018), 성적 지향(예: Abrevaya & Thomson-Salo, 2019; Dimen, 2014; Drescher, 2015), 건강함의 의미(Davis, 1995; McRuer, 2006; Solomon, 2012), 문화(예: Gherovici & Christian, 2018; Tummala-Narra, 2016), 계급과 사회적 특권(예: Ainslie, 2011; Fors, 2018; Layton, Hollander, & Gutwill, 2006; Ryan, 2018), 식민주의와 정치적 억압(예: Greedharry, 2008; Layton & Leavy-Sperounis, 2020), 그리고 트라우마의 세대 간 전이(예: Brothers, 2014; Grand & Salberg, 2017; Kim & Strathearn, 2017)에 대한 정신분석 관련 문헌이 폭발적으로 증가했다. 개인차에 대한 "메타" 수준의 이론화를 위한 노력도 상당했다(예: Fors, 2018; Gentile, 2018; Saketopoulou, 2011; Young-Bruehl, 2007). 이와 같은 다차원적 연구는 역사적으로 백인, 서유럽, 가부장적, 이성애 중심의 단일문화로 비판을 받아 온 정신분석 분야의 생각을 바로잡는 데 기여한 매우 바람직한 움직임이라고 생각한다.

하지만 다양성에 대한 적절한 이론 및 실증적 문헌 특히 정신분석 슈퍼비전에 초점을 맞춘 자료들은 이제 겨우 나오기 시작한 상황이다(예: Brown, 2010; Foster, Moskowitz, & Javier, 1996; Harrell, 2014; Hawkins & Shohet, 2012; Inman & DeBoer Kreider, 2013; Pieterse, 2018; Power, 2009; Schen & Greenlee, 2018; Tummala-Narra, 2004, 2009; Watkins & Hook, 2016; Watkins et al., 2019; Watson, Raju, & Soklaridis, 2017). 특히 슈퍼바이저가 슈퍼바이지에 비해 사회적으로 상대적으로 낮은 사회문화적 위치에 있거나 특권층에 속하지 못하는 슈퍼비전 쌍(dyad)를 대상으로 진행한 연구는 거의 없다. 다양성 관련 문제에 대해 나름대로 민감한 편이라고 자부하던 나조차도 『정신역동적 진단 매뉴얼(Psychodynamic Diagnostic Manual)』의 두 번째 판(Lingiardi & McWilliams, 2017)을 쓰면서 주변성(marginality)과 차이(difference)에 관한 문제를 설명하기 위해 제시한 모든 예시가 치료자는 사회적 지배계층에 속하고, 환자는 종속적인 위치에 있는 하위집단에 속한다는 전제를 따르고 있다는 것을 미처 알아차리지 못했다(Drescher & Fors, 2018 참조). 민낯이 드러나면 불편감을 주는 수많은 현상과 마찬가지로 나 역시도 특권층이란 무의식적인 렌즈를 통해 그 책에 나오는 자료를 설명하고 있었다는 것을 뒤늦게 깨달았다.

공감과 보폭을 맞춰주는 것만으로는 무지에 대적하기에 충분치 않기 때문에 슈퍼바이저들은 인종, 성별, 그리고 성적 지향 관련 문헌을 어느 정도는 숙지하고 있어야 한다. 또한 우리가 가르치는 슈퍼바이지들로부터 이런 문제들이 어떤 개인적 영향을 미치는지를 듣고 배우려는 의지가 필요하다. 이렇게 하는 것이 쉽지만은 않다. 사회적 소수자 집단에 속한 슈퍼바이지들은 해당 집단(예를 들어 인종적 소수자나 성적 소수자 등)의 경험에 대해 다른 사람(특히 슈퍼바이저)을 이해시키기 위해 지속적으로 노력해야 한다는 점에서 피로감을 느낀다. 예를 들어, 현재 미국의 많은 유색인종 내담자들은 백인 치료자들에게 인종차별에 대해 이해시키는 것에 부담감을 갖고 있다. 인종에 대한 감수성 교육을 해야 하는 것에 지쳐 있는 것이다. 그럼에도 불구하고 내 경험상 슈퍼바이지들은 내가 슈퍼바이저로서 진정성을 가지고 자신들의 상황을 이해하고 배우려고 하면 매우 호의적으로 미묘한 차이까지도 설명을 잘 해 주었다. 그리고 내가 각자의 경험을 집단의 공통된 경험으로 보지 않고 개인차를 존중하는 것을 반겼다.

슈퍼비전에서의 진전에 있어 중요한 또 다른 요소는 슈퍼바이저들이 자신의 어두운 면에 대해 방어적이지 않고, 직면하고 이해하려고 노력하는 자세이다. 이러한 개방성은 슈퍼바이지들에게도 동일한 도덕적 용기를 가질 수 있도록 해 준다. 편견은 다양한 사회적 계층 모두에 포진하고 있다. 이를 인정하는 것은 쉽지 않지만, 그렇게 함으로써 정신분석적 감성 (ethos)의 중심이 되는 정직함을 키울 수 있다. 예외적으로 솔직한 자기 개방이 눈에 띄는 Anne Power(2009)의 논문에는 다음과 같은 구절이 있다.

"슈퍼비전이 잘 진행이 될 때 우리는 다루기 어려운 역전이도 접할 수 있게 되고 또 이해할 수도 있게 되는데 이럴 때 역전이에 드러나는 것에는 취약한 소수자들에 대한 편견과 적대감이 포함될 수 있다. 슈퍼바이저들은 다루기 어려운 정서를 촉진하고 품어주는(containing) 데 익숙하지만, 슈퍼바이저도 되어 보고 슈퍼바이지도 되어 봤던 내 경험으로 미루어 볼 때 이런 차이(difference)에 대해 다루는 것이 가장 어려운 주제이지 싶다. 어쩜 이는 당연한 것인지 모르지만(p. 158).

소수자 정체성을 가진 치료자들이 자주 하는 불평 중 하나는 정신분석가들이 자신들이 이해하지 못하는 모든 문제를 전통 분석 이론으로 설명하려 한다는 것이다. 이탈리아 정신분석가들을 대상으로 한 조사에서, Lingiardi와 Capozzi(2004)는 여전히 많은 이들이 이성애와 다른 성 정체성의 발달을 병리적으로 보는 발달 모델을 답습하고 있음을 발견했다. 정신분석이 다른 이론적 접근에 비해 동성애를 병리화하는 정도가 상대적으로 적은 이론적 틀(paradigm)을 의식적으로 따르고 있음에도 불구하고 말이다. Drescher(2002)가 기술한 자신의 정신분석 수련 과정에는 그의 지도 교수들이 그의 경험을 이성애 규범에 억지로 꿰맞추려는 시도와 이성애를 정상으로 간주하는 데에서 비롯된 수많은 오해로 가득하다. 이성애자인 분석가들은 이성애적 오이디푸스 역동에 익숙하고 안전하다고 느낄 수 있어 환자의 성적 지향과 상관없이 그런 식으로 모든 임상 자료를 이해하는 경향이 있다. 반면, 동성애자에 대한 공감은 이성애자 치료사에게는 상상력을 동원해야만 가능하다. 현재 많은 치료자들이 트랜스젠더 경험과 동일시하는 데에도 유사한 저항을 보인다.

마찬가지로, 영화 'Black Psychoanalysts Speak'(Winograd, 2014)에서 유색인종 (치료자) 분석가들은 그들의 스승과 슈퍼바이저들이 인종차별에서 비롯된 트라우마의 영향을 논의하지 않으려 하고 소수자로서 경험하는 부당한 대우를 치료자로 성장하는 과정에서 경험하는 보편적인 발달 과제로 다루었다고 보고했다. 현대 정신분석 수련기관들이 다양성과 관련된 문제에 대한 관심을 높이기 위해 노력하고 있음에도 불구하고, 정신분석 수련은 다양성에 무지하거나 무관심하다는 가정이 여전히 존재하며, 이를 뒷받침하는 증거도 충분하다. 최근 미국 정신분석 협회에서 분석연구소 수련생들을 대상으로 Hart와 동료들(2020)이 진행한 설문조사에 따르면 상당수의 예비 분석가들이 자신들이 소속된 기관에서는 "표준 절차"로 간주하는 단일 문화적 규범을 고수하고, 다양성 문제에 대해 형식적인 접근을 할 뿐 아니라 공감을 너무 강조하면서 사회문화적 정체성에 대한 심도 있는 연구나 논의가 불필요하다고 간주하거나, 정신분석의 배제적 역사에 충분히 주목하지 않는다고 생각한다는 것이 밝혀졌다. 슈퍼바이저들은 이러한 인식을 민감하게 받아들이고, 사실에 근거해 고정관념적 요소에 대해 솔직하게 다루는 노력을 해야 한다.

다양한 이론적 접근을 가진 멘토들에게 수련을 받는 슈퍼바이지들을 대상으로 진행된 최신 조사에서는 슈퍼바이저가 개인차에 대해 보이는 민감성과 관련된 문제가 크게 부각되었다. Gregus, Stevens, Seivert, Tucker, 그리고 Callahan(2020)은 소수자 배경을 갖고 있는 멘티들이 자신의 슈퍼바이저가 다양성 문제에 대해 둔감하거나 문화적 역량에 관한 문헌에 대한 지식이 부족하다고 불평할 가능성이 상당히 높다는 것을 발견했다. 슈퍼바이지의 자기 개방에 대한 연구(Callahan & Love, 2020)에서는, 소수자 출신 학생들은 다양성 관련 문제에 대해 멘토에게 이야기했을 때 멘토가 매우 방어적으로 대응하는 경우가 많기 때문에 이런 이야기를 슈퍼비전에서 개방하는 것을 가장 꺼려하는 집단이라 보고했다.

맺음말

이 장에서 나는 슈퍼바이지 각자의 고유한 심리 구조에 적응해야 하는 과제를, 슈퍼바이저 자신의 역동까지 고려하면서, 몇 가지 구체적인 관점에서 다루고자 했다. 우울적, 피학적, 편집적, 분열적, 히스테리적(연극성), 강박적, 외상 후적, 자기애적, 그리고 사이코패스적(반사회적) 심리와 관련된 여러 성격 역동의 맥락에서 발생하는 슈퍼비전의 문제와 해결 방안에 관한 생각을 공유했다. 또한 성별, 성적 지향, 인종과 민족, 능력, 계급, 문화, 종교적 · 영적 배경과 성향, 정치적 성향, 억압 경험, 그리고 슈퍼바이저와 슈퍼바이지 모두에게 존재하는 독특함과 주변성 등 슈퍼비전에서 다양성(diversity)과 관련된 문제를 일부나마 다루었다. 전반적으로 슈퍼비전 상황에서 배움에 대한 개방성과 자신의 특권, 편견, 무지를 인정하는 것이 중요하다는 점을 강조했다. 이 장이 독자들로 하여금 슈퍼비전 관계에서 지식과 겸손의 가치를 깨닫는 데 일조했으면 좋겠다.

08

슈퍼비전을 가장 잘 활용하는 방법: 슈퍼바이지를 위한 장

이 장은 현재 자격증 취득을 위해 필수적으로 혹은 자발적으로 슈퍼비전을 받고 있는 상담자, 즉 슈퍼바이지를 위한 내용으로 구성되어 있다. 학위과정에 있는 대학원생들처럼 초심자일 수도 있고, 정신분석연구소에서 분석가 자격증을 취득하려는 중진일 수도 있겠지만 상대적으로 슈퍼바이지로서의 경험이 적은 치료자를 염두에 두고 설명을 이어가려고 한다. 이 장의 내용은 초심 슈퍼바이지를 멘토링하는 슈퍼바이저나 슈퍼비전 과목을 수강중인 학생들에게도 도움이 될 수 있을 것으로 생각한다.

2004년에 출간된『정신분석적 정신치료』(McWilliams, 2004) 3장에서 나는 슈퍼비전을 가장 잘 활용하는 방법에 대해서 설명한 바가 있는데, 학생들로부터 도움이 많이 되었다는 피드백을 받았기에 이 장에서는 좀 더 구체적으로 설명을 하고자 한다.

정신분석적 슈퍼비전의 전반적인 이점과 목표

정신분석적 슈퍼비전은 임상 관련 지식과 기술을 습득하는 데 실질적인 가르침을 주는 것과 함께 슈퍼바이지가 자기 주도적인 전문가로 성장하는 데 도움을 주어야 한다. 내담자와의 치료 장면에서 경험하는 어려움, 특히 반복적으로 경험하는 문제를 인정하는 데 방어적일 필요가 없다는 것을 깨닫게 되고, 실무자로서 자신감을 얻는 데 도움을 줄 수 있다. 슈퍼바이지는 본연의 자기 모습, 인간에 대한 자비심을 바탕으로 내담자와의 치료적 상황에서 치료자로서의 역할에 필수적인 부분을 통합하는 것이 수월해질 것이다. 슈퍼비전에서 슈퍼바이지가 안전하게 자기개방을 해 본 경험은 슈퍼바이지들이 치료하는 내담자들로 하여금 고통과 수치심으로 점철된 문제들을 편안하게 털어놓게 할 수 있는 역량으로 이어질 것이다. Aronson(2000)이 언급한 것처럼 치료 장면이 힘이 들기만 한 것이 아니라 일종의 유희의 장이 되게 해 줄 수도 있다. 동일시의 경험을 제공해 스스로 자가 슈퍼비전을 하는 게 가능해지고 종국에는 자신이 슈퍼바이저가 됐을 때 그 역할을 무난하게 수행하는 데 필요한 일종의 내적 틀(혹은 청사진_**역주**)을 갖게 해 줄 수 있다.

심리치료를 하는 것은 인지적으로나 감정적으로 매우 힘든 일이다. 감정 영역에서는 내담자가 우리 자신도 놀라거나 심지어 충격을 받을 수 있는 면모들을 끄집어낼 수 있다(예: 가학적 환상이나 트랜스 상태, 무료함 혹은 굴욕감 등). 심리치료를 하는 과정에서 경험하는 심적 부담감 또한 크다. 대부분의 학위과정에서는, 특히 교수들의 임상경력이 짧은 경우, 치료 과정에서 경험하는 이런 감정적 소모에 대해 충분히 가르쳐 주지 않는다(Boyde-Franklin, et. al., 2015). 나는 교수이자 치료자로서 자신 있게 말할 수 있는데, 가르치는 것, 연구하는 것, 또는 일반적인 교수직에 따라오는 그 어떤 업무도 45~50분간 고통으로 신음하는 내담자가 치열하고, 때로는 아주 긴밀하게 털어놓는 사적 감정들을 소화하는 일과는 비교가 안 된다.

인지적 차원에서는 특정 접근법이 통계적으로 더 좋은 치료 방법이라 할지라도 자신 앞에 있는 내담자는 통계적 평균이 아닌 한 인간이라는 사실을 받아들이는 점이 어려울 수도 있다. 우리는 내담자의 고유한 성격적 특성에 맞게 치료를 해 주어야 하기 때문이다. 하지만 아무리 내담자에게 맞춤형 치료적 접근을 시도하더라도 특정 내담자에게 딱 맞는 정답이 있는 것도 아니고 임상적 선택지는 좋다 나쁘다라는 기준에서 논할 수도 없다. 대부분은 상대적으로 좀 더 나은 방식 혹은 단점보다 장점이 조금 더 많은 문제 해결 방식을 선택하는 정도이다. 치료적 관계의 형성은 특정 상담자가 어떤 정해진 시간에 내담자가 털어놓는 개인적인 내용을 경청하고 이에 대해 반응을 하는 것으로부터 시작한다. 이 부분이 바로 치료의 예술적 측면이라고 할 수 있다.

특정 기술에 숙련되는 것이 대부분 그렇듯 치료적 유능감을 갖는다는 것은 일생을 바쳐야 하는 프로젝트라고 생각한다. 물론 모든 측면에서 발전이 있을 것이란 생각으로 슈퍼비전에 임하는 것도 비현실적인 건 마찬가지지만 최대한 빨리 치료의 예술적 측면(정해진 처방에 따라 기계적으로 수행하는 능력을 키우려는 자세에 반한)을 학습하는 데 익숙해지는 것이 바람직하다. 상황을 더 복잡하게 하는 것은 정신분석적 언어로 생각하고 말하는 것을 배우는 것도 쉽지 않다는 점이다. 정신분석적 문헌은 은유적으로 쓰여 있고, 치료자들의 경험을 포착하는 특유의 은유적 방식은 긴 시간을 거쳐 진화되고 변화했다. 따라서 정신분석적 개념들을 어느 정도 마스터하는 데는 적어도 2년 이상의 시간이 필요하다. 거기다 동일한 개념이라도 슈퍼바이저마다 다르게 해석한다는 어려움까지 있다.

여러 세대에 걸쳐 정신분석 이론가들은 새로운 개념과 은유법으로 특정 심리적 과정을 설명하는 데 기여해 왔다. 이런 노력은 정신분석적 접근이 연구하기 어려운 분야가 아니라는(Western, 2002) 참신한 시각을 제시해야 하는 필요에 부응한 것이다. 때문에 초심자들은 Freud가 물리학적 언어와 이미지로 카텍시스(cathexis)를 설명하고, 승화(sublimation)에 대해 논한 것으로부터 시작해서 현대에 와서 내적 작동모델이나 안전 기지 등과 같은 용어로 애착 과정에 대한 설명을 제시하기까지 100년 이상 진화를 거듭해 온 정신분석에 대한 이해를 습득하는 데 어려움을 경험할 수밖에 없다. 즉, "대상관계" "초자아" "편집-분열적 자리" "반복강박" "자기애의 연장(narcissistic extension)" "생각하지 못한 앎(the unthought known)" "중간 공간(transitional space)" 혹은 "제3의(the third)" 등과 같은 용어로 대화하는 게 낯설 것이다. 하지만 인간에 대한 기본적인 배려를 할 줄 아는 사람이라면 좋은 정신분석적 치료자가 되기에 충분한 자질을 이미 갖추고 있다고 생각한다. 유능한 슈퍼바이저는 슈퍼바이지의 이런 좋은 점에 가치를 두고 본연적인 대인관계 기술을 최대한 살려 어쩌면 낯설고 이상하게 들릴 수 있는 정신분석의 전문 언어를 융합하도록 도와줄 것이다.

효과적인 정신분석적 슈퍼비전은 궁극적으로 꾸준히 함양해야 하는, 다음 두 가지 역량을 통합하는 데 있다. 첫째, 슈퍼바이저로부터 배운 것을 충분히 자기 것으로 소화해서 궁극적으로는 차분하고 너그러우며 신뢰할 수 있는 자기 안의 "내적 슈퍼바이저"(Casement, 1985)에 의지할 수 있게 되는 것이다. 이 내적 슈퍼바이저는 내담자에게 자연스럽고 자발적으로 그리고 무엇보다 치유적인 방식으로 반응할 수 있도록 도와준다. 둘째, 전문가로서 활동하는 데 필수적이거나 설령 필수 조건이 아니더라도 본인이 필요하다고 느끼면 언제든지 자문이나 슈퍼비전을 구할 줄 아는 감각을 키우는 것이다. 다음에서는 슈퍼비전을 통해 궁극적으로 성취해야 하는 이 두 가지 효과에 대해 좀 더 자세히 설명하고자 한다.

믿을 만한 "내적 슈퍼바이저" 만들기

내 안에 지지적인 슈퍼바이저의 "목소리"를 내재화하려면 슈퍼비전 경험을 최대한 활용하려는 자세가 필요하다. 이는 현재 하고 있는 치료적 작업에서뿐만 아니라 미래의 성장을 위해서도 치료자에게 꼭 필요한 부분이다. 도저히 존경심이 생기지 않는 슈퍼바이저를 만나더라도 뭔가 배울 점을 반드시 찾아야만 한다. 설령 그게 이런 슈퍼바이저처럼 되지 말아야 하겠다는 다짐이라도 말이다. 배움의 과정중에 "왜 저 슈퍼바이저는 이런 식이지?" "내가 생각하는 대로 하는 게 맞는데!" 하는 식으로 불평불만만 늘어놓고 정작 지금-여기의 현실에 적응하려 하지 않는 자세가 가장 나쁘다.

물론 이렇게 하는 게 말처럼 쉽지 않을 수 있다. 요즘의 상담소나 병원의 기본적 지향은 가장 최소한의 자원으로 최고의 수익 내지는 효과를 얻으려는 것 같다. 그래서 그런지 과거에 비해 슈퍼비전의 중요성에 대해 별로 강조하지 않는 듯한 인상을 받는다. 치료자들이 어떤 내담자를 맡든 간에 단시간 안에 고쳐 놓을 수 있는 묘약을 갖고 있는 것도 아닌데 말이다. 과거에는 차근차근 슈퍼바이지들을 가르치고 성장하도록 도와주려고 하던 슈퍼바이저들조차도 요즘 들어서는 그럴 여유가 없는 것 같다. 모두가 자원의 압박을 받는 상황이다 보니 많지도 않은 슈퍼비전 시간을 치료 관련 주제를 다루기보다는 위기관리나 치료기록 문서작성과 같은 행정 업무를 설명하는 데 할애하기도 한다.

상황이 이렇다 보니 수련중인 인턴, 레지던트 들로부터 마치 구명조끼도 안 입었는데 깊은 바닷속으로 그냥 뛰어들라는 요구를 받는 것 같다는 하소연을 듣기도 한다. 내담사 보호보다는 책임소재나 존폐의 차원에서 기관의 운영에 도움되는 쪽으로 행동해야 한다는 메시지를 받는다고도 한다 (Menzies, 1960 참조). 이런 구조적인 문제는 불평만 한다고 해서 해결되지 않는다. 경우에 따라서는 다루기 매우 어려운 내담자를 치료하고 있지만, 꼭 필요한 슈퍼비전 교육을 못 받고 그냥 스스로 알아서 치료를 해야 하는 상황에 내몰리게 될 수도 있다. 이런 경우라면 내담자에게 솔직하게 치료자의 한계 혹은 해 줄 수 있는 제한범위에 대해 알려 주면서 최대한 상황을 견디는 데 주력할 수밖에 없다. 이럴 때는 최대한 관련 전문 서적이나 논문을 많이 읽는 것도 좋다. 학술지 논문이나 치료에 대한 전문서적은 적어도 행정적인 이슈들을 많이 다루지 않으니 체력이 되는 데까지 최대한 많이 읽어 두는 것도 도움이 된다.

치료자로서 웬만큼 경험이 쌓였거나 그나마 슈퍼바이저가 전문가로서 갖추어야 할 역량을 키워 주는 데 주력하는 기관에서 일하는 상황이라면 슈퍼바이지와 어떻게 하면 가장 좋은 교육자와 학생으로서의 궁합을 맞출 수 있을지를 함께 논의해 볼 수도 있다. 좋은 슈퍼바이저나 자문가라면 슈퍼바이지의 이런 요구에 흔쾌히 응할 것이다. 수련 프로그램을 마칠 때쯤 되면, 자신이 어떤 방식으로 배우는 것이 최선인지에 대해 알게 되고 또 자신에게 가장 잘 맞는 교수법 혹은 슈퍼비전 스타일이 무엇인지를 슈퍼바이저에게 말해 줄 수도 있다. 예를 들면 슈퍼비전에서 역할극(role-play)를 하게 하면 쉽게 이해하는 슈퍼바이지가 있는가 하면 그런 식의 슈퍼비전 방식을 매우 불편해하는 슈퍼바이지도 있다. 한 사례를 꾸준히 슈퍼비전 받기 원하는 경우도 있고, 매주 다른 사례로 슈퍼비전 받기를 원하는 슈퍼바이지도 있다. 초심자들은 우선은 슈퍼바이저의 스타일이나 기관의 방침에 적응하려고 노력해야 한다. 녹화본을 가지고 오라는 슈퍼바이저도 있고, 치료 과정을 요약본으로 작성해 오라는 경우도 있을 것이다.

어떤 슈퍼바이저는 전이-역전이를 다루는 데 치중하기도 하고, 다른 슈퍼바이저는 치료자로서 전반적으로 도움받고 싶은 부분이 무엇인지 먼저 질문을 하기도 한다. 중간중간 상담의 진행사항을 보고하라는 경우도 있고, 슈퍼바이지 스스로 정신분석적 사례개념화를 먼저 시도해 본 이후 만나자고 하는 경우가 있는가 하면 슈퍼비전 시간에 슈퍼바이지와 함께 정신분석적 사례개념화를 하는 데 주력하는 슈퍼바이저도 있다. 슈퍼바이저의 성격, 이론적 접근, 그리고 전문성을 갖고 있는 내담자 유형 등에 따라 슈퍼바이지를 교육하는 방식에 차이를 보인다. 슈퍼바이지들이 자신에게 가장 효과적인 슈퍼비전 방식을 찾아가는 과정이 필요하듯, 슈퍼바이저들도 자신에게 가장 잘 맞는 방식으로 슈퍼비전에 임할 수 있으려면 시간이 필요하다.

예를 들어 내 남편은 주로 심각한 정신병 환자들을 치료하고 그런 환자들을 맡고 있는 치료자들에게 슈퍼비전을 한다. 남편은 슈퍼바이지들에게 슈퍼비전 전에 거의 축어록에 가까운 수준으로 치료 상황을 정리해 오라는 주문을 한다. 정신병적 상태에 대한 이해를 위해서는 환자의 언어를 정확히 분석해야 하고, 어떤 맥락에서 환자의 은유적 의사소통이 나왔는지를 알아야 하기 때문에 자세한 디테일을 원하는 것이다. 그래서 남편은 슈퍼비전 하기 전에 슈퍼바이지의 치료기록을 꼼꼼히 살펴보고 겉으로 보기에 이상하고 혼란스러운 환자의 증상에 대한 정확한 개념화를 하는 걸 좋아한다. 동영상 자료보다 축어록이 어떤 상호작용이 지속적으로 일어났는지 그 전후 맥락을 반복적으로 검토하기 편해서 축어록을 선호한다.

남편은 최근에 한 정신과 수련의가 슈퍼비전 시간에 자기 환자 중 한 명이 갑자기 정신증적 증상을 보이는데 자기에게 당황스러운 질문을 했다고 보고했단다. 그 내담자는 "자꾸 누군가 자기 집에 침입하려는 것 같다"고 하면서 "자기 말을 못 믿느냐?"고 질문했다고 한다. 그래서 남편이 그 환자에 대한 치료기록을 잘 살펴보니 환자가 이 질문을 하기 얼마 전에 과거 성폭력을 당했던 경험에 대해 이야기한 것을 발견했다고 한다. 그리고 슈퍼바이지가 "그 환자의 가족들은 환자가 성폭행을 당했다는 말을 해도 믿어주지 않았다"고 기록한 부분도 찾았다고 했다. 이 수련의는 내 남편과의 슈퍼비전을 통해서 내담자가 어린 시절에 성적으로 침해당한 경험과 망상이긴 하지만, 현재 자기 아파트에 누군가 침입한다는 생각 사이에 연결고리가 있음을 발견할 수 있었다. 또한 어린 시절 아무도 자기가 성폭행을 당했다는 말을 믿어 주지 않은 경험과 치료자에게 자기 말을 믿느냐고 다그치는 환자의 행동 사이의 연결고리도 찾아낼 수 있었다. 남편의 슈퍼바이지는 환자에게 갑작스러운 질문을 받고 당혹감을 느끼고서야 이와 같은 연결고리에 대해 이해할 수 있는 기회를 갖게 된 것이다.

이런 식의 슈퍼비전을 하는 내 남편과 반대로 나는 축어록과 같은 치료에 대한 정보를 사전에 받는 것을 아주 싫어한다. 나는 말로 듣는 것이 더 편한 사람이고, 남편은 시각적으로 배우는 사람이다. 슈퍼바이지가 말로 치료상황을 설명하는 것을 듣는 것은 즉각적인 나 자신의 역전이 반응과 연상되는 내적 이미지를 볼 수 있게 해 준다. 내가 맡고 있는 환자 대부분은 정신증적 수준에서 기능하지 않는다. 따라서 일일이 부호 찾기 하듯 언어 분석을 하는 게 필요하지도 않기 때문에 그들의 전반적인 감정적 톤에 대해 미리 공부해야 하는 부담이 적다. 집단 슈퍼비전을 할 때는 나 자신의 내적 과정에 대해 설명해 주는 것이 내가 사례개념화에 도달하는 과정을 보여 주는데 도움이 된다. 이런 점들이 리허설 없이 즉흥적으로 진행하는 내 슈퍼비전 방식의 교육적 효과라고 볼 수 있다.

나의 경우 미리 축어록과 같은 치료기록을 보는 것은 미묘한 디테일이나 뉘앙스를 놓치게 하기도 한다. 나는 치료자가 지금-여기 슈퍼비전 상황에서 자기 내담자에 대해 어떻게 말하는지를 듣는 것을 좋아한다. 어떤 감정이 드는지, 내 머릿속에 어떤 이미지가 떠오르는지, 내 기억 속 어떤 경험이 갑자기 생생하게 떠오르는지, 어떤 연상들이 촉발되는지, 지금-여기에서 이 사례를 발표하고 있는 슈퍼바이지에게서 나는 어떤 느낌을 받는지, 예를 들면 치료자가 내담자를 상담하면서 그때-거기에서 느꼈던 경험과 슈퍼비전을 하는 지금-여기에서 내가 이 슈퍼바이지에게 받는 느낌을 거울처럼 비춰 볼 수 있다. 나는 환자에 대한 치료 동영상을 보는 것도 좋아한다! 가능할 때 동영상 자료를 보면 도움이 많이 된다. 특히 첫 면접이 그렇다. 그래서 나는 Rutgers 대학에서 정신역동적 면접을 강의할 때 수업 시간에 동영상을 많이 활용했다. 동영상 속 치료적 상호작용이 어떻게 흘러가는지를 보면서 앞에서 언급했던 질문들을 나 스스로에게 던지고, 이렇게 내 안에서 일어나는 일련의 심리적 과정을 학생들과 공유한다.

슈퍼비전을 받을 때 멘토가 선호하는 방식에 맞춰가는 것은 고단한 일이다. 이렇게 하는 것이 슈퍼바이지가 좋은 쪽으로 발전하는 데 도움이 된다고 해도 슈퍼바이지 입장에서는 힘든 것이 사실이다. 이상적인 슈퍼비전 상황이라면 슈퍼바이저가 특정 방식을 고수하는 이유에 대해서도 설명을 해 줄 것이다. 설령 따라가기 어렵더라도 슈퍼바이저가 하라는 방식대로 배우려고 최대한 협조해야 한다. 축어록 작성과 같은 과제가 힘들기는 하지만 결과적으로는 디테일을 놓치지 않는 좋은 습관으로 남을 수 있다. 왜 그런 방식으로 슈퍼비전을 하는지 그 이유를 알게 되면 싫더라도 본인의 전문경력을 쌓아가는 데 지속적으로 도움이 될 수 있는 자기-평가와 자기-지지적 과정을 관장하는 내적 슈퍼바이저가 생길 것이다.

슈퍼바이저 중에는 자아심리학, 대상관계이론, 자기심리학, 대인관계-관계적 접근, 현대 (Spotnitz의 영향을 받은) 정신분석, 통제-숙달 이론, 혹은 Freud 학파, 융 학파, Klein 학파 혹은 라캉 학파 등 특정 정신분석적 접근의 우월성을 주장하는 경우도 있다. 경계선 성격장애를 위한 전이-초점적 치료 혹은 정신화기반 치료처럼 특정 내담자군에게 효과적인 방식을 강조하는 경우도 있고, 집중단기 역동적 치료나 가속화된 경험적 단기역동적 치료와 같은 단기정신 역동적 모델 중 하나를 미는 경우도 있다. 그런 경우 특정 접근의 우월성을 보여 주고자 하는 슈퍼바이저의 욕구를 충족해 주면서 편파적인 시각으로 접근하는 슈퍼바이저에게 배운다는 것이 이런 것이로구나 하는 게 편할 수 있다. 만약 슈퍼바이저가 다양한 접근법을 비교 분석하는 걸 좋아하는 타입이라면 다양한 임상적 선택에 대한 열띤 대화를 나눌 수도 있을 것이다. 하지만 슈퍼바이저가 방어적이거나 고루하게 훈계하는 타입이면 슈퍼바이저의 편파적인 시각에 대해 자기 의견을 주장하는 건 도움이 되지 않을 것이다.

이런 경우, 슈퍼바이저의 가르침 중에 좋은 점은 받아들이고, 본인이나 자신이 치료하는 내담자에게 맞지 않는 부분이라 생각되는 것들과는 거리를 두는 노력을 하는 게 필요하다. 내 경험상 효과적인 심리치료 기술이란 게 어떤 정해진 처방전을 따르는 것이 아니다. 모든 임상적 개입은 치료에 진전을 보이는지 여부로 평가해야 한다. 이상적이라고 가정하는 특정 정신분석이론적 모형에 얼마나 근접한 치료를 했는가보다는 내담자가 점점 더 자연스럽게 자기 개방을 하는 것을 보게 되고, 이 책 3장에서 설명했던 심리적 활력 증후가 나타나는 정도로 평가해야 한다. 즉, 임상적 개입은 치료자가 얼마나 특정 이론에 충실/정통한지 여부가 아닌 치료적 효과로 평가해야 된다. 매뉴얼화된 인지행동치료를 비난하는 정신분석가들은 자신들이 옹호하는 정신분석에서도 과거에는 그렇게 특정 기법에 충실하는 정도를 기준으로 치료적 가치를 논한 적이 있었다는 것을 잊고 있는 것 같다. 과거 정신분석 수련을 마친 치료자들은 자신들의 접근이 내담자에게 도움이 되었는가보다는 얼마나 정해진 정신분석 기법에서 벗어나지 않고 정통의 방식을 잘 고수했는지를 검열하는 "내부위원회"를 하나씩 들고나오는 듯한 행동을 했다.

도움을 구해야 할 때를 아는 것

나는 이 책에서 치료자들이 앓고 있는 완벽주의라는 병으로부터 해방되어야 할 필요에 대해서 여러 번 언급했다. 치료자는 현실적이어야 하고 너무 완벽을 추구해서는 안 된다. 그렇지만 자신의 치료적 역량에 대해 자신감이 없을 때, 내담자에게 해가 되는 역동을 재현할 때, 혹은 자기가 갖고 있는 전문성의 기준을 충족하지 못할 때는 슈퍼비전을 받는 게 좋다는 판단을 해야 한다. 치료 경력과 무관하게 치료자들은 다음의 두 가지 측면에서 슈퍼비전의 필요성을 판단하면 좋겠다. 첫째, 어떤 치료자라도 슈퍼비전이 필요한 영역이 있다. 둘째, 자신의 개인적 문제 때문에 치료가 이상한 방향으로 흘러가는 것 같으면 반드시 슈퍼비전을 받아야 한다.

첫 번째 경우는 치료자인 자신과 치료적 작업이 진행되는 공동체/사회와의 관계와 관련된 부분이다. 공공기관에 어떤 상황에서 무엇을 보고해야 하는지, 내담자를 위해 추천서나 진단서를 작성해야 하는데 정확히 어떤 내용을 담아야 할지 모를 때 혹은 법원과 관련된 사항이라든지 윤리 위원회 등에서 문제시 삼을 수 있는 것 등등과 관련된 문제는 아무리 경력이 많은 치료자라도 혼자 결정해서 행동에 옮기지 말고 스톱버튼을 누르고 먼저 다른 사람에게 자문을 꼭 구하는 것이 좋겠다고 말하는 내적 슈퍼바이저가 작동해야 한다.

이것은 전략적으로 시간을 끄는 방법을 배우라는 의미이기도 하다. 내담자가 문제가 될 수 있는 특혜 혹은 편의를 봐 달라고 하면 "○○씨가 부탁하시는 것에 대해서 좀 생각해 볼 시간이 필요합니다."라고 말하면 된다. 변호사가 뭔가를 요구한다면 "당장 답을 드릴 수는 없지만 며칠 뒤에 연락하겠습니다"고 우선 말하는 게 낫다. 내담자로부터 서면동의를 받기 전에 치료자–내담자 간의 일을 그 누구에게도 제공하면 안 된다는 걸 명심해야 한다. 이런 상황에서 구체적인 자문을 받을 수 있는 곳은 다음과 같다.

- 전문학회나 협회
- 윤리위원회 혹은 관련 분야의 윤리 쪽 권위자
- 자문그룹
- 관련 분야에 조예가 깊은 동료
- 예전 슈퍼바이저나 자문을 받았던 전문가
- 정신건강 관련 법조인

이런 상황에서는 우선 혼자가 아니라는 사실을 명심해야 한다. 일인 상담소에서 하루 종일 혼자 상담을 하는 경우 모든 의사결정을 스스로 하는 데 익숙해져 있을 것이다. 그런데 이런 상황은 임상적 판단 이외의 다른 역량을 요한다. 치료자는 본인이 치료실 밖의 삶에서 일어나는 다양한 주제에도 전문성을 가지고 있다고 착각하지 말아야 한다. 뭐든 치료와 관련된 일에 대해서는 다 알고 있어야 한다는 자동적인 책임감을 느끼고 반드시 스스로 해결책을 찾아야 한다고 생각하는 치료자들을 많이 본다. 그렇게 생각하는 실수를 범하지 않기를 바란다. 우리가 도저히 알 길이 없는 일들이 너무 많다. 관련 법령은 수시로 바뀌고, 지역사회 기관들로부터 받는 요구사항도 늘 변한다. 일반적인 임상수련으로는 이렇게 구체적이고 전문적인 도전들에 일일이 대처하기 어렵다.

두 번째 상황은 치료자 스스로 슈퍼비전의 필요성에 대해 판단하는 것과 관련된다. 특정 내담자를 만나는 것을 힘들어 하거나, 업무시간이 끝났는데도 그 내담자에 대한 생각이 머리에서 떠나지 않을 때, 특정 내담자에 대한 꿈을 자꾸 반복해서 꾸는 경우, 특정 내담자에게 강력한 호감 혹은 반감, 아니면 미움을 느낄 때, 그리고 자꾸 특정 내담자와의 상담 시간을 잊어버릴 때도 내적 슈퍼바이저가 작동해야 한다. 자신이 평소보다 혹은 예외적으로 더 특별한 신경을 쓰고 있는지 세심하게 살펴보아야 한다. 만약 특정 내담자를 위해 평소 자신이 지켜 온 전문가로서의 기준을 벗어나고 있다면 빨간불이 들어온 것으로 생각해야 한다(임상적으로 적절할 수도 있지만 왜 그렇게 생각하는지 자신의 사고 흐름을 믿을 만한 사람과 함께 점검할 필요가 있다). 다른 치료자에게 특정 내담자와 뭘 어떻게 했는지 논의하는 것을 상상조차 할 수 없다면 반드시 슈퍼비전이 필요하다는, 가장 강력한 빨간 불이 들어온 것으로 해석해야 한다. 바로 이런 상황이 반드시 누군가에게 도움을 청해야 하는 상황이다.

유능한 자문가는 지금 자신과 내담자 사이에 무슨 일이 일어나고 있는지, 내담자와의 치료적 진전을 위해 뭘 할 수 있는지에 대한 도움을 청할 수 있는 첫 번째 자원이다. 강력한 역전이를 이해하고 극복하는 데에는 내담자들로부터 만성적으로 왜곡되는 혹은 투사의 대상이 되어 본 경험이 많은 슈퍼바이저와 논의하는 것이 도움이 된다. 바로 이런 점 때문에 Otto Kernberg의 성격연구소에서는 매주 치료자들끼리 만나는 시간을 갖는다. Kernberg를 포함해서 치료자들은 상호협력 슈퍼비전(intervision)이란 이름으로 가장 힘든 사례를 논의하는 시간을 갖는다. 내담자와 정서적으로 엮여 있지 않다는 사실만으로 동료들은 치료자의 불편감을 해소해 주고 치료자가 아직 경험해 보지 못한 상황들을 다루는 데 유용한 새로운 시각을 제시할 수도 있다.

본인이나 내담자 모두 치료에 진전이 없는 상태라고 느낄 때는, 내담자도 함께 참여하는 형식으로 자문/슈퍼비전을 해 주는 슈퍼바이저를 찾아 이와 같은 치료적 교착상태를 뚫고 나갈 방도에 대해 도움을 받는 것도 방법이다(Elkind, 1922 참조). 정신분석의 관계적 접근의 영향으로 최근 들어 자문/슈퍼비전 방식으로 내담자와 치료자를 함께 만나는 상급 슈퍼바이저(senior supervisor)들이 많아졌다. 치료자와 내담자 상호 간에 분열(splitting)이 심하고 서로에게 책임 전가하는 역동에 말려 들어가지 않는 방법을 알고 있는 외부 관찰자와의 자문/슈퍼비전을 통해 서로의 단점을 보기보다는 새로운 국면으로 치료적 방향을 선회할 수 있다. 지역에 따라 이런 식의 슈퍼비전 방식이 아직은 생소할 수 있으므로 조심스럽게 시도해 보기 바란다.

만약 위의 두 가지 방법 모두 여의치 않다면. 개인 치료자를 찾아보거나 현재 치료를 받고 있다면 치료자와 함께 이와 같은 어려움이 자신의 어떤 심리적 역동에서 비롯되는지를 탐색해 보는 게 필요하다. 슈퍼바이저로부터 특정 문제에 대해서 본인(슈퍼바이지_역주)의 분석가와 논의하라는 말을 듣는 경우를 포함해서 이런 식으로 문제해결하는 방식에 대해서는 뒷부분에서 좀 더 논의를 할 것이다.

슈퍼바이저의 주관성: 장점 찾아보기

인간관계, 특히 힘 혹은 권력의 불균형이 있는 관계에서 서로에 대해 오해가 생기는 경우는 다반사다. 현실에서 대면하는 실제 상대보다 마음속에 그 사람이 촉발하는 내적 대상과 상호작용하는 경우가 많아서 그렇다. 슈퍼비전에서는 현실의 슈퍼바이저를 과거에 권위적 위치에 있던 사람에 대한 경험과 이미지로 여과해서 보게 되는 필연적인 부분이 있다. 이런 정상적인 전이는 전반적으로 은총 아니면 저주가 된다. 어린 시절 사랑의 대상으로부터 안전감을 느끼는 사람이라면 슈퍼비전에서도 안전감을 느끼기 쉽고, 안전한 느낌 속에서 인정받고 평가받는 것에 대한 본인의 반응을 탐색할 수 있을 것이다. 그럴 수 있으면 은총이다. 반대로 저주가 되는 상황도 있다. 과거의 양육자나 교수들이 예측불허했거나, 학대나 방임을 한 경우라서 이들 권위자에 대한 외상적 반응으로 인해 슈퍼비전 상황에서 배움의 과정이 간섭을 받는 상황이 그렇다.

한 가지 짚고 넘어가야 할 것은 어린 시절 양육자가 아무리 좋은 지지적인 대상이었다 하더라도, 인정받고 싶은 자연스러운 소망 때문에 완벽주의적 초자아가 형성되었을 수도 있다는 점이다. 이런 측면은 맏이로 태어난 치료자들에게서 많이 관찰된다(Sulloway, 1996). 자라면서 동생들을 돌보는 것에 익숙한 첫째들은 주로 돌봄 제공을 핵심으로 하는 전문직을 선호하는 경향이 있다. 아마 첫째들은 부모들이 동생들보다 자기에게 훨씬 더 엄했다고 생각한 적이 많을 것이다. 첫째들은 부모님이 동생들을 좀 더 상식적인 수준으로 양육하는 방법을 터득하는 데 도움을 준 실험실의 쥐와 같은 역할을 했기 때문이다. 위에 형제가 없으니 비교 대상이 없어서 자신들이 우러러보는 어른들의 기준에 맞추기 때문에 첫째들은 비현실적인 내적 기준을 갖게 된다. 이처럼 완벽주의적 기준에 맞추려고 노력해 온 까닭에 자신을 평가하는 사람에게 필요 이상의 기대를 투사해 항상 부정적 피드백을 예상하는 경향이 있다.

어린 시절 문제시되는 권위자와의 경험이나 완벽주의적인 초자아를 가진 경우, 내 경험상 가장 좋은 해결책은 최대한 자신의 슈퍼바이저와 과거 나쁜 영향을 준 사람을, 적어도 인지적으로나마, 차별화하는 자기 인식을 키우는 것이다. 이는 슈퍼바이저에 대해 정신화하려는 노력이 필요하단 뜻이다(Fonagy & Target, 1996). 슈퍼바이저의 의도가 무엇인지 탐색하는 동시에 슈퍼바이저를 권위자로 분류하는 자신의 자동적인 반응이 어디서 비롯되는지에 대해 의문을 가져야 한다. 슈퍼바이저에 대해 정신화한다는 것은 본인(슈퍼바이지)이 누구인지 혹은 어떻게 행동하는지와 무관한, 슈퍼바이저만의 고유한 성격 특성과 독특한 부분을 차별화하는 노력을 하는 것을 의미한다. 슈퍼바이저가 자기 개방을 하는 편이라면 그런 성격과 독특한 스타일이 생기는 데 영향을 준 요소들에 대해서도 파악할 수 있을 것이다. 어쩌면 슈퍼바이저에게 반감을 느끼는 부분이 슈퍼바이저 바로 그 사람의 개인사에 기반한 것일 수 있고, 따라서 슈퍼바이저가 자신의 개인사를 극복하려고 부단히 노력한 긍정적, 적응적 측면을 반영할 수도 있다.

정신화한다는 것은 특정 역할을 맡게 되면 어떤 식으로 생각하고 행동할까 하고 상상해 보는 것을 포함한다. 모든 역할은 의무가 따르게 마련이므로 그런 부분에 대해 역지사지할 수 있어야 이해가 가능하다. 권력의 불균형이 있든 없든 간에, 슈퍼바이저와의 "적합도"(Escalona, 1968; Rock, 1997)나 멘토로서 슈퍼바이저에 대한 평가 혹은 치료 과정에 대한 이해의 차이를 떠나, 슈퍼바이저라면 부담해야 하는 일반적인 의무 혹은 책임이 분명히 있는데 바로 그 부분도 슈퍼바이저의 의도에 영향을 미친다. 그래서 지금부터는 슈퍼바이저라면 누구나 안고 가야 하는 의무와 책임에 대해서 설명하고자 한다.

슈퍼바이저 역할을 하는 사람은 그 무엇보다 우선 무거운 책임의식을 느낀다. 치료자 중에는 과도하게 책임감을 느끼고 자기 비판적인 역동을 드러내는 우울적 기질을 가진 사람들이 많기 때문이다. 이와 같은 내적 성향은 궁극적으로 내담자에 대한 법적 책임을 져야 하는 슈퍼바이저의 역할을 맡게 되면 더욱 강화된다. 내담자의 복지와 관련해서는 최종적인 책임소재가 슈퍼바이저에게 있기 때문에 평소보다 더 비판적이게 되고 주도권을 쥐려고 할 수도 있다. 특히 슈퍼바이지의 행동이 치료적 관계를 해치거나, 슈퍼바이지가 스스로 미처 생각하지 못하는 가상적 문제 때문에 두려워하며 불안을 행동화할 때, 슈퍼바이저는 이를 자기 탓으로 받아들이지 않도록 노력해야 한다.

둘째, 슈퍼바이저의 역할을 맡게 되면 슈퍼바이지에게 뭔가 새로운 것을 가르쳐 주고 슈퍼바이지가 성장하고 역량이 강화되는 데 기여하고자 하는 정상적인 자기애적 욕구를 갖게 된다. 개인적인 의견 혹은 조언을 하지 않도록 늘 조심해야 하는 내담자와의 정신분석적 심리치료와 달리 자신의 생각을 직접적으로 밝힐 기회가 있고 슈퍼바이지가 어떤 식으로 개입해야 하는지에 대한 건의를 할 수 있어 오히려 치료하는 것보다 슈퍼비전하는 것을 선호하는 경우도 있다. 멘토들은 내담자를 상담하면서 돌봄 제공의 욕구를 충족하는 데 오랜 시간을 기다려야 하지만 슈퍼비전에서는 슈퍼바이지에게 직접적인 조언을 하면서 즉시적으로 충족되는 체험을 할 수 있다.

슈퍼비전을 하면서 자신이 도움이 되었다고 느끼고 싶어하는 슈퍼바이저의 욕구는 자신을 알아봐 주고, 인정해 주기를 바라는 슈퍼바이지의 바람과 상충될 수 있다. 좋은 평가를 받기를 기대하며 슈퍼비전에 임했는데 슈퍼바이저가 자꾸 고쳐야 할 부분만 지적하면 슈퍼바이지는 상처를 받을 수 있다. 잘한다고 칭찬받는 것에 익숙한 슈퍼바이지의 경우 더욱 그렇다. 좋은 멘토나 슈퍼바이저는 슈퍼바이지로 하여금 특정 접근, 개입 혹은 기술을 습득하고, 조망 능력을 단계적으로 조금씩 키워 갈 수 있도록 은연중에 영향력을 미쳐야 한다. 슈퍼바이지는 단박에 완벽하게 되겠다는 환상을 버리고 이와 같은 개인적, 도제식 교육에 익숙해지도록 노력할 필요가 있다.

셋째, 과거에는 그냥 넘어갔지만 향후 의도적이지 않게 문제가 될 수 있는 부분을 지적해 주는 것도 슈퍼바이저의 역할이다. 자기가 특별한 내담자인지를 자꾸 확인받고 싶어하는, 자존감이 심각하게 낮은 여성 내담자를 치료하는 슈퍼바이지의 상황을 예로 들어 보자. 그 슈퍼바이지는 자기 내담자에게 "당연히 당신은 특별하죠"라고 진심에서 나온 피드백을 하고, 이에 대해 슈퍼바이저로부터 내담자에게 자연스럽고 치료적인 공감적 반응을 했다는 칭찬을 들을 것이라 기대할 수 있다. 그런데 슈퍼바이지의 따뜻한 심성을 좋게 생각하는 멘토라도 그리고 슈퍼바이지가 좋은 의도로 한 피드백일지라도, 이런 식의 피드백이 문제가 될 수 있다고 지적받을 수도 있다. 슈퍼바이저의 입장에서는 "왜 지금 그런 질문을 하시죠?"와 같이 내담자의 과거사에서 내담자가 자신이 특별하지 않다고 느낀 요인들이 있는지를 파악해 보라는 대안을 제시할 수 있다. 환자가 특별하다는 말을 듣고 싶어 하는 이유가 사실 속으로는 자신이 특별하지 않다고 느끼기 때문일 것이라는 가정을 가질 수도 있다(특별하게 느끼면 그런 질문 자체를 할 필요가 없을 것이다). 그리고 궁극적으로 이런 감정들을 어떻게 해소해 줄 수 있는지에 대해 고민해 보라고 조언할 수 있는 것이다.

타인들로부터 따뜻한 말을 듣는 것이 열약한 자존감을 상쇄하는 특효약인 경우라면 이 내담자는 주변의 좋은 친구나 권위자들의 따뜻한 배려가 그 몫을 했을 것인데 굳이 심리치료를 받을 필요가 있느냐고 지적할 수도 있다. 어쩌면 이 내담자는 주변에 그런 말을 해 주는 사람들이 진심이 아니라 그냥 배려 차원에서 하는 빈말이라고 생각할 수도 있지 않겠느냐고 되물을 수도 있다. 만약 이런 추측이 맞는다면, 치료 장면에서도 똑같은 상황이 벌어질 수 있다고 제안했을 수도 있다. 치료자가 "당신은 특별한 사람이죠"라는 긍정적 피드백을 주더라도 내담자는 치료자가 속으로는 그렇게 믿지 않는다고 생각할 수 있다. 치료자니까 그렇게 말할 수밖에 없다거나, 자신이 치료자를 속여먹었다는 불안감을 가질 수도 있으며, 치료자를 너무 이상화해 혹시라도 실망시킬까 봐 걱정 근심을 할 수도 있다는 점을 슈퍼바이저가 일깨워 줄 수도 있다. 치료자는 특별하기 때문에 특별한 치료자의 내담자인 자신이 자동적으로 특별해진 것이라는 투사를 할 수도 있고, 내담자는 이를 확인하기 위해 다양한 시험을 할 수 있다고 가르쳐 줄 수도 있다. 예를 들면 기관의 규범을 어기면서까지 자신의 편의를 봐줄 수 있는지, 혹은 아무 때나 전화해도 되는지 묻는 방식으로 특혜를 받고 싶어하는 마음을 드러낼 수 있다고 알려 줄 수 있다. 슈퍼바이지에게 내담자가 특별한 사람이란 긍정적 피드백을 받게 되면 벌어질 수 있는 다양한 상황에 대해 경고하고 대비할 수 있도록 교육시키는 것이 슈퍼바이저의 임무이다. 하지만 슈퍼바이지가 자기 비판적인 경향이 있고, 대인관계에서 다른 사람들로부터 비난을 받을 것이란 자동적인 부정적 기대를 갖고 있는 사람이라면, 이런 식으로 조언을 해 주는 슈퍼바이저로부터 인신 공격을 받는 것처럼 느낄 수 있다.

넷째, 많은 정신분석 전문가들은 슈퍼바이지를 자신들의 학문 공동체가 환영해야 할 잠재적인 동료라고 생각한다. 슈퍼바이지에게 환자를 의뢰하기도 하고, 슈퍼바이지가 자신들보다 더 많이 알고 있는 분야가 있다면 그

것을 배우려고 할 수도 있다. 그런데 만약 수련 프로그램에서 어린애 취급을 받은 경험이 있는 경우라면(요즘의 수련 프로그램들이 좀 그런 경향이 있다), 슈퍼바이지는 자신이 유능한 성인이라는 사실을 잊고 있을 수 있다. 때문에 동료 실무자로서 대우받는 것이 갑작스럽고 당혹스럽게 느껴질 수 있다. 나의 한 슈퍼바이지는 내가 슈퍼비전 시간에 걸려 온 전화를 받으면서 "지금은 통화할 수가 없습니다. 동료에게 자문을 해 주고 있어서요"라고 하는 것을 들었다. 이 사람은 내가 이렇게 자기를 예우해 준 것이 믿기지 않는 듯 자기가 내가 통화하는 것을 듣고 있는 상황이니까 자기를 무척 배려해 주는 척했다고 생각했다. 속으로는 내가 자신을 업신여기면서 겉으로만 중요하게 여기는 척하면서 자신에게 환심을 사려고 했다고 생각했다. 즉, 은연중에 내가 자신을 조종하려 했다고 생각한 것이다. 그러므로 슈퍼바이저가 슈퍼바이지의 개인사나 관심 분야 혹은 전문 분야에 대해 질문할 때, 동료애에서 우러난 태도일 수 있음을 염두에 두자. 당신이 상상하는 것처럼 슈퍼바이저가 불손한 의도를 갖고 당신의 부정적인 부분을 파헤치려고 하는 것이 아니라 그냥 단순히 당신에 대해 더 알고 싶어할 수도 있다.

또 한편으로는 아무리 뛰어난 정신분석적 직관을 가진 슈퍼바이저라 하더라도 X-ray 사진처럼 모든 것을 꿰뚫어볼 수는 없다는 것을 기억해야 한다. 슈퍼바이지는 슈퍼바이저에게 자신이 슈퍼비전을 통해 배우고 싶은 게 뭔지 명확히 밝혀야 한다. 슈퍼바이저는 당신이 잘 따라오고 있다고 생각하지만 정작 당신은 슈퍼바이저가 무슨 말을 하는지 이해할 수가 없다면 명확히 설명해 달라고 요청을 하면 된다. 슈퍼바이저가 지나치게 자기애적인 사람이 아니라면 슈퍼바이지에게 무엇이 도움이 되고 무엇은 도움이 되지 않는지 알고 싶어할 것이다. 슈퍼바이지를 동료로서 예우하는 슈퍼바이저들은 정작 자신들이 슈퍼바이지로부터 정신분석을 같이 공부하는 동료가 아니라 잠재적인 박해자로 인식되는 것을 매우 불쾌하게 생각할 것이다.

대부분의 임상 상황에서, 슈퍼바이저는 강렬한 역전이 반응과 같은 특정 주제에 대해서는 슈퍼바이지가 개인 분석가(개인적으로 교육분석을 받는 치료자_역주)와 의논해 볼 것을 제안하는 경우가 있다. 만약 슈퍼바이저가 당신에게 이런 제안을 한다면 이는 당신의 정신건강에 문제가 있다거나 당신이 치료자로서의 역량이 부족해서 그런 것이 아니라 슈퍼바이저가 교육적 역할이 아닌 치료자의 역할을 하게 되는 쪽으로 기우는 것을 막으려고 하기 때문이다. 환자들은 종종 치료자의 마음속 특정 부분을 자극하는데, 이 부분들은 보통 환자의 치료와 무관한 부분이다. 정신분석 슈퍼바이저들은 시행착오를 통해 이런 사실을 익히 알고 있기 때문에 슈퍼바이지에게 개인상담을 통해 도움을 받아 보라고 제안하는 것이다. 슈퍼바이지의 병리적인 측면을 부각하려는 의도가 있어서 그러는 것이 아니다.

이상적인 슈퍼비전이 아니어도 최대한 많이 배우기

슈퍼바이저들도 내담자만큼 각양각색이다. 치료자와 내담자 간의 적합도가 중요한 만큼, 슈퍼바이저와 슈퍼바이지의 궁합(chemistry)도 매우 중요하다. 당신은 수련하는 동안 본인 스타일에 잘 맞지 않거나, 실력이 없거나, 경우에 따라서는 도움은커녕 오히려 피해를 주는 슈퍼바이저를 만난 경험이 있을 수도 있다. 지금부터는 그러한 상황을 어떻게 극복할 수 있는가에 대해서 이야기하려고 한다.

첫째, 그런 슈퍼바이저라도 뭔가 얻을 것이 없는지 열심히 살펴봐야 한다. 이 세상에 완벽하게 무가치한 사람은 없다. 때문에 슈퍼바이저에게 슈퍼비전을 통해서 뭔가 도움을 받고 있다고 말을 해 주면 도움이 된다. 과거에 맡았던 슈퍼바이지들과의 관계가 별로 좋지 않은 슈퍼바이저이거나 지금 슈퍼바이지 본인과의 관계에서도 딱히 궁합이 좋지 않다고 생각하는 것처럼 보이면 특히 그렇다. 오래전에 자신이 하는 연구에 문제를 겪고 있던 내담자를 만난 적이 있다. 나는 이 사람 때문에 굉장히 저명한 학자에게 자문을 구하는 용기를 낸 적이 있다. 내가 자문을 구한 사람은 학교 동료이기도 했는데 정신분석가들에 대해 좋지 않은 선입견을 갖고 있었다. 그런데 예상과 달리 이분은 우리의 대화를 즐겼고 내가 본인의 높은 학식에 존경심을 갖고 있는 점을 좋게 받아들였다. 과거에는 학과 회의나 그밖에 다른 상황에서 나를 기분 나쁘게 한 적이 많았기 때문에 나는 이 상황이 의아하다고 생각했다. 그러나 실제로 나는 그분에게서 많은 것을 배웠다(그 이후로 우리는 줄곧 좋은 친구 사이를 유지하고 있다). 슈퍼바이지들은 슈퍼바이저가 가지고 있는 권한 때문에 주눅이 들 수도 있지만, 결국에는 슈퍼바이저도 인간이고 평범한 수준의 인정이나 칭찬을 반긴다는 점을 명심할 필요가 있다.

만약에 슈퍼바이저가 굉장히 혼란스럽고 낯선 방식으로 당신을 지도하는 상황이라면(예를 들면, 내용보다는 저항을 해석하라든지, 명료화를 먼저 하고 그 뒤에 직면을 하라든지, 이상화를 방어라고 해석하지 말고 그냥 받아들이라든지, 내가 이 사람하고 이렇게 했다는 것에 대한 조망에서 제3자의 입장을 취하도록 노력하라 등등), 구체적으로 뭘 어떻게 하라는 것인지 예시를 들어 알려 달라고 부탁해 볼 수 있다. 나도 경력 초반에 슈퍼바이저로부터 전이를 편집–분열적 자리에서 나쁜 대상에게 가졌던 감정을 반영하는 것으로 해석하라는 지시를 받은 적이 있었다. 당시 내 슈퍼바이저는 대상관계 이론으로 생각하고 얘기하는 것이 습관화되어 있었기 때문에, 초심자인 나도 당연히 자기가 무슨 말을 하는지 알아들을 것이라고 생각했던 것 같다. 그래서 뭘 어떻게 해야 되는 것인지 좀 더 자세히 설명을 해 달라고 했더니, 금방 내담자에게 이렇게 말하라고 가르쳐 줬다. "○○씨는 저한테서 마치 어린 시절 엄마에게 가졌던 나쁜 감정을 경험하는 것 같아요"라고. 듣고 보니 그 정도는 내가 즉시 적용해 볼 수 있는 방법이었다.

슈퍼바이저와의 관계에서 지속적으로 불편감을 느낀다면 그냥 솔직하게 그렇다고 얘기할 수 있는 방법을 찾아보길 바란다. 사실은 별거 아니고, 논의하면 충분히 해소할 수 있는 것일 수도 있다. 만약 슈퍼바이저가 이 주제에 대해서 굉장히 예민하고 방어적으로 나온다면, 적어도 이런 슈퍼바이저와는 앞으로도 쭉 편하지 않을 것이라는 점을 배운 것이니 그것도 나쁘지 않다. 적당한 시점에 가서 슈퍼바이저와 슈퍼바이지 사이에 관점의 차이가 있는 부분에 대해 부드럽게 다시 한 번 언급할 수도 있다. 그렇게 했음에도 불구하고 슈퍼바이저가 굉장히 경직된 면을 보인다면, 이 슈퍼바이저는 두 사람이 상호협력하여 슈퍼비전 관계를 좋은 쪽으로 만들어갈 수 있는 사람이 못 되는 게 맞다. 만약에 슈퍼바이지는 슈퍼바이저가 하라는 대로 하는 것이라고 강조하는 슈퍼바이저라면 진짜 대안이 없다. 최대한 맞춰 주려는 노력을 할 수밖에 없다.

혹시 본인이 슈퍼비전 시간에 늦는다든지, 슈퍼바이저의 심기를 거스릴 법한 행동을 하는 것은 아닌지 살펴봐야 할 필요도 있다. 시키는 대로 서류 작업을 제대로 하지 않았다거나, 슈퍼바이저가 읽으라고 준 논문을 읽지 않았다거나 하는 것도 포함해서 말이다. 만약에 본인의 의도와 달리 무의식적으로 슈퍼바이저의 제안에 응하지 않고 있는 것이라면 본인도 모르게 이 슈퍼바이저에게 가지고 있는 양가감정을 이미 표현하고 있다는 의미가 된다. 실제 슈퍼비전에 대해서 양가감정을 갖게 되는 상황은 많이 있는데, 이는 슈퍼바이저와의 관계가 좋을 때도 마찬가지이다. 따라서 정신역동적 슈퍼바이저라면 이와 같은 슈퍼바이지의 솔직한 자기 표현 때문에 자존심에 상처를 받지는 않는다. 자기도 모르게 무의식적으로 어떤 상황을 만들어 낸 것 같다 혹은 어떤 행동을 했다고 솔직히 고백하는 것이 그런 부정적인 경험 때문에 했던 행동들에 대해서 이런저런 변명을 늘어놓는 것보다 훨씬 낫다.

최근 들어 나는 자신들보다도 치료 경험이 적은 슈퍼바이저들로부터 슈퍼비전을 받는 치료자들을 종종 접했다. 이건 충분히 있을 수 있는 상황이다. 본인보다 실력이 없는 상사를 모시게 되는 상황이 처음이 아닐 수도 있다. 이런 상황은 인턴십이나 레지던트 수련 기관처럼 업무의 과부하가 생겨서 스태프 심리학자들이 제대로 수련 과정에 기여하지 못하는 경우에 발생한다. 따라서 아직 준비가 안 된 슈퍼바이저들이 수련생을 교육하는 상황이 초래된 것이다. 불만족스러운 상황이기는 하지만 슈퍼바이저가 어른이라면 이런 식으로 행동하면 안 된다고 불평하고 있는 당신 안의 "어린아이"를 달래면서 이 실망스러운 슈퍼비전 상황을 현실로 받아들이고 견디는 방법을 배워야 한다.

아무리 노력해도 슈퍼바이저와의 문제를 해결할 수 없다면 다른 슈퍼바이저와 매칭이 가능한지 알아보는 것이 필요할 수 있다. 물론 자비로 받는 슈퍼비전이라고 하면 당연히 원치 않는 슈퍼비전 관계는 쉽게 종결할 수 있다. 그렇지만 갈등을 회피하는 경향이 있는 경우라면 어떤 식으로 슈퍼비전 관계를 종결하겠다는 이야기를 할 것인지를 미리 리허설하는 것도 필요할 수 있다. 예를 들면 "슈퍼바이저 선생님에게 굉장히 많은 것을 배웠지만 왠지 모르게 저는 우리 슈퍼비전 관계가 편안해지지 않습니다. 어쩌면 조금 더 제 스타일에 잘 맞는 다른 슈퍼바이저를 찾아봐야 하는 것이 아닌가 하는 생각을 합니다." 슈퍼바이저도 사실은 당신과 뭔지 모르게 잘 맞지 않는 것 같아 힘들어 했을 수도 있고, 그렇다면 이런 말에 기분 나빠하기보다는 오히려 해방감을 느낄 수도 있다.

만약에 슈퍼바이저를 배정받는 기관에서 수련받고 있는 상황이라면 기관장에게 슈퍼바이저를 바꿔 달라고 요청해 봐야 한다. 어쩌면 다른 수련생들도 이미 그런 불만을 많이 제기했을 수도 있다. 이런 요청을 하게 되면 기관에서도 슈퍼바이저에게 문제가 있다는 점을 알게 되기 때문에 궁극적으로는 모두에게 도움이 된다. 미국의 대부분의 수련 기관에서는 슈퍼바이저와의 합(fit)이 좋지 않으면 대부분 바꾸어 준다. 그렇게 하지 못하는 상황이면, 좋지 않은 상황에서 최선의 노력을 할 수밖에 없어, 그냥 버티는 방법을 터득해야 한다.

이렇게 고통스러운 수련 현실을 감당하는 것과 관련해서, 솔직히 기관의 문제나 슈퍼바이저의 문제점 때문에 오히려 본인이 이상하게 보이는 경험을 하는 경우도 있다. 지도교수가 다른 교수들에게 당신에 대해 좋지 않은 평가를 했기 때문에 사람들로부터 이상한 사람처럼 낙인이 찍혀 있을 수도 있다. 왜냐하면 학생들을 가르치다 보면 내가 보기에는 굉장히 창의적이고 지적이며 도전적인 질문을 많이 하는 학생들이 오히려 좋지 않은 평판을 갖고 있는 경우가 있다. 그런 학생들은 좀 더 고분고분한 모습을 기대하는 몇몇 스승들의 기대에 부응하지 못해 그렇게 되는 것 같다. 실무 환경은 학문을 하는 분위기와는 매우 달라서 다양한 주제들에 대해서 적극적으로 논쟁하는 것이 적합하지만은 않다. 만약 질문을 너무 많이 해서 고분고분하지 않다는 시선을 받게 되면 가장 자기 보호적인 전략은 질문을 덜 하는 것이다.

주류에 포함되지 않는 학생들의 경우에는 또 다른 문제들이 있을 수 있다. 다문화 주제에 대해서 예민해지려고 노력하는 수련 프로그램에서조차 충분히 배려하지 못하는 부분이 있어 당신에게도 영향이 미칠 수 있다. 관련 연구에 따르면 대부분 본인이 다문화 이슈에 민감하다고 얘기하는 사람들도 계층 간의 차이, 문화적 차이, 종교, 성 정체성을 포함한 다양한 영역에서 본인들이 생각하는 것만큼 예민하지 않다(Gomez, 2020 참조). 기관에서 체계적인 불이익을 당하고, 이해받지 못한다고 느낀다면 이 문제에 대해 공감하는 영향력 있는 사람을 찾아서 이런 고민을 털어놓는 것이 맞다. 다행인 것은 과거에 비해 전문적인 문헌이나 협회 차원에서 보면, 비주류에 있는 학생들의 입장을 훨씬 많이 고려해 주는 편이기는 하다.

수련 기관에 소속되지 않은 외래 강사 신분인 슈퍼바이저들로부터 좋은 평가를 받게 되면 기관 내에서의 좋지 않은 평가를 조금은 상쇄해 줄 수 있다. 하지만 수련기관에서 얻은 평판은 꽤 오래가는 편이다. 얼마 전 나는 자기 슈퍼바이저로부터 내담자와 플러팅을 한다는 지적을 받았고, 그 슈퍼바이저가 기관 내의 다른 슈퍼바이저들에게도 자기 얘기를 퍼뜨렸다고 호소하는 슈퍼바이지를 만났었다. 동성애자인 이 슈퍼바이지는 성적인 교감은 전혀 없었지만 두 명의 여성 내담자에게 장난스러운 행동들을 좀 많이 했던 남성 치료자였다. 그런데 슈퍼바이저는 이 치료자가 여성 환자들에게 플러팅을 했다고 생각했다. 이와 같은 평판 때문에 이 남성 치료자는 인턴십 내내 힘들었다고 했다. 나는 이 치료자에게 슈퍼바이저에게 이 문제에 대해 직접 얘기를 해 보라고 건의했다. 시스템 안에서 주류에 포함되지 않는 사람들이 소외당하는 상황에 대처하는 것은 굉장히 어려운 문제이다. 하지만 그렇다고 구제불능한 상황이라고 생각할 필요도 없다. 미시적인 공격성(microaggression)을 경험하는 상황을 대면할 때, 아무것도 할 수 없다고 무기력해질 필요는 없다. 당장은 아니더라도 언젠가는 심리치료 공동체로부터 본인의 실력으로 평가받을 것이기 때문이다.

문제의 원인이 자신에게 있을 때

이 장에서 내가 다룬 내용은 이 책을 읽는 독자들 대부분이 예민하고, 좋은 의도를 갖고 있고, 자기 비판적이며, 부정적 귀인을 하면 쉽게 상처받는 사람들이란 가정에 기반했다. 그런데 내 대학원생 중에는 탁월한 치료자의 덕목을 갖추고 있음에도 불구하고 내담자 혹은 슈퍼바이저와 문제가 생기면 거의 자동적으로 이를 본인들의 "잘못"으로 귀결시키는 사람들이 있다. 이들 대부분은 비난을 받으면 자동적으로 죄의식을 느끼기 때문에 사실은 반복되는 문제의 원인이 슈퍼바이저나 그 프로그램 자체에 있을 거라는 생각을 아예 못하는 것 같다. 그래서 지금까지 내가 한 조언들은 슈퍼바이지들이 자신들에 대해 당당하고 긍정적인 시각을 유지하는 데 초점이 맞추어져 있다.

그런데 우리 모두는 다 치료적 작업에 걸림돌이 될 수 있는 개인적인 역동도 가지고 있다. 우리 중에는 개인적인 문제를 먼저 해결해야 특정 문제나 임상적 도전에 유능하게 대처할 수 있는 경우도 있다. 간혹 가다가 정신건강이 매우 양호하고 똑똑해서 개인 상담을 받지 않고도 훌륭한 정신역동적 치료자가 되는 경우가 있긴 하지만, 우리 대부분은 개인 치료를 필요로 하고, 좋은 치료적 쌍(dyad)의 경험을 통해 많은 것을 배울 수 있다. (여기서 분명히 말하고 싶은 것은, 치료자가 되고자 하는 사람 중에는 절대 치료자가 되면 안 되는 사람도 있다. 아무리 오랫동안 심리치료를 받더라도 유능한 치료자로 성장하기 힘든 경우가 있는 것이다. 이런 사람들은 다른 진로를 탐색하는 게 좋다).

만약 여러 명의 슈퍼바이저로부터 자신의 치료적 역량에 대해 지속적으로 좋지 않은 피드백을 받는다면, 그리고 부정적인 평가를 바꿀 수 있는 방법을 스스로 찾아내기 어렵다면 본인에게 무슨 문제가 있는지 솔직하게 들여다봐야 한다. 만약에 아직까지 심리치료를 받은 적이 없다면 사려 깊고 경험이 많아 편하게 자기 개방을 할 수 있는 사람에게 이런 문제들을 털어놓을 수 있게 상담을 받는 게 필요하다. 경제적으로 부담이 되더라도 반드시 그렇게 해야 한다. 내담자와의 치료 과정에 지속적인 걸림돌로 작용하는 자신의 심리적 문제를 직면하는 것만큼 중요한 것이 없기 때문이다.

본인의 치료 과정에서는 설령 다른 얘기들을 주로 하더라도 슈퍼바이저들로부터 부정적 피드백을 받았다는 얘기를 꼭 하기 바란다. 당신이 갈등하고 있는 주제들에 대한 이해가 깊은 치료자라면 문제되는 부분이 무엇인지에 대해 같이 탐색할 수 있을 것이다. 당신이 슈퍼바이저들과 경험하고 있는 대인관계적 역동이 분명히 지금의 치료적 관계에서도 재현되고 있을 것이므로 개인 상담에서 이런 문제를 다룬다면 다른 쪽(치료자로서의 역할)에서 문제시되는 것을 피할 수 있다. 자신의 상담자와 함께 슈퍼비전에서 걸림돌이 되는 개인적인 특성들을 다듬을 수도 있을 것이다. 만약 그렇게 자신의 성격적인 면모를 바꾸는 것이 어렵게 느껴진다면, 상담에서 자신의 취약성을 촉발하는 내담자의 유형 혹은 상황들에 대해서 구체적으로 탐색하는 것이 필요하다. 그리고 향후 이런 문제나 상황을 피하는 것에 대해 고민해 봐야 한다.

맺음말

내가 지금껏 설명한 내용이 슈퍼비전이나 자문을 최대한 활용하는 데 도움이 되기를 바란다. 나는 이 장에서 슈퍼비전 관계는 가깝게는 치료자가 직면하는 임상적 도전들에 대처할 수 있게 해 주고, 장기적으로는 심리치료자로서의 경력에 보탬이 된다는 점을 강조했다. 자문을 받을 때는 자격증을 취득한 햇수가 얼마나 되었든 상관없이 자기만의 고유한 목소리(내적 슈퍼바이저_역주)를 찾고, 슈퍼비전이 필요한 적절한 시기를 알아차리는 것이 중요하다는 점을 강조했다. 멘토의 관점을 공감하려는 노력을 통해 우리 모두가 갖고 있는 권위자와의 초기 경험을 현재 슈퍼비전 상황에 투사하는 경향에 맞서야 한다고도 했다.

마지막으로 슈퍼바이저 때문에 혹은 슈퍼바이저와 슈퍼바이지의 합이 좋지 않아서, 아니면 기관의 전반적인 상황 혹은 외부로부터의 어떤 압력이 수련과정에 영향을 미쳐서, 그것도 아니면 슈퍼바이지의 개인적인 문제 때문에 기대하던 바와 다르게 슈퍼비전이 흘러갈 수 있는 상황에 대해서도 논의했다. 다행인 것은 임상경험이 축적되면 배움의 과정에 대해서도 유연함이 생겨 슈퍼비전이 필요한 시기나, 어떤 식의 슈퍼비전이나 자문이 필요한지도 자연스럽게 터득하게 된다. 경력 초반에 좋지 않은 슈퍼비전 경험을 한 경우라도 이후에 긍정적인 슈퍼비전 관계를 통해 충분히 이를 만회할 수 있다는 것을 명심하면 좋겠다.

참고문헌

Abbass, A. (2004). A small-group videotape training for psychotherapy skills development. *Academic Psychiatry, 28*, 151-155.

Abbass, A. (2016). The emergence of psychodynamic psychotherapy for treatment resistant patients: Intensive short-term dynamic psychotherapy. *Psychodynamic Psychiatry, 44*(2), 245-280.

Abbass, A., Kisely, S. R., Town, J. M., Leichsenring, F., Driessen, E., De Maat, S., . . . Crowe, E. (2014). Short-term psychodynamic psychotherapies for common mental disorders. *Cochrane Database of Systematic Reviews*, Issue 4, Article No. CD004687.

Abbass, A. A., Rabung, S., Leichsenring, F., Refseth, J., & Midgley, N. (2013). Psychodynamic psychotherapy for children and adolescents: A meta-analysis of short-term psychodynamic models. *Journal of the American Academy of Child and Adolescent Psychiatry, 52*(8), 863-875.

Abrevaya, E., & Thomson-Salo, F. (Eds.). (2019). *Homosexualities: Psychogenesis, polymorphism, and countertransference*. New York: Routledge.

Ackerman, S. J., & Hilsenroth, M. J. (2003). A review of therapist characteristics and techniques positively impacting the therapeutic alliance. *Clinical Psychology Review, 23*(1), 1-33.

Aggarwal, P., & Bhatia, P. (2020). Clinical supervision in forensic psychiatry in India. *Journal of Psychotherapy Integration, 30*(1), 9-15.

Ainslie, R. (2011). Immigration and the psychodynamics of class. *Psychoanalytic Psychology, 28*(4), 560-568.

Ainsworth, M. D. S., & Bell, S. M. (1970). Attachment, exploration, and separation: Illustrated by the behavior of one-year-olds in a strange situation. *Child Development, 41*(1), 49-67.

Akhtar, S. (Ed.). (2014). *The African American experience: Psychoanalytic perspectives*. New York: Rowman & Littlefield.

Allison, E., & Fonagy, P. (2016). When is truth relevant? *Psychoanalytic Quarterly, 85*(2), 275–303.

Alonso, A. (1985). *The quiet profession: Supervision of psychotherapy*. New York: Macmillan.

American Psychological Association. (2012). Recognition of psychotherapy effectiveness. Retrieved from *www.apa.org/about/policy/resolution-psychotherapy.aspx*.

American Psychological Association. (2017). Ethical principles of psychologists and code of conduct (2002, amended effective June 1, 2010, and January 1, 2017). Retrieved from *www.apa.org/ethics /code/index.aspx*.

Anstadt, T., Merten, J., Ullrich, B., & Krause, R. (1997). Affective dyadic behavior, core conflictual relationship themes and success of treatment. *Psychotherapy Research, 7*(4), 397–417.

Arkowitz, S. W. (2001). Perfectionism in the supervisee. In S. Gill (Ed.), *The supervisory alliance: Facilitating the psychotherapist's learning experience* (pp. 3–66). Northvale, NJ: Jason Aronson.

Arlow, J. (1972). Some dilemmas in psychoanalytic education. *Journal of the American Psychoanalytic Association, 20*(3), 556–566.

Aron, L. (1991). The patient's experience of the analyst's subjectivity. *Psychoanalytic Dialogues, 1*(1), 29–51.

Aronson, S. (2000). Analytic supervision: All work and no play? *Contemporary Psychoanalysis, 36*(1), 121–132.

Auchincloss, E. L., & Michels, R. (2003). A reassessment of psychoanalytic education: Controversies and changes. *International Journal of Psychoanalysis, 84*(2), 387–403.

Auchincloss, E. L., & Weiss, R. W. (1992). Paranoid character and the intolerance of indifference. *Journal of the American Psychoanalytic Association, 40*(4), 1013–1037.

Auerbach, J. S. (2019). Relatedness, self-definition, mental representation, and internalization in the work of Sidney J. Blatt: Scientific and clinical contributions. *Psychoanalytic Psychology, 35*(4), 291–302.

Balint, M. (1948). On the psycho-analytic training system. *International Journal of Psychoanalysis, 29*, 163-173.

Baltes, P. B., Glück, J., & Kunzmann, U. (2002). Wisdom: Its structure and function in regulating successful lifespan development. In C. R. Snyder & S. J. Lopez (Eds.), *Handbook of positive psychology* (pp. 327-347). New York: Oxford University Press.

Bambling, M. (2000). The effect of clinical supervision on the development of counsellor competency. *Psychotherapy in Australia, 6*(4), 58-63.

Barlow, J., Bennett, C., Midgley, N., Larkin, S., & Wei, Y. (2015). Parent-infant psychotherapy for improving parental and infant mental health. *Cochrane Database of Systematic Reviews*, Issue 1, Article No. CD010534.

Bateman, A., & Fonagy, P. (2013). Mentalization-based treatment. *Psychoanalytic Inquiry, 33*(6), 595-613.

Battan, J. (1983). The "new narcissism" in 20th-century America: The shadow and substance of social change. *Journal of Social History, 17*(2), 199-220.

Baudry, F. D. (1993). The personal dimension and management of the supervisory situation with a special note on the parallel process. *Psychoanalytic Quarterly, 62*(4), 588-614.

Baum-Baicker, C. (2018). Defining clinical wisdom part II: Quotes, the qualitative underpinning of the research. *JASPER International: Journal for the Advancement of Scientific Psychoanalytic Empirical Research, 2*(1), 105-118.

Baum-Baicker, C., & Sisti, D. W. (2012). Clinical wisdom in psychoanalysis and psychodynamic psychotherapy: A philosophical and qualitative analysis. *Journal of Clinical Ethics, 23*(1), 13-40.

Beebe, B., & Lachmann, F. (2014). *The origins of attachment: Infant research and adult attachment*. New York: Routledge.

Beitman, B. D., & Yue, D. (2004). *Learning psychotherapy* (2nd ed.). New York: Norton.

Bellak, L., Hurvich, M., & Gediman, H. K. (1973). *Ego functions in schizophrenics, neurotics, and normals: A systematic study of conceptual, diagnostic, and therapeutic aspects*. New York: Wiley.

Benedek, T., & Fleming, J. (1983). *Psychoanalytic supervision: A model of clinical training*. New York: International Universities Press.

Benjamin, J. (2017). *Beyond doer and done to: Recognition theory, intersubjectivity and the third*. New York: Routledge.

Berman, E. (2000). Psychoanalytic supervision: The intersubjective development. *International Journal of Psychoanalysis, 81*(2), 273–290.

Berman, E. (2001). Psychoanalytic supervision at the crossroads. In S. Gill (Ed.), The supervisory alliance: Facilitating the psychotherapist's learning experience (pp. 161–186). Northvale, NJ: Jason Aronson.

Berman, J., & Mosher, P. W. (2019). Part One: Sexual boundary violations. In *Off the tracks: Cautionary tales about the derailing of mental health care* (Vol. 1, pp. 1–314). New York: International Psychoanalytic Books.

Bernard, J. M., & Goodyear, R. K. (2009). *Fundamentals of clinical supervision* (4th ed.). Upper Saddle River, NJ: Merrill.

Bernard, J. M., & Goodyear, R. K. (2018). *Fundamentals of clinical supervision* (6th ed.). New York: Pearson.

Bernfeld, S. (1962). On psychoanalytic training. *Psychoanalytic Quarterly, 31*(4), 453–421.

Bernhardt, I. S., Nissen–Lie, H., Moltu, C., McLeod, J., & Råbu, M. (2019). "It's both a strength and a drawback." How therapists' personal qualities are experienced in their professional work. *Psychotherapy Research, 29*(7), 959–970.

Bion, W. R. (1961). *Experiences in groups*. New York: Basic Books.

Bion, W. R. (1962). *Learning from experience*. London: Heinemann.

Birkhofer, C. (2017). Theoretical diversity and pluralism in psychoanalysis: Change, challenges, and benefits. *Psychoanalytic Psychology, 34*(1), 114–121.

Blagys, M. D., & Hilsenroth, M. J. (2000). Distinctive of short–term psychodynamic–interpersonal psychotherapy: A review of the comparative psychotherapy process literature. *Clinical Psychology: Science and Practice, 7*(2), 167–189.

Blatt, S. J. (2008). *Polarities of experience: Relatedness and self–definition in personality development, psychopathology, and the therapeutic process*. Washington, DC: American Psychological Association.

Bollas, C. (1987). *The shadow of the object*. London: Free Association Books.

Bollas, C., & Sundelson, D. (1995). *The new informants: The betrayal of confidentiality in psychoanalysis and psychotherapy*. Northvale, NJ: Jason Aronson.

Bonovitz, C. (2010). What is "good technique? How to teach it? Personal reflections on psychoanalytic training. *American Journal of Psychoanalysis, 70*(1), 65–77.

Bowlby, J. (1969). *Attachment and loss: Vol. I. Attachment*. New York: Basic Books.

Bowlby, J. (1973). *Attachment and loss: Vol. II. Separation: anxiety and anger*. New York: Basic Books

Boyd–Franklin, N., Cleek, E. N., Wofsky, M., & Mundy, B. (2015). *Therapy in the real world: Effective treatments for challenging problems*. New York: Guilford Press.

Brenner, A., & Khan, F. (2013). The training of psychodynamic psychiatrists: The concept of "psychoanalytic virtue." *Psychodynamic Psychiatry, 41*(1), 57–74.

Bromberg, P. M. (1998). *Standing in the spaces: Essays on clinical process, trauma and dissociation*. Hillsdale, NJ: Analytic Press.

Brothers, D. (2014). Traumatic attachments: Intergenerational trauma, dissociation, and the analytic relationship. *International Journal of Psychoanalytic Self Psychology, 9*(1), 3–15.

Brown, C. (2010). Perspectives on difference in psychoanalytic supervision. *Attachment: New Directions in Psychotherapy and Relational Psychoanalysis, 4*(3), 275–287.

Bruzzone, M., Casaula, E., Jimenez, J. P., & Jordan, J. F. (1985). Regression and persecution in analytic training. Reflections on experience. *International Review of Psychoanalysis, 12*, 411–415.

Buber, M. (1937). *I and thou*. New York: Charles Scribner's Sons.

Bucci, W., & Maski, B. (2007). Beneath the surface of the therapeutic interaction: The psychoanalytic method in modern dress. *Journal of the American Psychoanalytic Association, 55*(4), 1355–1397.

Buchheim, A., Viviani, R., Kessler, H., Kachele, H., Cierpka, M., Roth, G., . . . Taubner, S. (2012, March 28). Changes in prefrontal–limbic function in major depression after 15 months of long–term psychotherapy. *Plos ONE, 7*(3), e33745.

Buechler, S. (2004). *Clinical values: Emotions that guide psychoanalytic treatment*. Hillsdale, NJ: Analytic Press.

Cabaniss, D. L., Glick, R. A., & Roose, S. P. (2001). The Columbia Supervision Project: Data from the dyad. *Journal of the American Psychoanalytic Association 49*(1), 235–267.

Cabaniss, D. L., & Roose, S. P. (1997). The control case: A unique analytic situation. *Journal of the American Psychoanalytic Association, 45*(1), 189–199.

Cabaniss, D. L., Schein, J. W., Rosen, P., & Roose, S. P. (2003). Candidate progress in psychoanalytic institutes: A multicentric study. *International Journal of Psychoanalysis, 84*(1), 77–94.

Cain, S. (2012). *Quiet: The power of introverts in a world that can't stop talking*. New York: Crown.

Calef, V., & Weinshel, E. (1981). Some clinical consequences of introjection: Gaslighting. *Psychoanalytic Quarterly, 50*(1), 44–66.

Caligor, E., Kernberg, O. F., Clarkin, J. F., & Yeomans, F. E. (2018). *Psychodynamic therapy for personality pathology: Treating self and interpersonal functioning*. Washington, DC: American Psychiatric Association.

Caligor, L. (1981). Parallel and reciprocal processes in psychoanalytic supervision. *Contemporary Psychoanalysis, 17*(1), 1–27.

Caligor, L., Bromberg, P., & Meltzer, J. (1984). *Clinical perspectives in the supervision of psychoanalysis and psychotherapy*. New York: Plenum Press.

Callahan, J. L. (Ed.). (2020). Supervisee perspectives of supervision process [Special Issue]. *Journal of Psychotherapy Integration, 30*(1).

Callahan, J. L., & Love, P. K. (2019). Supervisee perspectives on supervision processes [Special Issue]. *Training and Education in Professional Psychology, 13*(3).

Campos, R. C. (2013). Conceptualization and preliminary validation of a depressive personality concept. *Psychoanalytic Psychology, 30*(4), 601–620.

Casement, P. J. (1985). Learning from the patient. New York: Guilford Press.

Casement, P. J. (2002). *Learning from our mistakes: Beyond dogma in psychoanalysis and psychotherapy*. New York: Guilford Press.

Casement, P. J. (2005). The emperor's clothes: Some serious problems in psychoanalytic training. *International Journal of Psychoanalysis, 86*(4), 1143–1160.

Cassidy, J., & Shaver, P. R. (Eds.). (2016). *Handbook of attachment: Theory, research, and clinical applications*. New York: Guilford Press.

Castonguay, L. G., & Hill, C. E. (Eds.). (2007). *Insight in psychotherapy*. Washington, DC: American Psychological Association.

Celenza, A. (2011). *Sexual boundary violations: Therapeutic, supervisory, and academic contexts*. Northvale, NJ: Jason Aronson.

Chefetz, R. A. (2015). *Intensive psychotherapy for persistent dissociative processes: The fear of feeling real*. New York: Norton.

Coburn, W. J. (2001). Transference–countertransference dynamics and disclosure in supervision. In S. Gill (Ed.), *The supervisory alliance: Facilitating the psychotherapist's learning experience* (pp. 215–232). Northvale, NJ: Jason Aronson.

Corbett, K. (2011). *Boyhoods: Rethinking masculinities*. New Haven, CT: Yale University Press.

Craig, A. D. (2009). How do you feel – now? The anterior insula and human awareness. *Nature Reviews: Neuroscience, 10*(1), 59–70.

Cucco, E. (2020). Who's afraid of the big bad unconscious: Working with counter-transference in training. *Journal of Psychotherapy Integration, 30*(1), 52–59.

Davids, M. F. (2011). *Internal racism: A psychoanalytic approach*. London: Red Globe Press.

Davis, L. J. (1995). *Enforcing normalcy: Disability, deafness and the body*. New York: Verso.

De Masi, F. (2019). Essential elements of the work of a supervisor. *American Journal of Psychoanalysis 79*(3), 388–397.

De Smet, M. M., Reitske, M., De Geest, R., Norman, U. A., Truijens, F., & Desmet, M. (2020). What "good outcome" means to patients: Understanding recovery and improvement in psychotherapy for major depression from a mixed–methods perspective. *Journal of Counseling Psychology, 67*(1), 25–29.

Deutsch, H. (1942). Some forms of emotional disturbance and their relationship to schizophrenia. *Psychoanalytic Quarterly, 11*(3), 301–321.

Dewald, P. A. (1987). *Learning process in psychoanalytic supervision: Challenges and complexities*. Madison, CT: International Universities Press.

Diener, M. J., & Mesrie, V. (2015). Supervisory process from a supportive–expressive relational psychodynamic approach. *Psychotherapy, 52*(2), 153–157.

Dimen, M. (2014). Sexuality, intimacy, power. New York: Routledge.

Doehrman, M. (1976). Parallel processes in supervision and psychotherapy. *Bulletin of the Menninger Clinic, 40*(1), 3–104.

Drescher, J. (2002). Don't ask, don't tell: A gay man's perspective on the psychoanalytic training between 1973 and 1991. *Journal of Gay & Lesbian Psychotherapy, 6*(1), 45–55.

Drescher, J. (2015). Out of DSM: Depathologizing homosexuality. *Behavioral Science, 5*, 565–575.

Drescher, J., & Fors, M. (2018). An appreciation and critique of PDM–2's focus on minority stress through the case of Frank. *Psychoanalytic Psychology, 35*(3), 357–362.

Driessen, E., Hegelmaier, L. M., Abbass, A. A., Barber, J. P., Dekker, J. J. M., Van, H. L., . . . Cuijpers, P. (2015). The efficacy of short–term psychodynamic psychotherapy for depression: A meta–analysis update. *Clinical Psychology Review, 42*(Dec.), 1–15.

Dulchin, J., & Segal, A. (1982a). The ambiguity of confidentiality in a psychoanalytic institute. *Psychiatry, 45*(1), 13–25.

Dulchin, J., & Segal, A. (1982b). Third party confidences: The uses of information in a psychoanalytic institute. *Psychiatry, 45*(1), 27–37.

Eagle, G., & Long, C. (2014). Supervision of psychoanalytic/psychodynamic psychotherapy. In C. E. Watkins, Jr., & D. L. Milne (Eds.), *The Wiley international handbook of clinical supervision* (pp. 471–492). Malden, MA: Wiley Blackwell.

Eagle, M. N. (2013). *Attachment and psychoanalysis: Theory, research, and implications*. New York: Guilford Press.

Edwards, J. (2011). *The sibling relationship: A force for growth and conflict*. New York: Jason Aronson.

Ehrensaft, D. (2014). Listening and learning from gender–nonconforming children.

Psychoanalytic Study of the Child, 68, 28–56.

Eigen, M. (1981). The area of faith in Winnicott, Lacan and Bion. *International Journal of Psychoanalysis, 62*, 413–433.

Eisold, K. (2000). Review of Unfree associations: Inside psychoanalytic institutes by Douglas Kirsner. *Free Associations, 8*(2), 170–172.

Eisold, K. (2004). Psychoanalytic training: The "faculty system." *Psychoanalytic Inquiry, 24*(1), 51–70.

Eitingon, M. (1923). Report of the Berlin Psychoanalytical Policlinic. *International Journal of Psychoanalysis, 4*, 254–269.

Eitingon, M. (1926). Report on the Ninth International Psychoanalytic Congress. *International Journal of Psychoanalysis, 7*, 130–134.

Ekstein, R., & Wallerstein, R. S. (1958; rev. ed. 1971). *The teaching and learning of psychotherapy*. Madison, CT: International Universities Press.

Elkind, S. N. (1992). *Resolving impasses in therapeutic relationships*. New York: Guilford Press.

Ellis, M. V. (2017). Narratives of harmful clinical supervision. *The Clinical Supervisor, 36*(1), 20–87.

Ellis, M. V., Berman, L., Hanus, A. E., Swords, B. A., Ayala, E. E., & Siembor, M. (2014). Inadequate and harmful clinical supervision: Testing a revised framework and assessing occurrence. *The Counseling Psychologist, 42*(4), 434–472.

Ericssson, K. A., Krampe, R. T., & Tesch-Römer, C. (1993). The role of deliberate practice in the acquisition of expert performance. *Psychological Review, 100*(3), 363–406.

Erikson, E. (1950). *Childhood and society*. New York: Norton.

Erikson, E. (1968). *Identity: Youth and crisis*. New York: Norton.

Erle, J. B. (1979). An approach to the study of analyzability and analyses: The course of forty consecutive cases selected for supervised analysis. *Psychoanalytic Quarterly, 48*(2), 198–228.

Escalona, S. K. (1968). *The roots of individuality: Normal patterns of development in infancy*. Chicago: Aldine.

Eubanks, C. F., Muran, J. C., Dreher, D., Sergi, M. A., Silberstein, E., & Wasserman,

M. (2019). Trainees' experiences in alliance–focused training: The risks and rewards of learning to negotiate ruptures. *Psychoanalytic Psychology, 36*(2), 122–131.

Evans, M. (2011). Pinned against the ropes: Understanding anti–social personality–disordered patients through use of the counter–transference. *Psychoanalytic Psychotherapy, 25*(2), 143–156.

Falender, C. A., & Shafranske, E. P. (2016). *Supervision essentials for the practice of competency–based supervision*. Washington, DC: American Psychoanalytic Association.

Feinstein, R. E. (2020). Descriptions and reflections on the cognitive apprenticeship model of psychotherapy training and supervision. *Journal of Contemporary Psychotherapy*. [Epub ahead of print]

Feinstein, R. E., Huhn, R., & Yaeger, J. (2015). Apprenticeship model of psychotherapy training and supervision: Utilizing six tools of experiential learning. *Academic Psychiatry, 39*(5), 585–589.

Feinstein, R. E., & Yager, J. (2013). Advanced psychotherapy training: Psychotherapy scholars' track, and the apprenticeship model. *Academic Psychiatry, 37*(1), 248–253.

Firestein, S. (1978). *Termination in psychoanalysis*. New York: International Universities Press.

Fleming, J., & Benedek, T. (1966). *Psychoanalytic supervision*. New York: Grune & Stratton.

Flückiger, C., Del Re, A. C., Wampold, B. E., Symonds, D., & Horvath, A. O. (2012). How central is the alliance in psychotherapy?: A multilevel longitudinal meta–analysis. *Journal of Counseling Psychology, 59*(1), 10–17.

Fonagy, P., & Allison, E. (2016). Commentary on Kernberg and Michels. *Journal of the American Psychoanalytic Association, 64*(3), 495–500.

Fonagy, P., & Target, M. (1996). Playing with reality: I. Theory of mind and the development of psychic reality. *International Journal of Psychoanalysis, 77*, 217–223.

Fors, M. (2018). *A grammar of power in psychotherapy: Exploring the dynamics of privilege*. Washington, DC: American Psychological Association.

Fors, M., & McWilliams, N. (2016). Collaborative reading of medical records in psychotherapy: A feminist psychoanalytic proposal about narrative and empowerment. *Psychoanalytic Psychology, 33*(1), 35–57.

Fosha, D. (2005). Emotion, true self, true other, core state: Toward a clinical theory of affective change process. *Psychoanalytic Review, 92*(4), 513–551.

Foster, R. P., Moskowitz, M., & Javier, R. A. (Eds.). (1996). *Reaching across boundaries of culture and class: Widening the scope of psychotherapy*. Northvale, NJ: Jason Aronson.

Frank, K. (2001). Expanding the field of psychoanalytic change: Exploratory–assertive motivation, self–efficacy, and the new analytic role for action. *Psychoanalytic Inquiry, 21*(5), 620–639.

Frawley–O'Dea, M. G., & Sarnat, J. E. (2000). *The supervisory relationship: A contemporary psychodynamic approach*. New York: Guilford Press.

Freud, A. (1938). *The problem of training analysis. In The writings of Anna Freud* (pp. 407–421). New York: International Universities Press, 1968.

Freud, S. (1896). Further remarks on the neuro–psychoses of defence. *Standard Edition, 3*, 162–185.

Freud, S. (1911a). The handling of dream–interpretation in psycho–analysis. *Standard Edition, 12*, 89–96.

Freud, S. (1911b). Psychoanalytic notes on an autobiographical account of a case of paranoia. *Standard Edition, 12*, 3–82.

Freud, S. (1912a). The dynamics of transference. *Standard Edition, 12*, 97–108.

Freud, S. (1912b). Recommendations to physicians practicing psycho–analysis. *Standard Edition, 12*, 109–120.

Freud, S. (1913). On beginning the treatment (Further recommendations on the technique of psycho–analysis I). *Standard Edition, 12*, 121–142.

Freud, S. (1914). Remembering, repeating and working–through (Further recommendations on the technique of psycho–analysis II). *Standard Edition, 12*, 143–156.

Freud, S. (1915). Observations on transference–love (Further recommendations on the technique of psycho–analysis III). *Standard Edition, 12*, 157–171.

Freud, S. (1920). Beyond the pleasure principle. *Standard Edition, 18*, 7–64.

Freud, S. (1923). The ego and the id. *Standard Edition, 12*, 1–66.

Freud, S. (1926). The question of lay analysis: Conversations with an impartial person. *Standard Edition, 20*, 183–258.

Freud, S. (1937). Analysis terminable and interminable. *Standard Edition, 28*, 209–254.

Frijling–Schreuder, E. (1970). On individual supervision. *International Journal of Psychoanalysis, 51*(2), 363–370.

Frosch, A. (2006). The culture of psychoanalysis and the concept of analyzability. *Psychoanalytic Psychology, 23*(1), 43–55.

Furlong, A. (2005). Confidentiality with respect to third parties: A psychoanalytic view. *International Journal of Psychoanalysis, 86*(2), 375–394.

Gabbard, G. O. (1995). The early history of boundary violations in psychoanalysis. *Journal of the American Psychoanalytic Association, 43*(4), 1115–1136.

Gabbard, G. O. (2016). *Boundaries and boundary violations in psychoanalysis*. Washington, DC: American Psychiatric Association.

Gard, D. E., & Lewis, J. M. (2008). Building the supervisory alliance with beginning therapists. *The Clinical Supervisor, 27*(1), 39–60.

Garfield, D., & Havens, L. (1991). Paranoid phenomena and pathological narcissism. *American Journal of Psychotherapy, 45*(2), 160–172.

Garrett, M. (2019). *Psychotherapy for psychosis: Integrating cognitive–behavioral and psychodynamic treatment*. New York: Guilford Press.

Gartner, R. B. (2014). Trauma and countertrauma, resilience and counterresilience. *Contemporary Psychoanalysis, 50*(4), 609–626.

Gediman, H. K., & Wolkenfeld, F. (1980). The parallelism phenomenon in psychoanalytic supervision: Its reconsideration as a triadic system. *Psychoanalytic Quarterly, 49*(2), 234–255.

Geller, J. D., Farber, B. A., & Schaffer, C. E. (2010). Representations of the supervisory dialogue and the development of psychotherapists. *Psychotherapy: Theory, Research, Practice, Training, 47*(2), 211–220.

Geller, J. D., Norcross, J. C., & Orlinsky, D. E. (Eds.). (2005). *The psychotherapist's own psychotherapy: Patient and clinician perspectives*. New York: Oxford University Press.

Gentile, J. (2018). Freud, free speech, and the voice of desire. New York: Routledge.

Ghent, E. (1990). Masochism, submission, surrender—Masochism as a perversion of surrender. *Contemporary Psychoanalysis, 26*(1), 108–136.

Gherovici, P., & Christian, C. (2018). *Psychoanalysis in the barrios: Race, class, and the unconscious*. New York: Routledge.

Gill, S. (1999). Narcissistic vulnerability in psychoanalytic supervisees: Ego ideals, self–exposure and narcissistic character defenses. *International Forum of Psychoanalysis, 8*(3–4), 227–232.

Gill, S. (Ed.) (2001), *The supervisory alliance: Facilitating the psychotherapist's learning experience*. Northvale, NJ: Jason Aronson.

Gilligan, C. (1982). *In a different voice: Psychological theory and women's development*. Cambridge, MA: Harvard University Press.

Gilligan, J. (1996). *Violence: Our deadly epidemic and its causes*. New York: Putnam.

Ginsberg, K. R. (2014). *Building resilience in children and teens: Giving kids roots and wings* (2nd ed.). Elk Grove Village, IL: American Academy of Pediatrics.

Gladwell, M. (2011). *Outliers: The story of success*. New York: Little, Brown.

Gomez, J. M. (2020). Training perspectives on relational cultural therapy and cultural competency in supervision of trauma cases. *Journal of Psychotherapy Integration, 30*(1), 60–66.

Grand, S., & Salberg, J. (Eds.). (2017). *Trans–generational trauma and the other: Dialogues across history and difference*. New York: Routledge.

Gray, L. A., Ladany, N., Walker, J. A., & Ancis, J. R. (2001). Psychotherapy trainees' experience of counterproductive events in supervision. *Journal of Counseling Psychology, 48*(4), 371–383.

Greedharry, M. (2008). *Postcolonial theory and psychoanalysis*. New York: Palgrave Macmillan.

Green, A. (1993). *Le travail du négative*. Paris: Editions de Minuit.

Greenacre, P. (1954). The role of transference—Practical considerations in relation to psychoanalytic therapy. *Journal of the American Psychoanalytic Association, 2*(4), 671–684.

Greenberg, L. S. (2014). The therapeutic relationship in emotion–focused therapy.

Psychotherapy, 51(3), 350–357.

Gregory, R. J., & Remen, A. L. (2008). A manual–based psychodynamic therapy for treatment–resistant borderline personality disorder. *Psychotherapy: Theory, Research, Practice, Training, 45*(1), 15–27.

Gregus, S. J., Stevens, K. T., Sievert, N. P., Tucker, R. P., & Callahan, J. L. (2020). Student perceptions of multicultural training and program climate in clinical psychology and doctoral programs. *Training and Education in Professional Psychology, 14*(4), 293–307.

Guest, P. D., & Beutler, L. E. (1988). Impact of psychotherapy supervision on therapist orientation and values. *Journal of Counseling and Clinical Psychology, 56*(5), 653–658.

Guntrip, H. (1969). *Schizoid phenomena, object relations and the self*. New York: International Universities Press.

Hanoch, E. (2006). The loudness of the unspoken: Candidates' anxiety in supervision. *Psychoanalytic Perspectives, 3*(2), 127–146.

Harrell, S. P. (2014). Compassionate confrontation and empathic exploration: The integration of race–related narratives in clinical supervision. In C. Falender (Ed.), *Multiculturalism and diversity in clinical supervision: A competency-based approach* (pp. 82–112). Washington, DC: American Psychological Association.

Harris, A. (2008). *Gender as soft assembly*. New York: Routledge.

Hart, A., Dunn, J., & Jones, L. (2020). A preview of how psychoanalytic training institutes are addressing the diversities. *The American Psychoanalyst, 54*(3), 14, 18–19.

Hawkins, P., & Shohet, R. (2012). *Supervision in the helping professions* (4th ed.). Maidenhead, Berkshire, UK: Open University Press.

Hayes, J. A., Gelso, C. J., Goldberg, S., & Kivlighan, D. M. (2018). Countertrans–ference management and effective psychotherapy: Meta–analytic findings. *Psychotherapy, 55*(4), 496–507.

Helbig–Lang, S., & Petermann, F. (2010). Tolerate or eliminate? A systematic review on the effects of safety behavior across anxiety disorders. *Clinical Psychology: Science and Practice, 17*(3), 218–233.

Henry, W. P., Schacht, T. E., Strupp, H. H., Butler, S. F., & Binder, J. L. (1993). Effects of training in time-limited dynamic psychotherapy: Mediators of therapists' responses to training. *Journal of Consulting and Clinical Psychology, 61*(3), 441-447.

Hess, A. K., Hess, K. D., & Hess, T. H. (2008). *Psychotherapy supervision: Theory, research and practice*. New York: Wiley.

Høglend, P., Amlo, S., Marble, A., Bøgwald, K-P., Sørbye, Ø., Sjaastad, M. C., & Heyderdahl, O. (2006). Analysis of the patient-therapist relationship in dynamic psychotherapy: An experimental study of transference interpretations. *American Journal of Psychiatry, 164*(10), 1739-1746.

Holmes, D. E. (1992). Race and transference in psychoanalysis and psychotherapy. *International Journal of Psychoanalysis, 73*(1), 1-11.

Holmes, D. E. (2016). Culturally imposed trauma: The sleeping dog has awakened. Will psychoanalysis take heed? *Psychoanalytic Dialogues, 26*(6), 641-654.

Horney, H. (1950). *Neurosis and human growth: The struggle toward self-realization*. New York: Norton.

Howell, E. (2020). *Trauma and dissociation informed psychotherapy: Relational healing and the therapeutic connection*. New York: Norton.

Huprich, S. (1998). Depressive personality disorder: Theoretical issues, clinical findings, and future research questions. *Clinical Psychology Review, 18*(5), 477-500.

Huprich, S. (2014). Malignant self-regard: A self-structure enhancing the understanding of masochistic, depressive, and vulnerably narcissistic personalities. *Harvard Review of Psychiatry, 22*(5), 293-305.

Hyde, J. (2009). *Fragile narcissists or the guilty good. What drives the personality of the psychotherapist?* Unpublished doctoral dissertation, Macquarie University, Sydney, Australia.

Inman, A. G., & DeBoer Kreider, E. (2013). Multicultural competence: Psycho-therapy practice and supervision. *Psychotherapy, 50*(3), 346-350.

Insel, T. R., & Gogtay, N. (2014). National Institute of Mental Health clinical trials: New approaches, new expectations. *Journal of the American Medical Association Psychiatry, 71*(7), 745-746.

Jacobs, D., David, P., & Meyer, D. J. (1995). *The supervisory encounter: A guide for teachers of psychodynamic psychotherapy and analysis*. New Haven, CT: Yale University Press.

Jaffe, L. (2000). Supervision as an intersubjective process: Hearing from candidates and supervisors. *Journal of the American Psychoanalytic Association, 48*(2), 561–570.

Jaffe, L. (2001). Countertransference, supervised analysis, and psychoanalytic training requirements. *Journal of the American Psychoanalytic Association, 49*(3), 831–853.

January, A. M., Meyerson, D. A., Reddy, L. F., Docherty, A. R., & Klonoff, E. A. (2014). Impressions of misconduct: Graduate students' perception of faculty ethical violations in scientist–practitioner clinical psychology programs. *Training and Education in Professional Psychology, 8*(4), 261–268.

Jones, R. (2004). The science and meaning of the self. *Journal of Analytic Psychology, 49*(2), 217–233.

Jung, C. G. (1921). *Psychological types*. London: Routledge & Kegan Paul.

Jurist, E. (2018). *Minding emotions: Cultivating mentalization in psychotherapy*. New York: Guilford Press.

Kairys, D. (1964). The training analysis: A critical review of the literature and a controversial proposal. *Psychoanalytic Quarterly, 33*(4), 485–512.

Kantrowitz, J. (2002). The triadic match: The interactive effect of supervisor, candidate and patient. *Journal of the American Psychoanalytic Association, 50*(3), 939–968.

Kardiner, A. (1977). *My analysis with Freud: Reminiscences*. New York: Norton.

Karon, B. (2002). Analyzability or the inability to analyze? *Contemporary Psychoanalysis, 28*(1), 121–140.

Kassan, L. D. (2010). *Peer supervision groups: How they work and why you need one*. Northvale, NJ: Jason Aronson.

Keefe, J. R., McCarthy, K. S., Dinger, U., Zilcha–Mano, S., & Barber, J. P. (2014). A meta–analytic review of psychodynamic therapies for anxiety disorders. *Clinical Psychology Review, 34*(4), 309–323.

Kernberg, O. F. (1975). *Borderline conditions and pathological narcissism*. New

York: Jason Aronson.

Kernberg, O. F. (1984). *Severe personality disorders: Psychotherapeutic strategies*. New Haven, CT: Yale University Press.

Kernberg, O. F. (1986). Institutional problems in psychoanalytic education. *Journal of the American Psychoanalytic Association, 34*(4), 799–834.

Kernberg, O. F. (1988). Clinical dimensions of masochism. *Journal of the American Psychoanalytic Association, 36*(4), 1005–1029.

Kernberg, O. F. (1996). Thirty methods to destroy the creativity of psychoanalytic candidates. *International Journal of Psychoanalysis, 77*, 1031–1040.

Kernberg, O. F. (1998). *Ideology, conflict, and leadership in groups and organizations*. New Haven, CT: Yale University Press.

Kernberg, O. F. (2000). A concerned critique of psychoanalytic education. *International Journal of Psychoanalysis, 81*, 97–120.

Kernberg, O. F. (2010). Psychoanalytic supervision: The supervisor's tasks. *Psychoanalytic Quarterly, 79*(3), 603–627.

Kernberg, O. F. (2014a). An overview of the treatment of severe narcissistic pathology. *International Journal of Psychoanalysis, 95*(5), 865–888.

Kernberg, O. F. (2014b). The twilight of the training analysis system. *Psychoanalytic Review, 101*(2), 151–174.

Kernberg, O. F. (2016). *Psychoanalytic education at the crossroads: Reformation, change and the future of psychoanalytic training*. London: Routledge.

Kernberg, O. F., & Michels, R. (2016). Thoughts on the present and future of psychoanalytic education. *Journal of the American Psychoanalytic Association, 64*(3), 477–493.

Kets de Vries, M., & Miller, D. (1984). *The neurotic organization*. San Francisco: Jossey–Bass.

Killingmo, B., Varvin, S., & Strømme, H. (2014). What can we expect from trainee therapists? A study of acquisition of competence in dynamic psychotherapy. *Scandinavian Psychoanalytic Review, 37*(1), 24–35.

Kim, S., & Strathearn, L. (2017). Trauma, mothering, and intergenerational transmission: A synthesis of behavioral and oxytocin research. *Psychoanalytic Study of the Child, 70*, 200–223.

Kirsner, D. (2000). *Unfree associations: Inside psychoanalytic institutes*. London: Process Press.

Klein, M. (1946). Notes on some schizoid mechanisms. *International Journal of Psychoanalysis, 27*, 99–110.

Kohon, G. (1999). *The dead mother: The work of André Green*. London: Routledge.

Kohut, H. (1971). *The analysis of the self*. New York: International Universities Press.

Kohut, H. (1977). *The restoration of the self*. New York: International Universities Press.

Kovacs, V. (1936). Training and control analysis. *International Journal of Psychoanalysis, 17*, 346–354.

Krupnik, J. L., Sotsky, S. M., Elkin, I., Simmens, S., Moyer, J., Watkins, J., & Pilkonis, P. A. (2006). The role of the therapeutic alliance in psychotherapy and pharmacotherapy outcome: Findings in the National Institute of Mental Health Treatment of Depression Collaborative Research Program. *Focus, 4*(2), 269–277.

Ladany, N. (2007). Does psychotherapy training matter? Maybe not. *Psychotherapy: Theory, Research, Practice, Training, 44*(4), 392–396.

Ladany, N., Hill, C. E., Corbett, M. M., & Nutt, E. D. (1996). Nature, extent, and importance of what psychotherapy trainees do not disclose to their supervisors. *Journal of Counseling Psychology 43*(1), 10–24.

Lane, R. D., Weihs, K. L., Herring, A., Hishaw, A., & Smith, R. (2015). *Affective agnosia: Expansion of the alexithymia construct and a new opportunity to integrate and extend Freud's legacy*. Neuroscience and Behavioral Reviews, 55(Aug.), 594–611.

Lasch, C. (1978). *Culture of narcissism: American life in an age of diminishing expectations*. New York: Norton.

Lauro, L., Bass, A., Goldsmith, S. A., Kaplan, J. A., Katz, G., & Shaye, S. H. (2003). Psychoanalytic supervision of the difficult patient. *Psychoanalytic Quarterly*, 72(2), 403–437.

Layton, L. (2016). Commentary on Kernberg and Michels. *Journal of the American Psychoanalytic Association, 64*(3), 501–510.

Layton, L., Hollander, N. C., & Gutwill, S. (Eds.). (2006). *Psychoanalysis, class, and politics: Encounters in the clinical setting*. New York: Routledge.

Layton, L., & Leavy–Sperounis, M. (2020). *Toward a social psychoanalysis: Culture, character, and normative unconscious processes*. New York: Routledge.

Leamy, M., Bird, V., Le Boutillier, C., & Williams, J. (2011). Conceptual framework for personal recovery in mental health: Systematic review and narrative syntheses. *British Journal of Psychiatry, 199*(6), 445–452.

Leary, K. (2000). Racial enactments in dynamic treatment. *Psychoanalytic Dialogues, 10*(4), 639–653.

Lehrman–Waterman, D., & Ladany, N. (2001). Development and validation of the evaluation process within supervision inventory. *Journal of Counseling Psychology, 48*(2), 168–177.

Leichsenring, F., Luyten, P., Hilsenroth, M. J., Abbass, A., & Barber, J. P. (2015). Psychodynamic therapy meets evidence–based medicine: A systematic review using updated criteria. *Lancet Psychiatry, 2*(7), 648–660.

Lemma, A. (2018). Transitory identities: Some psychoanalytic reflections on transgender identities. *International Journal of Psychoanalysis, 99*(5), 1089–1106.

Levendosky, A. A., & Hopwood, C. J. (2016). A clinical science approach to training first year clinicians to navigate therapeutic relationships. *Journal of Psychotherapy Integration, 27*(2), 153–171.

Levenson, E. A. (1982). Follow the fox–An inquiry into the vicissitudes of psychoanalytic supervision. *Contemporary Psychoanalysis, 18*(1), 1–15.

Levenson, E. A. (1988). The pursuit of the particular. *Contemporary Psychoanalysis, 24*(1), 1–16.

Levine, P., & Frederick, A. (1997). *Waking the tiger: Healing trauma*. Berkeley, CA: North Atlantic Books.

Levy, S. T. (2016). Commentary on Kernberg and Michels. *Journal of the American Psychoanalytic Association, 64*(3), 511–515.

Lifschutz, J. E. (1976). A critique of reporting and assessment in the training analysis. *Journal of the American Psychoanalytic Association, 24*(1), 43–59.

Linehan, M. M. (1993). *Cognitive-behavioral treatment of borderline personality disorder*. New York: Guilford Press.

Lingiardi, V., & Capozzi, P. (2004). Psychoanalytic attitudes toward homosexuality. *International Journal of Psychoanalysis, 85*(1), 137–158.

Lingiardi, V., & McWilliams, N. (Eds.). (2017). *Psychodynamic diagnostic manual* (PDM–2) (2nd ed.). New York: Guilford Press.

Lingiardi, V., McWilliams, N., & Muzi, L. (2017). The contributions of Sidney Blatt's two–polarities model to the Psychodynamic Diagnostic Manual. *Research in Psychotherapy: Process and Outcome, 20*(1), 12–18.

Lopez, S. J., Pedrotti, J. T., & Snyder, C. R. (2018). *Positive psychology: The science and practical exploration of human strengths* (4th ed.). New York: Sage.

Luyten, P., Vliegen, N., Van Houdenhove, B., & Blatt, S. J. (2008). Equifinality, multifinality, and the rediscovery of the importance of early experiences. *Psychoanalytic Study of the Child, 63*, 27–60.

Mammen, M. A. (2020). Attachment dynamics in the supervisory relationship: Becoming your own good supervisor. *Journal of Psychotherapy Integration, 30*(1), 93–101.

Maroda, K. J. (1991). *The power of countertransference*. Northvale, NJ: Aronson.

Maroda, K. J. (1999). *Seduction, surrender, and transformation: Emotional engagement in the analytic process*. Hillsdale, NJ: Analytic Press.

Martindale, B., Mörner, M., Cid Rodriguez, M. E., & Vidit, J.–P. (Eds.). (1997). *Supervision and its vicissitudes*. London: Karnac.

Maslow, A. H. (1943). A theory of human motivation. *Psychological Review, 50*(4), 370–396.

McDougall, J. (1980). *Plea for a measure of abnormality*. New York: International Universities Press.

McRuer, R. (2006). Compulsory able–bodiedness and queer/disabled existence. In L. J. Davis (Ed.), *The disability studies reader* (4th ed., pp. 369–378). New York: Routledge.

McWilliams, N. (1987). The grandiose self and the interminable analysis. *Current Issues in Psychoanalytic Practice, 4*(3–4), 93–107.

McWilliams, N. (2003). The educative aspects of psychoanalysis. *Psychoanalytic Psychology, 20*(2), 245–260.

McWilliams, N. (2004). *Psychoanalytic psychotherapy: A practitioner's guide*. New York: Guilford Press.

McWilliams, N. (2005). Preserving our humanity as therapists. *Psychotherapy: Theory, Research, Practice, Training, 24*(2), 139–151.

McWilliams, N. (2006). Some thoughts about schizoid dynamics. *Psychoanalytic Review, 93*(1), 1–24.

McWilliams, N. (2011). *Psychoanalytic diagnosis: Understanding personality structure in the clinical process* (2nd ed.). New York: Guilford Press.

McWilliams, N. (2016). Commentary on Kernberg and Michels. *Journal of the American Psychoanalytic Association, 64*(3), 517–524.

McWilliams, N. (2019). The future of psychoanalysis: Preserving Jeremy Safran's integrative vision. *Psychoanalytic Psychology, 37*(2), 98–107.

McWilliams, N., & Stein, J. (1987). Women's groups run by women: The management of devaluing transferences. *International Journal of Group Psychotherapy, 37*(2), 139–153.

Meares, R. (2012a). *Borderline personality disorder and the conversational model: A clinician's manual*. New York: Norton.

Meares, R. (2012b). *A dissociation model of borderline personality disorder*. New York: Norton.

Mehr, K. E., Ladany, N., & Caskie, G. I. L. (2015). Factors influencing trainee willingness to disclose in supervision. *Training and Education in Professional Psychology, 9*(1), 44–51.

Meissner, W. W. (1978). *The paranoid process*. New York: Jason Aronson.

Meloy. J. R. (1988). *The psychopathic mind: Origins, dynamics, and treatment*. Northvale, NJ: Jason Aronson.

Menzies, I. E. P. (1960). A case–study in the functioning of social systems as a defence against anxiety: A report on a study of the nursing service of a general hospital. *Human Relations, 13*(2), 95–121.

Mesrie, V., Diener, M. J., & Clark, A. (2018). Trainee attachment to supervisor and perceptions of novice psychotherapist counseling self–efficacy: The moderating role of level of experience. *Psychotherapy, 55*(3), 216–221.

Messer, S., & McWilliams, N. (2006). Insight in psychodynamic therapy. In L.

Castonguay & C. Hill (Eds.), *Insight in psychotherapy* (pp. 9–29). New York: Springer.

Mikulincer, M., & Shaver, P. R. (2016). *Attachment in adulthood: Structure, dynamics, and change* (2nd ed.). New York: Guilford Press.

Miller, A. (1975). *Prisoners of childhood: The drama of the gifted child and the search for the true self*. New York: Basic Books.

Miller, L., & Twomey, J. E. (1999). A parallel without a process: A relational view of a supervisory experience. *Contemporary Psychoanalysis, 35*(4), 557–580.

Moga, D. E., & Cabaniss, D. W. (2014). Learning objectives for supervision: Benefits for candidates and beyond. *Psychoanalytic Inquiry, 34*(6), 528–537.

Mucci, C. (2013). *Beyond individual and collective trauma: Intergenerational transmission, psychoanalytic treatment, and the dynamics of forgiveness*. New York: Routledge.

Mucci, C. (2018). *Borderline bodies: Affect regulation for personality disorders*. New York: Norton.

Mulay, A. L., Kelly, E., & Cain, N. (2017). Psychodynamic treatment of the criminal offender: Making the case for long–term treatment in a longer–term setting. *Psychodynamic Psychiatry, 45*(2), 143–173.

Nagell, W., Steinmetzer, L., Fissabre, U., & Spilski, J. (2014). Research into the relationship experience in supervision and its influence on the psychoanalytic identity formation of candidate trainees. *Psychoanalytic Inquiry, 34*(6), 554–583.

Norcross, J. C., & Wampold, B. E. (2011). Evidence–based therapy relationships: Conclusions and clinical practices. *Psychotherapy, 48*(1), 98–102.

Norcross, J. C., & Wampold, B. E. (2019). Relationships and responsiveness in the psychological treatment of trauma: The tragedy of the APA clinical practice guidelines. *Psychotherapy: Theory, Research, Practice, Training, 56*(3), 391–399.

O'Donovan, A., & Kavanagh, D. J. (2014). Measuring competence in supervisees and supervisors: Satisfaction and related reactions in supervision. In C. E. Watkins, Jr. & D. L. Miller. (Eds.), *The Wiley international handbook of clinical supervision* (pp. 458–467). New York: Wiley.

Ogden, P., Pain, C., & Minton, K. (2006). *Trauma and the body: A sensorimotor approach to psychotherapy*. New York: Norton.

Ogden, T. H. (2005). On psychoanalytic supervision. *International Journal of Psychoanalysis, 86*(5), 1265–1280.

Oldham, J. M., & Bone, S. (1997). *Paranoia: New psychoanalytic perspectives*. Madison, CT: International Universities Press.

Panizza, S. (2014). Vitality: Its thousand faces. *The Italian Psychoanalytic Annual, 8*, 25–39.

Panksepp, J. (1998). *Affective neuroscience. The foundations of human and animal emotions*. New York: Oxford University Press.

Panksepp, J., & Biven, L. (2012). *The archeology of mind: Neuroevolutionary origins of human emotions*. New York: Norton.

PDM Task Force. (2006). *Psychodynamic diagnostic manual*. Silver Spring, MD: Alliance of Psychoanalytic Organizations.

Pearlman, L.A., & Saakvitne, K. (1995). *Trauma and the therapist: Countertransference and vicarious traumatization in psychotherapy with incest survivors*. New York: Norton.

Peebles–Kleiger, M. J., Horwitz, L., Kleiger, J. H., & Waugaman, R. M. (2006). Psychological testing and analyzability: Breathing new life into an old issue. *Psychoanalytic Psychology, 23*(3), 504–526.

Perlman, S. D. (1996). The implications of transference and parallel process for the frame of supervision. *Journal of the American Academy of Dynamic Psychiatry, 24*(3), 485–497.

Petts, A., & Shapley, B. (Eds.). (2007). *On supervision: Psychoanalytic and Jungian perspectives*. London: Karnac.

Piaget, J. (2011). *The language and thought of the child*. New York: Routledge. (Original work published 1923)

Pieterse, A. L. (2018). Attending to racial trauma in clinical supervision: Enhancing client and supervisee outcomes. *The Clinical Supervisor, 37*(1), 204–220.

Pine, F. (2020). On observation, theory, and the mind of the working clinician. *Psychoanalytic Psychology, 37*(2), 89–97.

Pizer, B. (1997). When the analyst is ill: Dimensions of self–disclosure. *Psychoanalytic*

Quarterly, 66(3), 450–469.

Plakun, E. M., Sudak, D. M., & Goldberg, D. (2009). The Y model: An integrated, evidence–based approach to teaching psychotherapy competencies. *Journal of Psychiatric Practice, 15*(1), 5–11.

Power, A. (2009). Supervision–A space where diversity can be thought about? *Attachment: New directions in psychotherapy and relational psychoanalysis, 3*(2), 157–175.

Rachman, A. W. (Ed.). (2016). *The Budapest school of psychoanalysis: The origin of a two-person psychology and empathic perspective*. New York: Routledge.

Racker, H. (1968). *Transference and countertransference*. New York: International Universities Press.

Rangell, L. (1982). Transference to theory: The relationship of psychoanalytic education to the analyst's relationship to psychoanalysis. *Annual of Psychoanalysis, 10*(1), 29–56.

Reeder, J. (2004). *Hate and love in psychoanalytic institutions: Dilemmas of a profession*. New York: Other Press.

Reik, T. (1948). *Listening with the third ear: The inner experience of a psychoanalyst*. New York: Farrar, Straus.

Rice, A. K. (1965). *Learning for leadership*. London: Tavistock.

Rice, A. K. (1969). Individual, group, and intergroup processes. *Human Relations, 22*(6), 565–584.

Richardson, J., Cabaniss, D. L., Halperin, J., Vaughan, S. C., & Cherry, S. (2020). Beyond progression: Devising a new training model for candidate assessment, advancement, and advising at Columbia. *Journal of the American Psychoanalytic Association, 68*(2), 201–216.

Robbins, A. (1988). *Between therapists: The processing of transference/countertransference material*. New York: Human Sciences Press.

Robbins, A. (2020). The elderly therapist/patient: The developmental challenge of expansion and contraction and other reflections of an aging psychoanalyst. *Psychoanalytic Review, 107*(5), 395–404.

Rock, M. H. (Ed.). (1997). *Psychodynamic supervision: Perspectives of the supervisor and the supervisee*. Northvale, NJ: Jason Aronson.

Rosbrow, T. (1997). From parallel process to developmental process: A developmental/plan formulation approach to supervision. In M. H. Rock (Ed.). *Psychodynamic supervision: Perspectives of the supervisor and the supervisee* (pp. 213–236). Northvale, NJ: Jason Aronson.

Rousmaniere, T. (2016). *Deliberate practice for psychotherapists: A guide to improving clinical effectiveness*. New York: Routledge.

Roustang, F. (1982). *Dire mastery: From Freud to Lacan*. Baltimore: Johns Hopkins University Press.

Ryan, J. (2018). *Class and psychoanalysis: Landscapes of inequality*. London: Routledge.

Safran, J. D., & Muran, J. C. (2003). *Negotiating the therapeutic alliance: A relational treatment guide*. New York: Guilford Press.

Saketopoulou, A. (2011). Minding the gap: Intersections between gender, race, and class in work with gender variant children. *Psychoanalytic Dialogues, 21*(2), 192–209.

Sarnat, J. (2010). Key competencies of the psychodynamic psychotherapist and how to teach them in supervision. *Psychotherapy: Theory, Research, Practice, Training, 47*(1), 20–27.

Sarnat, J. (2015). *Supervision essentials for psychodynamic psychotherapies*. Washington, DC: American Psychological Association.

Sarnat, J. (2019). What's new in parallel process? The evolution of supervision's signature phenomenon. *American Journal of Psychoanalysis, 79*(3), 304–328.

Schafer, R. (1968). *Aspects of internalization*. New York: International Universities Press.

Schafer, R. (1979). On becoming a psychoanalyst of one persuasion or another. *Contemporary Psychoanalysis, 15*(3), 345–360.

Schafer, R. (1983). *The analytic attitude*. New York: Basic Books.

Scharff, J. S. (Ed.). (2018). *Clinical supervision of psychoanalytic psychotherapy*. New York: Routledge.

Schein, E. (1985). *Organizational culture and leadership*. San Francisco: Jossey–Bass.

Schen, C. R., & Greenlee, A. (2018). Race in supervision: Let's talk about it.

Psychodynamic Psychiatry, 46(1), 1–21.

Schore, A. N. (2016). The right brain implicit self: A central mechanism of the psychotherapy change process. In G. Craparo & C. Mucci (Eds.), *Unrepressed unconscious, implicit memory, and clinical work* (pp. 73–98). London: Karnac.

Schore, A. N. (2019). *Right brain psychotherapy*. New York: Norton.

Searles, H. (1955). The informational value of the supervisor's emotional experience. *Psychiatry, 18*(2), 135–146.

Searles, H. (1962). Problems of psycho-analytic supervision. In *Collected papers on schizophrenia and related subjects* (pp. 584–604). New York: International Universities Press.

Seinfeld, J. (1991). *The empty core: An object relations approach to psychotherapy of the schizoid personality*. Northvale, NJ: Jason Aronson.

Seligman, M. E. P. (1995). The effectiveness of psychotherapy: The Consumer Reports study. *American Psychologist, 50*(12), 965–974.

Seligman, M. E. P. (2004). *Authentic happiness: Using the new positive psychology to realize your potential for lasting fulfillment*. New York: Atria Books.

Seligman, S. (2016). Commentary on Kernberg and Michels. *Journal of the American Psychoanalytic Association, 64*(3), 525–533.

Shapiro, D. (1965). *Neurotic styles*. New York: Basic Books.

Shapiro, F., & Forrest, M. S. (Eds.). (1997). *EMDR, the breakthrough "eye movement" therapy for overcoming anxiety, stress and trauma*. New York: Basic Books.

Sharp, C., Wright, A. G. C., Fowler, J. C., Frueh, B. C., Allen, J. G., Oldham, J., & Clark, L. A. (2015). The structure of personality pathology: Both general ('g') and specific ('s') factors? *Journal of Abnormal Psychology, 124*(2), 387–398.

Shedler, J. (2010). The efficacy of psychodynamic psychotherapy. *American Psychologist, 65*(2), 98–109.

Shedler, J. (2015). Integrating clinical and empirical perspectives on personality: The Shedler-Westen Assessment Procedure (SWAP). In S. K. Huprich (Ed.), *Personality disorders: Toward theoretical and empirical integration in diagnosis and treatment* (pp. 225–252). Washington, DC: American Psychological Association.

Shedler, J. (2019). A psychiatric diagnosis is not a disease: Doublethink makes for bad treatment. Retrieved from *psychologytoday.com/us/blog/psychologically-minded/201907/psychiatric-illness-is-not-a-disease*.

Shedler, J., & Aftab, A. (2020, July 29). Psychoanalysis and the re−enchantment of psychiatry: Jonathan Shedler, PhD. Psychiatric Times. Retrieved from *www.psychiatrictimes.com/view/psychoanalysis-re-enchantment-psychiatry-jonathan-shedler-phd*.

Shedler, J., & Westen, D. (2004). Refining personality disorder diagnosis: Integrating science and practice. *American Journal of Psychiatry, 161*(8), 1350−1365.

Shengold, L. (1989). *Soul murder: The effects of childhood abuse and deprivation*. New Haven, CT: Yale University Press.

Sherman, E. (2015). Mutual anxiety in supervision. *Psychoanalytic Perspectives, 12*(2), 179−191.

Shevrin, H. (1981). On being the analyst supervised. In R. Wallerstein (Ed.), *Becoming a psychoanalyst: A study of psychoanalytic supervision* (pp. 322−325). New York: International Universities Press.

Siassi, S. (2013). *Forgiveness in intimate relationships: A psychoanalytic perspective*. London: Karnac.

Sifneos, P. (1973). The prevalence of "alexithymia" characteristics in psychosomatic patients. *Psychotherapy and Psychosomatics, 22*, 255−262.

Silberschatz, G. (2005). *Transformative relationships: The control-mastery theory of psychotherapy*. New York: Routledge.

Slavin, J. (1998). Influence and vulnerability in psychoanalytic supervision and treatment. *Psychoanalytic Psychology, 15*(2), 230−244.

Sloane, P. (1957). The technique of supervised analysis. *Journal of the American Psychoanalytic Association, 5*(2), 539−547.

Smith, K. R. (2021a). *The ethical visions of psychotherapy*. New York: Routledge.

Smith, K. R. (2021b). *Therapeutic ethics in context and in dialogue*. New York: Routledge.

Solomon, A. (2012). *Far from the tree: Parents, children, and the search for identity*. New York: Scribner.

Solye, K., & Strathearn, L. (2017). Trauma, mothering, and intergenerational transmission: A synthesis of behavioral and oxytocin research. *Psychoanalytic*

Study of the Child, 70, 200–223.

Soreanu, R. (2019). Supervision for our times: Countertransference and the rich legacy of the Budapest School. *American Journal of Psychoanalysis, 79*(3), 329–351.

Steinert, C., Munder, T., Rabung, S., Hoyer, J., & Leichsenring, F. (2017). Psychodynamic therapy: As efficacious as other empirically supported treatments? A meta-analysis testing equivalence of outcomes. *American Journal of Psychiatry, 174* (10) 943–953.

Sterba, R. (1934). The fate of the ego in analytic therapy. *International Journal of Psychoanalysis, 15*, 117–126.

Stern, D. B. (1997). *Unformulated experience: From dissociation to imagination in psychoanalysis*. Hillsdale, NJ: Analytic Press.

Stern, D. B. (2009). *Partners in thought: Working with unformulated experience, dissociation, and enactment*. New York: Routledge.

Sternberg, R. J. (2003). *Wisdom, intelligence, and creativity synthesized*. New York: Cambridge University Press.

Strømme, H. (2012). Confronting helplessness: A study of the acquisition of dynamic psychotherapeutic competence by psychology students. *Nordic Psychology, 64*(3), 203–217.

Strømme, H. (2014). A bad and better supervision process; actualized relational scenarios in trainees: A longitudinal study of nondisclosure in psychodynamic supervision. *Psychoanalytic Inquiry, 34*(6), 584–605.

Strømme, H., & Gullestad, S. E. (2012). Disclosure or non-disclosure? An in-depth study of psychodynamic supervision. *Scandinavian Psychoanalytic Review, 35*(2), 105–115.

Strupp, H., Hadley, S., & Gomez-Schwartz, B. (1977). *Psychotherapy for better or worse: An analysis of the problem of negative effects*. New York: Jason Aronson.

Suchet, M. (2007). Unraveling whiteness. *Psychoanalytic Dialogues, 17*(6), 867–886.

Sue, D. W. (2010). *Microagressions in everyday life: Race, gender, and sexual orientation*. Hoboken, NJ: Wiley.

Sullivan, H. S. (1953). *The interpersonal theory of psychiatry*. New York: Norton.

Sulloway, F. J. (1996). *Born to rebel: Birth order, family dynamics, and creative lives*. New York: Pantheon.

Szecsödy, I. (1989). Supervision: A didactic or mutative situation. *Psychoanalytic Psychotherapy 4*(3), 245–261.

Szecsödy, I. (2008). Does anything go in psychoanalytic supervision? *Psychoanalytic Inquiry, 28*(3), 373–386.

Szecsody, I. (2013). *Supervision and the making of the psychoanalyst*. Washington, DC: International Psychotherapy Institute Books.

Tarasoff v. Board of Regents of the University of California, 17 Cal. 3rd 425 (Cal. 1976).

Taylor, G. J., & Bagby, R. M. (2013). Psychoanalysis and empirical research: The example of alexithymia. *Journal of the American Psychoanalytic Association, 61*(1), 99–133.

Teitelman, S. (1995). The changing scene in psychoanalytic supervision. *Psychoanalysis and Psychotherapy, 12*(2), 183–192.

Thompson, M. G. (2004). *The ethic of honesty: The fundamental rule of psychoanalysis*. New York: Rodopi.

Ticho, E.A. (1972). Termination of psychoanalysis: Treatment goals, life goals. *Psychoanalytic Quarterly, 41*(3), 315–333.

Tracey, T. J. G., Bludworth, J., & Glidden–Tracey, C. E. (2012). Are there parallel processes in psychotherapy supervision?: An empirical examination. *Psychotherapy, 49*(2), 330–343.

Tummala–Narra, P. (2004). Dynamics of race and culture in the supervisory encounter. *Psychoanalytic Psychology, 21*(2), 300–311.

Tummala–Narra, P. (2009). Teaching on diversity. *Psychoanalytic Psychology, 26*(3), 322–334.

Tummala–Narra, P. (2016). *Psychoanalytic theory and cultural competence in psychotherapy*. Washington, DC: American Psychological Association.

Vaughan, S. C., Spitzer, R., Davies, M., & Roose, S. P. (1997). The definition and assessment of analytic process: Can analysts agree? *International Journal of Psychoanalysis, 78*, 959–973.

Vivona, J. M. (2013). Psychoanalysis as poetry. *Journal of the American Psychoanalytic*

Association, 61(6), 1109–1137.

Vollmer, G., & Bernardi, R. (1996). The multiple functions of the supervisor: A summary of the seventh IPA conference of training analysis. *International Journal of Psychoanalysis, 77*, 813–818.

Waelder, R. (1936). The principle of multiple function: Observations on over-determination. *Psychoanalytic Quarterly, 5*(1), 45–62.

Walker, M. (2004). Supervising practitioners working with survivors of childhood abuse: Countertransference, secondary traumatization and terror. *Psychodynamic Practice: Individuals, Groups and Organisations, 10*(2), 173–193.

Wallerstein, R. S. (1981). *Becoming a psychoanalyst*. New York: International Universities Press.

Wallerstein, R. S. (Ed.). (1992). *The common ground of psychoanalysis*. Northvale, NJ: Jason Aronson.

Wallerstein, R. S. (2010). The training analysis: Psychoanalysis's perpetual problem. *Psychoanalytic Review, 97*(6), 903–936.

Washton, A. M., & Zweben, J. E. (2006). *Treating alcohol and drug problems in psychotherapy practice: Doing what works*. New York: Guilford Press.

Watkins, C. E., Jr. (2011). Celebrating psychoanalytic supervision: Considering a century of seminal contribution. *Psychoanalytic Review, 98*(3), 401–418.

Watkins, C. E., Jr. (2013a). The beginnings of psychoanalytic supervision: The crucial role of Max Eitingon. *American Journal of Psychoanalysis, 73*(3), 254–270.

Watkins, C. E., Jr. (2013b). On psychoanalytic supervisor competencies, the persistent paradox without parallel in psychoanalytic education, and dreaming of an evidence-based psychoanalytic supervision. *Psychoanalytic Review, 100*(4), 609–646.

Watkins, C. E., Jr. (2015a). The evolving nature of psychoanalytic supervision: From pedagogical to andragogical perspective. *International Forum of Psychoanalysis, 24*(4), 230–242.

Watkins, C. E., Jr. (2015b). The learning alliance in psychoanalytic supervision: A fifty-year retrospective and prospective. *Psychoanalytic Psychology, 32*(3), 451–481.

Watkins, C. E., Jr. (2015c). Toward a research-informed, evidence-based psychoanalytic supervision. *Psychoanalytic Psychotherapy, 29*(1), 5-19.

Watkins, C. E., Jr. (2016). Listening to and sharing of self in psychoanalytic supervision: The supervisor's self-perspective. *Psychoanalytic Review, 103*(4), 565-579.

Watkins, C. E., Jr. (2017). Reconsidering parallel process in psychotherapy supervision: On parsimony, rival hypotheses, and alternative explanations. *Psychoanalytic Psychology, 34*(4), 506-515.

Watkins, C. E., Jr., & Hook, J. N. (2016). On a culturally humble psychoanalytic supervision perspective: Creating the cultural third. *Psychoanalytic Psychology, 33*(3), 487-517.

Watkins, C. E., Jr., Hook, J. N., Owen, J., DeBlaere, C., Davis, D. E., & Callahan, J. L. (2019). Creating and elaborating the cultural third: A doers-doing with perspective on psychoanalytic supervision. *American Journal of Psychoanalysis, 79*(3), 352-374.

Watkins, C. E., Jr., & Milne, D. L. (Eds.). (2014). *The Wiley international handbook of clinical supervision*. West Sussex, UK: Wiley Blackwell.

Watson, P., Raju, P., & Soklaridis, S. (2017). Teaching not-knowing: Strategies for cultural competence in psychotherapy supervision. *Academic Psychiatry, 41*(1), 55-61.

Weinberger, J., & Stoycheva, V. (2020). *The unconscious: Theory, research, and clinical implications*. New York: Guilford Press.

Weiner, J., Mizen, R., & Duckham, J. (Eds.). (2003). *Supervising and being supervised: A practice in search of a theory*. New York: Palgrave Macmillan.

Weiss, J. (1993). *How psychotherapy works: Process and technique*. New York: Guilford Press.

Westen, D. (1998). The scientific legacy of Sigmund Freud: Toward a psychodynamically informed psychological science. *Psychological Bulletin, 124*(3), 333-371.

Westen, D. (2002). The language of psychoanalytic discourse. *Psychoanalytic Dialogues, 12*(6), 857-898.

Wheelis, A. (1956). The vocational hazards of psychoanalysis. *International Journal of Psychoanalysis, 37*, 171–184.

Wilner, W. (2015). The interpenetration of supervision and psychotherapy. *Psychoanalytic Perspectives, 12*(2), 192–199.

Winnicott, D. W. (1953). Transitional objects and transitional phenomena. *International Journal of Psychoanalysis, 34*, 89–97.

Winnicott, D. W. (1960). Ego distortion in relation to the real and false self. In *The maturational process and the facilitating environment* (pp. 140–152). New York: International Universities Press.

Winnicott, D. W. (1963). From dependence towards independence in the development of the individual. In *The maturational process and the facilitating environment* (pp. 83–92). New York: International Universities Press, 1965.

Winnicott, D. W. (1965). *The maturational process and the facilitating environment*. New York: International Universities Press.

Winnicott, D. W. (1968). The use of an object. *International Journal of Psychoanalysis, 50*, 711–716.

Winnicott, D. W. (1971), *Therapeutic consultations in child psychiatry*. London: Hogarth Press.

Winograd, B. (Director). (2014). *Black psychoanalysts speak*. PEP Video Grants.

Wolf, E. S. (1988). *Treating the self: Elements of clinical self psychology*. New York: Guilford Press.

Wrape, E. R., Callahan J. L., Rieck, T., & Watkins, C. E., Jr. (2017). Attachment theory within clinical supervision: Application of the conceptual to the empirical. *Psychoanalytic Psychotherapy, 31*(1), 37–54.

Yerushalmi, H. (2014). On regression and supervision. *International Forum of Psychoanalysis, 23*(4), 229–237.

Yerushalmi, H. (2018). Supervisees' unique experiential knowledge. *British Journal of Psychotherapy, 34*(1), 78–94.

Young–Bruehl, E. (2007). A brief history of prejudice studies. In H. Parens, A. Mahfouz, S. W. Twemlow, & D. E. Scharff (Eds.), *The future of prejudice: Psychoanalysis and the prevention of prejudice* (pp. 219–235). New York: Rowman & Littlefield.

Yourman, D. B., & Farber, B. A. (1996). Nondisclosure and distortion in psychotherapy supervision. *Psychotherapy: Theory, Research, Practice, Training, 33*(4), 567–575.

Zicht, S. R. (2019). Observations on the centrality of security in psychoanalytic supervision: A view from the interpersonal tradition and attachment perspective. *American Journal of Psychoanalysis, 79*(3), 375–387.

찾아보기

저자 소개

냰시 맥윌리엄스(Nancy McWilliams, PhD, ABPP)

미국 Oberlin College에서 정치학 학사, Rutgers University에서 심리학 석 · 박사를 졸업하고 National Psychological Association for Psychoanalysis에서 정신분석가 자격증을 취득했다. 미국 심리학회 Division 39 Psychoanalytic Psychology 분과 학회장 및 다양한 학회 활동을 했고, 정신분석적 치료, 연구 및 교육 관련 공로를 인정받아 다수의 수상 경력도 가지고 있다.

현재 Rutgers University Graduate School of Applied & Professional Psychology의 방문 명예교수(Visiting Professor Emerita)이다. 또한 뉴저지 심리치료 및 정신분석센터(New Jersey Center for Psychotherapy and Psychoanalysis) 소속으로 뉴저지주, 램버트빌(Lambertville)에서 치료와 슈퍼비전을 계속하고 있다. 매사추세츠주 스톡브리지에 있는 세계적 권위의 정신분석연구소 및 치료기관인 Austen Riggs Center 이사회 및 미국 정신분석학회, 모스크바 정신분석학회, 이탈리아 토리노 정신분석 심리치료 연구소, 바르샤바 정신역동 심리치료 과학협회의 명예 회원으로 있다.

저서로 『정신분석적 진단(Psychoanalytic Diagnosis)』(2판), 『정신분석적 심리치료(Psychoanalytic Psychotherapy)』, 『정신분석적 진단 매뉴얼(Psychodynamic Diagnostic Manual, PDM-2)』(2판) 등이 있다.

역자 소개

안명희(Christine Myunghee Ahn, PhD)

미국 Boston College에서 심리학 학사, Columbia University에서 심리학 석·박사 학위를 취득했다. Teachers College/Columbia University Center for Psychological and Educational Services, Albert Einstein Medical Center, Jewish Family Services, Fordham University Counseling Center에서 수련을 받았고, The Children's Village에서 APA Pre-doc internship을 마친 후 한국 상담심리학회 상담심리사 1급 자격증을 받았다. 이후 미국 뉴욕 William Alanson White Institute Intensive Psychoanalytic Psychotherapy Program을 수료했다.

현재 서강대학교 심리학과 교수로 재직 중이다.

정신분석 관련 공역서로 『정신분석과 정신분석적 심리치료』(박영스토리, 2016)와 『단기 역동적 심리치료』(박영스토리, 2016)가 있다.

정신분석적 슈퍼비전

PSYCHOANALYTIC SUPERVISION

2025년 11월 10일 1판 1쇄 인쇄
2025년 11월 20일 1판 1쇄 발행

지은이 • Nancy McWilliams
옮긴이 • 안명희
펴낸이 • 김진환
펴낸곳 • (주) 학지사

04031 서울특별시 마포구 양화로 15길 20 마인드월드빌딩
대표전화 • 02)330-5114 팩스 • 02)324-2345
등록번호 • 제313-2006-000265호

홈페이지 • http://www.hakjisa.co.kr
인스타그램 • https://www.instagram.com/hakjisabook

ISBN 978-89-997-3575-2 93180

정가 24,000원

역자와의 협약으로 인지는 생략합니다.
파본은 구입처에서 교환해 드립니다.